见识城邦

更新知识地图　拓展认知边界

FRANÇOIS HARTOG

LE MIROIR D'HÉRODOTE

希罗多德的镜子

[法] 弗朗索瓦·阿赫托戈 著

闫素伟 译

中信出版集团 | 北京

图书在版编目（CIP）数据

希罗多德的镜子 / (法) 弗朗索瓦・阿赫托戈著；闫素伟译. -- 北京：中信出版社, 2020.8
ISBN 978-7-5217-0627-7

Ⅰ. ①希… Ⅱ. ①弗… ②闫… Ⅲ. ①希罗多德(约前484—前425)－人物研究 Ⅳ. ①K831.984.581

中国版本图书馆CIP数据核字(2019)第097668号

希罗多德的镜子

著　　者：［法］弗朗索瓦・阿赫托戈
译　　者：闫素伟
出版发行：中信出版集团股份有限公司
（北京市朝阳区惠新东街甲4号富盛大厦2座　邮编　100029）
承 印 者：北京通州皇家印刷厂

开　　本：780mm × 1092mm　1/16　　印　　张：28　　字　　数：410千字
版　　次：2020年8月第1版　　印　　次：2020年8月第1次印刷
京权图字：01－2018－8775
书　　号：ISBN 978－7－5217－0627－7
定　　价：88.00元

目　录

2001 年版前言

古老的希罗多德：从史诗到历史 9

古老的希罗多德命运还不错。[1]有人出版他的作品，有人读他的书，有人评论他，也有人解释他的思想，而且总是有，时时有。这是好事。对此，他会感到满意吗？乔纳森·斯威夫特（Jonathan Swift）带着幽默和刻薄的口吻说，格列佛（Gulliver）[2]在路过巫师岛的时候，首先感到十分吃惊，同时也注意到，荷马和亚里士多德似乎并不知道有多少人评论过他们的作品。后来不久他便明白了一点，这些专事评论的人其实根本没有搞懂荷马和亚里士多德的思想。有个鬼魂也很知趣地向他证实说，的确，“那些醉心于评论的人，从来不敢走近他们评论的对象栖身的地狱，因为，当他们向后世解释荷马和亚里士多德的思想时，把人家的思想歪曲得天差地远，因而感到羞耻、感到后悔”。

今天，以希罗多德为题的书和文章仍然在不断地出版，每年平均在 50 本（篇）以上。这仅仅是在古典传统的带动之下产生的结果吗？可是古典的传统已经过时了。就像一艘沉重的高舷大船，它还能靠着惯性往前冲多远呢？或者换一种说法，难道是一个学科的生产系统，一 10
年年不断地积累、汇集、纠正，同时不断地招募新的研究者，也在不断地自我延伸、自我再生吗？难道是体裁的规律与环境的规则组合在一起产生的结果吗？显而易见的是，即使展开来说，对这些问题的回

1　这是 1991 年新版出版时的前言，当时的标题是“古老的希罗多德”；本文在本书此次出版时做了很多修改。

2　即乔纳森·斯威夫特的《格列佛游记》中的主人公。——译者注

答也会显得太简短，事实上也太简单化了。为什么这种密集种植的园艺，表面上看起来是重复性的，而同时又有那么多其他新发现的、没有人知道的、被人忘记了的文章在等待着有人解读，却没有读者呢？

一种文化——我们的文化——就是这样，它不断地回到它自己选择的一些文本上来，而文化就是由这些文本组成的；它不断地反复思考这些文本，哪怕是第一次阅读，也会有似曾相识的感觉。不管它因这种状况感到高兴，还是抱怨，不管它为这些文本涂脂抹粉，还是厌弃它们，文化似乎就是由这些文本的一根根线索编织起来的，极而言之，文化仿佛是被文本熟记于心的。这样一来，思想史的任务，可以是把这些文本拿出来让人去读，同时重新提出它们试图回答的问题，同时重新勾画人们期待的前景，从它们的第一天一直到我们的今天，这些文本就是与这样的前景结合在一起的。同时，对于其中最为重要的一些文本，重新思考它们先后造成的得失，同时指出它们当中有哪些模棱两可的东西。要把可读的文章列出更长的清单。我们这样研究历史，当然不是要把历史的东西变成现代的东西（不是要将令人吃惊的现实意义赋予历史的东西），而是让人们听到它们非现实的现实意义：它们对我们已经不再提出的，或者我们只不过是已经忘记了的一些问题的回答；我们之所以忘记了这些问题，恰恰是因为这些问题已经不是，或者不再是我们的问题。差距恰恰就是值得我们关注的地方，因为这样的差距就是我们反过来针对我们显而易见的东西提出问题的支点，因此也就是再回到我们特有的问题上来的支点。希罗多德的《历
11 史》先是成了一种文体的名称，后来又成了一个学科的名称，这部《历史》已是西方文化重要的文本之一。

现在如果保持一段距离来观察，我认为《希罗多德的镜子》恰恰是我的一种阅读体验。10 年前，当我为这本书的新版写这篇前言的时候，我就有这样的体会；今天，我为这本书的口袋版历史丛书版本的出版再次审阅书稿时，仍然有这样的体会。当我开始本项研究的时候，历史学家（更准确地说是有几个历史学家）对一味地计数历史年代感

到厌烦了，他们开始学着阅读古代的文献，当时列维–斯特劳斯的人类学盛行一时，历史人类学和想象的历史所关注的是边缘，而不是中心，是相异性（altérité），而不是同一性（identité）。叙述的问题又使得文本的结构主义方法大行其道。《造就历史》（*Faire de l'histoire*）出版之后，继之而来的，是不久之后米歇尔·塞尔托的《历史的书写》（*Ecriture de l'histoire*）。[1] 相异者，也就是除了希腊人以外的其他人，以及如何书写历史，成为我在很长一段时间里思考的主题，这个主题就是相异性的修辞学和历史的书写。

我主要论述的是“希罗多德笔下的斯基泰人”（les Scythes d'Hérodote）。有时候，有人对我使用的这种说法提出责难。说我这个提法，让人觉得希罗多德的《历史》讲的都是关于斯基泰人的事。说我是为唯我论辩解，是为无知辩护（也就是对除了文本之外的东西一概视而不见），甚至说我的立场是怀疑论。我之所以使用这个词，首先是因为我对那些所谓研究“文献”学的历史学家在当时经常使用文本（尤其是文学文本）的方式，感到深深的不满意。文本当然是历史的源泉，但是应当如何去探索这些文本呢？[2] 为了回答这个问题，我最后提出了 12
一种探索的方法：像对待荷马一样对待希罗多德，尽可能贴近文本的意思，研究文本，而且是从文本出发进行研究。按照选定的一种故事（*logos*），能往前走多远，就往前走多远，从多种层次上看待这种故事，考虑它具有哪些不同的路数，有哪些断裂点，也可以考虑它有哪些死胡同，而且把这些东西都当作叙述者采用的策略给予细致的表达。由埃米尔·本维尼斯特（Émile Benveniste）首先提出的叙述语言学，正巧在这个时候出现了，它提出了可贵的理论标志。叙述者（以及其

1　《造就历史》，巴黎，伽利玛出版社，1974 年，是勒高夫和诺拉主编的一本书（*Faire de l'histoire*, sous la direction de J. Le Goff et P. Nora, Paris, Gallimard, 1974）；《历史的书写》，巴黎，伽利玛出版社，1975 年，是米歇尔·德·塞尔托写的一本书（Michel de Certeau, *L'Ecriture de l'histoire*, Paris, Gallimard, 1975）。

2　弗朗索瓦·阿赫托戈：《古代历史和历史》，见于《文献：关键的因素》，载《经济、社会和文明年鉴》，1982 年第 5—6 期，第 687—694 页（F. Hartog, “Histoire ancienne et histoire” , *Le Document : éléments critiques*, *Annales E.S.C.*, 5-6, 1982, pp. 687-694）。

他可能的称谓，类似于“代表叙述者”等等）和叙述对象（这个由文本建立的空洞的读者也可以变成不止一个）作为修辞格，可以在对故事进行结构分析时引入一些变化。再对意义的问题进行研究，就不再那么乏味了。

我们知道，历史及其书写并不是开始于希腊。[1] 埃及人很早便开始关注历史的连续性，所以埃及的国王从名单上可以回溯到公元前 4000 年；后来，编年史上又记载了国王的一些活动，至少是被认为重要的一些活动。但是，埃及文明最为突出的特点并不是对过去的关注，而是希望永恒，正好比埃及人在墓碑的文字上所表示的那样。再往东，到了美索不达米亚，公元前 3000 年末期，阿卡德（Akkad）王朝是最先统一国家并让文人记述历史的，也就是说，他们最早以现实的方式
13 将权力合法化。那时候的历史是皇族的历史（只有国王才能够造就历史），是被预定的历史（因为历史只掌握在主宰文字的知识集团的手中），是纪念性建筑上的历史（是刻在巨大的纪念碑上供人阅读的历史[2]）。再往东，《圣经》，古以色列受到神启的书（整部《圣经》的书写时间长达十几个世纪），一向是以史书的面目示人的。但是其中整个贯穿着记忆的严格要求，《圣经》不培养人们对纯粹的过去有丝毫好奇心。绝不能冒险忘记祖先的经验，也绝不能不再相信他们的真理。以色列“受命于天，要成为教士的王国，成为圣人的国度：书中任何地方都没有暗示说，以色列会成为历史学家的民族”。[3] 一神论要求也假设需要在记忆上不断地做文章。

1　《从荷马到奥古斯丁的历史》，为《希腊历史学家和历史的文本》一书写的前言。这是一本由卡茨维兹翻译，由弗朗索瓦・阿赫托戈编辑和评述的文集。（*L'Histoire d'Homère à Augustin*, Préface des historiens grecs et textes sur l'histoire, réunis et commentés par F. Hartog, traduits par M. Casevitz, Paris, Le Seiil, 1999, pp. 16-18）。

2　格拉斯奈：《美索不达米亚编年史》，巴黎，文学出版社，1993 年，第 20—22 页（J.-J. Glassner, *Chroniques mésopotamiennes*, Paris, Les Belles Lettres, 1993, pp. 20-22）。

3　耶鲁沙尔米：《扎赫：犹太历史、犹太记忆》，法文译本，巴黎，发现出版社，1984 年，第 26 页（J. Y. Yerushalmi, *Zakhor, Histoire juive, mémoire juive*, trad. Paris, La Découverte, 1984, p. 26）。

因此，在史学的舞台上，希腊人只是后来者。在迈锡尼文明的王国没落之后，再也没有出现过强权的君主国。希腊人再没有受到任何启示，他们也不曾有过任何记忆的责任感。而且，只是到了公元前 8 世纪时，他们才采用了叙利亚–腓尼基的拼音文字，才恢复了书写（原来使用的是迈锡尼时期的线形文字）。又过了三个世纪，在受到与波斯人的战争产生的震动之后，希腊人才开始书写自己最早的历史。相反，正是由于希腊人，历史书写才成为一种“主观的”修辞格。希罗多德的历史与政治权力没有直接的联系，希罗多德并非受命于政治权力，他的历史开篇第一个词就是专有名词，也就是他的名字，因此也就让他的故事具有了标记，明确说那是他的故事。他是书中“故事” 14
的作者（或者书中的“故事”都是属于他的），他这样指自己的作品，而且他最终的权威也来自他的故事，来自他设想、书写和编辑故事的方式。在这一点上，他与东方的史学有明显的差别。希腊人发明的其实不是历史，而是作为书写主体的历史学家。

在希腊的知识历史当中，这种肯定自我的方式，这种产生话语的机制不仅是属于史学的，也是一个时刻的标志，一个时刻所特有的记号（公元前 6 世纪和公元前 5 世纪之间的一个时刻）：那时的艺术家、自然哲学家、医生变得越来越“自恋”：他们表现出明确的愿望，想让自己创作的作品带有自己的标记，主张那是属于自己的作品。[1] 从更加广泛的意义上说，在历史学家书写的可能性条件之中，希腊平等民权城邦的出现，以及对自我的认可，具有重要的地位，也就是说，正因为有了思想的领域和平等的价值，才成就和表达了历史学家的书写。人们想要知道，在这一强烈愿望的推动之下，知识分子（我们是冒着风险使用“知识分子”这个词的）不是像他们的先辈埃及人或者美索不达米亚人那样，致力于理解世界的秩序，以便尽可能维持这种秩

1　劳埃德：《智慧革命》，加利福尼亚大学出版社，1987 年，第 58—70 页（G.E.R. Lloyd, *The Revolution of Wisdom*, Berkeley, University of California Press, 1987, pp. 58-70）。

序（或者尽可能推迟它的解体），而是大胆地探索这种秩序，以便理解它。从史无前例的政治经验当中，他们获得了提出问题、讨论问题、让各种观点交锋的胆识；政治经验使这个有限的群体提出这样的论断：他们可以正当地建立自己的政体，天是不会掉在他们头上的。正是这些知识分子（首先是爱奥尼亚的学者），用自己的手段，列出了新的问题清单。阿纳尔多·莫米利亚诺让我们注意到，犹太法律和希腊法律有差别。犹太法具有非历史的特点（anhistorique）——“在摩西五经（Torah）当中，既没有讲之前如何，也没有提之后如何”——因此史学也就变得没有意义，而对于很多公元前 5 世纪的希腊知识分子来说，“文化”（nómos）成了调查（historia）的一般对象。[1]

对于历史学家来说，这种对自我的肯定并非没有一定的脆弱性，因为历史很快便成了一种文体，而不是一个学科，更不是一种职业。对于现代人来说，这种历史显而易见就是我们理解的“历史”，可是在古希腊，“历史”只是少数人的话语，和其他很多种话语一样，以各自不同的方式影响人们的记忆，讲述某种身份的系谱和种种变化。实际上，希腊人“不用历史学家帮忙，就拥有了所有他们需要的关于过去的知识”。[2] 各种故事（先是“逻各斯”，后来是“密索斯”），种种口耳相传的传统（akoai）都有流传、传播、传承。后来，随着米利都的赫卡塔埃乌斯（Hécatée de Milet）的出现，开始出现了最早的文字记述，以及对传统的修正，旨在让故事变得更加真实可信。于是出现了种种系谱学、考古学、起源故事，虽然从文字形式上多少有些不同；再后来又出现了关于古代事物的博物学。

“希罗多德像荷马一样，通过创作一部文字艺术的杰作，发明了有关地点、时间和事实的叙述技巧。”这是皮埃尔-查理·多诺（Pierre-

---

1 阿纳尔多·莫米利亚诺：《历史知识的基础》，法文译本，巴黎，文学出版社，1992 年，第 25 页（A. Momigliano, *Les Fondations du savoir historique*, trad., Paris, Les Belles Lettres, 1992, p. 25）。

2 芬利：《神话、记忆、历史》，法文译本，巴黎，弗拉玛利翁出版社，1981 年，第 35 页（M.I. Finley, *Mythe, mémoire, histoire*, trad., Paris, Flammarion, 1981, p. 35）。

Charles Daunou）在法兰西学院讲《历史研究课》（*Cours d'études historiques*）时，对希罗多德下的断言；今天他的话已经被人们忘记了。[1] 这一判断是显而易见的，可是也有问题。他先是在两个方面将 16
荷马和希罗多德进行对照（只不过希罗多德是在讲述，而荷马是在杜撰），然后在写作的艺术和创造事实的技巧之间进行了比较，似乎是在不经意间，指出了历史书写在一开始时的全部问题。

从《历史》开篇第一句话就可以看出，希罗多德的史学活动的确就像指定了一个新的场所，划定了他的话语实践和当时知识（historiê）的范围。他的成功并非没有曲折（因为修昔底德十分小心地从来没有使用过"历史"这个词），但是渐渐地（从公元前 4 世纪开始），这个词有人接过来使用，最后终于被人们接受了。西塞罗用的是拉丁文词 historia，说希罗多德是"历史之父"（père de l'histoire）。我们称之为的"历史"，实际上就是这种"知识"（historiê）"在公共场合的介绍"（historiês apódexis）："这就是哈利卡纳苏斯的希罗多德（Hérodote d'Halicarnasse）或者图里奥姆的希罗多德（Hérodote de Thourioi）对调查结果所做的介绍——以便一方面由人导致产生的事件不至于被时间湮灭，另一方面，使希腊人和蛮族人做出的伟大而令而佩服的行动不至于丧失其名望——尤其是对他们争战的原因的调查，学者（logioi）说腓尼基人是争执的原因……"[2]

很久以前就有人指出过，这一开场白和史诗的序幕之间，在结构、词汇上具有相似性，甚至在节奏上也是相近的。两部作品都涉及记忆 17
和遗忘，讲述的主题都是死亡。如果说从前的行吟诗人把英雄不朽的光荣传播给人们，英雄的光荣就是行吟诗人存在的理由（有时候他们甚至为此而送命），而历史学家（他们只能以自己的名字为基础）觉得

1　皮埃尔-查理·多诺是沃尔内（Volney）的弟子，意识形态运动的代表人物，在复辟时期反对自由派的历史。他的《历史研究讲稿》，发表于 1842 年（P.-C. Daunou, *Cours d'études historiques*, Paris, 1842, p. XXXIII）。

2　希罗多德：《历史》，卡茨维兹译本，I，1（Hérodote, I, 1, trad. Casevitz）。

自己有义务“生产”故事，以阻止，或者至少推迟人的行动的印迹消失于无形。

从回顾以往的角度来看，我们可以把史诗当作一种史前史来阅读。的确，史诗的话语机制是什么？承载这一话语的知识结构是什么样的呢？受诗神缪斯启发的行吟诗人是通灵者，而诗神是宙斯和记忆女神（Mémoire）谟涅摩叙涅的女儿，她之所以无所不知，正是基于她无所不在：她什么都看得见。《伊利亚特》的诗人说：“你们在场，你们什么都知道。”当尤利西斯对费阿刻斯的行吟诗人讲话时，他是这样赞美他的：“德谟多科斯（Démodocos）啊，在所有的凡人当中，我当然会赞美你；/ 你的主人真的是诗神缪斯，宙斯的女儿，或者真的是阿波罗：因为，在他的命令下，你歌唱了太多的伯罗奔尼撒人的不幸，/ 他们完成的一切，他们忍受的一切，伯罗奔尼撒人忍受的一切；/ 好像你也亲身体会过一样（autos pareôn），或者你亲耳听别人讲过（akousas）。”[1] 这个场景具有象征意义。的确，在尤利西斯的明确要求之下，行吟诗人会唱什么呢？唱特洛伊被围困的故事。这是第一次将这一事件编入故事，而尤利西斯的见证就证明这件事是真实发生过的。

总而言之，德谟多科斯是第一个“历史学家”，他的故事就是历史的出生证。只是有一个区别，而这个区别却改变了一切：他并没有
18 亲自参加，而且他什么也没有看见（他是盲人），而尤利西斯既是行动者，又是见证人。由此尤利西斯才提出了令人吃惊的（假）问题：你的故事似乎太准确了，一定是亲眼看见的吧？在这两句诗所讲述的时间里，人的眼睛成了神之眼的标准（在形成文字之前，历史学家的眼睛亲眼看见过，或者听亲眼看见的人说过）。就好像在一瞬间奇怪地将两个德谟多科斯并列在了一起：一个（仍然）是行吟诗人，而另一个（已经）是“历史学家”。就像一道闪电突然照亮了另外一种可能的知识结构：那正是最早的史学的结构，也是两三个世纪之后，希

---

1 荷马：《奥德赛》，卡茨维兹译本，8，468—491（Homère, *Odyssée*, 8, 468-491, trad. Casevitz）。

罗多德的史学所具有的结构，希罗多德给予它的名称就是：historiê（调查）。当然，希罗多德并没有使这种史学成为必须的和或然的，而只不过是可能的。

正如行吟诗人的歌一样，第一个历史学家的文章也关注“光荣”（kléos）。史诗歌颂英雄事迹和从前的英雄人物著名的传说；历史关注人的活动所留下的印迹，关注为人的活动提供了见证的“遗迹”（从最广泛的意义上说的“遗迹”）。在所有这些标志当中，至少是人们承认其伟大和值得赞美的标志，和永恒的自然相比，和永生的神相比，那些是会腐朽的、短暂的标志。希腊人认为，赢得最后胜利的，永远是死亡。如果说人所有的话语都与死亡有关，如果说人之所以讲故事，是因为他们知道自己会死，那么史诗和历史的特别作用则是驯服死亡，让死亡社会化；史诗和历史都处在可见的事物和不可见的事物之间的边界上，首先回顾、追忆的是已经不在世了的人。“史诗不仅是一种文体，它和葬礼一样，它和葬礼处在一条线上，是古希腊人为了回答死亡的问题，为了使死亡适应新环境中的文化而制定的一种体制。”[1] 通过 19
这种回忆之歌，英雄变成了从前的人，代表了群体的“过去”。但是很清楚的是，英雄的品质，英雄的死之所以与众不同，英雄之所以有值得讲述的光荣，首先不是，也不仅仅是由于他的地位或者他的作用，而是由于“使英雄之所以成为英雄的一系列事迹”，也就是他的过往经历（curriculum vitae）。[2]

当我们从史诗过渡到历史时，范围向好几个方向扩大了。我们歌颂的不仅仅是对英雄事迹的记忆，我们是想把人做过的事记在心中，用文字来记载和回忆人的行动所留下的痕迹和标志，而这种行动不仅仅是某个英雄个人的行动，而且是指希腊人和蛮族人的行动，也就是说，是所有人的行动。但是我们需要纠正一点：用文字记载下来的，

1　让-皮埃尔·韦尔南：《个体、死亡、爱》，巴黎，伽利玛出版社，1989 年，第 94 页（J.-P. Vernant, *L'Individu, la mort, l'amour*, Paris, Gallimard, 1989, p. 94）。

2　同上，第 114 页。

只是那些“伟大”的和“值得赞美”的行动。英雄事迹，尤其是战争英雄的事迹，发生了变化：从个人的优秀，变成了集体的优秀。集团的秩序和城邦的法律被人们接受了。献身是美好的事物，但是这里所说的献身已经不是站在最前列的献身，而是指在自己应该在的位置上献身。[1]

虽然从史诗过渡到了历史，但是选择是一样的，采取的叙述标准也一样：要求讲述的，是人的活动，是属于人的转瞬即逝的活动。行吟诗人受诗神缪斯的启发，是歌颂光荣的大师，他满怀信心地保证说，他歌颂的光荣“是不朽的光荣”；而历史学家有时间的局限性，人的时间局限了他，他说的是人的事，他以人的知识、以人的名义讲述人
20 的事，他只想与遗忘做斗争。通过对“已故之事”（“历史”）的展示，他追求的是不让所有这些人的行为标志“失去其光荣”（a-kléa），不让它们“成为过去”（exitêla），不让它们像一幅画一样，慢慢地被时间所抹杀。在“光荣”和“失去光荣”（kléos et a-kléa）两者之间的距离产生的呼应当中，从荷马到希罗多德，似乎永恒的诺言只能以否定的方式表示：总而言之是毫无幻想可言。好像我们明知道，在史诗提出的不平等交换（用生命交换光荣）当中，第二项永远不可能真正得到清偿。更何况人世的本质就是多变：从前的大城邦今天变成了小的，小的又变成了大的。因此，希罗多德的回答很实际，那就是两种都要记载，对两种都以同样的方式记忆。

强调光荣，让光荣成为史诗之歌和历史话语的基础；在这样做的同时，我们优先关注的是两种话语之间的相似性，是从前者到后者之间的连续性。美国研究古希腊的学者格里高利·纳吉（Gregory Nagy）就是持这种看法。通过从品达（Pindare）的抒情诗中引述的一系列例

1　洛罗：《在特洛伊城前献身，为雅典倒下：从英雄的光荣到城邦的观念》，载尼奥利和韦尔南主编的《古代社会的死亡和死者》，剑桥，剑桥大学出版社和人文科学出版社，1982 年，第 27—43 页（N. Loraux, “Mourir devant Troie, tomber pour Athène : de la gloire du héros à l’idée de cité” , *La Mort, les morts dans les sociétés anciennes*, sous la direction de G. Gnoli et J.-P. Vernant, Cambridge, Cambridge University Press et Maison des scences de l’homme, 1982, pp. 27-43）。

证，他指出，行吟诗人和希腊文中所说的“lógioi”（话语之师、学者）几乎是可以互换的两种称呼。两种人物都是借“在公共场合的表演”，颂扬“光荣”的；的确，诗人用诗句来歌唱光荣，而“学者”则使用散文体来颂扬光荣。“作为学者的希罗多德”属于这类人，或者说是他们当中的一员。[1] 然而，这种说法并不是不言而喻的。首先，因为在他的笔下，“学者”（lógios）这个词只适用于蛮族人（波斯学者、埃及
祭司、斯基泰人阿纳卡西斯[2]）；其次，而且尤其是因为，一旦记述了 21
波斯学者针对冲突原因说过的话之后，他没有站在波斯学者的身后，而是中断链条，声称他要讲别的话，要以不同的方式讲话。“对于我来说（egô dé），我不会说这些事件就是这样发生的，或者是以另外一种方式发生的，而是要尽我个人所知，指出是谁首先采取了对希腊人的不公正的行为，我会指出这个人是谁……”[3] 他就是吕底亚的国王克洛伊索斯（Crésus）。在用第一人称表达的第一次这种直接的干预当中，令人感到吃惊的，主要是决裂的愿望。话语的情境变了，真理的体系和时间的比例变了。希罗多德既不想修改和纠正他刚刚记述的话，也不想再花气力叙述冲突的原因，而是根据他自己的知识，提出了一个新的出发点，仅此而已。

当史诗选择只歌唱一个片段的时候，不也是这样做的吗？不是讲述整个特洛伊战争，而是只讲阿喀琉斯与阿伽门农发生不祥的争吵的时候，阿喀琉斯所感到的愤怒。然而，在决定以他的知识来衡量战争起源的时候，历史学家改变了游戏的规则。开始时这个小小的决定表现出的结果就是，史学看起来只是将史诗的做法接了过来，或者相信是这样做的时候，实际上却与史诗决裂了，因为史学划出了一块新的话语空间。

1　纳吉：《品达的荷马：史诗的过去所拥有的抒情》，巴尔的摩，1990 年（G. Nagy, *Pindar's Homer : The Lyric Possession of an Epic Past*, Baltimore, 1990）。

2　斯基泰人阿纳卡西斯是“蛮族人哲学家”，因为他是公元前 6 世纪初从黑海来到希腊的。——译者注

3　希罗多德，I，5。

波斯“学者”的话是不会让人感到困惑的。的确，那是些讲“希
22 腊语”的波斯人。[1] 他们驾轻就熟地运用部族（希腊部族）的神话，将几段著名的故事组合在一起，用一些女性人物编织成一个连贯的故事，讲述蛮族人和希腊人之间的战争起源。从伊俄[2]开始，以海伦[3]结束，中间还穿插着欧罗巴[4]和美狄亚[5]。他们建立了秩序，编织了连续性：总而言之，用希腊词语的意思说，他们所做的，是历史学家或者考古学家的工作。可是由此而付出的代价是多么大啊！他们选取或者提出的故事版本与一般的版本相差太远。伊俄不再是被宙斯热爱、被赫拉憎恨的公主，而是阿尔戈斯国王的女儿，她和别的女人一起，被腓尼基的商人抢走。而腓尼基商人卖掉货物之后，乘船去了埃及，抢来的女人们成了他们回程的货物。[6]同样，欧罗巴成了泰尔（Tyr）国王的女儿（而不是腓尼基的公主），只不过是被希腊人抢走的（也许是被克里特岛人抢走的），而不是被从海里出来、化身为公牛的宙斯一直劫持到克里特岛的。后来又发生了美狄亚被绑架的事，只不过美狄亚是科尔基斯国王的女儿，根本不是巫师；“一代人之后”，亚历山大劫持海伦，以报复对方劫走美狄亚，这才结束了这场由劫持引发的冤冤相报。我们摆脱了相互劫持的形式，开始了暴力的战争。于是希腊人登陆特洛伊，进行报复。这就是波斯人和希腊人之间敌意的缘起。

波斯人的版本符合理性，是“凡人神话论”作为理论出现之前

---

1 希罗多德，I，2—4。在关于立法的那场著名的争论当中，我们会再次看到讲“希腊文”的波斯人（III，80-82）。但是这一次不是为了在系列故事当中叙述人质的劫持，而是为了讲述先后的立法过程。

2 伊俄（Io），希腊神话中重要的女性人物，主神宙斯最著名的情人之一。——译者注

3 海伦是宙斯和勒达生的女儿，在她的继父斯巴达国王廷达瑞俄斯的宫里长大。她是人间最漂亮的女人。在她出生时，神给了她一种能力，让她可以模仿任意一个女人的声音。她和特洛伊王子帕里斯私奔，引发了特洛伊战争。——译者注

4 欧罗巴是希腊神话中的腓尼基公主，被爱慕她的宙斯带往另一个大陆，后来这个大陆取名为欧罗巴，也就是现今的欧洲。——译者注

5 美狄亚在希腊神话中是岛国科尔基斯的公主，伊阿宋（以及埃勾斯）的妻子，也是神通广大的女巫。——译者注

6 腓尼基的版本更糟：不仅情人的角色不是宙斯扮演的（而是船长），而且伊俄还逃跑了，因为她怀了身孕。

的凡人神话论，否则那便具有讽刺意味了；在这个版本当中，伟大的
叙述变成了小历史（故事）。经过这样的讲述之后，这些历史故事有 23
了一定的时间顺序（一系列的劫持事件），使地域的布局显得更加合理（亚洲面对欧洲），而且，总而言之是形成了一个故事系列，起到了说明希波战争成因的作用，使这场战争看起来更像是很久之前就开始了的一个系列故事当中的一段新插曲，而不像是故事的结束或者开始。似乎波斯学者在讲“希腊话”的同时，把自己摆放在与著名的故事有一段距离的地方，从而去除了神话的面纱，或者消除了他们作为波斯人的身份，使他们在事实上知道，这些总起来说平淡无奇的故事真正表达的意思是什么。我们与这些“学者”（lógioi）之间的距离很远，他们与行吟诗人是相差无几的同行，是用散文歌颂“光荣”的大师。

在希罗多德作为叙述者插手干预，决然中断这些阐述的时候，他也没有直接地拒绝[1]，没有重复，没有评论波斯版本建立的这种距离。他只是满足于提出另外一种游戏规则，提出另外一个出发点，借助于另外一种记载的知识，也就是预言的知识。他“指出”，他“揭示”，他“说明”（sêmaínei）了是谁最先做出侵犯希腊人的行为。的确，最先奴役希腊人的克洛伊索斯被指定为“责任人”或者“罪人”（aítios）。然而，“说明”是个动词，明确指的是来自神示的知识。神谕的事是“说明”，而历史学家准许自己“说明”某件事，以开始叙述（克洛伊索斯的历史）。但是，他提供“说明”的能力是以他进行调查得来的知识为保证的，这就是历史学家与预言者最大的区别。因此，他不是预
言者，虽然他通过“说明”，采用了预言者的姿态，再现了预言者的 24
姿态。[2]

1　虽然在稍后些的地方（II，113 及其以后部分），在海伦和特洛伊战争方面，他相信埃及人的知识，埃及人将历史故事（historiê）与可靠的技巧（atrekéôs）组合在了一起。因此，他不可能赞成波斯人的说法。

2　弗朗索瓦·阿赫托戈：《克洛伊索斯的个案，或者历史学家是如何工作的》，载理查德·巴克斯顿：《从神话到理性？》，牛津，牛津大学出版社，1999 年，第 183—195 页（F. Hartog, “The Case of Croesus, or the Historian at Work”, *From Myth to Reason*?, Richard Buxton ed., Oxford, Oxford University Press, 1999, pp. 183-195 ）。

最后，史诗中有个人物，叫作 histôr。他是谁？从词源上来看，histôr 与 historien 和 historia 一样，是 ideîn（“看见”）和（w）oîda（“我知道”）的意思。在结束与阿喀琉斯的争吵的时候，阿伽门农发出一句庄严的誓言，同时援引宙斯和其他的神为证。“Istô Zeus”：以“不仅知道，也能够看见的宙斯为见证人（他可以见证我从来没有伸手打过布里塞伊斯[1]）”。开始时是呼吁，后来过渡到宙斯以“看得见”和“知道”（histôr）的受托人的名义提供见证，本维尼斯特认为，应当根据词源学，把宙斯理解成见证人，“因为他知道，但是首先是因为他亲眼见过”。[2]他是见证人，他知道，因为他亲眼见过。histôr 首先是，或者干脆就是一只眼睛。

然而，当宙斯受到阿伽门农的吁求时，宙斯并没有在现场目睹事件的发生，而是只听见了誓言，并为这誓言提供担保。同样，在《伊利亚特》的两个场景当中，人们也决定求助于 histôr，文中很明白的是，这个“histôr”不可能是见证人，不是由于亲眼看见而知道有关事件的人。两个场景都涉及争执。在为帕特罗克洛斯（Patrocle）举行葬礼时组织的战车赛车会上，埃阿斯（Ajax）和伊多墨纽斯（Idoménée）发生了争执：转过界标之后，究竟是谁的马车跑在最前头？当时参赛
25 的人离终点都还很远，所以很难看得清楚。伊多墨纽斯认为是狄俄墨德斯（Diomède），埃阿斯根本不相信，还说伊多墨纽斯眼神不好。于是伊多墨纽斯要和他打赌，让阿伽门农亲自来当“histôr”。[3]阿伽门农根本就没有看见现场的比赛，显然不可能成为目睹现场的证人。难道是因为阿伽门农的身份才被选择来充当仲裁人，以解决两人之间的争

1　布里塞伊斯（Briséis）是希腊神话中阿伽门农和阿喀琉斯矛盾锐化的导火索。——译者注

2　埃米尔·本维尼斯特：《印欧体制的词汇》，巴黎，米努出版社，1969 年，第二卷，第 173 页（Émile Benveniste, *Le vocabulaire des institutions ido-européennes*, Paris, Minuit, 1969, t. 2, p. 173）。尚特莱纳：《希腊语言词源词典》，巴黎，克林克锡克出版社，1974 年，“oîda” 词条（P. Chantraine, *Dictionnaire étymologique de la langue grecque*, Paris, Klincksieck, 1974, s.v. *oîda*）。

3　荷马：《伊利亚特》，23，485—487。

执？（以何种方式来进行决断呢？）或者更加简单，阿伽门农只是一个“保证人”，负责在必要的时候提醒他们所做出的承诺？

阿喀琉斯的盾牌是由赫淮斯托斯铸造的；在上面的图案表现的场景当中，两个人正在因如何为一桩杀人案赎罪而争吵，他们决定求助于“histôr”。[1]在这次事件当中，“histôr”也有可能是目睹事件的见证人。杀人案和杀人者都不是问题，问题是其中一个人提出给予另一个人补偿，而另一个人拒绝接受补偿。和我们前边举的第一个例子不同，这里的“histôr”并没有当时就指名道姓地说明是谁，或者指定是谁。我们看到的是怎样一种情景呢？年长者在众人面前聚在一处，每个人轮流发言，以表达他们的判决。而且，长者围成一圈，两位有聪明才智的人站在中间，走向“表达了最为正直的决定的长者”。“histôr”是指提出了解决争执的方案的人，抑或只不过是保证人，只不过是见证了双方都接受了长者提出的最为“正直”的判决的承诺，因此也就是现在和未来的“见证人”呢？我个人觉得“histôr”是保证人，而不是仲裁者，从这种意义上说，“histôr”更接近于“mnêmôn”，也就是“记忆者”，正如后来在克里特的戈提那（Gortyne）城邦所特别起到的作用那样。作为公共的见证人，他的出现标志着法律中出现了“记忆的 26
社会功能”。[2]

最后一个例子。这个例子是从希罗多德的作品中援引的。而且这个例子可以把我们的关注点从行为者的名词转到动词上面。有一天，科林斯（Corinthe）的独裁者佩里安德（Périandre）遇到一件“不同寻常的事”。[3]事由是这样的：阿里昂（Arion）是个著名歌手，据他自己说，他曾经以十分奇怪的方式幸免于难，捡了一条性命。他登上一艘科林斯的船，从塔兰托（Tarente）经海路回科林斯，途中受到

1　荷马：《伊利亚特》，18，498—487。

2　热尔内：《古希腊人类学》，巴黎，玛斯佩罗出版社，1968 年，第 286 页（L. Gernet, *Anthropologie de la Grèce antique*, Paris, Maspéro, 1968, p. 286）。

3　希罗多德，I，23—24。

威胁，海员们想强占他的财富（这是一笔不小的财富）。他被逼无奈跳进海里，但是在跳海之前，他又穿上登台演出的盛装，最后又唱了一首歌。幸运的是，一只海豚驮着他，将他安全地送到了特纳尔海角（Cap Ténare），他又从特纳尔海角回到科林斯。歌手将自己的经历告诉了佩里安德，可是佩里安德不相信他的话。希罗多德没有公开表达意见，只是说这个故事不仅在科林斯流传，在阿里昂的祖国莱斯沃斯岛（Lesbos）也有传闻，而且在特纳尔可以看到阿里昂还愿的一尊石像，表现的是一个趴在海豚背上的人。虽然没有证据，但是同一个故事不同版本之间的一致性，以及事件可见的痕迹，至少是其可信性的一些标记。

这一“奇迹”先是引起了人们的怀疑，对这件事，佩里安德是如何做的呢？他去调查，也就是说，他向别人提出问题。但是他什么也没有看见，而且他什么也不相信。他让人好好看守阿里昂，等海员们回来。海员们一上岸，他便让人把他们叫来，“向他们打听，（想知道）他们有没有阿里昂的消息”（historéesthai）。事实上，佩里安德安排了
27 一种对话的局面，让海员（只有海员才是事件的见证人）指证自己有罪。“他们回答说，阿里昂在意大利身体很好，他们在塔兰托与他分手时，他的身体状况很好。”这时，阿里昂戏剧性地登场了，让海员们落入了佩里安德设置的陷阱，自此，他们再也无法摆脱困境。从现代意义上说，佩里安德不是见证人，也不是调查者(因为从程序上来说，他最应该做的，是到船上去搜查)，他只是一个话语的大师，他让海员们成了实际发生过的事件的见证人（他们不由自主地成了事件的见证人），至少是阿里昂乘过他们的船这件事。

希罗多德不是阿伽门农，不是佩里安德，不是年长者，也不是受了启发的诗人，他选择了“historiê”。从某种意义上来说，“historiê”就是调查，指的是一种精神状态（一个人正在寻求知道某事 / “historeî”）和一种类型的行为，而不是指实行这种行为的某个特别领域。这个词属于思想历史的这一时刻（公元前 5 世纪上半叶），也许在当时是一个很

时髦的词，这意思也就是说，每个人都可以按照自己的意思来使用这个词。不能忘记的是，histôr 还表示仲裁人或者史诗的担保人，有好几层意思，应该起过类似于十字路口的作用。

的确，我们可以用这个词来描述像德谟克利特这样的“调查者—旅行者”的活动，他们从事某种司法类的调查（寻求知道某件事，调查，证明）；悲剧作家并非不知道这一点——当俄狄浦斯在向女儿们谈到他自己时，说：“父亲什么也没有看到（horôn），什么也不知道（historôn），可是突然间明白了一点，似乎你们也是在孕育了他的肚腹中诞生的”[1]——医生们也求助于这样的活动。

不管是借用的，还是从别人那里拿来的，希罗多德把这个词说成 28
是他的整个事业的关键词。“本人是哈利卡纳苏斯的希罗多德，以下是他调查的结果……”这种以属格的形式表达的开场白，是希罗多德以自己的名义，将自己的调查结果介绍给公众的特殊方式。他是调查者（historeî），他从来没有自称是“历史学家”，他只是为知识要求一个位置，然而，这个位置需要从头到尾地建立。除了开场白之外，希罗多德用动词 historeîn 来指他从事的工作。因此，当他致力于解决尼罗河的源头在哪里这个难题的时候，他明确说：“我一直到了象岛（Eléphantine），而且亲眼看见了（autoptês）那里的情况；再往上游的事，我进行了口头调查（akoêi historeôn）。”[2]在第二卷书的文字当中（2，19，34，118），从上下文来看，historeîn 表达的是口头调查的意思，但是尽管如此，旅行者还是首先去了现场。在第2段、第44段，他想搞清楚谁是赫拉克勒斯，他说他一直到了腓尼基的泰尔，在泰尔看到了为赫拉克勒斯建的神庙，而且他询问了庙里的祭司。这时候，他把整个活动（眼睛看，耳朵听，验证和口头信息）称之为“调查”（ta historêmata）：“我的调查清楚地表明……”从今往后，要想“看见”，

1　索福克勒斯：《俄狄浦斯王》，1484年（Sophocle, *Oedipe roi*, 1484）。

2　希罗多德，II，29。

他必须亲自（到现场去看），并学会看（收集证据），收集事实的各种不同版本，将各种版本联系在一起，根据从别处获得的知识，根据各种版本的真假程度进行分类。

从认识论的角度来看，“historiê”所代替的，似乎就是一种程序，
29 这种程序可以代替神的原始视角（它是一种代用品），最终达到有限的却永远也不会完美的视角。现在，我们说的完全是人，以及人所实现的伟大行为（行吟诗人歌颂的是人和神），我们说的时代也完全是人的时代。时间将抹杀一切，但是为了对抗时间，历史学家就是要做记忆的工作，而且既然人的本性是不稳定的，历史学家就必须像公平的法官，“一样地”、平等地对待大城邦和小城邦：历史学家将是大、小城邦的见证人。

指称新的地点时使用的名称，先是一个特有的名字，也就是它的名字。与它的名字一起，又连带着使用了第三人称：表示距离感的“他”，或者根据本维尼斯特的分类，表示非人称的语气。[1]但是，叙述者似乎立刻又反悔了一样，马上又用了第一人称的代词（hêde）（“以下是对调查的介绍”）[2]：一个“我”的标志，说明“我”于此时此地，用现在时来介绍“他”的故事，比如在雅典组织的一次会议上来介绍。“他”并没有明确地被“我”所取代，只是“他”有我陪伴着，有时候由“我”替换一下而已。

在史诗的序曲中，变换人称时，讲话人首先是在第一人称“我”和第二人称“你”之间进行分配的。“诗神啊，你有千百种手段，请

1　埃米尔·本维尼斯特：《普通语言学问题》，巴黎，伽利玛出版社，1966 年，第 228 页（É. Benveniste, *Problèmes de linguistique générale*, Paris, Gallimard, 1966, p. 228）。斯文布洛：《“弗拉齐克利亚”，古希腊阅读人类学》，巴黎，发现出版社，1988 年，特别见于第 74—76 页，166 页讲到语态、文字和专有名词的部分（*Phrasikleia. Anthropologie de la lecture en Grèce ancienne*, Paris, La Découverte, 1988）。

2　法语原文是：“voici la présentation de l’enquête”，并没有第一人称“我”的字样。这大概就是语言之间的差别，希腊文的第一人称代词“hêde”译成法文之后就不见了，“Voici”（这就是、以下是）在法语里不能说是“第一人称代词”（也许这里可以译成：“以下是我对调查的介绍”）。——译者注

你告诉我……”[1] 讲话的是诗神，而诗神知道现在、将来和过去的一切。在这场不平等的对话当中，“我”是与格：“我”之所以在场，是为了 30
收集和传达神的歌。他的全部权威就在于他是诗神和人之间的中介，他与众神世界有着特殊的关系，诗神被说成是“奥林匹斯山的居民”，是“宙斯的女儿”，是“谟涅摩叙涅的女儿”。[2] 对于他来说，启示所起的作用与回忆一样。他来到一段自己并未经历过的时间，他“看见了”实际上他并未看见过的东西，有时候他甚至为此要以自己的眼睛为代价。这个“我”是空洞的，他只是一个中介，因为每个行吟诗人在唱诗的时候，只是时而变成“我”。那是一个没有特别的名字、没有特别的权威的“我”。

赫西俄德（Hésiode）接过了这种开场白的结构，但是也对结构做了一些修改。诗神仍然在场，仍然掌握着知识和启示，但是诗人向诗神祈求、求助的仪式不一样了，变得更加复杂。的确，第一人称和第二人称的二元结构（诗神 / 行吟诗人）被打破了，让位给了第三人称。《神谱》的序曲开篇就是“我们歌唱诗神。（接着是对诗神在赫利孔山上的乐队和歌唱的回忆。）有一天，她们教给赫西俄德一首动听的歌……女神啊，奥林匹斯山的缪斯，手持神盾的宙斯的女儿，以下是她们对我说的最初几句话……”[3] 最开始的第一人称（“我们歌唱”）引出用第三人称表示的诗神，带着导演的距离。这样一来，第三人称的用法似乎稳稳地驻扎了下来，诗人也只能以第三人称出现，或者再次出现；但是，诗人是以专有名称（“她们教给赫西俄德一首动听

1　荷马：《奥德赛》（Homère, *Odyssée*, I, 1）。详见克洛德・卡拉姆（Claude Calame）在《古希腊的故事》，巴黎，克林克锡克出版社，1986 年，第 69—81 页（*Le Récit en Grèce ancienne*, Paris, Klincksieck, 1986, pp. 69-81）中整理的文本和提出的尖锐意见。

2　让-皮埃尔・韦尔南：《古希腊人的神话和思想》，巴黎，发现出版社，1988 年，新版第 111—112 页（J.-P. Vernant, *Mythe et pensée chez les Grecs*, Paris, La Découverte, 1988, pour la nouvelle edition, pp. 111-112）。

3　赫西俄德：《神谱》，1—34（Hésiode, *Théogonie*, 1-34）。参见布兹、茹戴・德・拉孔伯、菲利普・卢梭主编的《神话的织布机，阅读赫西俄德》，里尔，北方大学出版社，1996 年（*Le Métier du mythe, Lectures d'Hésiode*, sous la direction de F. Blaise, P. Judet de la Combe, Ph. Rousseau, Lille, Presses universitaires du Septentrion, 1996）。

31 的歌”）的形式出现的（这可以说是非同小可的变化）。紧接着，作者又恢复了第一人称陈述的标记（“以下是她们对我说的最初几句话”）；诗神缪斯以直接引语的形式，占据了第一人称的位置（“我们知道……”）。不管怎么说，我注意到作者在这篇序曲当中（一篇很难解释清楚的序曲）使用的是第三人称，而第三人称将诗神缪斯放在了一定的距离之外（是“她们”，而不再是“你们”），但是也将诗人放在了一定的距离之外（是“他”，而不再是“我”），同时导致用作者的特有名称（赫西俄德）来称呼他，因此也就是把他放在了作者的地位上；但是此时此刻，这个地位还没有被明确地规定，或者说，还没有被人占用。更加准确地说，诗神缪斯和赫西俄德建立了师生关系（edidaxan）：诗神缪斯不仅在说，而且还在教导；她们在传达类似于知识的东西（是可以被人吸收的，因此也就是可以重复的东西？）。虽然赫西俄德几乎立刻就恢复了诗神缪斯作为启示者的习惯形象：“她们将这首神曲提示（enépneusan）给了我。”[1]

从史诗到《历史》的前言之间，最明显的变化在于诗神缪斯完全不见了踪影（不管是第一人称还是第三人称）。因此，一种新的话语结构和一种新的权威体制随之而出现了：是谁在说？是以谁的权威在说？在史诗的话语机制当中，有权威的只能是诗神，而现在，讲话的人不再是诗神缪斯，而是从事调查的人。正是由于从事了“调查”（historiê），他才建立了自己的知识的地位；的确，“调查”具有代替神的视角的作用；从今往后，再也没有神的视角。

原来开场时的角色分配就规定好了谁该在什么时候发言。如果放弃旧的角色分配，那剩下的只有第三人称了：是“他”，而不再是
32 “我”，而且是以专有名称的形式出现。“希罗多德”是开篇第一句话的第一个词，用所有格的形式表示（与史诗中以与格的形式出现的“我”不同），仿佛是给属于自己的东西打上印记，在上面签上自己的

1 赫西俄德：《神谱》，31。

名字，好比手工匠人给自己的作品打上记号一样，也像是为自己的领地画上标记；总而言之，是把自己当成作者来介绍。

然而，似乎第三人称的用法（或者第三人称的话语）太难维系，所以第一人称的印迹几乎立刻又出现了，试图恢复在表述中表达“此时此刻”的常用标记。在前言稍后些的地方，叙述者又以第一人称的方式（主格和宾格的“我”）强有力地进行干预，将一时授给波斯“学者”的话语权又收了回来，并提出新的可接受的话语构成规则。在《历史》当中，作者在很多地方表明了自己的立场，这里是第一次。在表明立场的地方，作为叙述者和作者的“我”以全景的方式展开故事，让我们看到他理所当然地报告的故事，并对故事进行衡量、评判。

代替了诗神缪斯的，是希罗多德的“调查”（historiê）；在代替的过程中，在第一人称和第三人称之间有些迟疑，或者在两种人称之间有些摇摆不定。而且还不仅仅是如此。在本来应该用第二人称表达诗神缪斯的知识的时候和地方，《历史》中开口讲话的，是各种各样的人物了，从波斯的“学者”，到无人称的“légetai”（有人说、据说），但一概是第三人称：“他们说……”或者“有人说……”也许正是从表示诗神缪斯的“你们”向“他们”（表达话语，或者证实话语的集体主语）的过渡当中，我们才能理解历史形成的一个重要特点？克洛德·卡拉姆以翔实的分析让我们注意到这一代换。[1] 他认为，由 33
于 historiê 具有多义性，属于“oîda”（我看见了、我知道）的意义范畴，所以也可以被定义成“他们”的形成程序，然后又可以成为对“他们”进行评价和证实的程序，也就是说，作为在“他们”（“他们说……”“据说……”）和叙述者“他”/“我”之间进行对质的程序，所有这一切，都是一个专有名称“希罗多德”的权威（除了未来的作

1　前文所引卡拉姆《古希腊的故事》第 78—79 页。在这种话语的关系当中，也表明了作为叙述者的“我”形成的另外一种意义。

品之外，任何东西都不能建立起这样的权威）组织起来、承担起来的。

修昔底德在自己的叙述当中，进一步消除了第一人称的标记，同时将视角，更加准确地说是将“见证”当成了使真正的历史成为可能的标准。[1] 从修昔底德的见证（autopsie）到实证主义历史的理想——在实证主义的历史理想当中，历史学家只不过是一只眼睛（的确，他是读者，而不是观众），而且极而言之，也可以说这只眼睛不属于任何人——之间，划出了一条解决疑难的道路，史学就是在这条道路上不断前进的。[2] 然而，修昔底德的作品出现之后，从认识论的角度来看，正是在视角的问题到了前台的时候，历史学家为了给自己的活动取个名字，才拒绝了先辈希罗多德的“调查”（historiê）这个词（然而，从词源学的角度来看，这个词是将“看见”和“知道”混在一起的），采用了 suggráphein 这个动词的。“调查”（historiê）的标记性太过明显，所以它才让位（一时让位）给了另一个强调书写意义的词。历史学家的工作不再是调查的表现，而是一种“文字”的工作，一种“编写”的工作，也是一种“编辑”的工作。

从前的行吟诗人，通过不断反复传唱的歌声，让英雄获得了永
34 恒的光荣。希罗多德努力工作的目的，则是不让人的活动由于再也没有人讲述而湮灭。修昔底德选择把一场战争“用文字记录下来”，因为他知道那一定是前所未有的“最伟大的战争”，从而使他的故事成为“永垂不朽的经典（ktêma）”。从 kléos（光荣）到 ktêma（永垂不朽的经典），其变化是显而易见的。史诗的时代的确结束了（也许我们需要等到米什莱的作品出现时，才能够从历史当中发现史诗的观念，但是米什莱不正是一个自称为“通灵者”和“窥视者”的历史学家吗？）。在修昔底德的作品当中，问题不再是如何使英勇事迹不被人

---

1 修昔底德，I，22.

2 弗朗索瓦·阿赫托戈：《十九世纪与历史：菲斯泰尔·德·库朗热的个案》，巴黎，塞伊出版社，历史总结丛书，2001 年，第 148—155 页（F. Hartog, *Le XIX*^{e} *Siècle et l'histoire. Le cas Fustel de Coulanges*, Paris, Le Seuil, Collection Points-Histoire, 2001, pp. 148-155）。

们忘记，而是如何向后人传达一种理解的工具，让后人理解他们自己所面对的危机。《伯罗奔尼撒战争史》本身就是不朽的，战争因作品而不朽，也为作品而不朽。作品一开始是这样说的："雅典的修昔底德用文字记录了……"所以，作品本身就是创始者——雅典的修昔底德——的墓志铭和纪念碑。

不管怎么说，在使用具有两重性的第三人称的同时（实际上既没有第一讲话人，也没有表述的大师），希罗多德的《历史》建立了西方历史故事的深刻结构。波斯学者说的话经过叙述人的转述，又被叙述人打断，从而开启了无尽的援引（我们是从"援引"这个词的各种意义上说的），从今往后，援引成了历史书写的特点。援引就是引述其他人的话，就是编纂，但也是让被援引的人到庭受审（因此也就是以某种方式，以知识的名义进行审判[1]）。我们看到几种历史学家的源起，从调查者和旅行者，一直到档案的阅读者，从勘察战场的人到制作纸质士兵的匠人，中间还有历史尚未最终确定的法庭上的法官。

2001 年 1 月

1　德·塞尔托：《历史的书写》，巴黎，伽利玛出版社，1975年，第111页（M. De Certeau, *L'Écriture de l'histoire*, Paris, Gallimard, 1975, p. 111）。

参考书目的增补和修正

在最新的出版物当中，我们应当特别指出的，是三部集体创作的作品：

《史学史》，1985年（*Storia della Storiografia*, 7, 1985）；尤其是拉什诺的《从战前到如今的希罗多德研究》，第6—27页（G. Lachenaud, “Les études hérodotéennes de l’avant-guerre à nos jours” , pp. 6-27）

《阿瑞菟莎》1987年1—2月第20期，《希罗多德与历史的发明》（*Arethusa*, 20, 1-2, 1987, “Herodotus and the Invention of History”）从提出的方法上来看，该作品属于最为开放的系列研究，也是对希罗多德及其文本最为完整的研究。

哈德基金会：《关于古典古代的谈话》，第XXXV卷，《希罗多德与非希腊民族》，日内瓦，1990年（Fondation Hardt, *Entretiens sur l’Antiquité classique*, t. XXXV, “Hérodote et les peuples non grecs” , Genève, 1990）。本书根据到目前为止已知的各种非希腊民族的一些史实，对希罗多德的真实性重新进行研究（并得出了结论）：希罗多德说的话是真话，而且“他再也不需要人们的称颂和辩护”（G. Nenci, p.317）。这种状况不会受到任何人抱怨。但是同时，关于方式的问题仍然是存在的，至少我这样认为。希罗多德是如何说真话的？况且，我们不应忘记的是，亨利·艾蒂安（Henri Estienne）写《为希罗多德辩护》（*Apologie*）时，为的是，或者首先是与“教堂里的哲学家”（教皇主义者）进行论战。还有一个问题：在那么长时间里，人们是怎样又为什么常常认为希罗多德是个骗子，但同时又承认他是历史之父。

几部作品：

拉什诺：《希罗多德作品中的神话、宗教和历史哲学》，里尔，1978年，博士论文（G. Lachenaud, *Mythologies, religion et philosophie de l'histoire dans Hérodote*, Lille, 1978, Thèse）

亨特：《希罗多德和修昔底德作品中的过去时和进行时》，普林斯顿，1982年（V. Hunter, *Past and Process in Herodotus and Thycydides*, Princeton, 1982）

科塞拉：《希罗多德和相似性》，帕尔梅，1984年（A. Corcella, *Erodoto e l'analogia*, Palerme, 1984）

贝尔特拉美蒂：《希罗多德：由讲话主宰的故事，作为记忆形式的道德故事》，佛罗伦萨，1986年（A. Beltrametti, *Erodoto : una soria governata dal discorso. Il raconto morale comme forma della memoria*, Florence, 1986）

达尔博-佩斯尚斯基：《个人话语：论希罗多德的调查》，巴黎，1987年（C. Darbo-Peschanski, *Le Discours du particulier. Essai sur l'enquête hérodotéenne*, paris, 1987）

梅尔：《政治的诞生》，巴黎，伽利玛出版社，1996年，第八章（C. Meier, *La naissance du politique*, traduction Paris, Gallimard, 1996, chap. VIII）

莫米利亚诺：《历史知识的基础》法译本，巴黎，文学出版社，1992 年，第二章（A. Momigliano, *Les fondations du savoir historique*, traduction Paris, Les Belles Lettres, 1992，chap. II）

帕扬：《流浪岛：希罗多德调查中的征服和抵制》，巴黎，高等社会科学研究院出版社，1997 年（P. Payen, *Les îles nomades, Conquérir et résister dans l'Enquête d'Hérodote*, Paris, Editions de l'Ecole des hautes études en sciences sociales, 1997）

马林科拉：《古代史学中的权威和传统》，剑桥，剑桥大学出版社，1997 年（J. Marincola, *Authority and Tradition in Ancient Historiography*, Cambridge, Cambridge University Press, 1997）

弗朗索瓦·阿赫托戈：《过去和现在的历史》，载塞提斯主编的《希腊》，历史、文化艺术学会会刊，第二卷，图灵，艾诺迪出版社，1997 年，第 959—981 页（F. Hartog, "La storiografia fra passato e presente" , dans *I Greci*, Storia, Cultura Arte Societa, a cura di S. Settis, II, 2, Turin, Einaudi, 1997,pp. 959-981）

托马斯：《语境中的希罗多德：人种志、科学与劝说的艺术》，剑桥，剑桥大学出版社，2000 年（R. Thomas, *Herodotus in Context, Ethnography, Science and the Art of Persuasion,* Cambridge, Cambridge University Press, 2000）

文章及翻译：

希罗多德：《历史》，菲利普-艾尔奈斯特·勒格朗根据希腊文翻译并出版，巴黎，文学出版社，法国大学丛书，1962 年最新版本

（Hérodote, *Histoire*, édité et traduit du grec par Philippe-Ernest Legrand, Paris, Les Belles Lettres, Collections des Universités de France, 1962, rééditions récentes）

希罗多德：《调查》，安德烈·巴尔盖根据古希腊文翻译和出版，二卷本，巴黎，伽利玛出版社，“Folio” 丛书，1985 年（Hérodote, *L'enquête*, édité et traduit du grec ancien par Andrée Barguet, 2 vol., Paris, Gallimard, collection “Folio” , 1985）

最新的版本由米兰的洛伦佐·瓦拉基金会（la Fondation Lorenzo Valla, Milan, Mondadori）1998 年出版（第一卷包括 David Asheri 为全书写的一篇前言）。

（另外，作者在新版本出版之际，对作品的某些注释当中提到的书目进行了修改，也在此处列出。为了方便中文版读者的阅读，我们将这部分修改放在各个有关的注释当中。不再在此一一列出。——译者注）

引言

41 希罗多德的名字

“希罗多德只是在现代才真成为历史之父的，这真是一件奇怪的事情。”

——莫米利亚诺

从希罗多德到如今，漫长的2500年过去了；这期间，很多人试图解释他的作品。这些解释者排成了长长的队列，其中有翻译者、评注者、批评者。[1]后世没完没了地对希罗多德的个案进行审查，而所有这些人都与希罗多德有过关系，他们都在审查当中签下了自己的名字。审查是不可能结束的，至少只要希罗多德在历史的边缘远远地望着我们，这项审查工作就结束不了。但是，审查之后的判决永远不是最终
42 的判决，甚至从来就不会真正有判决——因为先前的判决被后人接过来，当作是简单的见证，以在永无终结的审查当中做出新的判决，审查本身也保证了希罗多德的永恒；审查就是他的永恒的标志。因为希罗多德有一种吸引力：他是历史之父，我们永远需要引述他、回忆他，

1　感谢在我进行本项研究的整个过程中（本文是1979年6月我在弗朗什孔泰大学答辩通过的国家博士论文），友好地关注我的研究或者倾听我的思考成果的所有人，尤其是米歇尔·德·塞尔托（Michel de Certeau）、马塞尔·德蒂安（Marcel Detienne）、让-路易·迪朗（Jeau-Louis Durand）、皮埃尔·莱韦克（Pierre Lévêque）、埃里克·米肖（Éric Michaud）、雅克·雷维尔（Jacques Revel）、让-皮埃尔·韦尔南（Jean-Pierre Vernant）、皮埃尔·维达尔-纳凯（Pierre Vidal-Naquet），也感谢皮埃尔·诺拉（Pierre Nora）和艾里克·维尼（Eric Vigne）。

他是我们需要驱除的幽灵，是我们需要摆脱的鬼魂。

在很长时间里，人们想说服希罗多德，让他相信他是有罪的，并提出他说谎的证明：后来审查的方式变了。在很长时间里，人们想复原希罗多德真正的面目，跨越种种解释，好像从前那些解释能够被跨过去，能够被搁置在一旁，而且他们是想借助所有词源学、语文学和文字知识的资源来达到这样的目的。今天，真正发生了变化的，是“审查”这个词本身的意义，现在这个词所指出的，只是种种解释的动向，因为先后出现的解释也和《历史》一样，成了希罗多德的一部分。因为，“其他人的思想会为作品开启一个空间，在这个空间里，作品会比我们想到的更多。”[1] 因此，要写关于希罗多德的《历史》的文章，就一定离不开对这部作品进行解释的历史。但是，这样的历史会引导我们走向古代史的历史，或者简单说，就是让我们去重走历史之路，如果希罗多德真的是这一历史的开山鼻祖的话。[2]

对于他，我们都知道些什么呢？我们知道的并不多，更何况还不 43
是直接从他本人那里知道的，而是从一些后来人的注释中了解的，而且我们所了解的这一星半点的东西，还有人竭力在证明都不是真实的。[3] 手稿上说的是“哈利卡纳苏斯的希罗多德……”间接的传统又认为是“图里奥姆的希罗多德……”先是哈利卡纳苏斯的希罗多德，公元前约 480 年，他出生在哈利卡纳苏斯，他也可以说自己是意大利南部图里奥姆的希罗多德，因为他后来成为那里的公民。[4] 他在萨摩斯岛

1　勒弗尔：《作品的影响：马基雅维利》，巴黎，伽利玛出版社，1972 年，第 24 页（Cl. Lefort, *Le Travail de l'œuvre : Machiavel*, paris, Gallimard, 1972, p. 24）。

2　避开这个问题的一种方式，是在亲族关系上做文章，比如马鲁（Marrou）就说过：“我们认为，希罗多德不是‘历史之父’，而是一个返老还童了的祖先，而且我们对他表示尊崇的时候，难免带有一种保护者的微笑。”详见《历史知识论》，巴黎，1975 年，第 27 页（*De la connaissance historique*, Paris, 1975, p. 27）。

3　比如博埃尔的《希罗多德传记》，维也纳，1878 年，就是这样（Ad. Bauer, *Herodotos Biographie*, Vienne, 1878）。关于传记，可详见勒格朗写的《希罗多德》前言，法国大学丛书，巴黎，1955 年，第 5—37 页（Ph.-E. Legrand, *Hérodote*, Introduction, Collection des Universités de France, Paris, 1955, pp. 5-37）。

4　图里奥姆是公元前 444—前 443 年建立的泛希腊主义的殖民地。详见维尔《希腊世界与东方》，巴黎，1972 年，第 276—282 页（Ed. Will, *Le Monde grec et l'Orient*, Paris, 1972, pp. 276-282）。

（Samos）被流放过一段时间；他在中东游历过，尤其是在埃及，他去过黑海周边以北，意大利南部向西，也去过希腊大陆。[1]他在雅典住过一段时间，后来去了图里奥姆。公元前5世纪20年代去世于图里奥姆，按照传统，人们在集会广场为他修了一座墓；按照另外一种传统，人们在雅典为他修了墓地，在马其顿的贝拉（Pella）也有他的坟墓。[2]他的一生处在两次重要的战争之间：希波战争和伯罗奔尼撒战争。他没有亲身经历希波战争，而对于伯罗奔尼撒战争，他至少经历了其开始。

“希罗多德……在此阐述其调查（historiê），好让人们做过的事不
44 至于经过长时间之后，从人们的记忆当中消失，好让蛮族人和希腊人完成的伟大和神奇的事迹（érga），尤其是希腊人和蛮族人开始相互争战的原因，不至于没有人讲述。”我们称之为的《历史》就是这样开场的，但是，根据当时的习惯，这本书当时没有标题。这几行字尤其吸引了评注者们的注意，对于这些评注者来说，准确地建立每个词的意义，首先是其中最著名的词 historié 的意义，就可以让我们明白希罗多德所从事的事业的意义。[3]

《历史》分为9卷，每一卷都用9位诗神缪斯之一的名字命名。但是，全书的划分和用诗神的名字命名都不是出自希罗多德之手。公元2世纪的琉善（Lucien）证明说，这些东西肯定不会早于希腊化时代；这些东西标志着作品具有的某种地位，也标志着当时的公众接受作品的方式：作品是与诗神缪斯，与诗，与快乐，与传奇放在一起的。作者希罗多德在书中谈到的，只是他的逻各斯（logos, logoi），他的故事。在9卷书当中，一些故事围绕着一个中心设想先后展开，先后衔

1　希罗多德的游历也被人怀疑过：他假装去某些地方旅行过，实际上他根本没有去过那些地方，或者只去过部分地方；塞斯（A.H. Sayce）是关于这个问题的专家，详见《东方的古代帝国，希罗多德 I-III》，伦敦，1883年，第XXV—XXX页（*The Ancient Empires of the East, Herodotus I-III*, Londres, 1883, pp. XXV-XXX）。

2　《苏达辞书》“希罗多德”词条（*Souda, s.v.* Herodotos）；马克利诺的《修昔底德传》（Markellinos, *Vie de Thucydide*, 17）中甚至明确说，希罗多德和修昔底德的墓地毗邻。

3　当然，有个尼禄时代的语法学家坚持说，前言不是希罗多德写的，而是希罗多德的朋友、诗人普勒希洛斯（Plesirrhoos）写的。详见佛提乌的《群书摘要》148 b（Photius, *Bibliothèque*, 148 *b*）。

接，甚至先后交叉。这个中心的设想就是，让人做过的事不至于被忘记，不至于没有人接着讲述下去。前4卷书主要是讲相异者的故事，也就是除了希腊人之外的其他人的故事（吕底亚人、波斯人、巴比伦人、马萨格泰人、埃及人、斯基泰人、利比亚人……），而后面5卷大部分讲的是希波战争的故事。

《历史》产生了什么样的效果，人们是如何接受这部作品的呢？ 45
对这个问题，我们没有办法给出准确的回答，因为我们没有办法重建当时人们对作品的“期待范围”[1]，我们也没有办法真正随着时间的变化，勾画出这部作品所产生的效果的历史。然而，似乎《历史》很快就名声大噪，至少在雅典，而且在整个古代时期都有很高的名望[2]，但是，《历史》也很快受到了人们的批评和指摘，而且被人批评和指摘的时间持续得也很长；人们说，希罗多德是个贼，更是个骗子。因此，古代打造了一个双面的希罗多德，让名闻遐迩的希罗多德的名字具有双重的意义，说他既是历史之父，又是说谎者，甚至是说谎者之父。[3]

1768年，伏尔泰还用下面这些话来介绍希罗多德的《历史》：“他向希腊人朗诵他的《历史》的9卷书，用作品的新颖之处，用抑扬顿挫的诵读，尤其是用一些奇谈怪论，把希腊人迷得神魂颠倒。”[4] 所谓作品的新颖之处，就是欧儿里得指着自己书房里历史部分的图书，向年轻的阿纳卡西斯（Anarcharsis）解释说：“他让希腊人看到了已知世界

1　关于“期待范围”（horizon d'attente），详见姚斯的《接受美学》，法文翻译版本，巴黎，1978年，第49页，257—262页（H. R. Jauss, *Pour une esthétique de la réception*, trad. Paris, 1978, pp. 49, 257-262）。

2　黎曼：《古代历史中的希罗多德》，慕尼黑，1967年（K. Riemann, *Das Herodoteische Geschichtswerk in der Antike*, Diss, Munich, 1967）。

3　莫米利亚诺：《希罗多德在史学史中的地位》，载《史学研究》，伦敦，1969年，第127—142页（A. Momiglioano, “The place of Herodotus in the history of historiography”, *Studies in Historiography*, Londres, 1969, pp. 127-142），在这篇文章中，莫米利亚诺以杰出的方式勾画出希罗多德的名字所经历过的周折。

4　伏尔泰：《历史中的怀疑论》，见于《伏尔泰全集》，巴黎，伽尼埃出版社，1879年，杂文第六卷，第246页（Voltaire, *Le Pyrrhonisme en histoire*...1768, *Œuvres complètes*, Paris, Garnier, 1879, Mélanges VI, p. 246）。

46 的编年史，并以同样的视角，让他们看到了在大约240年里，在人们的记忆当中发生的所有事”[1]；所谓抑扬顿挫的诵读，就是从公元5世纪到帝国时期，人们写过的关于爱奥尼亚的大师希罗多德的一切；所谓他的奇谈怪论，则是指擅长密索斯（mûthos）的希罗多德会讲故事，是说希罗多德会把人们迷得神魂颠倒；修昔底德第一个揭露了他这一特点，不过，这一特点仍然需要揭示，或者更加准确地说，我们应当承认他的这一长处，因为像罗林（Rollin）一样“值得尊敬”的作者都上当了，并“让我们沉醉于希罗多德的故事当中”。[2]

伏尔泰的这句话不过是将几个要点罗列在一起，概要地说出了传统上人们对《历史》的作者的一些观点：他是第一个历史学家；他是个大艺术家；他是个骗子。但是，如何整理一下这些无序的命题呢？首先，而且尤其是，如何区别真话（也就是历史）和谎言（也就是奇谈怪论）呢？伏尔泰在题为“论希罗多德的《历史》”的一段文字当中，已经提出了一种解决问题的办法：“他讲外国人信仰的话几乎都是奇谈怪论，但是，他讲亲眼见过的所有事情的话，都是真话”；他选择了眼见为实，耳听为虚，他赞成见证，反对道听途说（akoé），也就是说，他赞成“genomena”，也就是事实，而反对“légomena”，也就是耳闻。伏尔泰以这样的方式为基础，去辨别哪是真话，哪是谎言，实际上他完全接过了修昔底德的程序：首先是见证，而且没有见证，就不会有历史。但是，修昔底德这种方法论的立场产生的结果就是，他批判了他的前人，因为他的前人认为书写过去，甚至书写晚近的历史都是可能的；还有那些相信（或者让人们相信）自己在书写真正的历史，比如希波战争的历史的人——他是第一个批判希罗多德的人。

虽然伏尔泰接过了修昔底德关于什么是真话的标准，但他似乎

---

1 巴特雷米神甫：《年轻的阿纳卡西斯希腊游记》，巴黎，1788年，第三卷，第458页（Abbé Barthélemy, *Voyage du jeune Anacharsis en Grèce*, Paris, 1788, t. III, p. 458）。

2 见于前边所引伏尔泰的作品第236页。罗林写过一本《古代史（1730—1738）》[Ch. Rollin, *Histoire ancienne* (1730-1738)]。

“忘记”了这些标准的蕴涵：希罗多德没有直接看到希波战争，他的故事以“耳闻”（legomena）为基础[1]，因此是要有保证的。恰恰相反，伏尔泰把讲故事的希罗多德排除掉，只留下见证事实的希罗多德，然后再通过变换手法，让见证事实的希罗多德变成希波战争的历史学家，也就是“历史学家的典范”。还不仅仅是如此。希波战争的历史不仅仅是可能的，而且历史就是从希波战争才真正开始的：“应当承认，对于我们来说，历史只是开始于波斯人反对希腊人的那场战争。在这些伟大的事件发生之前，我们只能看到一些似是而非的故事，而且还被包裹在一些幼稚的无稽之谈当中。当希罗多德描述薛西斯（Xerxès）神奇的备战工作，然后去征服希腊，后来又征服欧洲时，他变成了历史学家的典范。”[2] 希罗多德是希波战争的历史学家，而希波战争是历史的开端：因此，希罗多德就是“历史学家的典范”。但是，为什么希波战争是历史的开端呢，还不就是因为希波战争是希罗多德叙述的战争吗？我们从希罗多德到战争，或者从战争到希罗多德，但是实际上，我们离不开希罗多德。[3]

伏尔泰的文章以两分法为基础：有一个希波战争的历史学家，还有 47
另外一个希罗多德，一个讲传奇故事的旅行家希罗多德。因此希罗多德的名字不是一个，而是两个。虽然伏尔泰为两分法做出了贡献，但是发明两分法的，并不是伏尔泰。莱顿的格洛诺维奥斯（J. Gronovius）

1 即便这些话不是出自外国人之口。

2 见于前文所引伏尔泰的作品第 247 页。

3 修昔底德的确将伯罗奔尼撒战争和希波战争相提并论（I，23），试图弱化希波战争的作用。但是在这一点上，后来的人们并没有追随他。后来的人们认为，希波战争差不多象征着自由对亚洲奴役的胜利。比如黑格尔（Hegel）就认为，那些战斗“不仅在各民族历史的记忆当中仍然有生命力，仍然是不朽的，而且在科学和艺术的历史记忆当中，在一般所说的高尚的和有道德的事物的历史中也是这样。因为这是具有普遍意义的历史的胜利；这些胜利挽救了文明，使亚洲的君主丧失了一切活力……”《历史哲学的教训》，法译本，巴黎，1963 年，第 197 页（*Leçons sur la philosophie de l'histoire*, trad. Paris, 1963, p. 197）。密尔（J.S. Mill）也说：“马拉松之战，即使在英国的历史事件当中，也比黑斯廷斯之战更为重要。如果那天的结果不同，也许今天的英国人和撒克逊人仍然会生活在树林里呢。”（*Discussions and Dissertations*, 11, 1859, p. 283）。

1715 年版本带版画的书名页就证明了这一点。[1] 我们看到一片闪着光辉的云团从中间将版画的空间分割开来。云彩上是九位诗神缪斯（象征作品的九卷书），云彩从天际一直延伸到大胡子、盲眼的希罗多德的半身像上。四位缪斯在右侧前景中将一张羊皮纸铺展开来，那是我们可以看到的故事的文字，也就是记叙希波战争的文字。一位缪斯站着，臂肘支撑在半身像上，用手指着羊皮纸，告诉观众和读者说，他们所看到的，就是历史学家身后光荣的名称和王冠的图案。我们可以看得出来，这个缪斯就是歌唱“英雄的光荣”（kléa anthrṓpōn）的诗神克利俄（Clio）；在图像当中，她最根本的标志恰恰就是手持的羊皮纸卷轴 [2]：克利俄站在半身像和伟大的记述希波战争的羊皮纸卷之间，既是故事的中间人，又是hístōr（看见、知道）的启发者。

在云彩的每一侧，我们可以看到背景：在上面的左侧，可以很容
48 易地看到巴比伦的城墙、神庙的高塔，以及从城市中间穿过的幼发拉底河；在下面的右侧，占据空间更大的是埃及，代表性的图案当然是尼罗河和金字塔，但是也有一系列“典型的”事物，有蹲着的书吏和象形文字。这两种图案显然不是版画制作者偶然选择的，但是最值得关注的，是旅行者希罗多德只出现在背景里，而且只作为背景出现；在旅行者希罗多德的背景之上展示的，是令人难以忘怀的伟大的历史学家。这幅版画总起来看很一般，但它是根据对希罗多德的两分法来构图的，而且版画只是满足于表现两分法：的确有两个希罗多德，讲述希波战争的历史学家 [3] 和另外一个希罗多德，一个首先是讲述相异者的，除了希腊人之外的其他人的希罗多德。

甚至在古典研究领域之内，这种两分法也以巧妙的方式再一次吸引了人们的注意。1913 年，对古希腊历史学家了解得最深刻的人写了

1　详见下页插图。

2　《古希腊和古罗马古董词典》当中“诗神缪斯”词条（*Dictionnaire des antiquités grecques et romaines, s.v.* Muses）。

3　Hérodote, historien des guerres médiques, Paris, 1894.

LUGDUN I BATAVORUM.
Apud SAMUELEM LUCHTMANS. MDCCXVI.
Cum Privilegio Potentiaf: D. D. Ordinum Hollandice & Weftfrifice.

一篇长长的说明，发表在《古典学研究百科全书》（*Real Encyclopädie der classischen Altertumswissenschaft*）这种严肃而重要的工具书里，在很长时间起到了权威观点的作用，而且至今仍然是权威。[1] 在成为历史学家之前，希罗多德先是地理学家和人种志学者。因此，的确有个旅行者希罗多德，也有个希波战争的历史学家希罗多德，但是，他是从旅行者变成历史学家的，而且他的作品证明了他的人生分为这样两个阶段，也证明了他从前者向后者的过渡。因此，我们将两分法和变化的论断组合在一起。

这样一来，如果不对这种结构提出质疑，那么对于其他选择的解释者来说，只要将历史学家和其他身份之间的分界线做一些调整，就
49 可以万事大吉，根据他们最终对“历史”这个词的引申意义怎么理解，可以将这条分界线或者往前调，或者向后移。

除了1937年发表的一本比较个别的作品之外[2]，到了50年代[3]，尤其是60年代末，才出版了一系列研究成果，看待希罗多德的方法才发生了一些变化。的确，一些学者试图消除对希罗多德的两分线，想说明作品当中并没有这样一条两分线。他们试图证明，希罗多德的两个名字实际上只是一个。这些研究虽然相互之间差别很大，但是都有一个共同点，那就是对一些假设的不信任（比如对“历史”的定义，虽然各种定义的明确程度不同），而且相反，他们想从文本中去探索，将文本看成一个整体。迈尔斯（Myres）就是这样提议的，他通过与雕塑的比较，开始阐明故事（lógoi）的组成：在描述一个场景时，希罗多德像艺术家一样；艺术家在雕刻神庙的三角楣时，十分关注对称，或者在展开柱顶盘的中楣时，要有一定的节奏。有的作者，比如伊默瓦

---

1 见于雅各比（F. Jacoby）为百科全书写的词条，《古典学研究百科全书》附卷第二卷，第205—520页。

2 玛克斯·波朗兹：《西欧第一位历史学家希罗多德》，莱布尼兹，1937年（M. Pohlenz, *Herodot, der erste Geschichtschreiber des Abendlandes*, Leipzig, 1937）。

3 迈尔斯：《历史之父希罗多德》，牛津，1953年（J.L. Myres, *Herodotus Father of History*, Oxford, 1953）。

尔（Immerwahr），更加刻意地把希罗多德的作品当成一个“有机的统一体，有它特有的理解机制”。[1]

书名页的插图、伏尔泰的文章和雅各比的说明，都以各自的方式证明，应当用两分法对希罗多德进行研究，而通过两分法，可以遏制 50
有关真话、谎话的问题，并稍微清理一下有关作者资格的问题。但是，如果我们能够从对文本的分析中看到，作品是统一的，如果不再有两个希罗多德的名字，而是只有一个，那么我们一时排除了的关于历史的问题便再一次出现了，只不过这次的问题是在文本内部出现的，或者说是在希罗多德的名字当中爆发的：说到底《历史》究竟是什么？什么是historiē（调查）？什么是histōr（看见，知道）？或者，历史之父是历史学家吗？[2] 这是我们在解释之路上遇到的不可避免的问题。

希罗多德的镜子

本书的出发点在副标题里已经说明了“论对相异者的想象”。的确，我们是想搞明白古典时期的希腊人是如何想象相异者的，如何想象除了希腊人之外的其他人，并了解他们以何种方式，或者都有哪些方式从事人种学，总而言之，我们要简单地勾勒一部相异性的历史，指出这部历史的节奏、重要时刻及其断裂点，如果我们能够把这些事情研究清楚的话。要进行这类的调查，希罗多德显然是绕不过去的。但是，我们很快便注意到，他是一团理不清的乱麻，或者更准确地说，他还是很有必要继续待在这样的一团乱麻里，因为他的文本是个好地方，可以让一系列的问题纠结在一起，互相影响，而且在人们对文本

1　伊默瓦尔在《希罗多德作品中的形式与思想》（俄亥俄州克里夫兰，1966年）（H. R. Immerwahr, *Form and Thought in Herodotus*, Cleveland Ohio, 1966, p. 10）第10页说：“因此，我们已经尽力了，我们尽可能避免涉及历史事实的讨论，将此词作为一个有机的单元来看待，它有它自己的理解方式。”

2　详见贝纳戴特：《希罗多德的调查》，海牙，1969年，第1—6页（S. Benardete, *Herodotean Inquiries*, La Haye, 1969, pp. 1-6）。

的解释当中，这些问题也反复出现，有时候被否认，有时候被改变或者被重新激起；说到底，这些问题引导我们走向有关历史学家的实践的问题。所以最后，本书的书名叫作《希罗多德的镜子》。

51 的确，《历史》就是一面镜子，历史学家不断地在镜子里照见自己，实际上也是在不断地探索自己的身份：历史学家是观察者，也是被观察者，是提问者，也是被提问者，说到底，他总是被引导着不承认自己的头衔和资质。他是谁？是历史学家还是说谎者？因此，在对希罗多德进行解释的历史中，重要的是为希波战争的历史学家和描写相异者的希罗多德这两者之间的分别做出标记，"描写相异者的希罗多德"常常被当作是相异者希罗多德。他是干什么的？他是在为君主或者某个城邦效劳，是君主或者某个城邦观察世界的眼睛？他的文字是为了传承他们的记忆？由此，关于希罗多德、伯里克利和雅典之间的关系的争论就很重要。他对谁说话？为什么要对他们说话？由此而引出关于希罗多德的听众的问题，关于希罗多德作为报告人的问题，不管他因此而有没有报酬。

但是镜子还有另外两种意义。如果说别处是反面的镜子，在除了希腊人之外的其他人的"故事"（lógoi）当中，希罗多德的镜子就是他拿给希腊人看的镜子。在这些故事当中，我选择了斯基泰人的故事，因为斯基泰人不断地让希腊人感到吃惊：斯基泰人赶跑了大流士（Darius）的军队和波斯的国王，而且特别是，斯基泰人是游牧人，他们没有房子，没有城市，没有耕种的土地。

希罗多德的镜子还是历史学家的眼睛，这双眼睛观望世界，讲述世界，让世界在希腊的知识空间有秩序；希罗多德在这样做的同时，为希腊人建立了一种对刚刚过去的事物的表现。他让自己成了古希腊叙事诗的吟游者和实地勘察者。但是，除了他自己之外，他也是一面镜子，相异者在后来也想在其中看到世界。由此而提出了文本的一种或者多种效果的问题，也包括历史文本的效果。

52 镜子的比喻产生的种种不同意义在事实上表明，一连串的问题不断地从希罗多德的斯基泰人引向希罗多德的个案，从对一个故事（lógos）的阅读，引向对如何书写历史的探索。在写相异者的某些故事（lógoi）当中，希罗多德的文本被认为是旅行的游记，也就是说，是一篇旅行故事，作者想在故事当中用希腊人共有的知识表现相异者，而且为了让人们相信他建立的相异者，他制定了一整套相异性的修辞。因此，本项研究的关键是对分析层次的选择，这种选择既不排斥其他的方法，也不想让所选择的层次比其他的层次更加重要；在注重叙述者和叙述对象之间的契约的同时，本研究想从文本当中获取更多的收益，当然不是通过某种形式的文本崇拜来达到这一目的，只是为了简单地提出关于历史语义学的几个建议而已。

我们对希罗多德的思想进行的这次考察，与他最初的宗旨（描写“游牧人”）有相似之处；我们的研究既不是封闭的，也不是完成式的，只是抛砖引玉，让人们更加深入地将调查进行下去：我们重新提出历史文本的效果问题，也包括历史文体问题，我们重新探索历史学家在所处的社会中的作用，同时也希望人们能将这样的研究继续深入下去。也许对历史学家的目光，对历史的眼睛的研究可以为我们提供一种方法？因此，我们应当对历史学家的目光进行考古式的研究，或者至少写一些有关内容的片段。

不过，对希罗多德的个案来说，hístōr（看见，知道）的作用的问题，与对他的作品历来的解释密不可分；而对希罗多德进行解释的历史，如果不想只是成为观念的历史，便应当包括对历史学家的体制和职业的思考。总而言之，用芬利（M.I. Finley）的话说，要想通过阅读希罗多德的作品来考察历史的通史（histoire générale de l’histoire），那就一定要注重实际。

第一部分

想象中的斯基泰人：

空间、权力和游牧人的特点

……游牧人啊，难道今天晚上是你将我们送到现实的岸边？

——圣琼·佩斯

56 # 希罗多德的斯基泰人：斯基泰之镜

在《历史》中，斯基泰人是相异者：除了埃及人之外，他们是希罗多德写得最多的人。[1]但是与埃及人相反，他们的国家没有任何神奇之处，没有任何让人感到好奇的地方。[2]那么，希罗多德为什么谈到了他们，或者写了他们呢？难道是因为希罗多德在本都（Le Pont）旅行过？还是因为大流士与他们打过仗呢？

对斯基泰人的故事（lógos），我们该怎么解读，或者该对它提出什么问题呢？首先，希罗多德的斯基泰人是什么人？为了回答这个问题，我们可以考虑把文本所“说”的话和考古所“发现”的东西进行对照，把希罗多德的斯基泰人和考古学研究的斯基泰人进行对照，把斯基泰的故事和“真实”的斯基泰人进行对照。这样一来，一边是一种话语，是对斯基泰人的表现，另一边则是真实的斯基泰人。从这一结果出发，我们可以从文本到其他，再从其他到文本，找出共同点，特别是我们就可以对共同点进行探索，然后，为了得出结论，再对希
57 罗多德的见证进行评价：他的描述是真是假？错误的原因有可能是他得到了错误的信息，也有可能是他的批判精神不够，或者他太天真。相反，“共同点”有可能是由于他善于观察，他没有偏见……如果不可信的东西超过了可信的东西，那我们就可以说他的《历史》写得

1　希罗多德，IV，1—144。
2　同上，II，35；IV，82。

不好；如果相反，他是可信的，那我们就可以认为他是一个真实的见证人。

但是，对文本和其他事物之间的交流，我们不能以如此简单的实证主义的方式进行考察，即使可以假设作为参照的考古发掘问题已经解决了。我只举一个例子。希罗多德用好几章的篇幅描述斯基泰人为国王举办的奇怪的葬礼。然而，人们一般认为，他对王侯墓葬的坟冢，对在那里举行的可怕的仪式的描述是颇为真实的。罗斯托夫采夫（Rostovtzeff）写道："通过在库班河谷的考古发掘，我们得到与公元前16世纪和公元前15世纪斯基泰人的葬礼仪式有关的一些知识，与希罗多德记录的斯基泰国王和王侯的葬礼十分相近。"[1] 因此，文本和考古发掘就这样有了交集。

但是，这两个方面的交叠让我们看不到，或者忽视了文本的一个细节：的确，对于希罗多德来说，国王，只有国王，才会永远埋在同一个地方，在盖尔阴人（Gerrhiens）的地盘上，也就是斯基泰王国的最北部，在"eschatia"之地，也就是"边塞"的荒蛮之地。[2] 然而，考古学说明的情况却相反，墓葬的坟冢分散在全国各地的河谷里。[3] 因此，如果把文本和考古发掘重叠在一起，那我们就看不到这个很小的偏差， 58
而且如果根据考古发掘来判断文本，那就会消除这一偏差，把偏差说成是旅行者没有获得足够的信息。

然而，在把这一偏差标记为无用的废物之前，为什么不想一想，它有没有可能在文本内部具有意义，偏差是故事逻辑导致的，也是故

---

1 罗斯托夫采夫：《南部俄罗斯的伊朗人和希腊人》，牛津，1922年，第44页（M. Rostovtzeff, *Iranians and Greeks in South Russia*, Oxford, 1922, p.44）；对于斯基泰考古的现状来说，这一点是作为例证援引的，而不是作为见证。关于最新的参考书目，请参见阿赫玛塔的《希罗多德：西米里族人和斯基泰人的历史学家》，载《关于古典时代的谈话》XXXV，日内瓦，1990年，第115—130页（J. Harmatta, "Herodotus, historian of the Cimmerians and the Scythians", *Entretiens sur l'Antiquité classique*, XXXV, Genève, 1990, pp. 115-130）；维诺格拉道夫《碑铭学简报》，载《希腊研究杂志》，7月—12月号，1990年，第531—560页（J. Vinogradov, "Bulletin épigraphique", *Revue des études grecques*, Juillet-décembre, 1990, pp. 531-560）。

2 详见本书第235页（本书边码，下同）及以后部分。

3 可参见《斯基泰人的黄金》，巴黎，1975年，第118—119页的地图（*Or des Scythes*, Paris, 1975, carte pp. 118-119）。

事逻辑可以说明的叙述细节的问题，是在表现斯基泰人的过程中产生的，而故事的目的恰恰就是要表现斯基泰人。从更加普遍的意义上说，采用文本和其他的东西进行直接对照的方式时，我们有可能忽视的一点是，文本是有其特殊结构的文字（斯基泰人的故事不是贴在斯基泰人额头上的专题标签，而是在一定的时刻，与人们称之为“历史”的更加广泛的事物结合在一起的，等等）。因此，我不会采用这种互相验证的办法，用文本验证考古发掘，把文本看成考古发掘的附带灵魂，用考古发掘验证文本，让考古发掘为文本带来现实，至少是带来补充的现实。

那么，该如何解读斯基泰的故事呢？我们可以关注一下第二种对照，不是在文本和其他的东西之间进行对照，而是把希罗多德《历史》中的一些章节和奥塞梯史诗进行对照。的确，我们知道，一个半世纪以来，定居在高加索中部地区的奥塞梯人，通过奄蔡人，成为斯基泰人最后的传人。他们都属于“北部伊朗人”这个广泛的人种群体。然而，奥塞梯人获得了“双重的成绩：他们保护了自己的文化内容和表达这一内容的语言形式，一直到现在；这样的文化内容将我们带回到斯基泰文明的最后状态。而且特别是珍贵的史诗故事得以留存下来，里面有很多古代的表达方式，讲的是有关英雄的一些故事，故
59 事中虽然加入了一些多少带有普遍性的民俗主题，但是故事的独创性仍然有力而新颖。还不仅仅是这样：一些毗邻的民族从不同程度上采用了这种文学，只是把特别具有奥塞梯人特点，特别具有斯基泰人特点的东西做了一些修改”。[1] 如果我们承认两者之间的连续性，那就应当在希罗多德的故事和奥塞梯史诗《纳特传奇故事》（*Légendes sur les Nartes*）之间建立联系。杜梅齐尔认为，无可怀疑的是，“奥塞梯人忠实地保持了的传统，可以使我们清楚地明白希罗多德（和琉善）描写

---

1 杜梅齐尔：《斯基泰王国及其周边的传奇故事》，巴黎，1977 年，第 9 页（G. Dumézil, *Romans de Scythie et d'Alentour*, Paris, 1977, p. 9）。

的很多斯基泰人的情况”。[1] 由此出发，如果我们把注意力更多地集中在希罗多德身上，而不是关注斯基泰人留下的“印欧遗产”，那就可以对他处理斯基泰-奥塞梯资料的方式展开来进行思考：他对这些资料做了哪些改变和扭曲？是如何改变和扭曲的？为什么？

但是，我本人并没有这方面的能力，而且这条路是杜梅齐尔开辟和走过的；除此之外，我也不会采用这样的方法进行研究。为什么呢？因为，可以说，这两种解读方式，都是基于与考古学的资料进行对照，都是借助对奥塞梯语文本的解读，因此，都是“面向外部”的解读：两种解读的方法都企图从《历史》文本当中“走出来”，以对文本做出评价，而且两种解读方法都是面向斯基泰人“一边”的。的确，斯基泰的故事是根据斯基泰的参照物，站在斯基泰人“一边”进行解读的。一方面是希罗多德说过的话，另一方面是我们从别的途径知道的东西。我们知道的东西可以用来批判人们说过的话，人们说过的话（经过批判之后）进一步扩大了我们所知道的东西的范围。总起来说，文本是从它所包含的信息数量和质量的角度进行评价的。希罗多德是不是一个关于斯基泰人的可靠而丰富的资料来源呢？

但是，我首先提出的问题，不是关于斯基泰人的问题，而只不过 60
是希罗多德的斯基泰人的问题。反对的人会认为，如果你开始就拒绝将文本和不直接属于文本的东西进行对照，那你就很可能把自己禁闭在文本当中，以不同程度的巧妙手法，建立一种机制，专门说一些转圈的、重复的话；最终建立一种文本崇拜，而且还不敢承认是文本崇拜。总而言之是为了文本而文本，为了斯基泰人而斯基泰人，或者像从前人们所说过的那样，“为了艺术而艺术”。

那么，希罗多德的斯基泰人又是什么样的人呢？虽然我们不是要把他们与某个参照物进行对照，或者与人们建立的某种类似于参照物的东西（“真正的”斯基泰人）进行对照，但是我们也不拒绝一切对

1　杜梅齐尔，前引书，第 12 页。

照。首先在《历史》这本书的内部，斯基泰“故事”在叙述的某个时刻占有一定的地位。因此我们可以将该“故事”的话语与属于同一背景的其他话语联系起来。[1] 比如，希罗多德详细地叙述了大流士与斯基泰人之间的战争。[2] 这种经验让评注者和历史学家感到十分痛苦：这场战争是真的吗？或者在希罗多德的叙述当中，如果不可能全部是真的，那么，哪些成分是真实的呢？然而，如果在《历史》的内部，我们可以将这段故事的某些段落与薛西斯征讨希腊人的战争相比较，就会看到一些共同点和重复。换句话说，即使大流士的战争不能被简单地看成只是书中描写的这样，希罗多德的希波战争（在叙述当中，希波战争是后来才发生的）相对于大流士的战争来说，只起到故事基础的作
61 用，对于故事的接受者来说，只是一种理解的模式。这样一来，大流士在斯基泰王国的战争从多大程度上属于想象的问题，至少也就因此而被掩盖了。

这样，将某些语句与相同背景中的其他语句联系起来，是我们可以称之为叙述限制的一种标志。不是外部的、被动承受的限制，而是内部的、由叙述本身在建立的过程中产生的限制。由此而导致的结果就是，斯基泰的“故事”不是关于斯基泰人的直接的信息，它不会一下子就呈现在只能面对单独一个“故事”的读者面前，而且可以说，它也不是原始状态的资料，不能与不是属于它的其他东西进行直接对照。这样一来，如何分割的问题便不可避免地提了出来。

第二种对照不是把我们引向真正的斯基泰人“一边”，而是把我们引向希腊人“一边”，也就是将话语与那个世纪的希腊人共有的知识进行对照。这种对照的可能性是基于这样一种观念：一个文本不是停滞不变的，而是嵌入在叙述者和叙述的接受者之间的。在叙述者和叙述的接受者之间，作为使交流成为可能的条件，存在着一系列双方

1　托多洛夫：《符号学和解释》，巴黎，1978 年，第 28 页（T. Todorov, *Symbolisme et interprétation*, Paris, 1978, p. 28）。

2　希罗多德，IV，83—144.

共同拥有的语义的、百科的和象征的知识。[1] 正是从这一整体出发，文 62
本才得以阐述，叙述的接受者才得以解读以他为对象的各种叙述语句。“接受者对一个叙述语句进行解释的时候，不是在进行解码，而是在进行‘算计’；在对话中回应的一方与对方拥有（或者他以为拥有）一些共同的想象，在对话中回应的一方从这些想象中选择一定数量的标志；‘算计’的目的，就是在语句和这些标志之间重新建立联系。”[2] 因此，对斯基泰王国的描述在《历史》的总体结构当中占有一定的位置，但是，这个位置也是相对于希腊的知识空间来确定的，这个知识的空间主要服从对称的原则：oikouménē（生存空间）的北部和南部具有对称的地位，中间是穿过地中海的“赤道”。

如何将语句和共同的知识进行对照呢？首先，这种做法不会引导我们“走出”文本。的确，文本的接受者在文本内部，那是一个“空洞的读者”，或者是一个模拟的读者，叙述者讲话的对象首先就是他；叙述者在施展自己说服人的能力时，针对的就是他。困难并非来自知识的外在性，而是来自知识的潜在性特点，或者从很大程度上具有潜在性的特点，因为语句的接受者正是根据潜在的知识，来“计算”语句的意义，叙述者也是根据这种潜在的知识，来遣词造句的，而他的目的，恰恰就是为了让接受者进行这样的“计算”。这样一来，作为假设，我们可以这样做：只把斯基泰人这个专有名词[3] 当作一个简单的能指来处理，并在叙述的空间内部勾画出这个能指所走过的路，标记出所有与它相关联的、最终建构了斯基泰人的谓语[4]：所有这些谓语的总和便形成了希罗多德的斯基泰人。

1　丹·斯佩贝尔：《普通符号学》，巴黎，1974 年（D. Sperber, *Le Symbolisme en général*, Paris, 1974），以及《认知修辞基础》，载《诗学》杂志 23 期，1975 年，第 390—415 页（“Rudiments de rhétorique cognitive”, *Poétique*, 23, 1975, pp. 390-415）。

2　弗拉奥：《中间话语》，巴黎，1978 年，第 37 页（F. Flahaut, *La Parole intermédiaire*, Paris, 1978, p. 37）。

3　关于专有名词，详见后文第 372—373 页。从更加普遍的意义上说，参见利翁斯《语义学成分》，巴黎，1978 年，第 176—182 页（J. Lyons, *Éléments de sémantiue*, Paris, 1978, pp. 176-182）。

4　“谓语”这个词是从广泛的意义上说的，指的是斯基泰人是什么，也包括他们做了什么。

至于谓语本身，我们可以按照系统偏差的假设进行分析，而这个
63 假设是前一个假设的补充。也就是说，所谓解读，是指对斯基泰人的某些实际行为，根据希腊世界的对应物的理解来解释：当希罗多德谈到斯基泰人如何供奉祭品时，从潜在的意义上说，他想到的是希腊人如何供奉祭品。他以希腊人的仪式为模板，收集了一些散乱的行为和姿态，并把这些行为和姿态看成独一无二的实践的元素，希腊人称之为“献祭”（thusía）。首先，他把一种行为看成“供奉祭品”，这种行为实际上就是用陷阱捕捉到一只动物，并从背后把这只动物勒死；其次，希罗多德对祭祀仪式一系列时刻的描写，只有相对于希腊祭祀仪式的时序来理解，才会具有其全部的意义。[1] 希腊的祭祀起的作用相当于“不在场的模式”，提供了理解斯基泰人的实践的可能性，同时也表现了斯基泰人实践的相异性：如果希罗多德的“算计”是准确的，那么文本的接受者（如果接受者愿意的话）便可以明白斯基泰人的祭祀和希腊人的祭祀之间有何偏差。因此，我们从名词走向构筑了名词的谓语，然后再从谓语走向作为谓语基础的编码；这样一来，“斯基泰人”这个词便被当作“编码的”名词来处理了。

这样，通过将文本的语句和共同的知识进行对照，问题就不再是对描述进行评价，或者对信息进行评判，而是探索描述的方式，并关注信息的处理。这个关于“如何”的问题（语句和共有的知识之间是如何建立关系的？）最后引出了另一个问题，那就是，使叙述结构成为可能的条件是什么，或者至少是其条件之一是什么。在通过共同的知识，并以共同知识的形式谈到相异者的时候，文本从总体上的作用就像翻译；这样一来，我们所要做的，就是标记出“翻译”的特殊程序和方式。

64 最后一个问题：如何辨认和界定共同的知识？因为从根本上说，所谓共同拥有的知识，指的不是与我共同拥有的知识。它的存在方式

1　详见后文第 280 页及其以后部分。

在很大程度上是潜在的，那该如何去捕捉它呢？因为我不能像人种志学者一样，去询问搜集信息的人，或者直接询问拥有这些共同知识的人，那么，我该如何将这些知识登记在案呢？的确，如果我们从简单的交流模式来看，人种志学者在学会一种或者多种编码之后，便可以破解讲话人发出的信息。但是对于历史学家来说，资料的基础越小，编码和信息之间的分别就越小，最后达到的极限状况就是：他同时既需要破解密码，也需要破解信息；他需要区别什么是密码，什么是信息。荷马的诗很好地说明了这种极限状况。文本是自我封闭的，像天书一样，至少对于我们来说是这样。

对于希罗多德的《历史》，我们该怎么办呢？如果说文本的确处在一个叙述者和一个接受者之间，如果说这个接受者的确是以某种方式处在本文当中的，那么，要辨认共有知识的路线图，并不要求我们非"走出"文本不可。另外，如果这一知识从很大程度上是潜在的，某些标记还是可以通过间接的方式指示这些共有的知识，而这些标记是完全可以明确表明的。我想到的是叙述者所有直接的插话，或者是第二位的叙述者，或者是授权叙述者的直接插话，以表达他们面对某种奇怪的事物时感到的惊奇，他们对某种差别的强调，他们对某种事物的缺席给出的解释。[1] 从更加普遍的意义上说，叙述者简单的命名活动就是在召唤共有的知识；他是按照希腊的范畴来划分现实的。

然而，只要把"从背后勒死一只动物"这样的行为当成"献祭"， 65
就说明是与研究古希腊的学者建立的祭品供奉模式进行了明确的对照，而研究古希腊的学者用来建立模式的资料，既有文本，也有象征性的表示。我们有理由这样认定吗？[2] 让我们假设这样的做法是可以接受的。这样一来，我就可以把所有其他的祭祀作为背景，并以差距的方式，表示出它们之间的离散，并以差别的方式解读其不完整性和相异性。

---

1 详见后文第 436 页及以后部分。

2 马塞尔·德蒂安和让-皮埃尔·韦尔南：《古希腊牺牲品的烹制》，巴黎，伽利玛出版社，1979 年（M. Detienne et J.-P. Vernant, *La Cuisine du sacrifice en pays grec*, Paris, Gallimard, 1979）。

我们还可以看出，在这些祭祀当中，没有任何一个在结构上与希腊的模式相违背。所以一旦进行了对照，假设就变成了正当的事实，而且通过反向的证明，模式的有效性也得到了确认，甚至得到了加强。

因此，通过系统性的分殊进行解读，让我们觉得是有意义的，而且解读所带来的附加意义也说明，我们这样解读是有理由的。总而言之，这样的解读是把叙述的句子中提到的或者使用的一部分隐性知识变成显性知识，它重建了“计算”，而公元前 5 世纪的希腊人在理解希罗多德的语句时，是不需要进行这样的“计算”的。当然，这两种对照，面向背景的对照（叙述的限制）和注重共有知识的对照，实际上是分不开的。通过这两种对照，历史学家不是被引向了斯基泰人“一边”，而是被引向了希腊人“一边”，而且通过这两种对照，历史学家理解了希罗多德的斯基泰人，也就是说，他理解的也是希腊人想象中的斯基泰人。两种斯基泰人是相互映衬的，这也就意味着，历史学
66 家建立了斯基泰人的镜子。的确，希腊人一辈子都在说，只有城邦里的生活才是值得经历的生活，但问题是，人的存在是不断运动变化的，那么希腊人会如何想象永远过着迁徙不定、四海为家的生活的斯基泰人的形象呢？或者这同一个问题也可以用另外一种方式提出，雅典人再三说自己是土生土长的人[1]，他们怎么想象那些一辈子居无定所的人呢？我们的确预感到，原住民的话语使人不可能不注意对于流浪生活的表现，而且雅典人这种想象中的土生土长的人，也需要有一种同样是想象的游牧人，斯基泰人自然而然地就成了这个想象的游牧人。

---

1 洛罗：《土生土长的人：雅典的话题》，载《经济、社会和文明年鉴》，1979 年第 1 期，第 3—26 页（N. Loraux, “L’autochtonie : une topique athénienne”, *Annales E.S.C.,* 1, 1979, pp. 3-26）。亦参见洛罗：《雅典娜的孩子》，巴黎，1981 年，第 35—75 页（N. Loraux, *Les Enfants d’Athéna*, Paris, 1981, pp. 35-75）。

第一章

斯基泰王国在哪里？ 68

斯基泰是荒漠之地（erēmía），是边塞地区（eschatiá）：那是世界的尽头。权力和力量把普罗米修斯带到这里，在宙斯的命令之下，把他捆绑起来。权力说："我们现在到了偏远之地，正走在斯基泰的地域上，走在无人烟的荒漠上。"[1] 阿里斯托芬把"斯基泰的荒漠"这种说法用在了一个人身上：的确，他的喜剧有一个人物，名字就叫"斯基泰的荒漠"（Skuthon eremia），意思是说，他是一个粗蛮的野人，而且没有朋友。[2] 很久之后，昆图斯·库尔克（Quinte Curce）又把这个词接过来，让它从斯基泰人自己的口中说出来：在大流士、亚历山大征战斯基泰之后，他也成功地出征讨伐，就在要穿过塔纳伊斯河（Tanaïs）[3]
的时候，他接待了斯基泰的一些使节。使节为了不让昆图斯·库尔克 69
去攻打斯基泰，提醒他说，斯基泰王国的空间不同寻常，斯基泰人是不会被抓住的。他们又补充说[4]："好像连希腊的谚语也嘲笑斯基泰王国

---

1 埃斯库罗斯：《被缚的普罗米修斯》，I—2（Eschyle, *Prométhée enchaîné*, I-2）。

2 阿里斯托芬：《阿卡奈人》，702—703（Aristophane, *Acharniens*, 702-703）："一个被修昔底德那样的年纪压弯了腰的人完蛋了，去和斯基泰的荒漠一样的人纠缠（Euathlos），这该多么有失体面啊。"这实际上是一场官司。第 703 句诗的一个注解给出了这个词的一个同义词："斯基泰的荒漠"也就是"荒蛮之地"：sumplakénta têl S. erémiai： sumplakénta agriotēti ; toutò gàr deloî ē S. erēmiái。赫西基奥斯（Hésychuis）认为，这个词是用来指那些"被遗弃的人"（epì tôn erēmouménôn hupò tinôn）。

塔雅达：《阿里斯托芬的形象》，里昂，1962 年，第 428 段（J. Taillardat, *Les Images d'Aristophane*, Lyon, 1962, paragr. 428）。参照赫西基奥斯的说法，认为 Euathlos（也许原籍是斯基泰人）只不过是个"没有朋友的粗人"。

3 即今天的顿河。——译者注

4 昆图斯·库尔克，VII，I，23。

的荒僻。而我们却甘愿待在沙漠里，待在没有文明的地方，而不愿生活在城市和富足的农村。”事实上，有好几个这样的谚语：“像斯基泰一样荒僻”，是指“荒僻和极其野蛮”的地方，指“不会种地，不断更换居住地点的人”，“被遗弃的人……”。[1] 希波克拉底的论文《论空气、水和土壤》（Des airs, des eaux et des lieux）不可避免地也提到斯基泰，但是他给出了准确的地理定义：“人们所说的斯基泰荒漠，是一个平原，有草地，没有树，略微有些灌溉之水。”[2] 因此，这种说法或者用以指一个地方，或者以喻意的方式用来指一个人，但希腊人肯定知道这种说法。作为谚语，它表达的是荒僻、野蛮和偏远的意思。

斯基泰的确是远在天边的王国，在北方，在有人居住的世界的边缘，甚至在边缘之外。《被缚的普罗米修斯》强调了斯基泰王国这种远在天边的特点：宙斯派人押送囚徒来到“遥远的地方”，而且“斯基泰的游牧部落”（hómilos）被描写成围着“死水坑”而居，是“远在天边”的偏僻地方的人（gās éschaton tópon）。[3] 对于希腊城邦来说，eschatiá（边塞）是文明之外的区域；“那是远在‘天边’的地区，那
70 里土地贫瘠，环境艰难，人居稀疏，靠近边境的大山，或者就在大山里；那里与边塞毗邻，消隐在城邦领地交接处的大山和森林里，那里只能见到牧人、樵夫和挖煤人。”[4] 把斯基泰说成是“荒僻之地”，是相对于“可以居住的地方”（oikouménē）而言，也就相当于把它说成是位于城邦领土边缘的地方。

对这些从埃斯库罗斯一直到昆图斯·库尔克（从公元前 5 世纪到公元 1 世纪），一代代人所传承的潜在的知识，希罗多德在《历史》

---

1 E. Leutsch, F.G. Schneidewin, *Corpus Parœmiographorum graecorum*, t. I, p. 453; t. II, pp. 208, 643。其他谚语用法实例见于 Démosth, Apol., t. IV, 284 R。

2 希波克拉底：《论空气、水和土壤》，18（Hippocrate, *Des airs, des eaux et des lieux*, 18 : *ē dè Skuthéōn erēmiē kaleuménē pediás esti kaì leimakōdēs kaì psilḗ metríōs*）。

3 埃斯库罗斯：《被缚的普罗米修斯》，416—447（Eschyle, *Prométhée enchaîné*, 416-447）。

4 罗贝尔：《小剧院选择》，阿姆斯特丹，1969 年，第 305 页（L. Robert, *Opera Minora Selecta*, Amsterdam, 1969, p. 305）。

的第四卷提出了质疑。他认为，的确，我们不能只满足于重复说，斯基泰王国是“荒漠地域”（eremia），是“边塞地区”（eschatia），实际上情况要复杂得多；比如他指出，这片“荒漠”里面还有荒漠。斯基泰人不仅不是唯一生活在这里的群体，因为他们也分成好几个民族，而且在这片土地上还居住着不属于斯基泰“种族”的其他一些部落。希罗多德列数了这些部落，清点了各个部落的情况，划出了各个部落占据的领地。用历史学家自己的话说，一个北部民族的系列就这样组织了起来，在这些部落当中，“真正”的荒漠是无可争议的，因为这些荒漠是空间的极限，而且那里是人的语言无法描述的地方；荒漠是在斯基泰王国北部很远的地方，而且越是向北和东北走，景色也就越 71
是荒芜。这后一种说法只能从总体上来看才是对的，但是从地势来看，那里是一片人烟越来越稀少的地方，一直到人们只是听说过的人生活的地域，据说阿里马斯普人（Arimaspes）和格里风人（Griffons）的脚长得像羊蹄子。[1] 然而，有一点是很清楚的，在这样的背景之下，人们对“斯基泰人是野蛮人”的观念发生了变化：其他的人野蛮，而斯基泰人并不野蛮。

斯基泰人大概是北方最重要的民族，但是希罗多德认为，他们只是北方的民族之一。的确，他想避免简单化的形象，不愿意只把斯基泰王国说成是荒蛮之地，是远离人间烟火的地方。另外，斯基泰王国不仅仅远在天边，它还在希罗多德对土地的总体表现中占有一席之地。迈尔斯指出，希罗多德在写《历史》的时候，使用了好几张地图，特别是一张爱奥尼亚的地图。[2] 然而，这些地图在制作时的一个重要原则，就是对称：世界是以对称的方式，在穿越地中海的“赤道”两侧组织

1　希罗多德，IV，25。

2　迈尔斯：《地理日志》，第六卷，1896 年，第 606—631 页（J.L. Myres, *Geographical Journal*, VI, déc. 1896, pp. 606-631）。亦参见雅各布：《古希腊的地理学和人种志》，巴黎，1991 年（Chr. Jacob, *Géographie et ethnographie en Gèce anciennen*, Paris, 1991）。

起来的，从赫拉克勒斯的石柱，一直到托罗斯山脉（Taurus），中间还经过西西里岛和德尔斐。北方是寒冷之所，南方是暑热之地；北方的冷和南方的热说明了当地的事物之状况。[1] 比如，和斯基泰王国对称的，南部是利比亚，更准确地说是埃及。的确，当冬天来了，鹤便离开寒
73 冷的斯基泰，飞到南方的地区去。[2] 不过，对称还表现在尼罗河和伊斯特罗斯河（Istros）这两条令人吃惊的河上：伊斯特罗斯河在北边，尼罗河在南边。希罗多德提出的对称，通过他在作品中的一个假设得到了证明：让我们想象季节发生了颠倒，也就是说，一边是北风之神和冬天，另一边是南风之神和夏天，双方互相交换位置，这样一来，太阳“在穿过整个欧洲的时候，会影响伊斯特罗斯河，就像今天太阳对尼罗河的影响一样”。[3] 由此可以得出结论，伊斯特罗斯河和尼罗河离“赤道”的确是等距离的，而且通过从西向东流经的河道，具体体现了太阳光所能到达的极限点，换句话说，那两条河就是爱奥尼亚地图上的两条“回归线”。[4] 还不仅止于此。对称的原则是“显而易见”的，所以具有肯定无疑的阐释作用。的确，只要我知道伊斯特罗斯河的水道，我就可以通过相似性的原理，推断出尼罗河的水道；采用这个原理，我也可以处理一个令人感到困惑的问题，也就是关于尼罗河的源头的问题，并提出解决问题的办法。正如伊斯特罗斯河发源于凯尔特，“从欧洲的中间流过，将欧洲一分为二，尼罗河也流经整个利比亚，而且与伊斯特罗斯河是一样的”。[5] 最后，尼罗河和伊斯特罗斯河不仅在相同的纬度上（这是可以注意得到的），也在相同的子午线上：伊斯特罗斯河流入伊斯特里亚（Istria），而伊斯特里亚面对（antion）锡诺普（Sinope）。尼罗河则流入埃及，而埃及实际上面对山地奇里乞亚

1 详见后文第 359 页。亦参见《论空气、水和土壤》。

2 希罗多德，II，22。

3 同上，II，26。根据希罗多德的说法，太阳解释了尼罗河特殊的气候状况；北风是从北边吹来的风，南风是从南边吹来的风。

4 赫戴尔：《古希腊地图的框架》，纽约，1937 年，第 21 页（Heidel, *The Frame of the Ancient Greek Maps*, New York, 1937, p. 21）。

5 希罗多德，II，33—34。

（Cilicie），而且从奇里乞亚一直到锡诺普，直线距离要走 5 天，因此尼罗河三角洲是面对伊斯特罗斯河的入海口的。

一旦提出了这种对称的原则，叙述者便可以根据相同的，或者颠 74
倒的位置模式，来想象埃及和斯基泰王国的相对关系。比如暑热和寒冷各自影响着这些地区，并产生相反的效果。埃及人自认为是最古老的民族，普萨美提克法老（pharaon Psamétique）的实验也认为是这样[1]，而斯基泰人则说自己是“所有的民族当中最后才出现的（nếotaton）”。[2]一般来说，北部地区是属于无知愚民的地方，而埃及人是掌握十分古老的科学的人。[3]本都的希腊人的确也指出，萨尔莫克西斯（Salmoxis）的历史中确实存在着这一距离：盖塔人（Gètes）是萨尔莫克西斯的同胞，他们认为萨尔莫克西斯是神，而希腊人认为，他只不过是毕达哥拉斯的一个老奴隶，然而，毕达哥拉斯和希腊大部分“圣人”一样，也曾经到埃及旅行，以接受教育。[4]因此，从知识的角度来看，在萨尔莫克西斯和埃及祭司之间，存在着一道鸿沟。相反，埃及人和斯基泰人对外国“文化”（nómoi）的态度是一样的，他们都拒绝接受外国文化，特别是他们都一概拒绝接受希腊的“文化”。[5]况且，在叙述
中，战争使他们之间产生了联系：在伟大的征服战争中，辛努塞尔特 75
（Sésostris）[6]到过斯基泰王国，并且“征服了”斯基泰人。他是唯一征服过斯基泰人的人，因为大流士对斯基泰王国的征战失败了。[7]而当斯

---

1 希罗多德，II，2。普萨美提克让人单独养育了两个刚出生的孩子，他们说的第一个单词是 becos，这在弗里吉亚语里是“面包”的意思。他由此得到结论说，弗里吉亚人是最早的人。希罗多德（II,15）则认为，埃及人是始终就存在的，至少是自从有人以来，他们就存在了（aieí te eînai ex ou hanthrốpon génos egéneto）。

2 同上，IV，5。

3 这是“一般来说”，因为希罗多德恰恰从这种极端的愚蛮当中，把斯基泰人和阿纳卡西斯人排除了（IV，46）。详见后文第 137 页及其后面部分。

4 希罗多德，IV，94—95。

5 同上，II，91，IV，76：“斯基泰人也（kaì oûtoi）非常讨厌接受外国人的习俗，包括其他民族的习俗，尤其是希腊人的习俗。”勒格朗让我们注意到的这个“也”似乎用来指埃及人对外国文化（nómoi）的态度。

6 辛努塞尔特（Sésostris）是古埃及第十二和十三王朝四个法老的名字。——译者注

7 希罗多德，II，103。

基泰人驰骋亚洲，使亚洲成为一片焦土的时候，法老却没有让他们进入埃及（通过给他们送礼，通过乞求他们而阻止了他们的到来）。[1]

在埃及和斯基泰王国的对立当中，还有另外一个相似的地方。的确，如果我们像爱奥尼亚人一样认为，亚洲和利比亚之间，是由尼罗河划界的，那我们就应当认为，埃及是一个处在亚洲和利比亚之间的国家。[2] 然而，正如我们在后面将要看到的那样，这样一来，我们就可以认为斯基泰王国是处在亚洲和欧洲之间的一片国土。[3] 因此，这两个国家都可以被看成"位于两者之间"的国家。

据埃及的祭司说，辛努塞尔特不仅是征服者，也是埃及空间的真正的创造者。的确，在他之前，埃及"到处都是马和马车"，因此，那时的埃及是游牧者的地盘，是完全可以与斯基泰王国比拟的，因为斯基泰就是马车可以到处驰骋、到处都有马在吃草的地方。但是在辛努塞尔特出现之后，马匹和马车都消失了，因为他让人在整个领土上挖了很多运河："从那以后，埃及虽然是平原地区，却变成了没有办法走马放牧，不能用马车的地方；原因就是那些数也数不清、四通八达的运河。"[4]
76 开始时挖运河是为了给远离河道的城市供水。另外，辛努塞尔特将土地平分给人们，给每个人都分了大小均等的一块地（kleros），并规定了该交的税赋。如果河流冲毁了"均田"（kleros）的一块地，国王会派人来测量地块减少的面积，并确定减少相应的税赋。希罗多德把这种办法看成几何学的起源。[5] 换句话说，埃及的空间创造了权力，而权力又把一个走马放牧的地方变成了划分、丈量、分配和纳税的地方。

为了实行这些巨大的工程，辛努塞尔特使用了在征战中抓到的战

1　希罗多德，I，105。
2　同上，II，16—17。
3　详见后文第 93 页及以后部分。
4　希罗多德，II，108 ：tò prìn eoûsan ippasimēn kaì amaxoménēn pâsan。
5　同上，II，109。

俘[1]：因此，他是在强行剥削战俘的劳动力。斯基泰人也抓了战俘，但他们对待战俘的方式很不一样：他们会弄瞎战俘的眼睛。的确，希罗多德在非常奇怪的一个章节里解释说，他们弄瞎战俘的眼睛，让他们为母马挤奶；“正是为了给母马挤奶，斯基泰人才把所有战俘的眼睛都弄瞎了；因为，斯基泰人不是耕地的农夫，而是游牧人。”[2]令人感到十分好奇的是，斯基泰人的行为最终都从游牧人的特点中得到了解释，虽然叙述者并没有明确说明“弄瞎人的眼睛”和“游牧人的特点”这两者之间有什么关系。不管怎么说，处理战俘的不同方法，的确说明了法老治下的埃及和游牧人统治的斯基泰王国之间的不同。

在辛努塞尔特之前，埃及是个走马放牧的地方，斯基泰人平坦的国土也是可以纵马驰骋的地方，但是在辛努塞尔特之后，埃及以令人吃惊的方式，用人工的办法达到了与斯基泰王国天然的状态相似的程度：“因为，这片领土是平原，有很多茂盛的牧草地和水源，到处都有
河流经过，其数量与埃及的运河一样多。”[3]但是，在一种情况之下，河 77
流是某种生活方式（游牧生活）的“同盟”（summáchoi），而在另外一种情况之下，运河使得马车不能再自由行驶，马也不能再随便驰骋：本来河流允许人做的事，运河不让人再做，而且运河强迫人们接受了在法老的权力控制之下的生活。

因此，一方面，权力不可避免地塑造了新的空间；另一方面，权力的“缺席”顺应了自然的空间。但是，这只是简单化的解释。的确，希罗多德两次指出，斯基泰的领土被划分成郡（nome），每个郡由一个郡主领导，也就是说，斯基泰的空间是经过土地的测量和登记的，是受行政管理的。[4]然而，希罗多德用的这个“郡”字和他在谈到埃及的行政管理单元和波斯的省时，使用的词是一样的。因此，有郡的

1　希罗多德，II，108。
2　同上，IV，2。
3　同上，IV，47。对领土的描述与论文《论空气、水和土壤》中给出的定义几乎相差无几。
4　同上，IV，62，66。

三个国家是：波斯、埃及和斯基泰王国。把这三个国家放在一起，岂不是很奇怪：统治波斯和埃及的，是很强大的王权，对于希腊人来说，波斯大王甚至就是王权的象征，因此也就是专制权力的象征，而专制权力又象征着野蛮的权力，但是，斯基泰王国好像是统治权力“缺席”的地方，那为什么要与埃及和波斯混为一谈呢？这是某个难点的标志：斯基泰人有国王，可他们是游牧人。一个希腊人，对王权有自己的想象，对游牧生活也有自己的想象，那他如何想象游牧人的权力呢？

78 斯基泰人是什么人？

问题首先涉及他们的来源。他们是如何出现的，是什么时候出现的？正如一般涉及来源的问题时一样，答案往往不是唯一的，希罗多德就知道（至少知道）四种不同的说法，他先后把这四种来源都说了。四种不同的说法根本就不能调和，或者很难调和；把它们统统罗列在一起，对故事的接受者不可能不产生一定的效果。[1]

第一种说法来自斯基泰人自己。斯基泰人说（Skúthai légousi）——但是，叙述者没有以任何方式说明他是如何听说了这一故事的——“此前他们的国家是荒漠，第一个来到这里的人名叫塔吉套斯（Targitaos）。人们说，他是宙斯和波里斯泰内河（Borysthène，也就是现在的第聂伯河）的一个女儿生的儿子。塔吉套斯有三个儿子：利波克萨伊斯（Lipoxaïs）、阿尔波克萨伊斯（Arpoxaïs）和高拉克萨伊斯（Kolaxaïs）。他们在世的时候，一些用金子做成的物品从天上掉在斯基泰人的土地上，一张犁、一个牛轭、一把斧头和一只杯子。看到这些金质的东西，老大赶紧去拿，但是到了跟前，金子开始燃烧，他便向后退去。老二走上前，也没能拿到。老大和老二就这样放弃了燃烧着的金子。老三走过来，金子上的火熄了，他拿起东西。面对这一异

1　详见后文第 435—437 页。

象，他的两个哥哥便将王权全部交给最小的弟弟。老大利波克萨伊斯的后代在斯基泰人中被统称为“奥哈代人”（Aukhatai）；老二阿尔波克萨伊斯的后代被称为“卡蒂阿鲁依人”（Katiaroi）和“特拉斯皮斯人”（Traspies）；国王老三的后代被称为“帕拉累泰人”（Paralatai）。不过，所有三兄弟的后代，根据国王的名字都被称为‘斯科洛泰人’ 79
（Skolotoi）。‘斯基泰人’（Skythai）是希腊人对他们的称呼……他们说，因为国土宽广，老三高拉克萨伊斯便把领土分成了三个王国，交给了他的儿子们。在分的时候，保存金物件的王国比另外两个更大。”[1] 杜梅齐尔指出，这四件物品（实际上只有三件，犁和牛轭只能算是一件）象征着“三种功能”，“形成了印度—伊朗思想的主要框架之一，在这一点上说，是印欧传统的忠实体现：杯子是祭祀和节日庆典的工具，斧头是战争的武器，犁和牛轭让人想到农业”。[2] 文本还提出了第二个问题，那就是三兄弟相邻两代人的关系问题：高拉克萨伊斯和他的两个哥哥是什么关系？高拉克萨伊斯的三个儿子之间又是什么关系？杜梅齐尔认为，这两个三人组合不是重复性的：第一个三人组合只是功能的表达，只有第二个三人组合表现的是地理上的划分。[3]“奥哈代人”、“卡蒂阿鲁依人”、“特拉斯皮斯人”和“帕拉累泰人”不是民族的名称，而是指人的功能类型，不管他们身处哪里——这是斯基泰社会内部履行三种功能的人的原型——而高拉克萨伊斯的三个儿子统治的帝国注定要在不同而又相邻的土地上。”这一假设即使不能 80
“完全得到验证”，也说明这两种三人组合是存在的；试图把两个组合

1　希罗多德，IV，5—7（翻译出自杜梅齐尔的手笔）。

2　埃米尔·本维尼斯特：《印度—伊朗关于社会阶级的传统》，载《亚洲日志》，第 230 期，1938 年，第 532—534 页（É. Benveniste, “Traditions indo-iraniennes sur les classes sociales”, *Journal asiatique*, 230, 1938, pp. 532-534）。前文所引杜梅齐尔的作品第 172 页提到昆图斯·库尔克的一个文本，也证实了这种解释。一些斯基泰的使节力图说服亚历山大，让他不要重蹈大流士的覆辙：“你要知道，我们收到过上天的礼物：一架牛轭、一张犁、一支长枪、一支箭、一只杯子。我们和朋友一起使用这些东西对付我们的敌人。我们用牛耕作土地，并把土地出产的果实送给朋友。我们还和朋友一起，用杯子向神祭酒。而对于敌人，他们远的时候，我们用箭射他们；他们近了，我们用长枪扎他们。”

3　同上，第 178—192 页。

化简成一个是徒然的。

但是，重要的一点是，在这个版本当中，斯基泰人自称是定居的民族，是农耕民族，而不是饲养牲口的游牧民族：的确，从天上掉下来一架牛轭和一张犁，三兄弟中的老三把东西拿“回家”（因此也就说明，在物品从天上掉下来之前，他已经是定居的人了；从天上掉下东西并非标志着游牧生活阶段的结束）；最后，从总体上来看，“三种功能的思想意识”恰恰不是游牧社会的意识。因此，难道斯基泰人自称是定居的民族，而希腊人则首先把他们看成了游牧民族？

另外，这一传说虽然说的是斯基泰人的起源，但实际上讲得更多的，是斯基泰人权力的起源：这个传说里讲的，首先是王权和行使王权的资格。三兄弟当中，只有老三才能走近燃烧着的金子物品，将它们“都”拿起来，从那以后便无可争议地拥有了这些物品：这些“功能性的法宝”由他保存着，的确标志着他受命于天，说明只有他一个人有资格行使全部王权（pâsa Basileía）。

人们每年用黄金圣物举行仪式，表明在权力和领土之间是有联系的：“黄金圣物被历代国王小心翼翼地保存着。他们每年都要给圣物献上丰盛的祭品。如果节日期间负责照管黄金圣物的人在露天地睡着了，斯基泰人便说，他过不去这一年了。因此，为了补偿他，人们让他骑
81 马跑一天，所经之处的土地都归他。”[1] 后来，希罗多德在谈到祭祀时，在讲述波斯人入侵时，都没有再提到这些黄金圣物。黄金圣物是王权的象征，是王权的根基：拥有黄金圣物的人，同时也就有权统治王国的领土。但是令人感到奇怪的是，看管黄金圣物的人，如果他睡着了（这被认为是他不久将去世的迹象），便可以“为此”（dià toûto）而接受王国的一块领土：用他的马跑一天的距离确定面积的大片土地，成了“转瞬即失”的财产。因此，从次要的程度上，这也标志着国王的黄金和土地划分之间的关系。在一开始的时候，高拉克萨伊斯的姿态

1　希罗多德，IV，7（法语译文出自杜梅齐尔的手笔）。

便已经表明了这种关系：作为拥有黄金圣物的第一人，他把国家分成了三个王国，给了自己的三个儿子。

但是，这个关于斯基泰人及其权力起源的版本，希罗多德不仅没有把它记在自己名下，因为他明确说了，那是斯基泰人自己“说的”（légousi），他甚至没有接受这个版本。的确，当斯基泰人说第一个斯基泰人塔吉套斯是宙斯和波里斯泰内河的女儿生的孩子时，叙述者明确说：“我认为，这种说法是不可信的”（emoì ou pistà légontes）。[1] 如果故事一开始就不可信，那后边怎么会可信呢？

第二种说法是斯基泰人的邻居，本都的希腊人说的（ôde légousi）。当赫拉克勒斯赶着革律翁（Géryon）的牛群来到这里的时候，这里还是一片荒漠。他睡觉时，他的牝马不知去向。在他寻找牝马的时候，他遇到了一个年轻的蛇女，蛇女答应将牝马还给他，但条件是他必须与她交合。他答应了她的要求。在他们交合之后，蛇女生了三个儿子。 82
孩子出生之前，未来的母亲问赫拉克勒斯，孩子将来的前途如何，赫拉克勒斯回答说：“等你的儿子成年时，你按照我说的做，而且你不用担心会犯错误：谁能像我一样拉开这张弓，能像我这样系上这条腰带，你就让他把家安在这里；相反，谁不能按我说的做，那就把他从这里赶走……”“她的儿子成年后，她给他们取了名字，老大叫阿伽锡索斯（Agathyrsos），老二叫盖洛诺斯（Gelonos），老三叫斯基泰斯（Skythès）；她想起赫拉克勒斯的嘱托，便按照他的规定做了。这时候，三个年轻人中的两个，阿伽锡索斯和盖洛诺斯无法按照规定通过考验，便被母亲从当地赶走；小儿子斯基泰斯通过了规定的考验，便留在了当地。斯基泰人的一代代国王，就是赫拉克勒斯的这个儿子斯基泰斯的后裔……”[2] 和前一个版本一样，这个版本说的既是斯基泰人的起源，也是王权的起源。

1　希罗多德，IV，5。

2　同上，IV，8—10。在后面稍远处，当希罗多德谈到阿伽锡索斯人（Agathyrses）和盖洛诺斯人（Gélons）的时候，他没有再提他们的祖先，盖洛诺斯人甚至被说成是“古希腊人”。

另外，从对遥远往事的想象的角度来看，这个版本也值得关注。的确，赫拉克勒斯是从革律翁的家里来到斯基泰王国的。然而，革律翁住“在本都之外，在希腊人称之为厄里特（Érythée）的岛上，紧靠伽德拉岛（Gadeira），在赫拉克勒斯石柱外面的海边”。据阿波罗多尔（Apollodore）说[1]，赫拉克勒斯在到达那里之前，必须穿过欧洲，来到利比亚，经过塔特苏斯（Tartessos），在塔特苏斯建了著名的石柱，
83 最后得到太阳神的金钵，乘着金钵渡过大海。巨人革律翁的岛位于世界的边缘，或者说是在天地之外，而且还是属于“神话地理”的一个岛；把厄里特岛和斯基泰王国相提并论，这岂不意味着斯基泰王国也是属于“神话地理”的地方？

赫拉克勒斯从革律翁的岛来到斯基泰王国（据阿波罗多尔说，他赶着牛群到了色雷斯，但是本都的希腊人的版本没有提到他回程的旅途），好像这些远在天边的地方交通十分便捷一样。

“在穿过整个王国之后，赫拉克勒斯来到人们称之为希莱亚（Hylaia）的地区；在该地一个山洞里，他发现了一个年轻的蛇女，是人蛇同体的怪物，腰部以上是妇人身，腰部以下是蛇身。”[2] 赫拉克勒斯在斯基泰这片不同一般的领土上，遇到了这样一个奇怪的人物：的确，在整个斯基泰王国，希莱亚是唯一长树的地区。[3] 本都的希腊人编制的这个版本，让人想到赫西俄德笔下描述的厄客德娜（Echidna）的形象。[4] 当然不是从《神谱》中照本宣科地援引，而只是采用了里面的主题，涉及人兽合体的女妖（Mixoparthénos）的主题并不多[5]；两个人物有一定的差异，而这些差异又提出了几个问题。赫西俄德的厄客德娜是谁？

1　阿波罗多尔，II，5，10。《神统记》中说，厄里特位于“著名的海洋那边”（v. 294）。

2　希罗多德，IV，9。

3　详见下文第 143—145 页。

4　赫西俄德，《神统记》，295—305。

5　另外一个人兽合体的女妖是斯芬克斯（Sphinx），而斯芬克斯又恰恰是厄客德娜和堤丰（Typhon）生的女儿。详见欧里庇得斯的《腓尼基妇女》（Euripide, *Phéniciennes*）。

残忍的厄客德娜[1]是福尔库斯（Phorkys）和刻托（Kéto）生的女儿，或者是佩拉尔（Peirar）和斯提克斯（Styx）生的女儿，她“既不像凡人， 84
又不像神”，她生活在人间一个山洞里，“既远离人，又远离神”；她的居所在阿里姆人（Arimes）的地方[2]，在地下。她的身体“一半是年轻妇人，漂亮的脸蛋，眼睛亮晶晶的，另一半是一条大蛇，可怕极了，蛇身粗大，身上有斑点，而且性情残忍……”她是女妖，也生了很多女妖。其中有一些与赫拉克勒斯发生了关系，比如革律翁的狗奥尔索斯（Orthos），勒拿湖（Lerne）的水怪海德拉（Hydre），尼米（Némée）的狮子。的确，这三个妖怪都被赫拉克勒斯杀死了。

因此，在赫西俄德的故事和本都的希腊人的说法之间，有几个相同点需要我们解释：在两个版本当中，厄客德娜的外形和人兽合体的女妖是一样的。但是，希罗多德没有说明人蛇女妖的来历，而且女妖也绝对没有被说成是可怕而残忍的妖怪。西西里的狄奥多罗斯（Diodore de Sicile）[3]笔下也出现了半人半蛇的女妖：她与宙斯交合，生了一个儿子，名叫斯基泰斯（Skytès）。斯基泰斯不是斯基泰人的祖先，在斯基泰斯之前，斯基泰人就已经存在，但是他成了这个民族著名的国王，并用自己的名字命名了这个民族。狄奥多罗斯的文本说，这是斯基泰人自己说的，并明确说，厄客德娜是从“土地中诞生的”（gēgenês）。[4]我们还注意到，她离革律翁也“很近”：在赫西俄德的版本当中，在讲到革律翁这个人物之后，就提到了厄客德娜，厄客德娜生了革律翁的狗奥尔索斯。在希罗多德的版本中，两者只是在空间上相近，两者之间的联系是赫拉克勒斯，因为赫拉克勒斯从革律翁的岛上回来的时候，来到了这里；此前这里是一片荒芜的土地，后来就 85

1　详见《古典古代时期百科全书》（*R.E.*）1917—1919 年埃舍尔关于厄客德娜的文章（*R.E.*, art. Echidna, 1917-1919, Escher）。

2　阿里姆人的地方也是堤菲（Typhée）生活的地方，见于《伊利亚特》，II，783。

3　西西里的狄奥多罗斯是古希腊历史学家，于公元前 1 世纪著有《历史丛书》40 卷（*Bibliothèque historique*）。——译者注

4　狄奥多罗斯，II，43，3。

变成了斯基泰王国。

厄客德娜的背景对希罗多德的文本产生了何种效果呢？为什么本都的希腊人要“绕道”赫西俄德，才确定斯基泰民族的起源呢？首先是为了强调斯基泰人的僻远，在空间上的僻远，我相信这是提到革律翁的名字所产生的效果；然后是文化上的僻远，应当把斯基泰人看成是过去时代的人，是与妖怪同时代的人；用另外一种语言来说，就是：斯基泰人有“原始人”的特点。

但是，本都的希腊人以厄客德娜的系谱为参照编的故事，也提出了好几个问题，这些问题远远超出了希罗多德这几个章节的文字的范围。我注意到三个问题。在赫西俄德的版本当中，赫拉克勒斯杀死了厄客德娜的三个孩子——奥尔索斯、海德拉和狮子；本都的希腊人则认为，赫拉克勒斯没有消灭女妖的后代，相反，他和女妖生了三个儿子。希腊人为什么把故事颠倒了过来呢？在一个版本中，赫拉克勒斯消灭了她的后代，而在另一个版本中却与女妖生养了后代。特别是，本都的希腊人“编造”的这种故事产生了何种效果呢？[1]

厄客德娜既不像凡人，也不像神。而希罗多德的人蛇合体女妖是半人半兽：有了这种非人非兽的中间性质的身份，她才成了斯基泰人的母亲。然而，斯基泰人首先是游牧人。于是，我们应当提出的问题
86 便是，杂交的作用是什么。换句话说，让斯基泰人的母亲既不是真正的人，也不是真正的兽，这难道是本都的希腊人对游牧民族的“想象”吗？杂交的身份和游牧生活之间有关联吗？要想回答这些问题，我们必须调查清楚杂交体对于希腊人意味着什么。[2]

最后一个问题，是赫拉克勒斯的干预提出的问题。如果斯基泰人的母亲是杂交体，父亲是英雄赫拉克勒斯，那么，赫拉克勒斯首先就

---

1 我们还可以补充说，本都的希腊人不乏幽默感：的确，赫拉克勒斯从嗷嗷待哺的时候开始，与蛇的麻烦就不曾断过，可他们却让他和半人半蛇的女妖睡了一觉……

2 详见卡辛（E. Cassin）在巴比伦的背景之下，对杂交人物恩奇杜（Enkidu）的分析。见于《相似与差别：巴比伦和以色列》，载《人与兽》，巴黎，海牙，1975 年，第 115—127 页（“Le semblable et le différent : Babylone et Israël” , *Hommes et bêtes*, Paris, La Haye, 1975, pp. 115-127）。

是一个作为教化者的英雄，让这样一个人成为游牧民族的父亲，这不是矛盾的吗？我们又一次遇到了“游牧民族”这个问题。对于传统来说[1]，从很大程度上赫拉克勒斯是旅行者，他“探索”和“标记土地的界线”。[2]但他也是人类的捍卫者。他尤其创造了很多城市。比如，只是在他讨伐革律翁的征战中，可以计在他的功劳簿上的就有：他缔造了利比亚的赫卡冬皮尔城（Hécatompyle），西班牙的萨贡多（Sagonte），高卢的阿勒西亚（Alésia），意大利的巴奥利（Bauli）、赫库拉诺姆（Heculanum）、克罗托内（Crotone），西西里的索卢斯（Solous）和墨堤耶（Motyé）。[3]另外，他还致力于将妖魔鬼怪从人间赶尽杀绝，将他们驱赶到人世间的天涯海角，甚至把他们赶到地狱里去。他对不太文明的民族也大打出手，比如从事强盗行径的奇里克拉纳人（Kylikranes）和德里奥普斯人（Dryopes），他还打败了以残忍著 87
称的莱斯特里贡人（Lestrytgons）。[4]特伊西亚斯（Tirésias）向安菲特里翁（Amphitrion）揭示了赫拉克勒斯的命运，说“他将在陆地上，他将在海上杀死无数凶残的野兽；他将以最为可怕的方式，处死不止一个因傲慢而偏离正道的人”。[5]作为都市的创建者，作为文明生活的传播者，他是站在与游牧生活相反的立场上的，因为游牧生活的特点主要就是与城邦生活（vie de polis）相反。

但是，赫拉克勒斯的形象具有某种模糊性：他不断地跋山涉水，并非总是一个教化的英雄，甚至也不总是一个文明的人。的确，他在

1　拉克鲁瓦：《旅行者和教化者赫拉克勒斯》，载《比利时皇家科学院文学班简报》第 60 期（1974 年），第 34—59 页［L. Lacroix, “Héraclès héros voyageur et civilisateur” , *Bulletin de la classe des lettres de l’Académie royale de Belgique*, 60 (1974) , pp. 34-59］。

2　品达：《尼米颂歌》，26（Pindare, *Néméenne*, 26）。

3　前文所引拉克鲁瓦的作品第 38—39 页。在本都地区，本都和加拉缔斯的硬币上有他的半身像。他甚至在印度也创立过城市，比如锡伯人的赫拉克勒亚（Héracleia chez les Sibes），以及恒河上的萨利博特拉（Salibothra）。

4　《希腊历史学家残篇》，费雷西底，3 F 19，吕哥弗隆，第 662 页及以后部分（*Fragmente der griechischen Historiker*, Phérécyde, 3 F 19, Lycophron, 662 sq）。

5　品达：《尼米颂歌》，第 60 页及以后部分（Pindare, *Néméenne*, 60 sq）。

食、色的问题上表现得有些过分。在喜剧中，他贪吃，他放浪形骸。[1]以这样的形象，赫拉克勒斯算不上是品达所说的“神和英雄”，也不是斯多葛派学者认为的“神圣之人”，而是一个“英雄和野兽”。[2]也许正是由于这种模糊性，本都的希腊人才把他看成斯基泰人的祖先，而不会落入矛盾的境地？希腊中心主义就是要让希腊英雄成为非希腊民族的祖先，这在希腊人类学中是常见的事。[3]在希罗多德的笔下，总
88 体来看，赫拉克勒斯是三个王室家族的源头：斯基泰家族（不过，在斯基泰人这个案例当中，他同时也是这个民族的源头）；萨迪斯的国王坎多尔（Candole）是赫拉克勒斯的儿子阿尔开俄斯（Alcaios）的后裔；[4]最后，赫拉克勒斯也是斯巴达国王的祖先。[5]

后面两个版本的共同之处，至少说明了斯基泰人如何来到今天被称之为斯基泰王国的这个地方，但没有说明斯基泰人的起源。[6]这两个版本中的第一个是这样开始的：“另外还有一个故事……”；第二个故事据说是诗人普罗科奈斯的阿里斯特亚斯（Aristéas de Proconnèse）讲述的。根据两个版本中的第一个，游牧民族的斯基泰人在马萨格泰人（Massagètes）追赶之下，渡过了阿拉斯河（Araxe），侵入从前由辛梅里安人（Cimmériens）占据的这片地方；在斯基泰人到达这里的时候，除了国王之外，辛梅里安人都逃走了。这是希罗多德“最愿意认可”的一个版本。在这个版本当中，斯基泰人是来自亚洲的游牧人。根据两个版本中的第二个，斯基泰人不是受到马萨格泰人的威逼，而是受到伊塞冬人（Issédons）的逼迫而南下，赶走了辛梅里安人。伊塞冬人

---

1 详见埃庇卡摩斯、阿里斯托芬的喜剧。参见戴萨特的《论希腊文学中海格力斯的类型》，巴黎，1871 年，第 109 页及以后部分［Epicharme, fr. 21, Kaibel（=Athénée, X, 411 a）; Aristophane, *Guêpes*, 60, Paix, 741. Cf. E. Des Essarts, *Du type d'Hercule dans la littérature grecque*, Paris, 1871, pp. 109 sq］。

2 西加尔：《“特拉基斯妇女”中的婚姻和牺牲》，载《古典时代》，44 期，1975 年，第 31 页（Ch. Segal, "Mariage et sacrifice dans les *Trachiniennes*", *L'Antiquité classique*, 44, 1975, p. 31）。

3 贝克尔曼：《民族的起源》，载《古典语文学》，第 XLVII 期，1952 年，第 65 页及以后部分（E.J. Bickermann, "Origines Gentium", *Classical Philology*, XLVII, 1952, pp. 65 *sq*）。

4 希罗多德，I，7。

5 在讲到列奥尼达（Léonidas）时，说明了在此之后的家谱（希罗多德，VII，204）。

6 希罗多德，IV，11—13。

本来也是被阿里斯玛斯普人（Arismaspes）从家乡驱赶出来的。南下的斯基泰人成了北欧人。

斯基泰人还有一个特点：他们自称是“所有民族当中最年轻的”[1]；根据他们的计算，“自从他们出现以来，从他们的第一个国王塔吉套斯时代开始，一直到大流士来到他们的国家，总共过去了 1000 年时间，不会更多”。[2] 然而，1000 年的时间相当于从狄俄尼索斯的出生到希罗多德时代流逝的时间：“人们说，从卡德摩斯（Cadmos）的女儿塞墨 89
勒（Sémélé）生了狄俄尼索斯开始，一直到我，过去了大约 1000 年时间。”[3] 另外，似乎斯基泰人的社会注重年轻的原则：的确，他们不仅是最为年轻的民族，而且王权也落在最年轻的三兄弟手上。因此，与希腊这样注重年龄的社会相比，这表明的是一种颠覆。[4] 由此表现出的问题就是：游牧的特点与民族的年轻有没有关系？不管怎么说，在希罗多德的文本当中，指出斯基泰人是年轻的民族这一点，只有与埃及人说的话相比较时，才会表现出其充分的意义，埃及人是最为古老的民族，或者几乎是最为古老的民族。[5]

与斯基泰人的身份问题有关的，还有另外一个因素——气候。在《历史》中，气候的确是具有解释作用的因素；气候理论产生的影响是：北方的事物“可以通过寒冷得到解释”[6]，而南方的事物则可以通过暑热得到解释。

斯基泰王国的气候与众不同[7]：冬天与所有其他国家的冬天“不

1　希罗多德，IV，5：neotaton apanton ethnéon。朱斯坦认为他们的观点正相反。

2　同上，IV，7。

3　同上，II，145。

4　鲁塞尔：《论公元前 5 世纪希腊世界的年资原则》，载《铭文和文学学会回忆录》，第 XLII 卷，第 2 期，1951 年，第 123—165 页（P. Roussel, “Essai sur le principe d’ancienneté dans le monde hellénique du Ve siècle avant Jésus-Christ à l’époque romaine”, *Mémoires de l’Académie des inscriptions et belles-lettres*, XLII, 2, 1951, pp. 123-165）。从最高权力的角度来看，斯基泰人的观念和神的观念是一样的：权力由最年轻者执掌，克洛诺斯（Cronos）是巨神族泰坦（Titans）当中最年轻的，宙斯是奥林匹斯山诸神（Olympiens）当中最年轻的。

5　参见上文第 75 页。

6　希罗多德，IV，30。

7　同上，IV，28—29。

90 同”；作者使用的希腊文明确表示了差距、分别和连续性的中断。[1]希罗多德不只是提出了这种区别，他还竭力证明它，以便让听他讲话的人相信这一点。斯基泰人的冬天不仅极其寒冷，而且持续的时间也特别长：在八个月的时间里，天气冷得“令人难以忍受”。[2]这样一来，我们就明白了，衡量斯基泰人的冬天的标准，就是希腊的冬天：冷得过分，相对于什么来说是过分的呢，还不是相对于希腊的冬天来说？不过，目前来看，这一点还是隐含的。希罗多德拿出的第一个证据：“如果向地面倒水，不会形成泥，但是如果点着火，那就会有泥了。”因此，在斯基泰王国，火的作用就像水在其他地方的作用一样：火在斯基泰不是烤干和蒸煮东西用的，而是让东西变潮湿，让东西液化（不是将土经过蒸煮之后产生石膏，而是产生泥巴）。[3]水虽然是最好的液体，却能使它触及的东西固化，而且自己也会固化。大海在寒冷的作用下，也能变成马车的通途。因此，干燥和潮湿的类别发生了混乱，液体和固体的类别也乱了。一年里有八个月的时间，天气的状况就是这样；在此之后，我们以为紧接着的，应该是四个月的“夏天”了吧，其实不然，继之而来的，是四个月的“小冬天”。因此，斯基泰的冬天真是与众不同，而且在作者论证的话语中，简直是在借用反衬的方法来说明其特点。

91 然后，希罗多德又讲到降雨，而且立刻从反衬的修辞明显地变成了上下颠倒：在斯基泰王国，冬天不下雨（或者可以说是没有雨），当然，在“所有”别的地方，正常情况下冬天是雨季；相反，斯基泰王国夏天的雨水却连绵不断。因此降雨的状况与地中海地区完全相反。但是，证明希罗多德是以希腊的模式为参照的最重要的一点，是他用

---

1 比如，我们发现作者用这个词（希罗多德，I，4）指出波斯人说的在亚洲（那是他们的地盘）和欧洲（那是希腊人的领地）之间的分别，或者在 III，20 中，在讲到埃塞俄比亚人时，说他们有 nómoi（文化），这一点使他们与所有其他人不同。

2 希罗多德，IV，28。极其寒冷的冬天是用“duscheímeros”这个词表示的。

3 艾林格：《石膏与泥巴》，载《经典古代时期的乌尔比纳蒂书》，第 29 期，1978 年，第 32 页（P. Ellinger, “Le gypse et la boue”, I. *Quaderni Urbinati di Cultura classica*, 29, 1978, p. 32）。

了 théros 这个词，而就在他此前的描写当中，他说斯基泰人的一年分为八个月的极寒之冬（duscheímeros）和四个月的“小冬”（psùchea）：这样一来，为了和希腊的模式进行比较，为了建立一种对立的体系，四个月的“小冬”变成了（必须变成）相当于“夏天”的一段时间；在本不应当下雨的季节下雨，在本应当下雨的季节却不下雨。

一旦建立了这种理解的规则[1]，希罗多德将扩大它的使用，并超越气候的范围。在别的地方不打雷的时候，在斯基泰王国会打雷，如果万一这一规律出现了例外，那么斯基泰人“会当成奇迹一样感到吃惊”。同样，地震也被斯基泰人认为是奇迹一样的事：言外之意就是说，那里恰恰与希腊的情况相反。其他发生了颠倒的领域还有，动物耐寒：在斯基泰王国，马，噢，不对，是驴和骡，非常耐寒，而在其他的地方情况则相反。由此，希罗多德最终过渡到暑热和严寒对动物的角产生的影响：暑热导致动物很快便长出角，正如荷马的一句诗证 92
明的那样，“利比亚的羊很快就长了角”，而相反，在寒冷的地方，动物便不长角，或者长的角很小。这说明了为什么斯基泰的牛不长角。

因此，叙述者为了更有说服力，从差异的角度过渡到了对照的说法，很快又采用了上下颠倒的描述方式。至于生活在这种极寒之冬的斯基泰人，他们当然是北方人，但是，与希波克拉底的论文《论空气、水和土壤》论述不同的是[2]，希罗多德并没有说明这样的差异对斯基泰人的体质产生了何种后果。

如果斯基泰人的起源不止一个，那么至少他们只有一个地方，一个国家吧？斯基泰王国位于哪里？它是在欧洲的地盘上还是属于亚洲？从米利都的赫卡塔埃乌斯的作品来看，似乎较难确定。写欧洲的《古希腊旅行指南》（*Périégèse*）提到过“斯基泰民族”，但是

1　参见下文第 331—348 页。
2　利用气候理论走得最远的文本，显然是希波克拉底的论文《论空气、水和土壤》。

在讲亚洲的作品当中，我们也看到了这个词。比如，梅朗奇拉因人（Mélanchlaïnes）被说成是 éthnos Skuthikón，Hekataîos Eurṓpei； 姆尔基特人（Murgètes）也一样；相反，伊塞冬人被明确说成是 éthnos Skuthikón，但他们是被列在亚洲部分的（Hekataîos Asíai）。[1] 由于这种不确定性，斯基泰人似乎成了两个空间之间的人，处在亚洲和欧洲的边界上，这实际上提出了一个问题：两个大陆的界线在哪里？

在《论空气、水和土壤》中，梅奥迪斯湖（Méotis）被认为是
93 欧洲和亚洲之间的界线[2]，而且斯基泰人无可争议地属于欧洲，因为，即使是生活在梅奥迪斯湖周围的萨尔马提亚人（Sauromates），也被说成是“欧洲人”。[3] 其他的人（但是希罗多德没有说明是哪些人[4]）认为欧洲和亚洲之间的界线是塔纳伊斯河，或者辛梅里安海峡（Cimmériens）。这些人当中应当有赫卡塔埃乌斯（Hécatée）。迈尔斯以令人信服的方式指出，从南向北，辛梅里安海峡、梅奥迪斯湖和塔纳伊斯河都处在同一条子午线上。[5] 最后，重要的是，我们是否赞成这三条界线中的一条，是否同意欧洲和亚洲的分界线是由此向南走向的。希罗多德不接受这种划分，因为他认为相反，欧洲是“沿着另外两个大陆，呈长条状展开的”。[6] 这里说的另外两个大陆指的是利比亚和亚洲。由此可以看出，他赞成的分界线不是北—南走向，而是东—西走向，而且这样一来，科尔基斯（Colchide）的法斯河（Phase）就成了很合适的分界线。

法斯河流入“北海”，是亚洲最凸出的半岛的北部界线[7]：“有一个半岛，北边从法斯河开始，顺着本都-尤辛努斯（Pont-Euxin）和赫

1　雅各比：《古希腊历史学家作品残篇汇编》，1 F 185，190，193（*F. Gr. Hist.*, 1 F 185, 190, 193, Jacoby）。

2　《论空气、水和土壤》，13 页。

3　同上，17。

4　希罗多德，IV，45。

5　参见前文所引迈尔斯的作品第 606—613 页。希罗多德，IV，57：“塔纳伊斯河水流的源头是一个大湖，而且最后又流到名叫‘玛约蒂斯’（Maiotis）的一个更大的湖中……”

6　希罗多德，IV，45。

7　同上，IV，37，38。

勒斯滂海峡 (Hellespont) 的边缘，向海里延展开去，一直到特洛阿斯（Troade）的西吉（Sigée）海角；同一个半岛在南边从米利安德洛斯海湾（Myriandros）开始，向海里延伸而去，与腓尼基毗邻，一直到特里奥皮翁（Triopion）岬角”，在卡利亚（Carie），离尼多斯（Cnide）不
远。在第一卷书中[1]，希罗多德说，奇亚克萨国王（Kyaxare）在围困尼 94
尼维（Ninive）的时候，受到一支斯基泰军队的攻打。斯基泰的军队追赶辛梅里安人，却进入了米堤亚王国，而且希罗多德还明确说，从帕吕斯梅奥蒂德（Palus Méotide）一直到法斯河，要走 30 天。最后，为了报复大流士，斯基泰人派了一个使者到斯巴达，想和斯巴达人结盟，他们提出一项行动计划；按照计划，他们从北部进攻，“沿着法斯河”前进，以进入米堤亚王国。[2] 因此，我们可以得出结论说，在《历史》当中，欧洲和亚洲的界线是法斯河，所以斯基泰王国肯定是在欧洲的地盘上。

因此，当阿托撒王后（Atossa）催促大流士采取行动的时候，大流士回答说：“我决心在两个大洲之间架起一座桥梁，并发动对斯基泰人的战争。”[3] 像这样一场远征的确是十分严肃的事，因为这是波斯大王第一次走出领地，第一次从亚洲到欧洲去。而塔纳伊斯河的确是个分界线；跨过这条河之后，就离开了斯基泰王国[4]：当萨尔马提亚人，也就是娶亚马逊女战士（Amazones）的斯基泰年轻人想找地方定居时，他们便跨过塔纳伊斯河，向北方走了三天。[5]

但是，虽然斯基泰王国在欧洲，可斯基泰人不一定就是“欧洲人”。的确，在希罗多德倾向于赞成的“起源”版本当中，明确说“属于游牧民族的斯基泰人生活在亚洲”，而且是在马萨格泰人的逼迫之下，才去了辛梅里安，也就是去了欧洲。在进入辛梅里安王国之后（从

1　希罗多德，I，103。
2　同上，VI，84。
3　同上，III，134：Zeùxas géphuran ek tê̂sde tê̂s ēpeírou es tê̂n hetérēn ḗpeiron。
4　同上，IV，21。
5　同上，IV，116。

95 那以后辛梅里安王国就成了斯基泰王国），他们开始追赶辛梅里安人，因为走错了路，把高加索丢在他们右后边，进入了米堤亚王国。他们在米堤亚王国战胜了米堤亚人，统治亚洲达 28 年时间，“他们使用暴力，而且无所顾忌，破坏了亚洲的一切”：“他们强制每个民族纳贡，而且除了接受纳贡之外，在他们的马队所到之处，他们见什么抢什么。”[1] 但是米堤亚人诡计多端，最终还是占了上风：他们请斯基泰人赴宴，将他们灌醉，使大部分斯基泰人死在他们的刀下。

然而，在第四卷书一开始[2]，希罗多德并没有提到这个插曲，他只是说，经过 28 年之后，斯基泰人又回到了“他们自己的地方”。因此，斯基泰人的确是流动的民族：他们从一个空间来到另一个空间；对于他们来说，欧洲和亚洲之间无可争议的分别其实并不存在；他们从一个大陆来到另一个，甚至并不知道他们究竟到了哪里（在追赶辛梅里安人的时候，他们走错了路）：他们是生活在两个空间之间的人。[3] 然
96 而，有一点是清楚的，在希罗多德的叙述当中，大流士的战争最终使他们“定居”在了欧洲，成为欧洲大陆的居民；是波斯大王侵犯了这里，而他本来不该这样做的。

1　希罗多德，I，106。

2　同上，IV，1。

3　但是，与东北部僻远之地的组织有关的困难仍然存在，那就是关于阿拉斯河的地位的问题。在 IV，11，希罗多德说，斯基泰人“在马萨格泰人的逼迫之下，渡过阿拉斯河向辛梅里安方向去了”，好像渡过阿拉斯河之后他们就到了欧洲。阿拉斯河的一条支流注入里海（I，204）。马萨格泰人居住在“阿拉斯河那边”（pérēn），与伊塞冬人的地盘“面对面”（antíon）（I，201）。“因此，在太阳落山的一边，人们称之为里海的这片大海的边界是高加索；在晨曦和太阳升起的一边，有一片一望无际的平原，马萨格泰人的地盘占据了这片平原的大部分……”（I，204）因此，我们可以认为，阿拉斯河位于里海的东边，从西向东流。狄奥多罗斯认为（II，43），斯基泰人早先居住在阿拉斯河沿岸；那时候他们人数还不是很多，也不太为人所知；后来，他们渐渐向西部扩展地盘，一直到梅奥迪斯湖和塔纳伊斯河，后来一直又扩展到了色雷斯，向南一直到了埃及，向东一直到了海边。

第二章

行猎者被猎杀："通道"与"无路可通" 97

提到大流士在斯基泰王国的远征时，勒格朗（Legrand）说："希罗多德描述的大流士的远征不具备历史的特点。"[1] 因此，勒格朗和在他之前以及在他之后的学者一样，想在这场战争中，区分哪些部分属于历史，哪些部分不属于历史，也就是说，哪些事有可能是真的，哪些事不可能是真的。

不管具体论据如何，因为，正如伯里（Bury）写的那样："我们用不着提示说，虽然大流士肯定不曾接近顿河，他是向第聂伯河前进的，或者虽然他没有到达第聂伯河，他有可能在博格河（Bug）的河边休息过，或者如果根本不可能是博格河的话，那他至少也到过第聂伯河……"[2]

根据不同评论者的说法，虽然这条似是而非的边界线或多或少地会向东移动，但是有一点是一致的，那就是大家都认为大流士的确渡 98
过了伊斯特罗斯河（多瑙河）。战争的目的是什么呢？有人认为，只

---

1 勒格朗：《历史》，第四卷，第 27 页（E. Legrand, *Histoires*, Livre IV, p. 27）。亦可参见同一作者的《希罗多德：斯基泰战争的历史学家》，载《古代研究杂志》，1940 年，第 219—226 页（"Hérodote, historien de la guerre scythique", *Revue des études anciennes*, 1940, pp. 219-226）；莫米利亚诺：《从菲利波斯到大流士的斯基泰征战》，1975 年，第 500 页（A. Momigliano, "Dalla spedizione scitica di Filippo alla spedizione scitica di Dario", V. *Contributo*, 1, Rome, 1975, p. 500）。除此之外，还可参见巴尔塞的《希罗多德第四卷书中大流士讨伐斯基泰人的战争》，载《哈佛古典哲学研究》，第 76 期，1972 年，第 99—132 页（J.M. Balcer, "The date of Herodotus' IV Darius scythian expedition", *Harv Stud. Clas. Philo.* 76, 1972. pp. 99-132）。

2 伯里：《大流士的欧洲征战》，载《古典评论》，第 11 期，1897 年，第 227 页（J.B. Bury, "The European expedition of Darius", *Classical Review*, 11, 1897, p. 227）。

有把入侵斯基泰和征服色雷斯联系在一起，才可以理解这场战争的目的；莫米利亚诺认为："对斯基泰王国的征战，只能解释成征服色雷斯的后续行动，但是这一行动又没有做好充分准备。"[1] 还有的人认为，征战的原因是为了夺取金子：大流士想要的，是斯基泰人或者阿伽锡索斯人（Agathyrses）的黄金；如果他们不纳贡，他就要去抢，以便继续建设他的波斯帝国。[2]

我们把想淘金的大流士先放在这里；把可以被看作拿破仑祖先的大流士，以及斯基泰人的国王、库图佐夫（Koutouzov）的前身伊丹西尔斯（Idanthyrse）先放在一边；正如《剑桥古代史》提示的那样，这次远征就是"大流士的1812年"，而且他渡过伊斯特罗斯河的事，也让我们想到别列津纳河（Berezina）上的激战；[3] 我先把追求真相的规则放在一旁，只关注战争的叙述；我们从三个方面来看：纯粹叙述的限制，行猎者被猎杀以及希罗多德关于人种学的话语。

99 叙述的限制

所谓叙述的限制，指的是在斯基泰战争中，所有可以预言、预示和勾勒出希波战争的内容。我们经常注意到，斯基泰征战是一场悲剧的重复，而且下一次，这场悲剧将在希腊上演。为什么可以说是预示呢？首先是因为，斯基泰的征战标志着时间的中断，也打乱了空间的组织：当大流士跨过博斯普鲁斯海峡时，这的确是波斯大王第一次离

---

1 前文所引莫米利亚诺作品第505页。

2 前文所引巴尔塞的作品第132页。这已经是伯里得出的结论。

3 杜梅齐尔的《斯基泰王国及其周边的传奇故事》（G. Dumézil, *Romans de Scythie et d'alentour*, Paris, 1978）中有一章专门讲这次远征，而且他十分幽默地将这一章题为"伟大的军队"（第327—338页）。杜梅齐尔问道："希罗多德笔下这次征战的联系不是历史的联系，但是，征战又是由一些准确、生动的小故事组成的；这些故事会不会来自希罗多德在征战发生后一些年，在奥尔比亚（Olbia）或者附近一座城市，用斯基泰史诗特有的主题写的'本地'记录版本呢？我们在奥塞梯史诗中仍然可以看到这样的主题。"事实上，奥塞梯人的史诗讲述的是关于远征的神奇故事，是纳尔特人（Nartes）的领主纳斯汉·阿尔达（Nasran Aeldar）讨伐埃及领主的征战，我们从中可以看到"与神奇的人联盟、关于'天—地—海'的谜或者来无影去无踪的对手、空无一人的营地里燃烧着篝火以诱敌深入"等故事。

开亚洲，踏上欧洲的土地。然而，从《历史》的前言开始，作者就有明确的说明："波斯人认为亚洲和居住在那里的蛮族人都是属于他们的；他们认为欧洲和希腊世界是与众不同的国家。"[1] 当然，作者很在意地又补充说，这次事件规模不大，但是它预示了薛西斯的入侵：希波战争的史诗是一定不能忘记的——"与这一史诗比较起来，大流士与斯基泰人的战争就不算是什么大的战争了"。[2] 但是，事情还不仅如此：的确，要想理解斯基泰战争，就一定离不开希波战争提供的模式；要叙述斯基泰战争，那就要采用在希腊制定的模式，尤其是雅典人论述的希波战争的模式。[3]

换句话说，斯基泰人与波斯人的关系，就好比是雅典人与波斯人的关系一样。这种反复出现的相似性，是理解斯基泰征战的一种模式， 100
而这种模式使我们在斯基泰人与波斯人的战争中，把斯基泰人看成某种形式的雅典人。这样一来，只要明确地把两次征战联系起来，在两者之间建立一些相互印证的关系，让人觉得在看前者的时候，就好比那是对后者的重复一样。

大流士让萨摩斯的曼德罗克莱斯（Mandroclès de Samos）在博斯普鲁斯海峡上建了一座桥；[4] 薛西斯却给赫勒斯滂海峡强加了一道枷锁。一方面，大流士在进入欧洲之前，伫立了一会儿，望着本都-尤辛努斯的大海；另一方面，薛西斯望着赫勒斯滂海峡，痛哭人生之短暂。同样，在两个故事结束的时候，大流士向受到威胁的本都逃去，预示着薛西斯逃向赫勒斯滂海峡。[5] 在两支军队出现动摇的时候，发生了两个

1　希罗多德，I，4：亚洲就好像是他们的 *oîkos*（家）一样。

2　同上，VII，20。

3　阿曼德里：《希波战争之后的雅典》，载《布鲁塞尔大学杂志》，1961 年，第 198—223 页（P. Amandry, "Athènes au lendemain des guerres médiques", *Revue de l'Université de Bruxelles*, 1961, pp. 198-223）；洛罗：《马拉松与意识形态历史》，载《古代研究杂志》，1973 年，第 13—42 页（N. Loraux, "Marathon ou l'histoire idéologique", *Revue des études anciennes*, 1973, pp.13-42）。参见洛罗：《雅典的发明》，巴黎，海牙，第 157—173 页（N. Loraux, *L'Invention d'Athènes*, Paris, La Haye, pp. 157-173）。

4　希罗多德，IV，87。

5　同上，IV，85，以及 VII，46；IV，142；VII，101。

插曲，它们的地位显然也是一样的，而且也都表达了为神圣的事业而献身的意义。一个名叫奥约巴佐斯（Oiobazos）的波斯人，有三个孩子在军队里服役。奥约巴佐斯问大流士能不能给他留下一个孩子。大流士“像对待不好意思提出过分要求的朋友一样，对他说，他会让所有的孩子都留下”[1]；说着，他吩咐把那人的三个孩子都杀了。同样，吕底亚人皮西奥斯（Lydien Pythios）也有五个孩子在军队服役，他要求薛西斯免除长子的兵役。薛西斯让那人其余的四个孩子活了下来，偏偏把他的长子杀了，从中间把人砍成两段，而且命令军队在两半截身体之间鱼贯而过。[2]

101 另外，两次征战中出现了同一个人物，他是国王的顾问，这表现了这两次征战的连续性：阿尔塔巴（Artabane）是大流士的兄弟，薛西斯的叔叔；他经历过很多事，而且都回忆得起来；他就是国王的“记忆”，是国王的“记事簿”（mnémon）。[3] 比如，当薛西斯召集波斯人的首领，向他们提出攻打希腊人时，只有他反对国王的意见，他提到的理由恰恰就是斯基泰战争：“我已经向你的父亲、我的兄长大流士说过，不同意与斯基泰人开战，斯基泰人不是生活在城市里的人。可是大流士希望征服游牧的斯基泰人，他不听我的劝告。而你，国王啊，你打算向比斯基泰人更加强大的人进军，人们说这些人在海上和陆地上都是英勇的战士。”[4] 另外他还明确说，将胜败系于一座桥，那是要冒极大风险的：如果米利都的希斯提亚埃乌斯（Histiée de Milet）没有反对拆毁伊斯特罗斯河上的浮桥，大流士和波斯帝国就完蛋了；同样，今天如果希腊人毁掉赫勒斯滂海峡上的通道，那么薛西斯和他的军队

1　希罗多德，IV，84。希罗多德没有把情景描写成牺牲；他只是满足于强调其野蛮，还特别带有讽刺意味地使用了 metrīōn 这个词。

2　同上，VII，38—39。马松：《关于赫梯人为军队祝圣的仪式》，载《宗教史杂志》，第CXXXVII期，1950年，第5—25页（O. Masson, “À propos d’un rituel hittite pour la lustration d’une armée...”, *Revue de l’histoire des religions*, CXXXVII, 1950, pp. 5-25）。

3　同上，VII，18。阿尔塔巴说：“我记得居鲁士与马萨格泰人之间的那场战争，记得冈比西斯和埃塞俄比亚人的战争，我参加了大流士和斯基泰人的战争……”他列了一张清单，上面标着各个国王从事的所有不寻常的战争。

4　同上，VII，10。

会落得什么样的下场呢？阿尔塔巴是两个时代之间活的联系，他强调了两个时代的重复性：斯基泰战争预示了薛西斯的征战，希波战争重复了大流士的征战，好像波斯的国王们就是一架注定了要不断重复的机器；国王们像患了强迫症一样，要证明自己的权力，在证明的同时，又毁掉了这权力。

在以下两个插曲当中，两个小故事具有相同的地位。就在斯基泰 102
人和波斯军队终于就要真正地列队开战的时候，两军之前突然出现了一只野兔子；斯基泰人立刻放弃了一切战斗队形，开始追赶这只野兔子。大流士被惊呆了，心里明白这些人是多么藐视他[1]；于是，他决定放弃与他们的战斗。同样，在过了温泉关（Thermopyles）和阿德米斯海角（Artémision）之后，希罗多德也提到一个与追赶野兔子颇为相似的情景：一些阿卡迪亚的逃兵被带到国王面前，国王问他们希腊人正在干什么；他们回答说希腊人正在庆祝奥林匹亚节，也就是说，希腊人正在观看比赛，而获胜者的奖品是一个用橄榄树的枝条编成的头冠。听到这些话，特里丹泰奇梅斯（Tritantaichmès）（他是阿尔塔巴的儿子，所以在给人出主意方面是有传承的）不得不说："天啊，他们是什么人啊！马尔多尼乌斯（Mardonios）竟然带我们来和这些人打仗！"[2]因此，这两个插曲都是在以同样的方式嘲笑本来被认为是可以忽视的敌人。

这两场战争的理由都是复仇：大流士要向斯基泰人报仇，因为斯基泰人在追赶辛梅里安人的时候，入侵了亚洲，在亚洲人统治的地方制造了混乱。[3]薛西斯则接过父亲的计划，想惩罚雅典人，因为雅典人"烧了萨迪斯（Sardes），侵犯了亚洲"。[4]因此，斯基泰人和雅典人都

1　希罗多德，IV，134。
2　同上，VIII，26。
3　同上，IV，1。
4　我们可以注意到，希罗多德也让薛西斯继承了特洛伊战争的遗产：在来到欧洲之前，"他的足迹一直到了普里阿摩斯的帕加马（Pergame de Priam），因为他非常想看看那个地方；在瞻仰过帕加马，并让人给他详细说明了有关情况之后，他向雅典娜伊利亚斯神庙（Athéna Ilias）供奉了一千头牛的祭品，而且向英雄们举行了祭酒仪式"（VII，43）。没有人知道为什么祭酒仪式之后的那天夜里，恐怖的情绪（Phóbos）便在军营里传播开来。

103 是首先侵犯波斯领地的人。但是，面对危险，斯基泰人和雅典人都极力说服邻国的人，让他们相信波斯人的征战也会威胁到他们，而且斯基泰人和雅典人明说的理由都只不过是借口。斯基泰人说：“波斯人并不是只针对我们，而不针对你们，他们不会只征服我们，而放过你们。”[1] 与此相对应的是，希腊人的使者对锡拉库萨（Syracuse）说：波斯人借口说他们要向雅典进军，但实际上，他们“心里是想统治整个希腊”。[2]

虽然有时候，大陆的希腊人，或者所有对希腊抱有良好情感的希腊人，都“像斯基泰人一样”，但是相似性通常只存在于斯基泰人和雅典人之间。如果邻国的国王不与他们结盟，以击退波斯人，斯基泰人便威胁说要与波斯大王妥协，或者要离开当地，[3] 同样，雅典人也多次威胁说要与薛西斯议和，或者虚张声势地放话说有可能放弃阿提卡（Attique）；地米斯托克利（Thémistocle）就是这样虚张声势，对指挥舰队的斯巴达将军欧里毕亚德斯（Eurybiade）说：“我们要回家，我们要回意大利，回西里斯（Siris）……”[4] 最后，有些国王回答斯基泰的使者，以公正为由，说明他们不参与的理由——是你们最先违背正
104 义（díkē）侵犯了亚洲，现在，如果波斯人礼尚往来，你们只好自作自受[5]——这让我们想到斯巴达人对雅典人的责备：“这场战争是你们违背我们的意愿挑起来的；开始时，战事只与你们的城邦有关，而现在，战争蔓延到了整个希腊。”[6]

这场国王们的集会非常奇怪；的确，被召集来参加集会的，是居住在斯基泰人“上面”（tò katúperthe）的各部落首领：盖洛诺斯人（Gélons）、布丁人（Boudins）、萨尔马提亚人（萨尔马提亚人愿意签

---

1 希罗多德，IV，118。
2 同上，VII，157；VII，138 及以后部分，希罗多德评价了薛西斯打仗的真正目的。
3 同上，IV，118。
4 同上，VII，139；VIII，62；IX，11。
5 同上，IV，118。
6 同上，VIII，142。

订盟约）、阿伽锡索斯人、诺勒人（Neures）、托里德人（Taures）、梅兰奇莱纳人（Mélanchlaines）、安德洛法奇人（Androphages）（安德洛法奇人拒绝签约）。然而，在第四卷书中，这些部落的人都被说成是神秘的、神奇的、原始的人，甚至根本就是野人，比如安德洛法奇人既没有"正义"又没有"文化"，而且他们吃人肉。[1]然而，突然之间，这些部落的人都有国王了（虽然这些国王只被提到过这一次），而且声称都是根据"正义"来做出决定的。因此，我们可以提出的问题就是，在斯基泰人的故事当中，这次会议的作用，是否相当于希波战争故事中"怀有最深感情的希腊人"派往阿尔戈斯、锡拉库萨、克基拉岛（Corcyre）、克里特岛的那些使者。希腊人曾经寻求与人结盟，因此斯基泰人也这么做了，他们不可能不这么做。另外，从历史的角度来说，这种相似性是有作用的，因为它从叙述上说明，只有这样，斯基泰人拒绝与波斯人打仗的事，看起来才像是真实的：因为他们没有得到邻国的支持，"所以他们决心不与敌人公开对阵"。[2]这一场景 105
从两个方面表示了纯粹叙述上的限制：首先，如果说理解的模式的确是希波战争的模式，那就要引入一个系列，其作用要与希腊人的使者所起的作用一样，并代替这些使者；第二，斯基泰人并没有真正地打仗，为什么呢？因为他们没有数量足够多的盟友。我们将会看到，除了这种"叙述上的理由"之外，还有"人种学上的理由"，而且从某种形式上来看，斯基泰人用不着列阵开打。

雅典人说过、声明过，而且无数次地重复说，他们是为希腊人的自由而战的，而且希罗多德描述了他们为自由而战的具体行动："在选择让希腊自由的同时，正是他们，只有他们唤醒所有其他的希腊人，这些人不是米堤亚人；在众神的带领之下，他们打退了波斯大王的进攻。"[3]相反，波斯大王的形象是"专制者"（despótēs），他奴役所

1　希罗多德，IV，106。
2　同上，IV，120。
3　同上，VII，139。

到之处的一切，而且自由人，作为战士，被认为抵挡不住由单独一个人率领的军队。[1]然而，斯基泰人因为与大流士对阵，因为他们也相当于雅典人，因此，斯基泰人也是类似于自由战士之类的人；因此，当大流士要求斯基泰人承认他是专制者的时候，他们回答他说，“你去哭吧”[2]；希罗多德又补充说[3]，斯基泰人的国王“一听到奴役这个词，心中
106 便充满了气恼”。如果斯基泰人不是自由战士，那他们就不能（经过必要的变换之后）扮演雅典人的角色。相反，当大流士征服其他的民族时，我们看不到奴役和自由之间的这种对立。[4]而且当希罗多德介绍斯基泰人的“文化”（nómoi）画卷时，我们没有看到自由在其中占有重要的地位：的确，斯基泰的国王是个不折不扣的专制者。

行猎者被猎杀

由于故事的限制，波斯人和斯基泰人之间的战争，成了一场双方从来没有布阵对打的战争，这从叙述上变成了可以接受的事；或者极而言之，双方甚至根本就没有见面就分出了胜败。然而，在公元前5世纪战争的话语当中，不断地拒绝在战场上投入兵力与敌人对阵开打，这意味着什么呢？面对波斯人的进攻，斯基泰人不断地逃跑，但是他们始终掌握着主动，看起来他们是在冒险，但实际上他们是在坚定地执行事先制定好的计划。波斯人紧追不舍，然而，他们永远也追不上斯基泰人。

107 斯基泰人在《历史》中第一次看起来像是狩猎的主动方。[5]一群游牧的斯基泰人的确躲到了米堤亚国王奇亚克萨的地盘上，奇亚克萨国

1　希罗多德，VII，103。
2　同上，IV，127。
3　同上，IV，128。
4　盖塔人是个例外，但是例外的，也就是盖塔人而已。详见本书后文第174—177页。
5　希罗多德，I，73。文本中用的词是“*ilē*”，既指军队，又可以指牧群。有一天他们的狩猎一无所获，而且奇亚克萨国王重重地责备了他们，他们便把跟着他们学习的一个孩子煮熟给国王吃了。

王"把一些孩子交给他们，跟他们学习斯基泰的语言和射箭的功夫"。因此，他们天天去狩猎，并把打到的猎物整治好。因此，他们的身份就是弓箭手和猎人。然而，他们在斯基泰王国向大流士提出了什么样的建议呢？一场狩猎，一场奇怪的狩猎活动，活动中追踪者和被追者的角色即将发生变化，而且最终，狩猎者在不知不觉当中变成了被猎杀者。

由斯高帕西斯（Scopasis）指挥的一支军队接到命令，要"hupágein"，也就是要他像诱饵一样吸引敌人，但是，在狩猎的词汇当中，"hupágein"是"吸引猎物"的意思。[1] 还可以做一点儿说明，"hupopheúgein"可以表示"悄悄溜走"，但是在狩猎的词汇当中，则是"躲过猎狗的追赶"的意思。这样一来，由于词义的混乱，我们也不知道究竟是谁在追，谁在被追：波斯人是追踪猎物的猎狗，但是，他们的踪迹已经被嗅到了吧？

在另一个阶段（也就是向斯基泰首领发出的命令的第二个方面），当波斯人放弃追踪的时候，那斯基泰人就要立刻反过来追踪波斯人，像追逐猎物一样追逐他们。斯高帕西斯这时便公开地变成了猎人，他要进攻，就像猎狗围攻野兔子一样。

另外一支军队也接到了命令，要在距离波斯人一天的路程之前，引诱他们，迷惑他们。作者使用的动词是"hupexágein"（从词的前缀来看，行动应当是悄悄完成的），以及"proéchein"，意思是"位于前面"，[2] 但是，这个词也指猎狗位于野兔子所经之路的前面。这里的词 108
义同样具有模糊性：是谁追谁呢？目的是要把波斯人引向斯基泰王国之外（通过这种诡计，迫使邻国人也参战），然后，在达到目的之后，来个突然转身，返回斯基泰：希罗多德使用的是"hupostréphein"，是主要用来指野兔子的一个词；在猎狗的追逐之下，野兔子突然伸直

---

1 希罗多德，IV，120。关于狩猎词汇，参见尚特莱纳的《希腊词汇研究》，巴黎，克林克锡克出版社，1956 年（P. Chantraine, *Études sur le vocabulaire grec*, Paris, Klincksieck, 1956），以及色诺芬的《狩猎的艺术》，巴黎，法国大学丛书（Xénophon, *L'Art de la chasse*, traduit et commenté par A. Delebecque, Paris, Coll. Des Universités de France）。

2 同上，IV，120。

一只耳朵，身体因此而失去平衡，原地转身，用这种办法摆脱追逐者。[1]野兔子的这种狡猾行为，让我们想到狐狸突然转身，抓住猎物（épistréphein）。斯基泰人是充满“狡猾智慧”（Mètis）的猎物，他们也完全能够成为出色的猎人。

到目前为止，我们说的都是计划，下面我们来看计划是如何实施的（tà bebouleuména）。[2]斯基泰人将一步步实行他们的计划。[3]第一步：将妇女、儿童和牲畜隐藏起来，送到北方去（elaúnein pròs Boréō）；作者只用了“elaúnein”（在身前推着）一个词，来描写他们采取的防备措施，似乎是在说明，整个队伍只是一群牲畜，被赶到隐蔽的偏远地方去。[4]然后才是所谓的战斗行动；在行动执行的过程中，我们又看到在制定计划时已经使用过的相同的狩猎词汇。当波斯人不知道该往哪里去的时候，他们终于看到了斯基泰人，于是便跟着斯基泰人的脚
109 步而去，或者更加准确地说，“他们便寻其踪迹而去”（katà stíbon）[5]，无疑就像跟踪猎物一样，好不至于失去猎物，但也是（也许更多的是）为了不让自己迷失方向。

最后，在斯基泰人的国土上从事的这场追逐战中，猎人，也就是追逐者，从来不是主动的一方；被追逐者才永远是主动的，而且有的时候还是真正的追逐方。通过故事中最后一个狡计，追逐战最终变成了可笑的狩猎。[6]大流士从一开始期待的，就是与斯基泰人对阵，展开真正的战斗；就在他似乎终于要达到目的的时候，也就是说，当斯基泰人排成对打的战斗队形，要与波斯人决一死战的时候，正在他们就要动手的时候，一只野兔子在两军阵前跑过……野兔子跑近前来，于是，斯基泰人的战斗队形散了，再也不顾对面的波斯人，开始追逐那

1　色诺芬：《狩猎的艺术》，V，32。
2　希罗多德，IV，120，121。
3　同上，IV，122。
4　一般被用来指隐藏（妇女、儿童）动作的词是“upektíthesthai”（VIII，4，41）。
5　希罗多德，IV，122。
6　同上，IV，134。

只野兔子：他们发现了一个比波斯人更好玩儿的猎物。的确，一只真的野兔子总比假的好，假野兔子连个真正的猎物都算不上。但是，出现在两军阵前的这只野兔子，让人想起另外一只兔子。的确，就在薛西斯的军队刚刚跨过赫勒斯滂海峡的时候，发生了一件"很好解释的"奇迹："一匹母马生了一只兔子。这件事明确地表示，薛西斯讨伐希腊的征战将是一场盛大而壮观的行动，但是，他不得不急匆匆回国，才能保住性命"[1]；当然，薛西斯不会这样做。但是大流士终于明白，对于斯基泰人来说，他是个多么可悲的猎物，而且他也像野兔子一样，从今往后，要想摆脱追踪者，他没有别的出路，只能逃跑； 110
只有使用狡计，他才能逃脱。最后，在希腊人心目中，野兔子并不是很难捉到的猎物，即使捉住了，也不是太光彩的事。比如阿多尼斯（Adonis）打猎的时候，他的情妇阿弗洛狄忒让他看到的，都是"胆小的野兔子、惶恐的黄鹿，一有猎人的动静，就急忙逃跑"[2]，而不是狮子或者野猪之类。所以对斯基泰人来说，即使野兔子，也是比大流士更值得关注的猎物。

在希罗多德之后，一些作者还援引过其他的理由，以说明为什么斯基泰人和大流士之间没有发生战斗。比如克特西亚斯（Ctésias）就认为[3]，大流士跨过伊斯特罗斯河，在斯基泰王国的领土内行进了15天；后来，两位国王交换了弓：因为斯基泰的弓是最硬的（epikratéstera），所以大流士便逃走了，而且是仓皇而逃，他的军队还没有全部过河，他便将桥拆毁。《历史》中也讲了这个拉不开的硬弓的故事，但是故事不是发生在北部，而是在南部，发生在人人都长命百岁的埃塞俄比亚的地盘上：冈比西斯想攻打埃塞俄比亚的国王，埃塞俄比亚国王送

1　希罗多德，VII，57。

2　马塞尔·德蒂安：《被处死的狄俄尼索斯》，巴黎，1977年，第87页（M. Detienne, *Dionysos mis à mort*, Paris, 1977, p. 87）。

3　雅各比：《古希腊历史学家作品残篇汇编》，688，"克特西亚斯"，F 13（*F. Gr. Hist.*, 688 Ctésias F 13, Jacoby）。

给冈比西斯一张弓作为礼物。[1]因此，希罗多德认为，有关弓的故事讲的是埃塞俄比亚人，只不过被克特西亚斯转到了斯基泰人身上。似乎这些偏远地区的故事，本来就是完全可以互换的：弓的故事可以轻易从最南边跑到最北边。况且，斯基泰王国和埃塞俄比亚都是常人“难以企及的地方”。[2]

斯特拉波（Strabon）则认为，大流士溃败的原因，不是“俄罗斯
111 的冬天”，而是“盖塔的沙漠”，[3]一大片平坦而无水的沙漠；大流士在跨过伊斯特罗斯河之后，他本人和他的军队差点儿都渴死在这片大沙漠里。大流士就像被俘虏了一样，就像落进沙漠的陷阱里一样；文中说的是“apolēphteís”[4]，像一只“落进陷阱里”的野兽。作者再一次使用了狩猎的比喻，但是这一次，不见猎人在一旁窥视了。

波斯的“重装步兵”

当波斯人入侵希腊时，代表的是一支令人生畏的力量：希腊人说过这一点，而且反复强调过，但是，他们也说过，也反复强调过，从根本上说，波斯人不会打仗。当米利都的阿里斯塔格拉斯（Aristagoras de Milet）来到雅典，想说服议会出兵亚洲时，他强调说，波斯人既不使用长枪，也不使用盾牌，所以要打败他们不是难事。[5]希罗多德说：“希腊人认为，波斯人之所以处在劣势，有一个原因是装备的性质。波斯人没有保护身体的铠甲；波斯人的士兵只有轻型装备，可他们面对的，是配有重型装备的希腊步兵。”[6]希腊人直截了当——这简直令人

1　希罗多德，III，21：“埃塞俄比亚的国王这样劝告波斯大王：当波斯人能够像我一样将硬弓轻而易举地满满拉开时，再让他们以更加强壮的身躯来和长命百岁的埃塞俄比亚人打仗吧。”

2　参见本书下文第 129—133 页。

3　斯特拉波，VIII，3，14。“ē tôn Geton erémía”让人联想到“ē tôn Skúthōn erémía”。

4　同上。我们在 VI，1，12 发现作者用同一个词描写这样一个情景：米罗（Milon）本想劈开一棵树，却被那棵树卡住动弹不得，落在这样一个陷阱当中，像落在一张网里一样。

5　同上，V，97。

6　同上，IX，63。

愕然——地认为，波斯人“没有武器”（ánoploi）；波斯人的武器算
不上是真正的武器，只有配备重型装备的步兵的武器，才算得上是货
真价实的武器。[1]波斯人“没有武器”的意思是说，他们只配备了弓 112
箭。[2]波斯人的确都是弓箭手，而且是很高超的弓箭手。自从埃斯库罗斯（Eschyle）写了《波斯人》之后，长矛弓箭的对垒出现过好几次。波斯人除了武器装备的劣势（这就等于从根本上认为波斯人是蛮族人，说他们“没有武器”，就等于说他们不是重装步兵，不是公民）之外，他们还有一个缺点，那就是没有见识。

的确，在叙述布拉战役（Platées）的时候，希罗多德指出：“波斯人在勇气和力量方面都不差，但是同时，除了没有真正的武器装备之外，他们还缺乏军事知识（anepistḗmones），所以在战术的灵活性（sophíē）上，他们不如对手。”[3]比如，他们分成小组，胡乱冲向斯巴达人，而且当然，他们会因此而送命：他们对排兵布阵的事一窍不通，无法排成对敌的阵列（táxis）。只有排成对敌的阵列，才能让每个人在规定的位置上战斗，“战士们一个个按照顺序站好”[4]，如果没有这样的秩序，长矛和盾牌都不是真正的武器。“没有武器”，“战术灵活性差”，“无法列阵对敌”，因此，波斯人根本不会打仗。

波斯人只教给 5~20 岁的孩子“三件事：骑马，射箭，说真话”。[5]
因此，他们是弓箭手，也是骑手，而且除了在马拉松之外，波斯的骑 113

1　斯特拉波，IX，62。

2　对波斯人武器装备的描述见于斯特拉波 VII，61：“波斯人头上戴着人们称之为‘梯亚尔’的圆锥形软毡帽；身上围着长袍，袖子的颜色各式各样，也穿用铁制鳞片做成的铠甲，看起来就像披了一身鱼鳞片；腿上是长筒大皮靴；手上没有盾牌，只有柳条编的圆盘，下边吊着他们的箭筒、短矛、很大的弓和用芦苇做的箭；除此之外，腰带上还挂着短剑，吊在右边大腿上。”关于弓箭手和重装备步兵之间的对照，参见欧里庇得斯：《赫拉克勒斯》，153，164（Euripide, *Héraclès*, 153, 164）以及皮埃尔·维达尔-纳凯：《古希腊的神话和悲剧》，巴黎，1972 年，第 171 页（P. Vidal-Naquet, *Mythe et tragédie en Grèce ancienne*, Paris, 1972, p. 171）。

3　希罗多德，IX，62；VII，221。

4　阿里斯托芬：《胡蜂》，1081—1083（Aristophane, *Guêpes*, 1081-1083）。

5　希罗多德，I，136。

兵在希波战争中起了重要作用，其优势从未受到质疑。[1]但是，马拉松之战恰恰是一场“纯粹的重装步兵战役。由于天命的安排，波斯一边的骑兵没有参战，雅典一边也没有出现骑兵。雅典的骑兵是步行战斗的”。[2]

波斯人不会打仗，而且也不明白如何用两个方阵对垒。马尔多尼乌斯说：“当战斗的双方相互宣战之后，希腊人便找最好的、最平坦的位置；找到后，便到那里去对打，战胜者撤退时，往往会有很大的损失；战败者的情况我就不说了，因为战败就意味着完全被消灭。”[3]希罗多德故意罗列了很多马尔多尼乌斯不合情理的行为，他完全不了解重装步兵的对阵所具有的“竞赛”（agôn）意义[4]；他完全不知道为什么这样的战斗是有规则的战斗，而不仅仅是他提到的屠戮。

因此，无可怀疑的是，在希腊，波斯人是野蛮人，也就是说，是与重装步兵相反的人。然而在斯基泰王国，大流士的军队看起来几乎就是一支希腊的军队：如何理解这种变化呢？如果故事的逻辑使作者不得不将斯基泰人描写成类似于雅典人的人，那么波斯人看起来就一
114 定要像野蛮的战士一样。其实不然。当大流士跨过博斯普鲁斯海峡的时候，他带着一支有 70 万步兵和骑兵组成的军队，希罗多德又明确说，这还不算他的海军。[5]也许波斯人有骑兵，但是每次波斯的骑兵遇到斯基泰人的骑兵时，都占不了上风，都会望风而逃，而且还有个奇怪的细节，每次让斯基泰的骑兵转身就跑的，是波斯的步兵，因为斯基泰人的骑兵害怕步行的人（phobeómenoi tȇn pézon）。[6]因此，天生

1　瓦德曼：《波斯战争的战术与传统》，载《历史》杂志，1959 年，第 49—60 页（A.E. Wardman, “Tactics and the tradition of the persian war” , *Historia*, 1959, pp. 49-60）。

2　皮埃尔·维达尔-纳凯：《雅典重装步兵的传统》，载《古希腊的战争问题》，第 169 页（P. Vidal-Naquet, “La tradition de l’hoplite athénien” , in *Problèmes de la guerre en Grèce ancienne*, p. 169）。

3　希罗多德，VII，9。

4　马塞尔·德蒂安：《方阵》，载《古希腊的战争问题》，第 123 页（M. Detienne, “La phalange” , in *Problèmes de la guerre en Grèce ancienne*, p. 123）。

5　希罗多德，IV，87。

6　同上，IV，128。

的骑兵便不得不依靠步兵，而且斯基泰人只要一看到这些步兵，回头便跑。

然而，在布拉战役时，希罗多德指出，拉栖第梦人紧贴着基塔隆山（Cithéron）的山坡撤退了，"因为他们害怕骑兵"（phobeómenoi tèn híppon）[1]，当然是害怕波斯的骑兵（虽然波斯的骑兵当中也有很多其他民族的人）。因此，一边是纯粹的骑兵，另一边是纯粹的步兵，也就是斯基泰人和斯巴达人；在面对斯巴达人的时候，波斯人是可怕的骑兵，因为波斯人和斯巴达人不一样，各自遵守的规则不同，但是，在面对斯基泰人的时候，波斯人便成了步兵。另外，当波斯人从斯基泰王国逃跑时，希罗多德提醒说，波斯的军队"大部分是步兵"[2]，而且，这些可怜的猎物，如果他们成功地摆脱了猎人的追杀，部分原因是，追他们的人是骑马的，因此，骑兵和步兵的对垒对他们有利（虽然希罗多德没有准确地说明为什么对他们有利）。

波斯人在斯基泰王国不骑马，也不使用弓箭，然而，在波斯人的教育当中，骑马射箭是最基本的内容。如果在希腊，骑兵和弓箭手都 115
是波斯人，那么在斯基泰王国，骑兵和弓箭手就都是斯基泰人。[3] 地方一换，为什么就会发生这种变化呢？

波斯人为什么不再是与重装步兵相反的野蛮人，反而变成了几乎就是重装步兵的公民呢？当大流士跨过伊斯特罗斯河时，他究竟想干什么呢？他进入斯基泰王国，想强迫对手开战：在一无遮拦的地方，按照重装步兵对阵的规则，举行一场列队的战斗（ithumachíē）。大流士明确地表达了这一战略，他派了一名步兵，向斯基泰国王传话说："倒霉的东西，你为什么要逃跑呢？你有两条路。如果你认为抵挡得住

1　希罗多德，IX，56。
2　同上，IV，136。
3　同上，VII，64 介绍了萨卡斯人（Saces）的武器装备，但是在薛西斯的"伟大军队"中，萨卡斯人只不过是和别人一样的骑兵和弓箭手："萨卡斯人——也就是斯基泰人——戴着尖锥形的帽子，锥筒又直又硬，穿着长筒大皮靴，带着他们国家特有的弓和匕首，还有名叫'萨加利'的斧子。"

我的力量，那你就站住，不要再逃跑，来和我对阵战斗吧。如果相反，你觉得无力抵挡我，那也就不用再逃跑，把土地和水奉献给你的主人，开始和我谈判。”[1]两条路，只能选其中的一条，不可能再有第三条路：我进入了你的领土，因此，你必须战斗，以保卫你的领土；如果你战败了，那你的领土归我；如果你不开战，那就等于承认不如我，你的领土还是属于我。你就认输吧，把土地和水给我，让我们来谈判。因此，大流士是以“传统战略”的方式在讲话，根据加朗（Garlan）的
116 说法[2]，那当然是指希腊的战略：“当敌人越过希腊城邦的边界时，一般情况下，希腊人首先要做的，就是让公民从城里倾巢而出，从人数上显示他们的优势，在平坦的地方与入侵者战斗。”[3]换句话说，大流士把斯基泰“看成”了希腊城邦，他认为自己也是希腊人，是来攻打城邦的。他不明白斯基泰人的行为，他认为斯基泰人是在没有目的地乱跑（plánē），而实际上斯基泰人心中有数；大流士以为斯基泰人是在逃跑（pheúgein），因此斯基泰人是胆怯了，而实际上他们只是在“诱敌深入”（hupopheúgein），是在悄悄地逃走，就像是摆脱猎狗的行动一样，因此也就是狡猾地进行战斗的一种方式。为了强逼对方战斗，入侵者可以洗劫当地的财富[4]，但是眼下，大流士想抢也抢不到东西，因为斯基泰人自己就把东西都“抢”光了：他们将水井和泉眼堵了起来，毁了地里的草，藏了牧群。[5]只有进入布丁人的地盘时，波斯大王才觉得人们的行为是“正常”的；他看到布丁人用木头建的城市（里面早已空无一人），便立刻放了一把火。[6]这时的波斯大王也对传统的战略做

1 希罗多德，IV，126。

2 加朗：《希腊的攻城战研究》，巴黎，1974年，第20—44页（Y. Garlan, *Recherches de poliorcétique grecque*, Paris, 1974, pp. 20-44）。

3 同上，第27页。

4 前文所引加朗的作品第22页及以后部分。

5 希罗多德，IV，120。坚壁清野是古典时代和希腊化时代的一般作战方法，详见杜克莱：《古希腊对战俘的待遇》，巴黎，1968年，第90页注4（Ducrey, *Le Traitement des prisonniers de guerre*, Paris, 1968, p. 90, n. 4）；阿利亚特（Alyatte）对米利都的窜犯就是一个例子（希罗多德，I，17）。

6 同上，IV，123。

了一些调整，采用了“epiteichismós”，也就是说，他“给自己安排了据点，设了兵营，以长期驻扎下去”[1]，但是在斯基泰王国，他不可能这样做，因为斯基泰人永远在运动；比如，他曾在奥罗河（Oaros）边修 117
了八个大的要塞，但是斯基泰人像狡猾的猎物一样，从他那张什么也拦不住的网中逃脱了，让他的网中只剩下沙漠刮来的风。[2]

因为大流士只是“传统”的战略家，面对伊丹西尔斯给他送来的礼物（一只鼹鼠、一只青蛙、一只鸟和五支箭），完全摸不着头脑，也就一点儿不奇怪了。的确，他认为，这些礼物只能是代表土地和水的一些象征物：伊丹西尔斯之所以给他送来礼物，那就说明他承认低人一等[3]，否则他就会直接开战，二者必居其一。但是，正因为希罗多德向我们指出的，是“传统”战略家的特点，所以才凸显出斯基泰战略的相异性：正因为大流士是重装步兵的装束，斯基泰的弓箭手们才可以骑马驰骋。加朗在一篇题为《论几个能够证实规则的例外》（他指的是传统战略的规则）的文字中，提到希罗多德的文本，并得出结论说：“希罗多德对大流士的对手的战略表现出的惊奇和关注，是明显的证据，说明与伯里克利同时代的人习惯了一种相反的战略，让群体的生死存亡依附于对其领土的保护。”[4]

就算是这样吧，但是我首先注意到的，是希罗多德的叙述表面上看起来无法建立包括三方的模式：希腊人、波斯人、斯基泰人。的确， 118
当波斯人面对希腊人时，他们就是“波斯人”，也就是说，是不会打仗的人，是与重装步兵截然不同的野蛮人，但是，当他们面对斯基泰人的时候，却一心只想排成方阵与斯基泰人对打，打胜了，想控制人家的领土，而且他们看起来（几乎）就是重装的步兵，也就是说，就

1　前文所引加朗的作品第 33 页。

2　希罗多德，IV，124。

3　同上，IV，131—132。菲利西德（Phérécyde）也提到过这些礼物的另一个版本，参见雅各比：《古希腊历史学家作品残篇汇编》，3 F 174（*F. Gr. Hist.* 3 F 174, Jacoby），包括一只青蛙、一只鸟、一支箭和一张犁。

4　前文所引加朗的作品第 29 页。

是“希腊人”。因此，从战略的角度来看，叙述中只有两个方面：在希腊的时候，是希腊人面对波斯人；在斯基泰王国的时候，是斯基泰人面对波斯人（这时的波斯人成了“希腊人”）；一方面是希腊人和与重装步兵截然不同的野蛮人；另一方面是斯基泰人和（几乎算得上是）重装步兵的波斯人。如果说在斯基泰王国，波斯人变成了“希腊人”，那么我们也可以认为，通过交换角色，斯基泰人看起来就像是入侵希腊的波斯人了，也就是说，像是与重装步兵截然不同的野蛮人。事实上，他们的确是骑兵和弓箭手，所以他们与重装步兵的战斗方式差得最远。然而，不管什么时候，希罗多德都没有说，甚至都没有让我们假设说，斯基泰人不会打仗：相反，斯基泰人的战略被说成是最聪明的发明（sophṓtata）；另外，他们也不可能让人觉得是与重装步兵截然不同的野蛮人，因为最终是他们占了上风，是他们迫使波斯人撤退了。

不战而战

斯基泰的战士既不是“几乎就是重装步兵”，也不是“与重装步兵截然不同的野蛮人”？这个问题涉及他们的战略根本点：不与敌人开战，而是逃走，向后撤退，躲起来。当雅典人面对薛西斯的入侵，向皮提亚（Pythie）[1]请示该如何办的时候，皮提亚对祭司们说：“不幸的人们，你们为什么要坚持待在原地呢？离开你们的家和圆形城市的
119 高处，逃到天涯海角（es éschata gaíēs）去吧。”[2]听了皮提亚的话，祭司们面面相觑。当他们再次回来乞求她，再一次问她该如何办，希望她的答复不那么具有灾难的意义时，她明确向他们指出，不要等着（ménein）遭受波斯军队的打击——就像重装步兵等着敌人方队的冲击一样，而是相反，向后退，转过身[3]，至少暂时这样做。因此，皮提亚

1　皮提亚是德尔斐城阿波罗神庙中宣示阿波罗神谕的女祭司。——译者注
2　希罗多德，VII，140。
3　同上，VII，141。

建议雅典人选择“斯基泰人”的战略：不与敌人对阵，放弃城市和国土。在她的第二次答复中，她补充说，只有一道木头壁垒才是“无法被人破坏”[1]（apórthētos）的。我们知道人们对神谕的解释：有些人认为所谓的“木头壁垒”指的是雅典卫城，因为从前卫城有一圈木篱加固[2]；因此，他们主张放弃国土和低处的城市，保卫高处的城市。其他的人，尤其是地米斯托克利，则提出说，胜败的关键在军舰，而且必须开展海战。于是人们放弃了陆地和城市，城邦被搬到了军舰上，城邦变成了真正的战船。[3]因此，重装步兵的战斗关键是“留得住”（ménein），与此相比，皮提亚主张的海战，以及斯基泰人实行的游击战具有相同的立场；这两种战法都是从逃跑开始：木头壁垒是“破坏不了”的壁垒（apórthētos），斯基泰人是“抓不住”的人（áporoi）。

大流士实行的是“传统的”战略。将斯基泰的战略和伯里克利在 120
伯罗奔尼撒战争时的战略进行一下比较，能够说明问题吗？这是理解斯基泰人相异性行为的一种方式吗？伯里克利的战略是这样的：不进行阵列战，放弃国土，保卫城市，以舰队为基础。[4]伯里克利声称，雅典人应当尽可能接近岛民的境遇，因为岛民是“最让人抓不住把柄的人”[5]；因此，关键是摆脱敌人，让敌人“抓不住”（áporos）。不过，有一点十分清楚，保卫城市对斯基泰人来说没有任何意义：放弃国土是为了保卫城市，可是，如果没有城市，那么国土的概念也就失去了意义；斯基泰人没有城市，不也就等于没有国土了吗？对他们来说，土地只不过是用来走路的。

在逃跑的路上，只要有机会，斯基泰人便袭击波斯人：骑着马快

1 说自己的领土是敌人“破坏不了的”，那是一个城邦主要的光荣称号。参见前文所引加朗的作品第 20 页。

2 希罗多德，VII，142。

3 同上，VIII，61：这是地米斯托克利回答科林斯人阿得曼托斯（Adeimantos）时表示的意思，阿得曼托斯责备地米斯托克利，说他现在是没有城邦的人了（apolis）。

4 前文所引加朗的作品第 44—45 页。

5 修昔底德，I，143。

速完成袭击行动，比如当波斯人正忙着做饭的时候。[1] 通过小分队的袭扰活动，斯基泰人“预示”了公元前4世纪持新月形小盾的士兵们的战术，预示了柏拉图在《拉凯斯篇》(*Lachès*)中描述的情景；柏拉图在这篇对话里提出的，就是斯基泰的战略提出的新形式的战争问题。什么是勇敢？苏格拉底向职业军人拉凯斯问道。拉凯斯回答说，“愿意留在队列当中，打退敌人，而不是在敌人面前逃跑的人，就是勇敢的人”[2]；因此，他是基于“一种军人的勇敢完全社会化的观念，拒绝一切
121 个人的技巧（téchnē）”。[3] 为了打破他的定义，苏格拉底开始问他，人在逃跑的时候，是不是勇敢的行为。见拉凯斯不知道如何回答，苏格拉底马上举了个例子：“我想到的是，就像斯基泰人那样，据说斯基泰人即使在逃跑的时候，也同样是在战斗（phéugontes），而且其战斗的精神并不亚于他们在追踪敌人的时候（diōkóntes）。”苏格拉底接着说，“另外，我还想到荷马对埃涅阿斯（Énée）的马的赞美，荷马说，埃涅阿斯的马‘不管在什么地方，无论在追踪还是逃跑的时候，都快如闪电’”，而且埃涅阿斯也被人称为是“策划逃跑的大师”（Mèstōra phóboio）。拉凯斯立刻回答说：“他（荷马）说得对，因为，他说的是套在战车上的马，而你呢，你说的是斯基泰人骑的马，而斯基泰人是骑兵：他们的骑兵队的确是这样打仗的，但是，希腊前线的步兵是像我说的那样战斗的。”因此，苏格拉底的反驳并没有质疑对勇敢的定义，因为他提到的武器和人都不是希腊的。于是，苏格拉底提到拉栖第梦人在布拉战役时的战术撤退，这就很难说他们不是希腊人了。因此，斯基泰人会逃跑，同时也擅长追踪，这是众所周知的，是很会“策划逃跑”的人：也许在打仗的时候，他们和荷马笔下的英雄一样？荷马的英雄有战车，所以他们可以快速运动。与埃涅阿斯的比较向我

1 希罗多德，IV，128。
2 柏拉图，《拉凯斯篇》，191，a—b。
3 皮埃尔·维达尔-纳凯：《雅典重装步兵的传统》，载《古希腊的战争问题》，第174页（P. Vidal-Naquet, “La tradition de l’hoplite athénien”, in *Problèmes de la guerre*, p. 174）。

们提示了这一点，但是，在拉凯斯的心目当中，他们之所以有那样的行为，因为他们是骑兵：他们的战略之所以不同，的确是由于“骑兵”和“步兵”是不一样的。

关于如何间接地理解斯基泰人战略的相异性，佛提乌（Photius） 122
还提出了另外一种方式。他认为，的确，韦利亚（Élis）人把年轻的军校学生称为“斯基泰”（skythes），把斯巴达人称为“西德纳”（Sideúnas）。[1] 据利德尔和斯科特（Liddell-Scott）编辑的《希腊文—英文词典》，“西德纳”是指十五六岁的男孩子。因此，这两个形容词的作用不在同一个层面上：一个（“斯基泰”）指的是某个远方的民族，另外一个（“西德纳”）指的是某个年龄段。斯基泰人为什么被人赋予了这样的意义呢？佩利基迪斯（Pelikidis）认为，“在军队中服役的艾利德（Élide）军校学员和雅典的军校学生一样，具有斯基泰人的服饰和装备”，而且“他们的名称就是这么来的”。[2] 佩利基迪斯是根据普拉萨（Plassart）对雅典弓箭手所做的研究，得出这个假设的。[3] 普拉萨在研究中竭力证明，公元前 476 年之前，雅典的步兵和骑兵弓箭手，实际上是穿着斯基泰人服装的雅典人，而且他们只起“辅助”的作用（hyperetai），起传令兵的作用。“公元前 5 世纪时，雅典有一支警察部队，建立于公元前 476 年，存在了不到一个世纪的时间，是由城邦出钱雇用的斯基泰弓箭手组成的。另外，自从希波战争以后，军队也有一支弓箭手队伍。之前，雅典没有正规组织的弓箭手部队。但是，自古以来便在阿提卡战争中使用的弓箭，是雅典某些辅助人员的武器，这些人员是重装步兵的传令兵，有的骑马，有的不骑马，其中很多人都穿着斯基泰人的服装，这大概是模仿爱奥尼亚人的做法。”[4] 如

1　见于佛提乌：《百科词典》的 sunéphēbos 词条（Photius, *Lexikon, s.v. sunéphēbos : toùs dè ephēboùs Hleîoi mèn Skùthas kaloûsin, Spartiâtai dè sídeunas*）。

2　佩利基迪斯：《阿提卡青年军校的历史》，巴黎，1962 年，第 42 页（C. Pelikidis, *Histoire de l'éphébie attique*, Paris, 1962, p. 42）。

3　普拉萨：《雅典的弓箭手》，载《希腊研究杂志》，第 26 期，1913 年，第 151—213 页（A. Plassart, “Les archers d'Athènes” , *Revue des études grecques*, XXVI, 1913, pp. 151-213）。

4　同上，第 212—213 页。

123 果真是雅典人，那为什么要穿斯基泰人的服装呢？也许普拉萨的证明在这一点上最缺乏说服力：除了“模仿爱奥尼亚人的做法”之外，他的确还补充说是为了追求时髦：“几个名门望族的孩子，有一天突然异想天开，想采用斯基泰骑兵弓箭手亮眼的服装和装备，人们追求时髦，所以这种装束似乎就变得很普遍了。”[1]

如果能够证明这些年轻人（普拉萨多次说，这些人都很年轻）是雅典军校的年轻学员，而且斯基泰人的装束类似于军校的校服，那他的证明显然会更加令人满意。但是，他没有任何证据这样说（到目前为止还没有），要想证明这一点，那至少要重新分析所有的图画史料；[2] 不过我关注的问题不在这一点上。[3] 如果我们相信佛提乌说的话，认为韦利亚的军校生是斯基泰人，如果雅典有或者有过穿斯基泰装束的年轻人（这些人是不是军校生呢？），那么反过来，我们可以提出的问题就是：从某种意义上说，希罗多德的斯基泰人是否被当成了像军校生一样的人？我想说的是，在希罗多德的文本当中，也许有对军校的表现，虽然表现得不多，那么这种表现也许是理解和衡量他们的行为，尤其是他们的不同战略的一种方式。但是，我们要特别慎重，因为我们对公元前 5 世纪的军校一无所知。

斯基泰人都说自己是年轻人：他们是“所有民族当中最年轻的”（neṓtaton）。[4] 然而，我们知道，在“年轻人”（neótatoì）和军校生之
124 间，是具有相关性，甚至是相当的。[5] 然而，我不会由此得出结论说，
斯基泰人就是军校生的民族……将韦利亚的军校生称为斯基泰人，也

1　普拉萨：《雅典的弓箭手》，载《希腊研究杂志》，第 26 期，1913 年，第 175 页。

2　利萨拉格（F. Lissarague）正在做这项研究。参见利萨拉格：《别样的战士：古代图画中的弓箭手、手持盾牌的士兵和骑兵》，罗马—巴黎，1990 年（*L'Autre Guerrier. Archers, peltastes, cavaliers dans l'imagerie antique*, Rome-Paris, 1990）。

3　按照同样的思路，我们在赫西基奥斯（Hesychius）的《百科词典》当中看到：Skùthrax: meîrax éphēbos——meîrax 的意思是“年轻姑娘”“小姑娘”，比如在阿里斯托芬作品中的用法（Aristophane, *Thesmophories*, 410；*Assemblée des femmes*, 611, *Ploutos*, 1071-1079）。后来，利德尔和斯科特说，这个词也指年轻小伙。

4　希罗多德，IV，3。

5　前文所引佩利基迪斯的作品，第 47—49 页。

可以是一种表达方式，专指军校学生的活动区域：军校生是“边界要塞的主人”[1]，是“perípolos”，也就是在城邦周边活动的人，是跑遍“eschatía”（边塞地区）的人，正好比斯基泰人是永远在天涯不停流动的人群一样。

最后，斯基泰人像猎人一样打仗，对于他们来说，战斗就是充满诡计的打猎，有机会就打击敌人：在波斯人吃饭的时候打击他们，趁夜黑风高的时候偷袭他们。[2]然而，狡计、埋伏、夜战也是军校生的行为特点，军校生是“未来的重装步兵”，也是“与重装步兵不一样的兵”。[3]波斯人在斯基泰王国的装束看起来几乎就像重装步兵一样，面对这样的波斯人，斯基泰人从某种意义上说，就是与重装步兵截然不同的人，但是与斯基泰人比较的对象波斯人不是侵犯希腊时的波斯人，因为侵犯希腊时的波斯人首先被看成与重装步兵截然不同的野蛮人，因为他们不会打仗。因此，有的是因为打仗的时候非常狡猾，所以被当成与重装步兵截然不同的野蛮人，有的是因为“不会打仗”，所以才被当作与重装步兵截然不同的野蛮人。

这只是一些迹象，仅此而已。但是通过这些迹象，我们可以让斯基泰人与大流士打仗时采取的战术看上去更可信。的确，如果通过共同的知识，能将“斯基泰人”和“军校生”这两个词联系在一起（不管这联系是多么薄弱），能将军校生的形象和斯基泰人的形象联系在
一起，那么这种联系，哪怕是潜在的联系，也不可能不让我们注意到 125
他们的战斗方式的表现。概要地说（当然，希罗多德和希罗多德的任何听众都不会以这种方式表达，即使他们要表达这一点），我们就会有一个理解的共同基础：有些人打仗的时候和军校学生一样，而他们

1　皮埃尔·维达尔–纳凯：《索福克勒斯的菲罗克忒忒斯和古雅典的军校》，载《古希腊的神话和悲剧》，巴黎，1972 年，第 161 页（P. Vidal-Naquet, “Le Philoctète de Sophocle et l’éphébie”, in *Mythe et tragédie*, Paris, 1972, p. 161）。

2　希罗多德，IV，128。

3　皮埃尔·维达尔–纳凯：《黑色的猎人和雅典军校的起源》，载《经济、社会和文明年鉴》，第 5 期，1968 年，第 947—964 页（“Le chasseur noir et l’origine de l’éphébie athénienne” , *Annales E.S.C.*, 5, 1968, pp. 947-964）。

打仗的时候就和这些人一样。“打仗的时候像军校的学生”，听到这话的人明白这话是什么意思（不管怎么说，人们可以接受这一点），但是，永远像军校的学生一样打仗，这样的说法就有矛盾了，因为我们知道，军校只是一个过渡的阶段。因此，这也可能只是一种方式，用来在叙述中说明他们的行为，同时又与他们拉开距离，总而言之是强调了他们的相异性。

对他们的战略选择，可以十分奇怪地概括为打仗，而且只打仗，不干别的，但是又不与人开战，从叙述的角度来说，这种状况的原因，是邻国的国王不愿意和他们站在一边。我们刚刚也看到，这样的战略潜在地、间接地从皮提亚给雅典人的命令中可以得到阐释，伯里克利的战略、拉凯斯的问题和军校学生的比喻也具有这样的阐释作用。但是，他们这种战略的根本原因，是他们的游牧性质的生活。对“传统的”战略家大流士说的话，游牧人伊丹西尔斯是这样回答的：“我此时此刻正在做的事，和我在平时常做的事相比，没有任何出奇之处。为什么不立刻和你开战，我也解释给你听吧：我们没有城市，没有庄稼，不用害怕丢失什么，或者被人破坏什么，否则，由于怕失去一些
126 东西，我们早就和你们动手了……”[1] 结论：“传统的”战略，不管是用入侵的办法，还是用“epiteichismós”（消耗敌人）的办法，对我都是无效的。

所以当大流士向斯基泰人要土地和水的时候，他是荒唐的：我的土地就是我脚下走过的土地，我的水就是我停下来喝水的所有井里的水。伊丹西尔斯的回答更加绝妙：“我给你的，不是你向我索要的礼物，而是你必须接受的礼物。”[2] 而且不久之后，他让人给大流士送来的东西是：一只鼹鼠、一只青蛙、一只鸟和五支箭。大流士仍然按照非黑即白的思维方式想问题，显然不明白斯基泰人为什么给他送来这些

1 希罗多德，IV，127。但是，如果波斯人找到国王的墓地，那情况就不一样了，国王墓地是斯基泰王国唯一的“圣地”（omphalós）。

2 同上，IV，127。

东西作为礼物，对于他来说，这些礼物比喻的，只能是土地和水，因此也就是表示顺从的象征：“他是按照这样的想法猜测的：鼹鼠在土里生活，和人一样吃土地里长出的果实；青蛙在水里生活；鸟又很像马；把箭交给人，代表的是斯基泰人愿意缴械投降。”但是，为了让这些寓意和他的愿望协调，他必须仔仔细细地理解。只有他的岳父古巴鲁（Gobryas）明白，他收到的礼物根本不是比喻，相反，它们的意思是：“如果你们不能变成鸟飞上天，波斯人啊，或者如果你们不能变成鼹鼠钻进土里，不能变成青蛙跳进沼泽里，那你们便回不了家了，你们会被箭射死。”[1] 换句话说，因为你们是人，所以，你们绝对跑不掉了：你们没有任何“脱身”（póros）的可能了。

希罗多德以第一人称的方式，从游牧人的生活方式当中，明确看 127
到了战略的蕴涵，阐述了游牧战争的理论。“作为人的事情之一，作为最重要的事情，在我们了解的所有办法当中，斯基泰民族想象出了最有智慧的办法。正如我说过的那样，他们发明的最重要的东西，就是不让攻击他们的任何入侵者逃走，不让任何入侵者追上他们，如果他们不想露面的话。”这就是作者阐述的斯基泰人不与敌人开战的原因。然后他又接着说：“的确，有的人没有城市，没有城墙，他们随身带着自己的家，他们都是骑在马上的弓箭手，他们不靠耕种土地生活，而是靠牧群，他们的房子就是他们的车；像这样的人怎么会受到战争的伤害，怎么会被别人抓住呢？”[2]

因此，这就是斯基泰战略的真正基础。由于叙述的限制，斯基泰人被说成了雅典人，而且斯基泰的代表在国王大会上的讲话离雅典人或者“怀有最深感情的希腊人”说的话相差并不远，但是，却在相反的方向上起了作用：由于“人种学的要求”，他们成了游牧人。希罗多德的故事认为两个命题都是对的：斯基泰人是“雅典人”，而且同

1　希罗多德，IV，132。
2　同上，IV，46。修昔底德（II，97，6）接过这种对斯基泰人军事优势的判断，但是并没有将这种优势与战略放在一起。

时，他们又是与雅典人相反的人，因为他们是游牧人；伊丹西尔斯不是地米斯托克利，雅典人生活在城邦，斯基泰人则不知道城邦为何物：这就是两者之间无法跨越的距离。的确，斯基泰人生来就是“不知城
128 邦（ápolis）为何物的人”[1]。反过来看，虽然雅典被攻陷了，虽然阿提卡被占领了，可是地米斯托克利在反对科林斯人阿得曼托斯的断言时，仍然坚持说，他并不是一个没有城邦的人。作为城邦的雅典永远存在，那就是他的战舰。

当薛西斯决定开始伟大的远征时，他的叔叔，帝国的“记忆”（mnḗmōn）阿尔塔巴提醒他说，他曾经建议大流士不要去招惹斯基泰人，那是一些“没有城市的人”。[2] 后来在阿拜多斯（Abydos），当薛西斯望着自己的军队时，两个人争论了几句，阿尔塔巴再一次提出一些担忧的理由，薛西斯竭力打消他的担忧，并特别强调：“我们要去讨伐的人是些种地的农民，不是游牧人。”[3] 在直接的上下文当中，这句话的意思是：我们不会有给养的问题，我们会从当地搞到粮食；但是，这句话的意思也可以是：对我们要攻打的人，领土的概念是有意义的，这些人有把柄可抓，我们可以与他们对阵打斗。不用说，伊丹西尔斯不是地米斯托克利，但是至少，地米斯托克利和伊丹西尔斯一样狡猾！

“通道”与“无路可通”：一次迷路的故事

从一个空间来到另一个空间，那就意味着跨过了一条大小不同的
129 河，或者一道海峡，也可能是一片沙漠。在故事中具有戏剧性的行动，那就是修一座桥。因此，对行动具有影响作用的，是桥，而且桥具有

1 关于“ápolis”，可参见亚里士多德的《政治篇》，I，1，9—10（Aristote, *Politique*, I, 1, 9-10）。
2 希罗多德，VII，10。
3 同上，VII，50。

的是"困难的、危险的影响作用"[1]，因为桥可以联通两个空间，可以在两个没有共同边缘的空间建立一条"通道"（póros）。在希罗多德的《历史》当中，所有以桥为中介产生的"移动"，不都是在事实上作为"侵犯"供人解读的吗？当大流士第一次把自己的打算讲给王后阿托撒听的时候，他说，他决心"在两片大陆之间架起一座桥梁，要去讨伐斯基泰人"。[2] 萨摩斯的曼德罗克莱斯受命用一座浮桥将赫勒斯滂海峡的两岸连接起来[3]：大流士和他的军队便通过这座桥，从亚洲来到了欧洲，但是，为了到达斯基泰人的地盘，他们还必须变换空间，跨过伊斯特罗斯河；这时候，受命建第二座桥的，是爱奥尼亚人。[4] 桥架好了，伊斯特罗斯河也过了，大流士这时候命令将桥拆掉。但是，一个名叫科埃斯（Coès）的米蒂利尼人（Mytilène）建议把桥留着，并说："因为你是去攻打一个既没有耕种的土地，又没有住人的城市的国家，留下这座桥吧，让建桥的人看守着它。"[5] 理由似乎显得很奇怪，游牧人的生活特点和保留桥之间有什么关系呢？当然，在故事当中，这番话预示了将要发生的事，因为科埃斯继续说："留下这座桥吧，好让我们有一条可靠的退路，因为，我担心的不是斯基泰人会战胜我们，
我担心的是我们找不到他们（eureîn）。"正因为他们没有城市，也没 130
有庄稼，换句话说——而且这个插曲之所以值得关注，正是由于这一点——那就是他不敢肯定伊斯特罗斯河上的桥是一条真正的"通道"；或者更加准确地说，让人担心的是，那座桥会不会是一个假的"通道"，更何况如何找到斯基泰人的问题仍然完全存在。相反，当克洛伊索斯渡过哈里斯河（Halys）的时候，他遇到的是波斯人；当居鲁士（Cyrus）跨过阿拉斯河的时候，他遇到的是马萨格泰人；当薛西斯跨过赫勒斯滂海峡的时候，他遇到的是希腊人；大流士跨过博斯普鲁斯海

1　塞尔斯：《分配》，巴黎，1977 年，第 200 页（M. Serres, *La Distribution*, Paris, 1977, p. 200）。
2　希罗多德，III，134。
3　同上，IV，87—88。
4　同上，IV，89。我们注意到，负责工程的往往是希腊人。
5　同上，IV，97。

峡时，征服了色雷斯人，而当他跨过伊斯特罗斯河的时候，他并没有立刻见到斯基泰人；他以为这座桥是一条“通道”，可以让他见到斯基泰人，但实际上并不是。

斯基泰的空间是具有相异性的空间，只是有桥还不足以通向那里。科埃斯的话要表达的，正是这样的意思，阿尔塔巴的话也是这个意思。阿尔塔巴让他的兄弟大流士明白，斯基泰人是让人“无路可寻其踪迹”的人（aporie）。[1] 后来，阿尔塔巴又把这话重复对大流士的儿子薛西斯说过，薛西斯决心到欧洲去。[2] 最后，希罗多德简单提出了一种游牧战争的理论，从中说明的，也是这种意思：你没有办法和没有城市、没有城墙、没有耕地的人打仗（他们的“踪迹飘忽不定”），因为，你根本就“无法寻觅其踪迹”（áporoi）：根本就没有任何“通道”可以让你到达他们那里[3]，因此，斯基泰王国是一个具有相异性的空间，而它的相异性的密码，就是游牧生活。

斯基泰王国是具有相异性的空间，但也是一个另类的空间，而且伊斯特罗斯河标志着“此”和“彼”之间的断裂，正如波斯人所验证
131 的那样。的确，一旦过了桥，他们便进入了一个不同的空间，他们完全无法领会这地方是如何构成的：他们进入了一个奇怪的世界；他们认为，这个世界既没有方向，也没有可靠的标志点。当他们看到斯基泰人时，波斯人唯一能做的，就是跟着斯基泰人的“踪迹”（stíbon）而去，而且，在丢掉了他们的踪迹之后，波斯人就只能停下来。因此，只有斯基泰人才是波斯人的“通道”，而且是当斯基泰人愿意，只有当他们愿意露面的时候，波斯人才有路可走，只不过，斯基泰人是像猎犬一样逼着波斯人运动的。另外，大流士在追击他们的时候，无法辨别运动的方向。根据计划，斯基泰人的确是“一直”向前运动的，但是，在大流士派人给他们送去的信中，他责备伊丹西尔斯国王“四

1 希罗多德，IV，83。
2 同上，VII，10。
3 同上，IX，46。

处流窜"（plánē）。[1] 对于不认路的波斯人，好像根本就没有路，而对于熟悉当地空间的斯基泰人，不仅有路，而且还有捷径[2]，有互相连通的道路"网"。因此，当波斯人最终相信斯基泰人根本就无踪迹可寻时，只好决定撤退，但他们又不辨方向，为了找到撤退的路，他们不得不寻找自己来时留下的踪迹，循着自己的足迹（stíbon）撤退。

故事讲到这里，事情发生了反转，桥终于变成了"通道"[3]；不是通向斯基泰人那里去的道路，而是让波斯人逃命的通道。如果没有桥， 132
大流士永远也找不到出路，因为斯基泰人的空间是有去无回的空间。这是游牧生活的专家希罗多德明确说的（在已经引述过的第 46 章）："正如我所说过的那样，他们发明的最重要的东西，就是不让攻击他们的任何入侵者逃走（apophùgein），不让任何入侵者追上他们，如果他们不想露面的话。"伊丹西尔斯送给大流士的礼物所要表明的，也正是这种意思。[4] 正当大流士追得疲惫不堪，却连斯基泰人的影子也看不见，不知该怎么办的时候，正在他"无路可走"（en aporíēsi eícheto）的时候，有人送礼物来了。礼物是作为对他所处窘境的回答出现的。斯基泰的使者送来了礼物，但他一句话也不说，即使有人逼他说出那些东西表示什么意思（nóon），他也一声不吭。只有古巴鲁猜对了：正在大流士不知道该怎么办的时候，使者送来的这些东西恰恰是为了说明他已经没有任何"出路"（póros）了。[5]

然而，大流士还是逃了出来。首先是因为循踪而来的斯基泰人没

1　希罗多德，IV，120，122，135。在狩猎的词汇当中，"plánē"用来表示野兔子的踪迹不是直行的，而是错综复杂地交织在一起。这个词也表示猎犬迷了路，最后，"plánē"这个词似乎是与画圈子的观念联系在一起的。

2　同上，IV，136。色诺芬（Xénophon, Cyn., V, 17）：野兔子认识哪是"捷径"（súntoma tēs odoû）。

3　希罗多德，IV，140，VII，10。这时的桥明确被说成是"通道"（póros）。

4　同上，IV，127。"伊丹西尔斯声明：'我送给你的礼物不是（antì）土地和水，而是你应当收到的东西，而且是你自负地说你是我的主人所应付出的代价，我说的是：你去哭吧。'"伊丹西尔斯最后说，"这就是斯基泰人要带给你的话"（ē apò Skuthéōn rhê sis），这是希罗多德在自己的文本中使用的一句谚语（cf. Leutsch, Schneidewin, *Corpus Paroemiographorum graecorum*, p. 250, t. I）。

5　像这种有去无回的地方，还有一个例子：利比亚的空间；谁想到利比亚去，谁就不得不服输（IV，179），谁想到达那里，谁就会在沙漠中迷路，正如冈比西斯的军队一样（III，26）。

有追上他。为了解释这令人吃惊的一点，故事中的事情产生了反转：
大流士在斯基泰人的地方感到两眼一抹黑，却由此而保住了性命；斯
基泰人对自己的地盘了如指掌，却因此错过了机会。的确，斯基泰人
133 到大流士根本没有去的地方找他，而大流士却艰难地循着自己的足迹
撤退了；斯基泰人走了一条捷径，因此的确比大流士先到了架桥的地
方。[1] 他们在那里没有看到大流士，便向回走，在大流士有可能找到饲
草和水的地方去找他。但是，大流士怎么可能找到路，到有饲草和水
的地方去呢？其次，在远征开始的时候，真的桥只是个假“通道”，
而现在，被假装截断了的桥，却变成了一条真的“通道”。甚至正因
为爱奥尼亚人假装截断了桥，所以桥才成了大流士从斯基泰人的地盘
撤出的退路。[2] 因此，在“通道”和“无路可走”之间的游戏只是表
明边界的一种方式：要想到达斯基泰人的地方，只是在伊斯特罗斯河
上架一座桥是不够的，因为他们居住在一个具有相异性的空间里。

1　希罗多德，IV，136。
2　同上，IV，139。

第三章

边界和相异性 134

从相异性的问题中，又提出了边界的问题：相同和相异之间的边界在哪里呢？斯基泰人是游牧人，而且从空间上来说，斯基泰王国是另一个空间，因为它是“他人无法到达”的地方。正如大流士体验到的那样，的确，只是在伊斯特罗斯河上架一座桥，还不足以让人真正地进入斯基泰王国：在一场可笑的追逐当中，他累得筋疲力尽，以失败而告终，却连对手的影子都没有看到。但是，这种相异性——也就是表面上没有固定的边界——与战争的故事是分不开的：离开了故事的行为者，我们就无法理解相异性。从一种意义上说，伊斯特罗斯河的确是边界（斯基泰人并不想跨过它，当大流士逃跑的时候，一旦过了河，就等于得救了）。但是从另一种意义上说，河并不是边界（过了河，并不意味着就能找到斯基泰人，斯基泰人仍然是来无影去无踪的）。因此，从简单空间的角度来看，边界可以从几种意义上理解。

通过斯基泰“故事”的另外两个插曲，我们可以提出文化边界的问题，而不再只是地理边界的问题。第一个插曲是阿纳卡西斯（Anacharsis）和斯基莱斯（Skylès）的不幸遭遇，两个人都是出身高贵的斯基泰人；第二个插曲是萨尔莫克西斯的故事，萨尔莫克西斯是个
身份不确定的人物。从这两个故事当中，我们看到两种相反的对待边 135
界的办法：的确，阿纳卡西斯和斯基莱斯“忘记了”希腊人和斯基泰人之间的边界，并承受了因此而造成的后果；相反，在萨尔莫克西斯的故事当中，本都的希腊人竭尽所能，让人们不要“忘记”他们与盖

塔人之间的距离。[1]

文化边界的问题将我们引向神的空间如何划分的问题：神的世界是否有地理的和人文的边界呢？另外，这两个故事也介绍了叙述者的作用：在阿纳卡西斯和斯基莱斯的故事中，叙述者让文本的接受者相信，叙述者知道斯基泰人是如何看待希腊人的；在萨尔莫克西斯的故事当中，叙述者指出了本都的希腊人如何看待盖塔人。因此，边界是条想象中的线，而两个故事便在这条线的两边遥相呼应：在第一个故事当中，希腊人被相异者“看”，而在第二个故事当中，相异者被希腊人“看”。

136

阿纳卡西斯和斯基莱斯：违规离开荒蛮之地

阿纳卡西斯的故事和斯基莱斯的故事应当放在一起读：在读一个故事的时候，同时也读另一个，对照着读。[2] 阿纳卡西斯和斯基莱斯经历了“相似的”(paraplḗsia)命运。的确，正因为相似，所以才把他们放在一起，虽然从年代上说，他们并不是同一个时代的人：斯基莱斯“在世的年代比阿纳卡西斯晚得多”。希罗多德把他们放在一起，作为两个例子，说明了斯基泰人的行为准则，而且故事一开始就说明了规则，结束时又重提规则：“斯基泰人也非常讨厌接受外国人的习俗，对

1　虽然希罗多德认为，萨尔莫克西斯是盖塔人，而不是斯基泰人，虽然盖塔人是色雷斯人，我觉得还是应当从整体上来看待描写阿纳卡西斯和斯基莱斯的章节，以及描写萨尔莫克西斯的章节。首先，萨尔莫克西斯的历史不仅是斯基泰“故事”的一部分，也包括在大流士征讨斯基泰的故事当中：一旦跨过了博斯普鲁斯海峡，波斯军队便开始前行，征服了一路上遇到的所有民族，尤其是盖塔人，而盖塔人之所以是唯一敢于抵抗的民族，恰恰是因为他们有萨尔莫克西斯。总而言之，故事的逻辑战胜了人种的逻辑。况且，后来的好几个文本（琉善、苏达）都把萨尔莫克西斯说成是斯基泰人。另外，从对边界进行探索的角度来看，两段插曲——阿纳卡西斯和斯基莱斯的故事，以及萨尔莫克西斯的故事——是联系在一起的。

2　希罗多德，IV，76—80。这个插曲是一个循环结构的例子。参见贝克：《希罗多德的循环结构及其对论证技术的意义》，纽约，1971 年（Cf. I. Beck, *Die Ringkomposition bei Herodot und ihre Bedeutung für die Beweistechnik*, New York, 1971）。

于其他民族的习俗是这样，对于希腊人的习俗更是这样。”[1] 这就是文本的接受者从这两个小故事当中应当明确接受的教训。

文本的结构非常清楚。从这一结构出发，我想提出有关故事逻辑的一种假设：在这两个故事中采用的不同规则之间，有没有相似性？

首先，这两个故事的行为者是谁？

在阿纳卡西斯的故事中，按照出场顺序，我们看到的行为者有：
阿纳卡西斯；一群正在庆祝节日的基齐库斯人（Cyzicéniens）；一个斯 137
基泰人（他向国王揭发了阿纳卡西斯的行为）；最后是国王索里奥斯（Saulios），希罗多德证明说，索里奥斯其实是阿纳卡西斯的自家兄弟（是他杀了阿纳卡西斯）。除了这几个人物之外，还应当补充一个人物，那就是众神之母（la Mère des dieux）。我们已经可以说，众神之母和另一个故事中的狄俄尼索斯一样，只是祭祀的对象，她没有“开口讲话”。的确，故事没有说，神是否接受了新的信徒的祭祀。

在斯基莱斯的故事中，出场的人物有斯基莱斯；正在为狄俄尼索斯-巴克科斯（Dionysos Baccheios）举行庆典的一伙博里斯泰内人（Borysthénites）；一个博里斯泰内人（向斯基泰人揭发整个事件的人）；主要的斯基泰人，他们“见证了事件，并把事情的经过讲给其他的斯基泰人听（esḗmainon）”；最后，斯基莱斯的兄弟，被斯基泰人拥为首领的奥克塔玛德斯（Octamasadès），是他下令处死了斯基莱斯。

其次，阿纳卡西斯和斯基莱斯是什么人呢？希罗多德努力重建了阿纳卡西斯的家谱，并提出了一个见证人，以使他说的话有根据：阿利亚皮忒斯（Ariapeithès）的心腹蒂姆尼斯（Tymnès）。[2] 阿纳卡西斯是伊丹西尔斯的叔父；伊丹西尔斯的父亲是索里奥斯；因此，索里奥斯

1　希罗多德，IV，76。文本里说“斯基泰人也……”（kaì oûtoi）正如勒格朗指出的那样，这里说的“也”（oûtoi）也许与埃及人相关，文中说埃及人“讨厌接纳希腊人的习俗，简单说就是，他们不愿意接受任何其他民族的习俗”（II，95）。文中的这个说明再一次表明埃及人和斯基泰人之间的联系，埃及人和斯基泰人其实是一对儿。

2　同上，IV，76。

和阿纳卡西斯是兄弟。[1] 重要的一点是，阿纳卡西斯属于斯基泰的一个王族家庭。他的传记十分简略："阿纳卡西斯观察了天下大部分地方
138 （gê̄n pollḗn），并表现出极大的智慧（sophíēn pollḗn）之后，又回到了斯基泰人生活的国家（ḗthea）。"[2] 人们对梭伦的身世也是这样说的，说他看到了天下大部分地方，也说他表现得很有"智慧"（sophíē）。[3] 在希罗多德的作品当中，阿纳卡西斯没有被算在"智者"（Sages）之列，他与梭伦没有任何直接联系，但是，他与梭伦一样，都认为人的旅行和见识是联系在一起的。

斯基莱斯不仅是王族成员，还是国王；另外，他是私生子。他父亲有很多私生子，斯基莱斯只是其中之一，然而，他与兄弟们不同，因为他母亲是希腊人："他母亲是伊斯特里亚的女人，而不是当地的女人（epichories）"[4]，而且他母亲"教他学了希腊的语言和文学"。[5] 因此，斯基莱斯是一个双面的人物，一半是斯基泰人，一半是希腊人：他会讲两种语言（diglossos）。在父亲被杀之后，他得到了王位，也得到了父亲的女人。但是，希罗多德没有对我们说他是如何夺得王位，如何有资格继承王权的，因为他父亲本来有一个合法的儿子奥里科斯（Oricos）[6]；希罗多德也没有解释为什么在斯基莱斯之前的阿纳卡西斯没有得到王权，为什么王权落到了阿纳卡西斯兄弟的手中。

将两个"传记"进行比较，我们可以注意到关于故事逻辑的一个问题：阿纳卡西斯喜欢旅行，斯基莱斯会讲两种语言，这是故事的两个元素；从故事的结构来看，这两个元素具有相同的地位，而且在故

1　这是处理阿纳卡西斯家谱的第一种办法。除此之外，希罗多德还补充了另外一种办法，似乎他想通过另外一个链条核实他的结果：阿纳卡西斯是格努洛斯（Gnouros）的儿子；这样一来，便证明索里奥斯也是格努洛斯的儿子，希罗多德在此处没有证明这一点。

2　译文是勒格朗的，此处做了一些修改。对于作为"地理学家"的希罗多德来说，地球是一个整体，是连续的空间，而且阿纳卡西斯走过地球上大部分地方。他的过错恰恰是忘记了各个地方之间是有边界的，而且在某些情况下，边界是不可逾越的。

3　希罗多德，I，130。

4　同上，IV，78。

5　同上。

6　同上。

事的发展过程中起到了相同的作用。“旅行”，“会讲两种语言”，实 139
际上是一个意思，两者都很危险，因为都会导致人们忘记边界，因此也就是导致违规。[1]

出行：阿纳卡西斯和斯基莱斯是如何出行的？他们都跨越过哪些空间？关于斯基莱斯，故事的结构比较简单：他只是在斯基泰人的“荒蛮之地”（ḗthea，这个词的意思是指动物的巢穴，动物常待的地方）和博里斯泰内人的城市奥尔比亚（Olbia）之间往返。他从斯基泰的空间出发，到城市里去。应当说，斯基泰人的空间更多的是动物的空间，而不是人的空间，他在这样的地方觉得不自在（他讨厌斯基泰人的“生活方式”）；但是故事明确说，他会把队伍留在“郊区”（tôi proasteíōi）[2]，那是一片中间地带，已经不是“荒蛮之地”，但还不是“城市”（ástu）的地盘；似乎斯基泰人是不能超过界线的，因为他们不会讲两种语言。后来故事又明确说，斯基莱斯单身一人，可以跨过围墙，而围墙明确标志着空间组织的断裂：围墙是此处与彼处的分界线，一旦超过了作为中间地带的郊区，那就是斯基泰人的空间，是走马放牧之地，而在另一边，城门一旦又关起来（因为斯基泰人看不见城里的情景），那就是希腊的空间了，是城市的空间。过了一个月，或者一个多月，斯基莱斯再经过相同的各个阶段，从城里回来。

但是，“不幸一定会发生在他身上”[3]，故事继续发展，却成了他的最后一次旅行。他的确又回到了斯基泰人的“荒蛮之地”，但是这一次，斯基泰人看到了他们本不应当看的东西，起来造他的反了。于是他立刻逃到色雷斯。这样一来，他便再也回不到斯基泰的空间。斯基泰人准备战斗，他们聚集在伊斯特罗斯河的这一边；色雷斯人也准备

1　我们可以看到，阿纳卡西斯的传统证实，旅行和讲两种语言是相当的。第欧根尼·拉尔修（Diogène Laërce）的确承认他的母亲是希腊人（I，101），而且把他描写成会讲两种语言的人，这一元素是从斯基莱斯的传记中“借来”的，“放”在了他身上，好像如果只说他走遍天下，已经不足以使他成为与众不同的人物。

2　希罗多德，VI，78。

3　同上，IV，79。

战斗，他们聚集在河的对岸。显然，伊斯特罗斯河是斯基泰人和色雷斯人之间的边界。[1]两个国王互相讨价还价："把我兄弟还给我，我就把你的兄弟还给你。"而斯基莱斯一旦再次回到伊斯特罗斯河的这边，便被杀了。文本明确说"taútēi"，河的"这边"，"这里"。[2]只要再次踏进斯基泰人的空间，他便只能接受死亡。这就是斯基莱斯最后一次旅行的各个阶段。

阿纳卡西斯则完全离开了斯基泰人的空间。然而，在远走他乡很长时间之后，他又回到斯基泰人的"荒蛮之地"。[3]他在米列希安（Milésie）的殖民地基齐库斯（Cyzique）中途停顿，这里仍然是希腊的空间。然后，他进入斯基泰王国，立刻深入一片名叫"希莱亚"的林区。一个斯基泰人看到了他，并把这件事报告了国王。国王见到他，立刻把他杀了。第二个故事的空间结构十分简单：阿纳卡西斯从希腊人的空间来到斯基泰人的空间。但我还是觉得故事有两个问题：第一个问题："希莱亚"林区是不是完全在斯基泰人的地盘上，或者是斯基泰人地盘上的一个特别空间，甚至是边缘性的空间呢？第二个问题：
141 相对于"希腊空间"来说，名为"基齐库斯"的城市位置在哪里？只是分析阿纳卡西斯在空间内的行走路线，还不能回答这些问题，只有考虑语意内容和文化规则，我们才有可能回答这些问题。

从情节来看，阿纳卡西斯的故事要比另一个简单得多。阿纳卡西斯看到基齐库斯人在庆祝众神之母，便许了一个愿，说如果他回到家乡，也要为众神之母组织一个同样的仪式。他回到家乡，便立刻还了愿；既然虔诚，许了愿是一定要还的。然而，索里奥斯一箭射死了他。

斯基莱斯的故事说得更加详细，我们从中提出三个主要的问题。斯基莱斯每次来到城市的时候，先把斯基泰人的袍子（stolḗ）脱掉，穿上希腊人的衣服（esthḗs）；从更加宽泛的意义上说，他全面改换成希

1　关于作为边界的伊斯特罗斯河，参见本书前文第 129—130 页。

2　希罗多德，IV，80。

3　同上，IV，76。

腊的生活方式（diaítē Hellêníkē）。第二个问题是他与女人的关系：他接受了王权和他父亲的妻子奥波亚（Opoia）；另外，他还娶了一个女人，在奥尔比亚建了一座房子，让她住在那里。这就有问题了：奥波亚被说成是“astē”[1]，译者和评论者都把这个词说成是“本地的”人（indigène），也就是说，按照他们的意思，奥波亚是斯基泰人。而第二个妻子被说成是“epichōriē”，也就是“本国的”人，但是译者和评论者解释说，应当把这个词理解成她是在城市出生的，也就是说，她是希腊人。因此，斯基莱斯只不过重复了他父亲在他之前已经做过的事。换句话说，译者把这些词的常用意思弄颠倒了，严格说，一个词可以有另外一个词的意思，反过来也一样：“epichōriē”意思是“本地人”，但也可以是“城市人”，而“astè”的意思是“城市人”，但也可以是“本地人”……然而，我们注意到第78章一开头的话；文中说，斯基莱斯是伊斯特里亚的一个女人生的，而绝对不是本地女人 142
（oudamôs epichōriē）生的；“城市人”和“本地人”之间的对立恰恰也是通过使用“epichōriē”这个词标志的。

说到底，我们难道不可以认为，斯基莱斯的故事情节其实更加复杂吗？他娶了城市的女人奥波亚，却让她在斯基泰的空间生活。[2]后来，他又在奥尔比亚娶了“本地的”（epichōriē）妻子，却让她住在希腊的空间，或者更准确地说，是让她住在宽敞的住宅内，我们不知道这个住宅是否完全属于城邦的空间结构。因此，其行动的原则就是模糊性，就是将人和空间混在一起。

最后还有宗教领域。他奉行宗教，而且愿意让人引导他加入狄俄尼索斯–巴克科斯的宗教（telesthênai）。这种虔诚，正如在阿纳卡西斯的故事中一样，最终导致了他的死亡，因为，对于希腊人是虔诚的事，对于斯基泰人来说就是最大的亵渎。

---

1 希罗多德，IV，78。
2 同上。我们是不是可以把她的名字看成一种文字游戏呢？奥波亚（opoîa），我的身份是哪一个，是哪一种，是什么？

因此，从逻辑上看，两个故事证明旅行和讲两种语言是一回事。由此出发，情节的多少和复杂程度可以不同，但是两个故事说的，都是文化的混淆及其危险，尤其是在宗教领域；这样一来，只有死亡才能终结这样的混乱。现在，我们应当重新看待这两个故事，同时把各个情节的语义内容加进去，标示出文化规则形成的网络；故事情节被纳入这样的文化规则当中，同时也表达了这样的规则。

“希莱亚”（Hylaia）是什么意思呢？在希腊文中，这个词有“树木繁茂”的意思，但是也有“荒野”的意思；森林属于边缘地带，因此也就是属于荒蛮的地区，这是很正常的事。但是，在斯基泰王国又
143 怎么样呢？希罗多德认为[1]，希莱亚位于沿海地带，西边是波里斯泰内河，北边是种地的斯基泰人的领土。它的特点和当地其他地方相反，属于林木覆盖的地区，而且有各种各样的树木。这是第一个特点。除此之外，还有第二个特点，那就是，赫拉克勒斯是在希莱亚邂逅人兽合体的女妖，并与之交合的，而且据本都的希腊人说，斯基泰民族正是从这次交合中产生的民族。虽然上述说明使得希莱亚的地位在斯基泰的空间略微显得与众不同，但是要说明它的特点，那还不够。

在后来的文本中，当人们谈到希莱亚的时候，想到的是那里林木茂盛、景致深远的样子。比如彭波纽斯·梅拉（Pomponius Mela）便说，那里是“当地森林最为可观的地方”[2]；瓦勒里乌斯·弗拉库斯（Valerius Flaccus）又补充说：“任何地方的森林都没有那么高、那么茂密的树：射一支箭上去，箭也会丧失其力量，在到达树冠之前掉下来。”[3]但是，索里奥斯的箭射中了阿纳卡西斯。

奥尔比亚的大门关上之后，那里便成为斯基莱斯的蔽身之所，他可以在那里做一些斯基泰人不应当看到的事；同样，阿纳卡西斯深入

1 希罗多德，IV，9，18，54，55，76。
2 彭波纽斯·梅拉，II，5。
3 瓦勒里乌斯·弗拉库斯：《阿耳戈英雄诗》，VI，76（Valerius Flaccus, *Argonautiques*, VI, 76）。

（katadús）希莱亚[1]，希莱亚便成了他的藏身之处，他可以在那里为斯基泰人不愿意知道的神举行庆祝仪式。但是，除了茂密的森林提供的保护之外，难道就没有另外的原因使这里成为有资格为众神之母举行庆典的地方吗？这里是唯一林木覆盖的地区，然而，对众神之母的祭祀是与树木和植物联系在一起的。根据传统，阿耳戈英雄（Argonautes）在基齐库斯创立了对众神之母的祭祀。[2]的确，为了弥补杀害英雄吉齐 144
科斯（Kyzikos）的罪过，阿耳戈英雄在丁迪莫斯山（Dindymos）上，“在深深地扎根在大地里的、最为高大的橡树掩隐之下”，为女神修建了神庙，阿尔戈斯亲自将葡萄枝蔓修剪成“神像”（xoanon），从那以后，女神便受到人们的尊崇。[3]因此，看来在斯基泰的空间内部，只有希莱亚最适合移植对众神之母的祭祀。

在斯基莱斯的故事中，空间结构十分简单，一边是奥尔比亚，另一边是斯基泰王国。在阿纳卡西斯的故事中，为什么首先是基齐库斯，然后才是希莱亚呢？为什么中间要隔着一个地方呢？难道我们不能想象，有个斯基泰人在基齐库斯偶然看见阿纳卡西斯正在与当地人一起（正如斯基莱斯和博里斯泰内人在一块儿一样），举行祭神（pannuchís）的活动，并在他到了斯基泰王国的时候，让人把他杀了吗？这是无关紧要的问题吗？不一定：不管怎么说，故事似乎不可能按照这样的结构讲下去。的确，基齐库斯和斯基泰王国之间相距太远，中间隔着太多的海：阿纳卡西斯在基齐库斯“许了愿，说如果他安然无恙地回到家乡，便向众神之母献祭（thûsein），彻夜祭拜（pannuchís）”。[4]这样的祝祷没有任何不合理的地方，因为库伯勒（Cybèle）也是“海洋女

1　希罗多德，IV，76。

2　基齐库斯的奈昂塞斯，见于雅各比《古希腊历史学家作品残篇汇编》，84 F 39（Néanthès de Cyzique, *F. Gr. Hist.*, 84 F 39, Jacoby）：“阿耳戈英雄在去法斯（Phase）的半路上，在基齐库斯附近的艾达山（Ida）为众神之母修建了神庙。”

3　罗得岛的阿波罗尼奥斯，I，1053—1152（Apollonios de Rhodes, I, 1053-1152）。在希拉波利斯卡斯塔巴拉（Hiérapolis Castabala）的钱币上，库伯勒是与松树的图案组合在一起的。

4　希罗多德，IV，76。

神”。[1]在起风暴的时候，人们会祈求她保佑[2]，海员们还愿时，也向她
145 供奉祭品[3]，而且，在密细亚（Mysie）海边的“海角上”，她的神庙像“指示安全之路的灯塔”一样矗立着。

因此，从空间的角度来看，我们可以认为，在斯基泰的领土上，希莱亚是又一个基齐库斯，但不同之处是，阿纳卡西斯不能在那里参加为众神之母举行的庆典了：他的虔诚变成了亵渎。因此，基齐库斯和希莱亚之间的对照，加强了前文指出的这个地方的不寻常之处：它在斯基泰的领土上，但是，它又不完全是斯基泰的领土，它还是其他的东西。而奥尔比亚是斯基泰空间之外的地方，它的围墙就是治外法权的标志，能挡住人的目光，能隐藏里面的事情，但是，它又不能完全摆脱斯基泰的领土：一双外国人的眼睛有可能永远在围墙上面望着。故事正是通过眼睛的比喻，指出了希莱亚和奥尔比亚在空间上的模糊性：即使在森林和要塞的掩蔽之下，出于偶然的或者故意的伤害，眼睛永远可以看到你。

最后还有一种关系需要考虑：在确定了基齐库斯—希莱亚—奥尔比亚相对于斯基泰空间的各自位置之后，我们还有一个问题，那就是基齐库斯和奥尔比亚在希腊空间具有何种地位。实际上，我们现在还不能回答这个问题：两个地方都是殖民城市。希罗多德认为，奥尔比亚是“希腊人”居住的一个“商埠”（emporion）[4]；说得再明确一些，博里斯泰内人“说他们是米利都人”[5]，也就是说，博里斯泰内是米利都的殖民地，而且在两个城邦之间，有政治权利平等的约定。基齐库斯也是米利都的殖民地，而且两个城邦之间很可能也有政治权利平等的

1　格拉约：《库伯勒崇拜》，巴黎，1912 年，第 200 页（H. Graillot, *Le Culte de Cybèle*, Paris, 1912, p. 200）。

2　狄奥多罗斯，III, 55, 8（Diodore, III, 55, 8）：女骑士米利娜（Amazone Myrina）也祈求她保佑。亦参见罗得岛的阿波罗尼奥斯，I，1098—1099（Apollonios de Rhodes, I, 1098-1099）。

3　《希腊通讯简报》，1899 年，第 XXIII 期，第 591 页（*Bulletin de correspondance hellénique*, 1899, XXIII, p. 591）。

4　希罗多德，IV，2。

5　同上，IV，78。

约定。[1] 至于基齐库斯人和博里斯泰内人是不是希腊空间的边缘人，当 146
然，不是从地理方面说，而是在共同知识方面，我们现在还没有任何根据来回答这个问题。

一方面，相对于斯基泰的空间来说，另一方面，相对于希腊的空间来看，众神之母和狄俄尼索斯具有什么样的地位呢？这是我们现在提出的问题。这也就相当于提出这样的问题：阿纳卡西斯和斯基莱斯犯了何种过错，他们如何违反了斯基泰的文化规则（当然是按照希罗多德的故事向我们提示的意义来说）。相对于希腊的空间来看，这就相当于问：他们为什么选择了众神之母和狄俄尼索斯，而没有选择阿波罗或者赫拉之类的神？因此，通过《历史》的这几个章节，我们可以想到的问题，就是众神之母和狄俄尼索斯在希腊的万神谱中占有何种地位。为什么这两个神被两个非希腊人选中，而且被斯基泰人认为是希腊性的标准？

但是在此之前，让我们先说明是谁在讲话。是谁在讲话呢？文本是以叙述的面目出现的。能够说明这是叙述的，主要是动词的不定过去时，作为一个例子，用来说明一条规则，而规则是用没有时间性的现在时表示的。[2] 这一地位说明留给叙述标记的位置很小：这实际上是
叙述和被叙述的规则，但这也是命运，这个不属于任何人的声音，也 147
是任何人都摆脱不了的，即使是神也摆脱不了；在阿纳卡西斯的悲剧故事的结论中，文本说得非常好：这个人就像前边说的那样被毁了（hṓsper próteron eiréthē），的确，这个无人称的主语表达了无法避免的命运；或者还可以说，这次说的是斯基莱斯了："不幸是一定会发生在

1　关于宗主国米利都及其殖民地基齐库斯和奥尔比亚之间的关系，参见毕拉贝尔：《语文学家补编》，第 14 期，1920 年，I，第 46、70、120、140 页（F. Bilabel, *Philologus Supplement*, 14, 1920, I, pp. 46, 70, 120, 140）。布拉沃的文章《一封贝尔赞的铅封的信：本都的移殖民和接触方式》，载《关于古代历史的对话》，1974 年，第 111—187 页（B. Bravo, "Une lettre de plomb de Berezan : colonisation et modes de contact dans le Pont", *Dialogues d'histoire ancienne*, 1974, pp. 111-187）有很多关于奥尔比亚的信息。参见瓦索维兹：《本都的奥尔比亚及其领土》，巴黎，1975 年（A. Wasowicz, *Olbia Pontique et son territoire*, Paris, 1975）。

2　这里说的"叙述"是根据本维尼斯特的定义说的。参见《普通语言学问题》，巴黎，1966 年，第 225 页及以后部分（É. Benveniste, *Problèmes de linguistique générale*, Paris, 1966, pp. 225 sq）。

他身上的”（epeì te dè édei oi kakôs génesthai）。[1] 对于文本来说，只是简单地援引悲剧的规则，就意味着，无视边界是不理智的行为，正如想摆脱命运一样。

但是，希罗多德的“我”还是干预过两次。第一次是在第 76 章，为了说明阿纳卡西斯是被他亲兄弟杀死的：“我听阿利亚皮忒斯的心腹蒂姆尼斯说（ḗkousa）……”这个信息很重要，因为它将阿纳卡西斯的命运和斯基莱斯的命运放在了一起。我们注意到，为了表达证明的结论，叙述者又恢复了第三人称和现在时的叙述（“istō...”：“要知道……”是他兄弟杀了他）；这种“无时间性”的表达是想说明，证明的结果永远不会被推翻，因为表达是无人称的，所以哪怕到了地狱里，也会有它的声音。[2]

第二次，是为了说明伯罗奔尼撒人的故事。阿纳卡西斯被斯基泰国王派往希腊学习（tês Helládos mathētḗs）[3]，而且回国之后，他也说，
148 在所有的希腊人中，“只有拉栖第梦人在讲话和回答人的话时，能够表现出明智的节制”。很清楚的是，这个“故事”完全是次要的，它不再是对规则的说明，正相反，它是与规则相违背的：斯基泰人根本不是憎恨外国人的“文化”，而是想了解外国人的“文化”，而且阿纳卡西斯这个人物的作用，只是为了突出拉栖第梦人的价值，拉栖第梦人利用阿纳卡西斯，以强调他们相对于其他希腊人的优势，其他希腊人都被说成是没有任何天赋、只会干活的家伙。希罗多德在提到这一传统之后，便把它放弃了，说它是希腊人打造的想象（péplastai），是希腊人自己这样说的，为的是阻止希腊人内部发生争吵。

除了伯罗奔尼撒人的声音之外，希罗多德还让我们听到了斯基泰人的声音：“他们声称不认识阿纳卡西斯，因为他到希腊去旅行，而且

1　希罗多德，IV，79。

2　因为是他兄弟实施的杀戮，所以是典型的“悲剧式”的杀戮。在情节上，这也是对悲剧规则的援引。

3　希罗多德，IV，77。这是阿纳卡西斯第一次被介绍为向希腊学习，而且我们注意到，希罗多德没有说阿纳卡西斯冒险的这个版本是他说的。

接受了外国人的习俗。”[1] 在第 78 章开始处又提到这个错误，而且用词几乎一样：“dìa xeniká te nómaia kaì Hellēnikàs homílíās”，这话也适用于斯基莱斯。因此，这两个人物都犯了明确的错误。

更加准确地说，我们可以指出，他们违反了斯基泰的文化规则。在斯基泰诸神的名单上，的确没有狄俄尼索斯，也没有众神之母：诸神的名单上没有他们的位置，即使名字不同、实质一样的神也没有。[2] 我们可以肯定的是，如果有名字不同、实质一样的神，希罗多德一定会翻译过来。另外，斯基泰宗教有一个根本的规则，那就是不建雕像，不用祭坛，也不修神庙，战神阿瑞斯（Arès）是唯一的例外。[3] 然而，
阿纳卡西斯是如何为众神之母举行庆祝仪式的呢？如果他手敲长筒鼓， 149
那他一定也在脖子上戴了女神的“神像”（agálmata）。而斯基莱斯一到奥尔比亚，便“按照希腊人的习俗”，向神献祭，常到庙里去，在祭坛上供奉祭品。

在斯基莱斯的故事中，还有一个被接纳入教的问题。好像若他只是到奥尔比亚去，在那里像希腊人一样生活，斯基泰人还是能够容忍他的违规，这样的行为还没有过分地超出会讲两种语言的范围。的确，当他离开奥尔比亚，重新穿上斯基泰的服装，回到斯基泰的“荒蛮之地”的时候，事情也就算完了，既没有发生混淆，也没有从一个空间向另一个空间的“文化”“溢出”。相反，被接纳入教似乎打乱了界限的划分。为什么呢？恰恰是因为，被接纳入教标志着发生了持续的、不可逆转的状态变化，这种标志只存在于“此前”和“以后”之间的距离当中。因此，虽然斯基莱斯每次结束在奥尔比亚的短暂逗留之后，又穿上斯基泰的服装，可他仍然是入了教的人，是狄俄尼索斯-巴克科斯的信徒了。因此，我们可以想见，斯基泰人再也不能容忍他：这一

1　希罗多德，IV，76。
2　同上，IV，59。
3　同上；参见本书下文第 300—305 页。

次发生了“溢出”[1]，所以就要惩罚他了。

从“希腊一边”来看，通过神的参与，叙述中明确指出了入教仪式的重要性。更加准确地说，文本似乎同时支持两种相反的观点：第一种，参加入教仪式只是惩罚斯基莱斯的“一个机会，一个借口”[2]，
150 反正“不幸一定会发生在他身上”；第二种，被接纳入教是一件严肃的事情，因为在此之前，神已经发出了“威严的神迹”（phásma mégiston）。然而，两者之间的对立是得到了圆满解决的，因为两句话并不在同一个层面上起作用：第一句话是由命运和悲剧的匿名声音插入的，是叙述者安排的声音；第二句话表达的是入教仪式在叙述中的重要性。

斯基莱斯让人在奥尔比亚为他建了一座房子，“大而奢华”，用围墙围着，围墙上装饰着“白色大理石的狮身人面像和狮身、鹰头、鹰翼的怪兽”。[3]这座房子显得有些不合时宜，有些过分：它更像是蛮族人的东西，而不是希腊的事物；狮身、鹰头、鹰翼的怪兽似乎是房子的守护神，是属于偏远之地的东西，是“金子的守护神”，据某些人说，这些怪兽生活在阿里斯玛斯普人的地区和极北地区（Hyperboréens）之间。[4]通过这座房子，他在城邦内部表明了他的与众不同。然而，“神”，也就是宙斯，向他发出的神迹是什么呢？是雷击中了围墙，并将围墙击得粉碎。[5]就在他要被接纳入教之前，通过这次雷击事件，宙斯想对他说什么呢？雷毁掉了他的墙，也就消除了两种空间之间的分别，同样，他将被接纳入教的仪式，从某种意义上说，也将消除希腊空间和斯基泰空间之间的距离，而且一个空间对另一个

1　我们甚至觉得有必要说明，在斯基泰人的行为当中，这种隐含的逻辑让我们想到希腊的常识。这种逻辑反过来又让我们知道了这种入教仪式的地位。

2　希罗多德，IV，79。除了“毁坏”（diaphtheírō）的观念之外，还有“腐败”和“迷失”的观念：词义的不确定性，使得文字的表达更具多义性。

3　同上。在指这座房子时，使用的词“是稍早些时候提到过的”（显然是希罗多德借用的一种表达方式），说明这座房子应当是奥尔比亚的新奇事物。

4　同上，III，116；IV，13，27，29。

5　同上，IV，79：我觉得“es taútēn”指的更多的是围墙，而不是房子本身。

空间的侵犯，是会受到严惩的事情。但是，斯基莱斯当然没有理解神 151
迹的意义，而且完成了将他引向死亡的仪式。

希罗多德很用心地说明了阿纳卡西斯死亡的情形。我们已经看到，希罗多德在故事中说明，阿纳卡西斯是被他兄弟索里奥斯杀死的，他认为证明这一点很重要，而且也的确在故事中证明了。两个兄弟[1]的行为很好理解：他们是被害者最亲近的人，像是阿纳卡西斯或者斯基莱斯的孪生兄弟一样，但是，他们代表的是“好兄弟”，因为他们完全忠实于斯基泰的“文化”，所以他们最恨违规者，而且也最有资格惩罚和消灭违规者，让违规者再也不能踏入斯基泰的领土。[2]斯基泰人不仅处死了他们，还要消除对他们的记忆。他们被消灭了，他们甚至从来就没有存在过——如果“今天有人向斯基泰人打听关于阿纳卡西斯的事，他们会说：不认识这么个人……”[3]

阿纳卡西斯和斯基莱斯选择了尊崇两位神——众神之母和狄俄尼索斯，而他们崇拜的神导致了他们的死亡。他们为什么要做出这样的选择呢？他们为什么选择了这两位神，而不是其他的神呢？有人可能反驳说，问这样的问题是没有意义的，因为故事中已经明确说了；也许是吧，但是我们力图领会的，是众神之母和狄俄尼索斯在《历史》中，在公元前 5 世纪代表着什么，或者，我们可以不抱那么大的野心，可以把话说得更加明确一些，那就是，众神之母和狄俄尼索斯出现的
地方，正是一些文化规则相互交叉的地方，希罗多德的故事也许可以 152
使我们对这些地方的地形地貌提出一些假设。

基齐库斯和奥尔比亚位于希腊空间的边缘。由此，我们能不能通过相似性的原则推测说，众神之母和狄俄尼索斯也是希腊的边缘之神呢？

1　斯基莱斯是被同父异母的兄弟杀死的，但这一点丝毫不能改变我们说的情况。

2　被亲兄弟盯着的阿纳卡西斯，像围猎中的野兽一样，被一箭射死。而斯基莱斯则是被砍了头。我们注意到，斯基莱斯受到的惩罚，是违背誓言的人应得的惩罚。违背誓言会危及王室家族。

3　希罗多德，IV，76。

“众神之母”以这一名称的形式，只在《历史》的这一个章节出现过。因此，她只与基齐库斯有联系，希罗多德对她的地位没有更多的说明。[1] 另外，如果说众神之母相当于丹迪姆山（mont Dindyme）的女神，那我们可以说，该女神以这个名称的形式只被提到过一次。[2] 最后，正如传统所接受的那样，如果认为众神之母相当于库贝贝（Kybébé）或者库伯勒，那么，库贝贝或者库伯勒也只在第五卷书中出现过一次：希罗多德说，爱奥尼亚人烧了萨迪斯，尤其是“本地的库贝贝女神庙”（epichōríēs theoû）[3]。作为本地的女神，库贝贝属于波斯的政治空间。的确，“波斯人正是为了报复这次大火，后来才烧了希腊的神庙”。[4] 在战争的叙述当中，库伯勒被推到了波斯人一边，因此，她是“在波斯的土地上受人祭拜”的女神之一，薛西斯在跨过赫勒斯滂海峡之前，向这些女神祈祷过。[5]

最后，只有三个神是希罗多德没有“用希腊语言”提出对应名称
153 的，库伯勒便是其中之一。在希罗多德的“词典”当中，也没有库贝贝的翻译。[6] 总起来看，这个神在希腊空间唯一的联系就是基齐库斯，崇拜她的希腊人，只有基齐库斯人。

狄俄尼索斯的地位则重要得多，在很多万神庙里都有他的身影。在《历史》当中，哪些民族崇拜狄俄尼索斯呢？有埃塞俄比亚人[7]；文本在另外一个地方[8] 还明确说，“长寿的埃塞俄比亚人定居在神圣的尼

1　关于库伯勒和基齐库斯，请参见哈斯拉克：《基齐库斯》，剑桥，1910 年（W. Hasluck, *Cyzicus*, Cambridge, 1910）。我们注意到，希罗多德既没有从“奥义传授”的角度，也没有从狂欢的角度谈到对众神之母的祭祀。他说的只不过是一个“节日”（ortḗ），一次“祭祀”（thúsein），一次“彻夜的祭拜”（pannuchis）而已。我们看到，“pannuchís”一词用来指为纪念众神之母而组织的“瞻礼的前一日”，尤其是在欧里庇得斯的《海伦》（Euripide, *Hélène*, 1365）当中。

2　希罗多德，I，80。

3　同上，V，102。

4　同上。在 IV，101，当波斯人攻陷埃雷特里亚（Érétrie）之后，这一理由被重提过：烧毁神庙是“根据大流士的命令”，“为了报复他们在萨迪斯纵火”。

5　同上，VII，53。

6　另外两个神的译名是普雷斯托洛斯（Pleistoros, IX, 199）和萨尔莫克西斯（Salmoxis, IV, 94）。

7　希罗多德，II，29。

8　同上，III，97。

萨（Nysa）山周围，为了向他祭祀而组织游神”（anágousi tàs hostás）。狄俄尼索斯和乌拉尼雅（Ourania）是阿拉伯人唯一承认其存在的神[1]，但阿拉伯名字是“奥罗达尔特”（Orotalt）。埃及受他的影响很深。的确，如果把埃及的奥西里斯（Osiris）译成“希腊语言”，那就是狄俄尼索斯。[2] 如果现在，我们从南边来到北边，在色雷斯人的地盘上也能见到他，色雷斯人也像崇拜阿耳忒弥斯（Artémis）和阿瑞斯一样，崇拜狄俄尼索斯。[3] 色雷斯一个部落的萨特雷斯人（Satres）从来没有向任何人低过头，但就是他们“也有狄俄尼索斯的神庙；神庙位于高山之上……庙里有个女人传达神谕”。[4] 在北方远得多的地方，希罗多德告诉我们说，盖洛诺斯人为狄俄尼索斯组织庆祝仪式，或者更加准确地说，他们以两种方式祭拜狄俄尼索斯：“他们每两年一次举行狄俄尼索斯节，而且组织狂欢活动。”[5]

在希腊的领土上，拜占庭是明确崇拜狄俄尼索斯的，那里有一座他的神庙[6]，在士麦那（Smyrne），人们“在城墙”之外为他举行庆祝 154
仪式[7]；在西锡安（Sicyone），有克利斯提尼（Clisthène）专门为他建立的悲剧合唱队[8]；最后，在为埃莱夫西纳（Éleusis）举行的入教仪式上，人们以雅科斯（Iakkos）之名援引的，就是他。[9] 我们上面只是简单地列了一个清单，说明狄俄尼索斯在哪些地方有影响，但这并不意味着他在别的地方就没有影响。《历史》并不是专门论述狄俄尼索斯的作品，它还有很多别的内容。狄俄尼索斯在遥远的地方有人崇拜，在希腊大陆也有人祭拜，因此，到处都可以有他的影子。

1　希罗多德，III，87。
2　同上，II，144。
3　同上，V，7。罗赫德（Rohde）认为，他的原籍就是色雷斯。
4　同上，VII，111。
5　同上，IV，108。
6　同上，IV，87。
7　同上，I，150。
8　同上，V，67。
9　同上，VIII，65。关于雅科斯和狄俄尼索斯之间的差别，参见伯杨塞：《希腊哲学家对缪斯的崇拜》，巴黎，1937 年，第 26 页，注 3（P. Boyancé, *Le Culte des Muses*, Paris, 1937, p. 26, n. 3）。

要想知道对狄俄尼索斯的崇拜是如何传播的，根据希罗多德的说法，是谁从谁那里接受了这一宗教，我们必须探索他的起源。和以往的情况一样，每当涉及起源的问题时，总是有各种各样的说法：有希腊人的说法，有埃及人的说法，有叙述者的说法。

狄俄尼索斯与赫拉克勒斯和潘（Pan）一样，被希腊人认为是最新的神祇（neṓtatoi）[1]；据说他是卡德摩斯的女儿塞墨勒生的。另外，希腊人还说："现在（nûn）他一出生，宙斯便把他缝在自己的大腿上，带给在埃及那边，在埃塞俄比亚的尼萨。"[2] 对于埃及人来说，相反，狄俄尼索斯属于第三代神：最先是有 8 个神，然后又有 12 个，最后是 12 个神生的其他的神，狄俄尼索斯便是其中之一。因此，根据埃及人的计算，在狄俄尼索斯和雅赫摩斯（Amasis）法老王之间，相隔 15 000
155 千年。[3] 正如我们在前边看到的那样，狄俄尼索斯等同于奥西里斯。埃及人还说："得墨忒耳（Déméter）和狄俄尼索斯是统治地狱的神。"[4]

至于叙述者，他完全反对希腊人的说法。首先他认为，根据他的"调查"，几乎所有的神（Oúnomata）都是从埃及来到希腊的。[5] 狄俄尼索斯走过的路是这样的："我认为最可信的，就是，梅兰波斯（Mélampous）从提尔人卡德摩斯（Cadmos le Tyrien）那里听说了关于狄俄尼索斯的事；一些从腓尼基来到今天人们称之为彼俄提亚（Béotie）的人，也为他提供了一些情况。""关于狄俄尼索斯的'名字'、祭品以及生殖器崇拜的游神活动，希腊人都是从梅兰波斯那里得知的。"[6]

由此导致的结果就是：希腊人的说法变得站不住脚了；希罗多德强调年代的作用：从塞墨勒的儿子狄俄尼索斯到"我"，最多有 1000

1　希罗多德，II，145。
2　同上，II，146，III，111。
3　同上，II，145。
4　同上，II，123。
5　同上，II，50。
6　同上，II，49。

年，而在埃及的日历推算法当中，从狄俄尼索斯到雅赫摩斯法老，则相隔 15 000 年[1]，然而，埃及人完全肯定自己的数字（atrekéōs），因为“他们从来没有停止过计算”，而且“一向用文字记录”计算的结果。

结论就是：希腊人错了，他们混淆了他们得知这个神的年代和这个神的出生年代。

第二个结论：和其他的神相比，希腊人对狄俄尼索斯的了解“较晚”（hústeron），与对潘和赫耳墨斯的了解一样。[2] 最后，狄俄尼索斯大概“出生于外国”，但是希罗多德认为，希腊的神大部分都是这样。

因此，如果我们只从《历史》来看，上述就是众神之母和狄俄 156
尼索斯得到人们承认的地方，以及他们是谁。如果说众神之母是真正边缘化的神，相反狄俄尼索斯却（似乎）无处不在，希腊的地盘上有，非希腊的地盘上也有。但是现在，文本提出的值得关注的问题是，众神之母和狄俄尼索斯为什么成了《历史》中斯基泰人和希腊人判定是否具有希腊本质的标准，同时这个标准既适用于《历史》所针对的真正的读者对象，也适用于希罗多德的听众。

当叙述者在第二卷书中证明狄俄尼索斯是来自埃及的神时，在某个时候，他使用的是对立推理的办法，这是十分重要的：“人们在埃及和希腊对这个神的崇拜有相似性，我不认为这种相似性是偶然的：为此，这种崇拜与希腊人的习俗之间，应该是和谐的（homótropa），而且这个神的引入不是最近才发生的事。”[3]

换句话说，狄俄尼索斯来自外国的证据之一，是叙述者认为事实上（叙述者只是满足于认为这一事实是不言而喻的，没有具体阐述，也没有解释），其文化实践与希腊的文化实践并不一致；因此，对狄俄尼索斯的崇拜只是对他的非希腊性的回忆。这是我们在《历史》中可以注意到的第一个命题。

1　希罗多德，II，145。
2　同上，II，146。
3　同上，II，49à。

还有第二个命题，大概不那么明显，但是同样值得关注，是在讲盖洛诺斯人的段落当中出现的。的确，盖洛诺斯人居住在布丁人的地盘上，但是他们建了一座城，一座用木头建的城市，有祭祀希腊神的
157 神庙，“他们每两年举行一次狄俄尼索斯节，还组织狂欢活动”。以这样的方式给出的这些信息令人感到吃惊，而且希罗多德对此心知肚明，所以立刻就补充了一点，提供了解释，说明为什么盖洛诺斯人会有这样的行为：他们之所以这样做，的确“是因为从前（to archaînon）他们是希腊人”。[1] 建一座“城邦”（polis），修一座神庙，并为狄俄尼索斯组织节日庆典，这些事都被放在同一个层面上，似乎一旦说明盖洛诺斯人的祖先是希腊人，这些行动便不再令人感到吃惊。因此，在这最后一种情况之下，狄俄尼索斯——我们只说狄俄尼索斯——所起的作用，是判定希腊文化的标准。这两个命题是不是矛盾的呢？不矛盾，因为两个命题不在同一个层面上起作用，而且参照的也不是同一个时代：的确，一个讲的是起源，另一个讲的是今天。因此，“组织狂欢活动”这种说法，虽然开始时与希腊的实践显得不“和谐”，但是随着时间的流逝，很可能变成了指称希腊人的一种方式。

不管怎么说，狄俄尼索斯是黑海岸边的居民习惯了的神祇：很多事情都可以证明这一点，尽管如此，希罗多德的证明还是最古老的证明。比如，皮皮迪（Pippidi）[2] 就指出，在卡拉迪斯（Callatis）就有“为庆祝狄俄尼索斯而组织的饮宴仪式”（Xenikà Dionýsia），有公开的祭祀，有酒神侍从（thiases）举行的游神，有酒神庙以及长达一个月的狂
158 欢活动。[3] 总而言之，狄俄尼索斯具有十分积极的影响（这在希腊化时期是得到了证明的），不仅在卡拉迪斯是这样，在整个小斯基泰地区

1 希罗多德，IV，108。

2 皮皮迪：《下多瑙河的希腊人》，米兰，1971 年（D.M. Pippidi, *I Greci nello Basso Danubio*, Milan, 1971: “Per I Greci della Dobrugia, che l’avevano portato con le loro navi Dionisio e un dio patrio, adorato in forme di tradizione secolare, con epiteti che ritroviamo a Megare o in Asia Minore.”）。

3 同上。《古代科学学会杂志》，第 16 期，1968 年，第 191—195 页（*Acta Antiqua Academiae Scientiarum Hungaricae*, 16, 1968, pp. 191-195）。

的范围内都是这样。[1]

在论述舞蹈的一部作品当中，琉善（据说这部作品出自琉善的手笔）谈到爱奥尼亚和本都传统上流行酒神舞：“酒神舞……对那里的人影响非常大，一到时候，人们便忘记一切，整天坐在那里，观看有人装扮的各种神祇，泰坦（Titans）、哥利本僧（Corybantes）、林神（Satyres）、布科洛伊（Boucoloï）（布科洛伊是酒神节的主祭）。参与跳舞的，都是名门大家，是各个城邦的望族；他们不因参加酒神节而感到羞耻，而是比古时候的祖先感到更加自豪、更加荣耀、更有自尊。”[2] 当斯基莱斯想入教的时候，这种舞蹈在奥尔比亚是否已经具有“这样的影响”了呢？参加游神活动的酒神的侍从是不是由城市的望族装扮的呢？不幸的是，希罗多德没有说明游神队伍是如何组成的，只简单地提到“酒神的侍从”，其实这已经证明，说明是多余的，听众已然明白话外之音。有人问过，“酒神的侍从”是不是必须由女人扮演。[3] 不是，至少在奥尔比亚不是，因为当斯基泰人见到斯基莱斯时，斯基莱斯正是酒神侍从中的一员。关于游神的规定，不管是不是官方的活动，我们注意到，在奥尔比亚，一切活动都公开地在城市的大街上举行。

由此导致的还有最后一个说明：人们经常说，狄俄尼索斯的特
点是在城邦之外，也就是说，即使被人接纳了，他也不会进城。当人 159
们提到举行秘密仪式的地点时，总是在农村的荒野地方（agrós）；我们还可以指出，士麦那人也是在“城墙之外”（éxo teicheos）举行节日[4]；最后还可以提到的是，有时候，人们赋予他的名字是“pro poléos”（“在城市之前”）。如果我们再回到奥尔比亚，那我们不得不承认的

1　亦可参见希斯特：《奥尔比亚崇拜》，载《希腊研究杂志》，第 23 期，1903 年，第 24—53 页（G.M. Hirst, “The cults of Olbia” , *Journal of hellenic studies*, XXIII, 1903, pp. 24-53）。

2　琉善：《关于舞蹈》，79（Lucien, *Sur la danse*, 79）。

3　关于最早理论的模糊性，参见弗斯图吉尔：《希腊和希腊化时候的宗教研究》，巴黎，1972 年，第 14 页及以后部分（A.J. Festugière, *Études de religion grecque et hellénistique*, Paris, 1972, pp. 14 sq）。扮演酒神侍者（Thiasotes des Grenouilles）的有男也有女。

4　希罗多德，I，150。

是：入教仪式和游神活动是在城里举行的，斯基莱斯让人关上城门。当置身于高塔顶上的斯基泰人看到游神队伍时，斯基莱斯只是被简单地描述成“充当酒神的祭司”，也就是说，仪式（pompé）要求入教者为神唱歌跳舞。

至于众神之母，她是谁崇拜的神呢？在这一点上，希罗多德也只是简单地说“基齐库斯人”，这个词指的是基齐库斯的居民，包括男人和女人。哈斯拉克（Hasluck）[1]认为，希腊人的看法相反，希腊人认为对众神之母的祭祀是一种野蛮行为，这一点是十分清楚的，而且这“可能是土著人的宗教……对于基齐库斯人来说，众神之母一向是外来的神，而且是需要与当地人调和的外来神”。然而，为了证明对于希腊人来说，对众神之母的祭祀是野蛮行为，哈斯拉克举了希罗多德文本中阿纳卡西斯的例子，但是，阿纳卡西斯之所以被斯基泰人杀死，恰恰是因为他引入了来自基齐库斯的宗教！至于他的第二个断言，由于他是用“可能”一词形容的，所以也就用不着提供证明。那么众神之母到底是谁呢？有一种传统，我们很难确定其源头，阿里斯托
160 芬和杨布里科斯（Jamblique）的注释也是对这种传统的响应；根据传统，众神之母的信徒首先是从女人和娘娘腔的男人中招募的。[2]我们还可以提到《苏达辞书》（*Souda*）和佛提乌的作品，其中提到众神之母是如何来到希腊的。[3]传说有个“梅特拉吉特人”（Métragyrtes）[4]来到阿提卡，接纳女人入教。雅典人将他推下悬崖，杀死了他；此后发生了瘟疫（loimós）。人们去求神保佑，神谕说，他们要修一座神殿，并

1　参见 153 页注 1，前文所引作品第 215 页。

2　古籍注释，《鸟》，v. 877（Scholie, *Oiseaux*, v. 877）；杨布里科斯，《关于秘密祭礼》，III，10（Jamblique, *Sur les Mystères*, III, 10）。

3　参见《苏达辞书》和佛提乌作品中的“梅特拉吉特人”词条。亦请参见福卡尔的《希腊人的宗教联想》，巴黎，1873 年，第 64 页（P. Foucart, *Des associations religieuses chez les Grecs*, Paris, 1873, p. 64）。福卡尔在这部作品中认为，这是公元前 430 年发生的事。普鲁塔克的《尼古拉斯》，13（Plutarque, *Nocolas, 13*）中，列举了西西里征讨之前发生的不吉征兆，其中有一条就是“人们对十二位神的祭坛上发生的事视而不见：一个人突然跳上祭坛，在上面转了一圈之后，用石头将自己的生殖器割了下来。”

4　梅特拉吉特人是公元前 4 世纪出现的一些信奉众神之母的人，他们随身携带供奉有众神之母像的一个小庙，四处流浪，招募信徒。——译者注

把神殿供奉给众神之母。这说明了人们为什么修建“众神之母神庙”（Métrôon）[1]，证实了修建神庙的理由，标志着众神之母进入了政治集会广场。这座众神之母的神庙后来成了公共资料的存放地。到了公元前 5 世纪末，众神之母在政治集会广场上有了自己的建筑，因此看来，不能简单地说她是个“外来”的神[2]；她是被抛弃的神，是被边缘化的神，也是在城邦中心被接受的神：这些说法都对。

为了结束这段题外话，我们举一个例子，说明如果把事情推向极致，会是什么样子。我们可以引述亚历山大城克莱蔓特（Clément 161
d'Alexandrie）的话。[3]他写道：“上天保佑斯基泰原来的国王，”……“因为他的臣民在斯基泰王国组织了基齐库斯人崇拜众神之母的密教，又敲锣，又打鼓，而且脖子上还挂着库伯勒的祭司每个月出去募捐时佩戴的神像。国王一箭射死了这人，因为他在希腊人那里变成了软骨头（ánantron gegēneménon），想把病态的娘娘腔（thēleías nósou）教给斯基泰人。”阿纳卡西斯变成了众神之母的崇拜者，成了一个真正的“梅特拉吉特人”。亚历山大城的克莱蔓特认为，毫无疑问，崇拜库伯勒，是希腊人的特点之一，也就是一项过错。的确，阿纳卡西斯之所以被杀，不是因为他引入了外国的“文化”，而是因为他在希腊人那里“变成了软骨头”，或者说是失去了男性的特点，而且还想向别人教授“这种女人的病态的东西”，因此，库伯勒是希腊的神，而希腊人都是

1　关于众神之母神庙提出的问题，参见马丁：《古希腊政治集会广场研究》，巴黎，1951 年，第 328 页及以后部分（R. Martin, *Recherches sur l'agora grecque*, Paris, 1951, pp. 328 sq）。根据马丁的研究，“既然文学传统和考古资料”在很大程度上都是一致的，“为什么不可以认为众神之母被安置在了列柱神殿里，其特点就像得墨忒耳一样（神殿在政治集会广场上已经存在，而且被用来召开司法议会的会议），而议会最后又有了一个独立的会议室（于公元前 5 世纪末修的建筑）呢？”本都的切姆隆的一个文本（Chaimaleon du Pont, Athénée, Ixn 407 c），是提到众神之母神庙及其作用的最古老的作品。

2　关于众神之母，详见韦尔：《古希腊宗教中的东方因素》，巴黎，1960 年，第 95—111 页（E. Will, in *Éléments orientaux dans la religion grecque ancienne*, Paris, 1960, pp. 95-111）。韦尔在这部作品中认为，众神之母从公元前 4 世纪便从爱奥尼亚来到大陆希腊。品达（Pindare）也援引过众神之母，并关注了对她的祭祀，参见《胜利曲》等（*Pythiques*, III, 77, *Fragments* 48 et 63 Böckh）。亦请参见《希拉波利斯卡斯塔巴拉的女神》，巴黎，1964 年（A. Dupont-Sommer et L. Robert, *La Déesse de Hierapolis Castrabala*, Paris, 1964）。

3　亚历山大的克莱蔓特：《激励辞》，24，1（Clément d'Alexandrie, *Protreptique*, 24，1）。

女人！

根据希罗多德描写的规矩，斯基泰人完全拒绝众神之母和狄俄尼索斯。索里奥斯国王一看到阿纳卡西斯，立刻就把他杀了，一句话都没有说，好像一切解释和说明都是多余的，罪行毋庸置疑，需要立刻惩罚。斯基莱斯的故事情节略有不同：狄俄尼索斯不仅是外国的神，而且会让人发疯，因此，这是斯基泰人拒绝狄俄尼索斯的两个“原因”。这就提出了狄俄尼索斯和“发疯”（mania）之间的关系问题。在《酒神的女祭司》（*Les Bacchantes*）当中，彭透斯（Penthée）被狄俄尼索斯
162 剥夺了理智，狄俄尼索斯将彭透斯化装成女人，引向基塔隆山[1]，恰恰是因为他固执地拒绝承认狄俄尼索斯，而且想“割断他的脖子”。这是第一类的“发疯”行为（manía），但是还有第二种，那就是在山坡上游荡的阿伽维（Agavé）及其伙伴们所遭受的厄运，因为她们也“咒骂”了狄俄尼索斯，“不承认他是神”。[2]我们还可以列举敏雅斯（Minyas）的女儿们在奥桥迈纳（Orchomènes）的事作为例子，艾勒泰（Éleuther）的儿子们在艾勒泰尔（Éleuthères）的事也是一样的例子。前者的女儿们眼睛瞎了，后者的儿子们失去了理性。因此“发疯”是因为不承认神而受到的一种惩罚。[3]“发疯”的逻辑一旦建立，那我们就明白为什么彭透斯躲在树的高处被发现之后，就必须死，因为他看到了“不应该看的一些事”，因为他“跟踪了他本来应该躲开的事”。[4]

但是，在斯基莱斯的故事当中，从很多方面来看，情况颠倒了过来。的确，在一座高塔上（láthrē）埋伏的人，是斯基泰人的首领，因此，他们看见了他们本不应该看见的事，他们杀了人，而且，绝对拒绝神的，是他们；实施“惩罚”的，也是他们；他们指责说别人疯了。

1　欧里庇得斯：《酒神的女祭司》，v. 912 及以后部分（Euripide, Les Bacchantes, v. 912 sq）；让梅尔，《狄俄尼索斯》，巴黎，1970 年，第 105—156 页（Jeanmaire, Dionysos, Paris, 1970, pp. 105-156）。

2　《酒神的女祭司》，v. 1297。

3　参见前文所引伯杨塞的作品第 65 页及以后部分。

4　《酒神的女祭司》，v. 912。

当博里斯泰内人来找他们时，假装讲他们的语言，只是为了更好地嘲笑他们：的确，博里斯泰内人重复了希罗多德让斯基泰人说过的话，以解释他们的行为[1]，他甚至用了“魔鬼”（daímōn）这个词，来指称狄俄尼索斯。

叙述者的狡猾就在于，斯基泰人对狄俄尼索斯的不理解，难道不正是为了说明，人们以为是疯子的人，其实并不疯，而且说到底，真正的疯子，也许正是最先说别人是疯子的人。但是，从另外一种意义上说，不理解也是一种狡猾的表现：在酒神的侍从的行为中，斯基泰人认为是惩罚的，虽然表面看起来像惩罚，但那恰恰是表面上看起来的惩罚。换句话说，在“惩罚”（让人发疯）和“对酒神的祭祀”（Bakcheúein）之间，是赞成狄俄尼索斯和反对狄俄尼索斯的人之间的距离。不过，斯基泰人事实上只能看到表面现象，他们并不明白自己说的话是什么意思。 163

到了现在，我们再一次发现，人文学者的话才是真理，是知道前因后果的人说的话。斯基泰人却不知道如何做出区别。比如，他们不知道如何区别羽毛和雪片[2]，本来应该称之为雪片的，他们却说是羽毛，因为雪片像羽毛，另外，他们也不会区别什么是被惩罚，什么是当酒神的祭司，因为表面上看，这两者是一样的。

这就是阿纳卡西斯和斯基莱斯的生和死，他们死是因为他们忘记了边界。

萨尔莫克西斯：盖塔人的毕达哥拉斯

萨尔莫克西斯，也叫查莫尔克西斯（Zamolxis），亦称查尔莫克

1　希罗多德，IV，79：“他们说，神让人发疯，这样的神怎么可能是真正的神呢。”因此，这里表达的是叙述者的意思。

2　同上，IV，31。杜梅齐尔：《斯基泰王国及其周边的传奇故事》，第 339—351 页（Dumézil, *Romans de Scythie et d'alentour*, pp. 339-351）。

西斯（Zalmoxis）；他是谁？人物名字的不确定性只是一篇漫长的身份故事的开始。他是人、是鬼还是神呢？我们说不太清楚。他是什么时候出生的？希罗多德的《历史》第四卷第94章提到过他。他是什么时候死的？也许他现在仍然活在罗马尼亚？他的生活经过了哪些主要的阶段？他先是盖塔人，后来又是达西亚人（Dace），而且成了伟大的祭司，或者“对哲学无所不知”，这是约达奈斯（Jordanès）告诉我们说的。后来罗马人来了，而且在基督教的帮助之下，他离开了祖国，生活在哥特人的传统当中（盖塔人就是哥特人）。圣人阿尔封斯（Alphonse le Sage）认为他“在哲学上非常有智慧”。然后，他消失了很长一段时间，后来，以帕尔万（Pârvan）和他的学生们为中心，在罗马尼亚兴起研究古色雷斯的运动时，他又在自己的家乡出现了。根据米尔恰·伊利亚德（Mircea Eliade）的说法，“查尔莫克西斯之所以为人所重视，是因为他代表了达西亚–盖塔的宗教精神，因为说到底，他代表了当地土著的精神，代表了先祖，而这些祖先被罗马人战胜，也被罗马人吸收，几乎变成了神话中的人物”。[1]

我们把萨尔莫克西斯的故事暂且放在这儿，因为他的故事会把我们带到很远很远的地方去，一路上我们会遇到米尔恰·伊利亚德等人，但是他也会让我们看到萨满教神职人员（shaman）的影子，那些奇怪的、让人不由得害怕的人物……我只关注萨尔莫克西斯的“出生”。我想首先指出的是，有哪些特点使萨尔莫克西斯成了盖塔人的毕达哥拉斯。这幅画像，首先是居住在本都和赫勒斯滂海峡的希腊人勾勒出的，而且希罗多德也是直接从他们那里接过了萨尔莫克西斯的这一形象：在“调查”（punthánomai）的时候，我向他们打听了，以下是他们对我说的话。

164 萨尔莫克西斯是谁？对于本都的希腊人来说[2]，回答是毫无疑问的：萨尔莫克西斯是一个人（ánthrōpos），而不像第94章说的那样，是

1 米尔恰·伊利亚德：《从查尔莫克西斯到成吉思汗》，帕约，巴黎，1970年，第94—96页（Mircea Eliade, *De Zalmoxis à Gengis-Khan*, Payot, Paris, 1970, pp. 94-96）。

2 希罗多德，IV，94—96。

“魔鬼”（daímon）或者“天神”（theós）。他原籍是盖塔人，原来的身份是奴隶。同样，本都的希腊人也认为，毕达哥拉斯是姆内萨科斯（Mnésarchos）的儿子，原籍萨摩斯岛，而且在一段时间里曾经是奴隶萨尔莫克西斯的老师。我们立刻便看出，本都的希腊人是如何从相异性的角度来做的：在希腊人的地盘上只不过是奴隶的人，却被盖塔人奉为天神。

为了充分展开这一点，我们必须在这里引入另外一个内容，另外一个国家——埃及。的确，根据传统[1]，毕达哥拉斯，也包括梭伦和泰勒斯（Thalès），在一生中都曾到埃及去游历过，以向埃及人学习，因为埃及人是世界上最古老的民族，或者至少自从弗里吉亚人（Phrygien）以来，是最为古老的民族[2]，因为古老，所以他们比其他更加年轻的民族更有知识，毕达哥拉斯就是埃及祭司的学生。但是，只要一涉及盖塔人，情况便颠倒了过来，毕达哥拉斯便成了萨尔莫克西斯的老师，而且是从“老师”这个词的各种意义上说。因此，从南向北走，人们的知识越来越差[3]；之所以越来越差，部分原因是民族的年龄。如果说埃及人是最为“古老”的人群，那么斯基泰人就是最为“年轻”的人[4]：他们只有1000年的历史。在斯特拉波描写萨尔莫克西斯的 166
章节当中，萨尔莫克西斯也是毕达哥拉斯的奴隶，而且为了提高其信誉，他还让萨尔莫克西斯到埃及去旅行了一趟，并在埃及学习了一些天文学知识。[5]

关于毕达哥拉斯的身份，除了本都的希腊人说的一些情况之外，其他的内容更加模糊、更加不确定。然而，在希罗多德写萨尔莫克西

1　弗鲁瓦托芬：《从荷马到亚里士多德的希腊文学中的埃及幻影》（Ch. Froidefond, *Le Mirage égyptien dans la littérature grecque d'Homère à Aristote*, Gap, 1971）。

2　希罗多德，II，2。

3　同上，IV，46。本都的民族是“最无知的民族”。

4　同上，IV，7。我们在这一点上所看到的是埃及对希腊人的吸引力，以及这种吸引力所提出的问题：的确，虽然埃及人是“祖先”，可他们仍然是非希腊人。

5　斯特拉波，VI，5（Strabon, VI, 5）：我们注意到，从某种方式上毕达哥拉斯是用来“解读”埃及宗教的；参见希罗多德，II，37；II，81。

斯的文字当中，也存在着同样的不确定性。首先，毕达哥拉斯在此之前还经历过一些事，这些事只有他自己回忆得起来。[1]根据古代文献的某些残篇记载，在人间的另一端，他是真正的“神——是从极北地区的人那里来的阿波罗”。[2]但是，能够最清楚地表达这种不确定性的词，那就是“鬼”（daímōn）：“在神和人之间，是神圣的人，是‘鬼’，是居间者，也就是毕达哥拉斯”[3]；“鬼”既不是通过有形的表现，也不是通过神话和仪式来定义的。亚里士多德在《论毕达哥拉斯学派》（*Sur les pythagoriciens*）[4]中写道，“一边是神”，“另一边是人”，还有第三种，那就是“像毕达哥拉斯那样的人”，因此，他是有鬼才的人物之光荣代表，而且为了完整，我们还应当补充一点：他是“对人充满了爱的善良的鬼”。

在希罗多德的思想中，萨尔莫克西斯先后被说成是“鬼”
167 （daímōn）、“神”（theós）和“人”（ánthrōpos），因此，他一人便有三重的身份，或者说不断地从一种身份过渡到另一种。“死去的人来到萨尔莫克西斯身边”，这时的萨尔莫克西斯是如“鬼”一般的人：这就是盖塔人的信仰。“鬼”一词放在并列的位置，似乎是叙述者在叙述的时候插入的意思：这是叙述者带来的信息，应当让事先不知情的希腊听众知道，到底应该把萨尔莫克西斯放在何种位置上；在“parà Sálmoxin”和“daímona”之间，意思不是按照“习俗”（nomízousi）来确定的，两者之间有一段空白。萨尔莫克西斯属于某种中间的人，我们希腊人称这种中间的人为“鬼”（daímones）。在下一句话当中，叙述者对萨尔莫克西斯的名称给出了新的信息，在色雷斯人那

1 赫拉克利特，fr. 89 W（Héraclide, fr. 89 W）= 第欧根尼·拉尔修，VIII, 4（Diogène Laërce VIII, 4）。

2 第欧根尼·拉尔修，VIII，11（Diogène Laërce VIII, 11）；杨布里科斯：《毕达哥拉斯生平》，28，多伊布纳版本（Jamblique, *Vie de Pythagore*, 28, éd. Deubner）。

3 马塞尔·德蒂安：《从宗教思想到哲学思想：毕达哥拉斯的学说中关于“鬼”的概念》，巴黎，1963年（M. Detienne, *De la pensée religieuse à la pensée philosophique : la notion de Daimôn dans le pythagorisme ancien*, Paris, 1963）。

4 杨布里科斯：《毕达哥拉斯生平》，31，多伊布纳版本（Jamblique, *Vie de Pythagore*, 31, éd. Deubner）。

里，萨尔莫克西斯也叫“吉贝累齐斯”（Gébéleizis），叙述者使用的表达是“tòn autòn toûton”（“有的人甚至称之为吉贝累齐斯”）：句子中“toûton”其实根本不是必需的（的确，希罗多德本来可以说“tòn autòn”“tòn autòn daímona”），这个词有可能表达了叙述者的犹豫；通过“toûton”的模糊性特点，使一切可能性保持开放，略微缓和了前一句话的肯定意味：正如萨尔莫克西斯事实上有两个名字一样（至少有两个），他可能是“鬼”，是某种“鬼”，也可能是其他的东西。

如果派到萨尔莫克西斯身边去的信使死了（人们把信使抛向空中，让他落在竖起的标枪上），“他们便认为，神是赞成他们的”。与鬼相反，“神”不是来自叙述者的意思，因为叙述者只是讲述盖塔人的观点（句子中用的词是“dokéei”）。“神”指的是谁呢？当然是信使所要找的人，因此也就是萨尔莫克西斯，但是，具有模糊性的是，“神”（theós）一词也可以指一般的神，天神，类似于我们说的“天”。因为 168
故事中没有明确说，听者或者读者不得不认为萨尔莫克西斯的身份显得更加模糊。“theós”这个词可以单独用来指萨尔莫克西斯，可以指一般的“天”，也可以同时指两者（最有可能是两者都指）。这个词在用法上具有模糊性，因为在几行文字之后，作者提到了另一个“神”（theós），而且这次，这个词指的不仅是天神，而且是希腊的天神。

如此说来，文本在发展的变动过程中，表达了萨尔莫克西斯在身份上的不确定性：这种不确定性不是偶然的，而是人物的构成本身就有的，和我们在毕达哥拉斯的真正性质上所看到的情况类似。最后一点，不确定性是“鬼”这个词可以表达和包容的。

故事的另外一个特点，是使用了一系列关于“知识”的词汇：萨尔莫克西斯有“知识”（epistámenos），相反，色雷斯人没有知识，“生活悲惨”（kakóbiōn），而且“不是特别精明”（hupaphronestérōn）。亚里士多德在《动物志》（*Histoire des animaux*）当中，说到金翅雀时也用了“kakóbioi”一词[1]，意思是说，它们的生活很困难，它们很难“找到”它们的生活，也就是说，很难找到食物。相反，亚里士多德明确列举的其他鸟，都被说成是“eubiótoi”和“euḗchanoi”：它们可以轻松地找到生活，因为它们会适应环境；正如亚里士多德写到的那样，由于它们的“diánoia”（智慧），它们可以很容易地找到吃的东西。用“kakóbioi”来形容鸟，意思就是说它不聪明，它不会适应困难的局面。同样，色雷斯人的处境无疑也是困难的，而且他们没有实践
169 的智慧，不会从困难的处境中尽可能得到有利的结果。通过使用形容词“hupaphronestérōn”，色雷斯人的这种缺陷得到了强调和放大，说明他们是半傻子。

相反，萨尔莫克西斯虽然出身于盖塔人，但他在萨摩斯岛生活过，和希腊人有过交往，所以他“知道”（epistámenos）“如何适应环境”（díaitan Iáda，这是一个意思与 kakóbioi 相反的词），也就是说，他知道什么是“制度”，他知道爱奥尼亚人生活在哪里，如何生活；他也知道“ḗthea bathútera”，这个词很有爱奥尼亚人的色彩，也是一个知识的词汇。[2]而且，他知道自己的老师是毕达哥拉斯，正如希罗多德写到的那样，毕达哥拉斯是“sophístēs”，而且还“很有名”。当时这个词没有丝毫贬义，和柏拉图所说的“诡辩哲学家”没有任何关系，是指圣人、诗人、有远见者的意思；所谓“圣人”，是如“七圣人”一样的人物。在《伊斯姆第五》（*Ve Isthmique*）当中[3]，sophistaí 指的是诗人；在《勒索斯》（*Rhésos*）当中[4]，俄耳甫斯（Orphée）被说成是

---

1 亚里士多德：《动物志》，IX，17，3。

2 《前苏格拉底哲学家残篇》，克朗兹版本第十二版（*Die Fragmente der Vorsokratiker*, H. Diels, W. Kranz, 12e éd）；赫拉克利特（Héraclite, 22, B 45）谈到 bathún lógon；品达的《尼米颂歌》III（Pindare, *Néméennes*, III, 53）中的希隆（Chiron）被说成是 bathumḗtēs；在《尼米颂歌》VII（*Néméennes VII*, 1）中，姆瓦人（Moires）被说成是 bathúphrōn。阿尔克曼（Alcman）的作品中也用到 bathúphrōn 一词。梭伦（Solon, 23, 1, in Diehl, *Anthologia lyrica graeca*）在说到自己时，也曾带着嘲讽的意味写道：“梭伦不是个有见识的人（bathúphrōn），也不是个精明的人（boulḗeis）。”

3 《伊斯姆第五》，V，36（*Isthm*, V, 36）。

4 《勒索斯》，949（*Rhésos*, 949）。

“sophístēs”。在希罗多德的笔下，“Kakóbioi”、“bathútera”（用来表达此处所说的意思）和“hupaphronestérōn”这些词，都只见到一例使用。我们不能由此得出结论说，这些词是借用的，但是，这是值得我们记住的一些蛛丝马迹。

萨尔莫克西斯在表达老师的智慧时，说不上是个出色的人，但也足以让盖塔的粗野之民感到震惊。的确，毕达哥拉斯及其弟子们都是有知识（eidótes）、有文化（pepaideuménoi）的人[1]，而且，根据 170
从公元前5世纪开始的传统，人们大都把毕达哥拉斯说成是伟大的学者。赫拉克利特说他是博学者（polumathḗs）的典范[2]，恩培多克勒（Empédocle）和希俄斯的伊翁（Ion de Chios）在谈到他时，说他知识广博，甚至无所不知。[3]因此，人们一想到毕达哥拉斯及其弟子，必然会想到知识和无知之间的对立，智者和俗民之间的对照。希罗多德的文本也利用了这一对照，对传统做出了响应，或者更准确地说，是与传统产生了共鸣。

我们在读希罗多德的各个章节的时候，也注意到另外一种分散在文中的现象，三个词看起来像是同族词，互相之间并非以唯一的意义交织在一起，使我们不由得在毕达哥拉斯的特点和萨尔莫克西斯的特点之间来来回回地对照；这三个词就是：永生（immortalité）、勇气（courage）和共餐（repas en commun）。

从一开始谈到盖塔人，希罗多德便立刻在他们的名字后面加了一个形容词“athanatízontes”（永生的）。[4]在几行字之后，他又使用了这个形容词。在《历史》的另外一卷书中，在提到盖塔人时，他写道：“相信自己永生不死的盖塔人”（Gétai hoi athanatízontes），[5]好比盖塔人和这个形容词是固定搭配的谚语一样。另外，将盖塔人和永生不死，

1　杨布里科斯：《毕达哥拉斯生平》，200（Jamblique, *Vie de Pythagore*, 200）。
2　赫拉克利特，22 B 40（Héraclite, 22 B 40，D.K.）。
3　恩培多克勒，31, B 129（Empédocle, 31, B 129, D.K.）；希俄斯的伊翁，36 B 2（Ion de Chios, 36 B 2, D.K.）。
4　希罗多德，IV，93。
5　同上，V，4。

或者和永生不死的修行联系在一起的，并非只是希罗多德，还有柏拉图、狄奥多罗斯、阿里安（Arrien）、琉善等，他们都是把两者联系在
171 一起的。[1] 因此，在希腊人的共有知识当中，“盖塔人”似乎很可能是与“永生不死”联系在一起的：hoi athanatizontes 是表语，说明这个北方民族的性质，我建议把这个词译成“修行永生不死”的盖塔人（les Gêtes “praticiens de l’immortalité”），[2]“永生不死”一词使得这种组合方式本身就保持在模糊的状态。的确，文本中没有明确说，永生不死和萨尔莫克西斯之间是否有关系：萨尔莫克西斯是不是唯一的中介？如果没有萨尔莫克西斯，盖塔人还能不能说是“修行永生不死”的盖塔人？第 95 章似乎说，只有入了萨尔莫克西斯教的人才会永生不死，但是在几行文字之后，文本又提到色雷斯人（指一般的色雷斯人）因萨尔莫克西斯的“死”而痛哭。另外，在第 94 章一开始，我们看到如下的定义：“盖塔人是这样修行永生不死的：他们心里想着自己不会死，但是过去的人（死去的人）会到神萨尔莫克西斯的身边去。”根据这一定义，每个盖塔人都有关系，都会涉及：对于每个人，萨尔莫克西斯都是有效的中介。

这是“athanatízein”这个词第一次出现在希腊的文献中，因此，人们可以认为，是希罗多德创造了这个词，用以描写盖塔人，用以表达他们的与众不同。但是我认为相反，这个词属于当时的希腊人共同知识中的东西，希罗多德（是第一个还是在别人之后呢？）将这个词从原来的上下文中拿出来，用在了盖塔人的身上。在《历史》中第一次使用，其意义显然只是相对的，因为对我们来说，与希罗多德同时

1　参见林福斯：《古典语文学》，第 13 期，1918 年，第 22—23 页（I.M. Linforth, *Clas. Phil.*, 13, 1918 : *hoi athanatízontes*, pp. 22-33）。柏拉图，《卡尔米德篇》，156 d（Platon, *Charmide*, 156 d）；狄奥多罗斯，I，94（Diodore, I, 94）；阿里安：《远征记》，I，3，2（Arrien, *Anabase*, I, 3, 2）；佛提乌，《苏达辞书》中关于“萨尔莫克西斯”词条（*Soudan, Etym. Magn.*, s.v. Zalmoxis）；琉善：《斯基泰斯》，I，860，以及《众神汇》IX，533（Lucien, *Skytès*, I, 860, et *Assemblée des dieux*, IX, 533）。

2　前文所引林福斯的作品第 27 页把 athanatízein 这个词的及物动词形式译成“make immortal and divine, deify”，不及物动词形式译成“act the part of a being immortal and divine”。

代或者之前的文献资料根本就是空白。另外，一写到盖塔人便使用了 172
这个词，作者并没有感到有必要解释，或者评论一下，似乎这也说明，对于听者来说，这是个熟悉的词语；希罗多德只是在引入萨尔莫克西斯这个人物的时候，从盖塔人的视角来说明它，而用不着解释它。

这个词本来就属于“众所周知”的东西，如果我们同意这一点，如果它标志着与永生不死的关系是无可争议的，虽然其模式还是模糊的，那我们剩下还要搞清楚的就是，一般情况下，它用在谁的身上。“hoi athanatízontes”这个词能够用在谁的身上呢？还不是那些自称是来世和永生不死的问题的专家？然而，在希腊，还有谁能像毕达哥拉斯学派的人一样，将更多的心思用在这些问题上面呢？毕达哥拉斯学派的人“一辈子……似乎都是在为死亡做准备”。[1] 正因为如此，林福斯（Linforth）才推测（十分诱人的推测，虽然没有任何文本明确地支持这一推测）说，“hoi athanatízontes”实际上只是毕达哥拉斯学派哲学家的一个绰号：“希腊人认为，毕达哥拉斯的信徒宣称能够消除死亡的痛苦，确保自己和亲人享有永恒的幸福，可以永生不死，从而使自己成为神圣的人，成为天神，athanatízontes 一词就是用来称呼这样的人的。”[2]

如此看来，传统上这个词像标签一样贴在盖塔人身上，除了作为
表明性质的形容语使用，同时也可以作为绰号使用[3]，因为对于希腊的 173
听者来说，这个词也可以起到引语的作用[4]：说盖塔人是“修行永生不死的人”，也就等于说，他们是毕达哥拉斯的信徒。因此，毕达哥拉

1　伯杨塞：《希腊哲学家对缪斯的崇拜》，巴黎，1937 年，第 144 页（P. Boyancé, *Le Culte des Muses chez les philosophes grecs*, Paris, 1937, p. 144）。

2　同上，第 31 页。

3　亦可参见喜剧诗人阿里斯托芬（Aristophon）的残篇：《毕达哥拉斯的信徒》中的一个人物说“在进入尘世间两个人的巢穴之后，他见到了每个人，而且注意到毕达哥拉斯的信徒远比其他的死人高明得多，因为只有他们才有特权与冥王普鲁托（Pluton）一起吃饭”。使用的动词是“sussítein”（= 第欧根尼・拉尔修，VIII，37）。

4　正如德・塞尔托在《历史的书写》第 111 页（M. De Certeau, *L'Écriture de l'histoire*, p. 111）中指出的那样，引言“可以引来参照语言，让它起到像现实一样的作用，也能够以知识的名义进行评判”。

斯的影子从一开始便在文本当中铺展开来。

其他色雷斯人未经打仗便投降了大流士。盖塔人与这些色雷斯人不一样，他们抵抗了波斯大王的军队；希罗多德写道，当然，盖塔人失败了，但是，“在色雷斯人当中，他们是最勇敢、最有正义感的人”（andrēiótatoi）。在这个繁纷的情节当中，这是第二个因素，“andreía”（勇气）；的确，“andreía”让人想到永生不死，而永生不死又很容易让人想到“andreía”。希罗多德虽然没有说明这两个词之间的联系，但是，他把两个词放在一起用，因为在谈到“修行永生不死”的色雷斯人之后，他立刻便提到他们莫大的勇气。[1] 其他的作者在提到色雷斯人时，强调的是他们“渴望去死”[2]；比如，彭波纽斯·梅拉便认为[3]，盖塔人视死如归（paratissimi ad mortem），因为，梅拉紧接着给出了三个解释：“有人认为灵魂会复活，会回归；有人认为灵魂不会复活，但也不会泯灭，而是进入更好的状态；还有人认为灵魂固然会死，但也比复活要好。”在这样的条件之下，战斗便成了乐趣，死亡也成了令人羡
174 慕的目的。我们在第 94 章看到一个相反的例子，也证实了永生不死和勇气之间的这种联系。盖塔人要派一个信使去见萨尔莫克西斯，他们把那人抛向空中，让他落在竖起的标枪上，然而，如果信使落在标枪上死不了，他们便责备他，说他“*kakós*”，也就是“胆怯”（而不是说他是个“坏人”，详见勒格朗的翻译）。对他拒绝死亡，也就是说，总而言之是他拒绝永生不死的唯一的解释，那就是他胆怯。

初一看来，战争和勇气似乎与信奉毕达哥拉斯毫无关系。但是，有一个人物让我们的态度变得更加谨慎，因为在他身上集中了毕达哥拉斯及其弟子的所有特点：他就是克罗托内的米罗（Milon de Crotone），在奥林匹克运动会上曾六次获得摔跤冠军的运动员，非常

1 希罗多德，IV，93。

2 参见罗赫德，《普赛克》，法译本，巴黎，1928 年，第 291 页（Rohde, *Psyché*, trad. Paris, 1928, p. 291）。

3 彭波纽斯·梅拉，II，2（Pomponius Mela, II, 2）。

厉害的战士，公元前540年与锡巴里斯人（Sybarites）打仗时的统帅，杰出的毕达哥拉斯信徒。另外，亚里士多塞诺斯（Aristoxène）转述过的一些话[1]，人们“不是用话语战斗，而是用行动，因为，当男人与男人之间战斗时，这样的战斗是公正的和神圣的”。还有一种很有军人意味的教导，认为“因正面受伤而死，那是美好的，而如果相反，那就是耻辱”。[2]这一切，使我们重新考察这个问题。的确，德蒂安曾经证明，米罗也是坚定的毕达哥拉斯信徒，而且米罗和毕达哥拉斯的行为并不是对立的，而是互相补充的，他们标志着运动的两个方向：毕达哥拉斯“是令人心醉神迷的先知，是一心追求净化的圣人，是不再因饥渴而痛苦的神人”，他指出了“个人拯救的要求”，而米罗则“是 175
城邦最早的公民之一，是运动员、战士，是大块儿吃肉的豪杰”，他定义了“改革城邦的意愿”[3]，或者作为政治运动的毕达哥拉斯的信仰。

对这种改革，毕达哥拉斯的信徒们并没有只满足于梦想，而是竭力推行；他们没有仅仅局限于口头的声明，而是通过社会实践进行了准备。的确，他们制定了一种生活风格，发展了一系列的机构，形成了真正的教育体系或者“集体训练”方式。为了反对奢侈享乐（truphḗ），必须发展这些品德：“节制”（sōphrosúnē）、“勇敢”（andreía）、“卓越”（aretḗ）。然而，除了采用后来变成了战争社团的机构，如何能够更好地发展这些品德呢？比如青年人共餐，参加行会和体育锻炼。斯巴达人梅吉罗斯（Spartiate Mégillos）声称，“共餐和体育运动是很好的发明，能够锻炼人的勇气和克制”[4]；雅典人柏拉图也说，“我们认为，立法者是为了战争才想象出了共餐和体育锻炼”。[5]

1　杨布里科斯：《毕达哥拉斯生平》，232（Jamblique, *Vie de Pythagore*, 232）。

2　同上，85。

3　参见《第五届希腊研究讨论会文集》，那不勒斯，1966年（1969年），第149—156页，以及《宗教社会学考古》杂志第29期，1970年，第146—148页的《毕达哥拉斯的厨房》[*V Convegno di studi sulla Magna Graecia*, Naples, 1966 (1969), pp. 149-156 et *Arch. Sociol. des Rel.*, 29, 1970, pp. 146-148, “La cuisine de Pythagore”]。

4　柏拉图：《法律篇》，636 a（Platon, *Lois*, 636 a）。

5　同上，633 a。

除了将勇气和永生不死联系在一起之外，在社会实践和机构方面，勇气与共餐联系在了一起：共餐的作用是让人们变得更加勇敢（andreía）。“共餐”与另外两个概念（勇气和永生不死）之间的复杂关系便这样显现了出来。永生不死、勇敢、共餐三个元素是互相呼应
176 的，是一个星座的三颗星。我们先是看到了永生不死和勇敢是如何联系在一起的，后来又看到勇敢和共餐之间的联系，剩下还需要将第一颗星和第三颗星，也就是共餐和永生不死联系在一起。

萨尔莫克西斯变成自由人和有钱人之后，回到祖国，在家乡让人给他建了一间餐馆，以接待某些同胞。总而言之，他将共餐的做法带回了家乡，而且似乎也成了他行动的基础之一。他让人在餐馆安排了一间屋子，名为“男人厅”（andreṓn）[1]，但是，脱离了希罗多德的上下文之后，这个词是指克里特岛和斯巴达人的一些做法：“在克里特岛，‘andreîṓn’一词指的是贵族社团成员开会的公共空间，但是也指贵族社团及其开会时的共餐。斯巴达人表达这种意思的词，至少在近代，似乎是‘phiditie’，其词义不是太确定。和在克里特岛一样，‘andreîon’一词在斯巴达古时候也有使用。”[2]

然而，在讲到克罗托内的毕达哥拉斯社团时，我们曾经看到，根据萨摩斯岛的哲学家和伯杨塞（Boyancé）的教导，共餐是生活的一个
177 重要元素。在希罗多德的文本中，我们似乎“发现”了对共餐最初的也是最珍贵的暗示，认为是毕达哥拉斯式的生活最为重要的组成部分，

1　“andreṓn”在希罗多德的作品中是“男人厅”的意思（salle des hommes）：
— I，34：克洛伊索斯做了一个梦，之后，他让人将武器带到男人厅（ek ton andreȏnon），以免他儿子伤到自己。
— III，77，78：谋反者（波斯人）进入“男人厅”（eis tòn andreȏna），欲杀死祭司斯梅尔迪士（le mage Smerdis）。
— III，121，128：萨摩斯的波利克拉特斯（Polycrate de Samos）与戴奥斯的阿那克里翁（Anacréon de Téos）一起躺在“男人厅”（andréōn）里。波利克拉特斯被谋杀之后，男人厅的家具被贡献给了赫拉神庙（Héraion）。

2　让梅尔：《少年与少年神祇》，里尔，巴黎，1939年，第85、423、483页（H. Jeanmaire, *Couroi et Courètes*, Lille, Paris, 1939, pp. 85, 423, 483）。

正如亚里士多塞诺斯所描述的那样。[1] 但是到目前为止，通过米罗的形象，我们所看到的“共餐”是使人变得勇敢的活动，具有政治作用，而不是从毕达哥拉斯信仰的方面看到的宗教生活的重要内容，不是永生不死的共餐。我的意思是说，并不存在两种共餐，但是，我们可以强调其中的这个或者那个侧面，可以强调米罗的形象，也可以强调毕达哥拉斯的形象。塔兰托的亚里士多塞诺斯（Aristoxène de Tarente）声称是公元前 4 世纪弗里尤斯（Phlionte）最后的毕达哥拉斯社团之一的心腹人物，他告诉我们说[2]，傍晚时分，洗过澡之后，教派的成员们一起吃晚饭，饭前饭后都有浇祭、祭祀和供奉的仪式，然后，由年轻的信徒读经文，再由年长的信徒发言，对人们发出一些劝诫，然后人们便散去，各自回家。

萨尔莫克西斯建立了具有宗教意义的共餐活动，邀请“最早的同胞参加”（tôn astôn tous prôtous）。[3] 这里的用词不能不让人感到吃惊：只要一谈到 andreîon 和共餐，盖塔人突然之间变成了爱奥尼亚或者南部意大利的城里人，大家聚在一处，在宴会主人的带领之下，共同宴饮。这里的用词要从字面上理解（希罗多德“忘记”了色雷斯人是不 178
懂得城市生活的），不管这里是比喻，还是带有讽刺、嘲笑意味的说法，这都不要紧，因为，值得关注的是，在提到共同的宴饮时，恰恰用到了这些词：通过共同的宴饮聚集在一起的，都是“要人”，萨尔莫克西斯完全知道这一点，所以他召集来共同吃饭的人，也不是一般的平民百姓。

文本提供的这一说明，使我们注意到毕达哥拉斯信徒们的共餐，从更加广泛的意义上，我们也注意到毕达哥拉斯的政治。是谁参加共餐？毕达哥拉斯的教导针对的是什么人？很早就有人指出，毕达哥拉

1　参见前文所引伯杨塞作品第 134 页。
2　杨布里科斯：《毕达哥拉斯生平》，96—100（Jamblique, *Vie de Pythagore*, 96-100）。
3　希罗多德，IV，95。

斯的学说具有贵族倾向。[1]来到克罗托内之后，毕达哥拉斯“为意大利的希腊人规定了一些法律，所以他和他的弟子们很受人尊重，他们大约有300人，将城邦治理得很好，其制度实际上是真正的贵族统治”。[2]德拉特认为[3]，第欧根尼·拉尔修的说明对提迈奥斯（Timée）的思想概述得很不准确[4]，根据这一概述，该群体有300名成员，按照贵族俱乐部的形式组织，并在克罗托内捍卫既定的制度，反对民主运动。因此，毕达哥拉斯的信徒们以城邦的贵族制度为基础，并在体制内部招募成员，在这一点上，我们再次看到了米罗的形象，米罗是克罗托内贵族家庭的代表。

如此看来，“永生不死”将我们引向“勇敢”，“勇敢”又将我们
179 引向“共餐”，这三个词不在同一个平面上相互接续，而是形成了一个星座；也就是说，它们勾勒出一种可以识别的形象，其中既有毕达哥拉斯的学说，因此也就是萨尔莫克西斯的信仰的某些特点，而且并不排除其他的特点。

在经过这样安排的“勇敢”（andreîon）当中，萨尔莫克西斯教育了“同胞”当中最坚强的一些人。文中用的是“anadidáskein”一词，根据《古希腊语大词典》（*Thesaurus*）的解释，这个词的意思是“redoceo, iterum doceo, edoceo”（重新教育，重复，或者深入地教育）；除了这些义项之外，利德尔和斯科特编辑的《古希腊文—英文词典》又补充道：“以其他的方式教育或者更好地教育”（to teach otherwise or better）。因此，这个动词在表达萨尔莫克西斯的活动时，有可能是指“再一次教授”，也就是重新教授、完整地阐述毕达哥拉斯的教导，而且也是以他自己的方式这样做。我们必须指出这个词的多义性，而不

1 德拉特：《论毕达哥拉斯的政治》，列日，巴黎，1922年（A. Delatte, *Essai sur la politique pythagoricienne*, Liège, Paris, 1922）以及更近些弗里茨为《古典古代时期百科全书》写的关于“毕达哥拉斯”的词条，1963年，C. 171—300（K. Von Fritz s.v. Pythagoras, *R.E.* 1963, C. 171-300）。

2 第欧根尼·拉尔修，VIII，3（Diogène Laërce, VIII, 3）。

3 德拉特：《第欧根尼·拉尔修“毕达哥拉斯生平”》，布鲁塞尔，1922年，第154页（A. Delatte, *La Vie de Pythagore de Diogène Laërce*, Bruxelles, 1922, p. 154）。

4 见于杨布里科斯的《毕达哥拉斯生平》，254。

能只是化繁为简，只选择一种词义，放弃另一种，因为，相异性有可能就是通过词的多义性表现出来的。

讲话者始终是本都的希腊人，他们用一句话概括了萨尔莫克西斯的学说：“他教导说，他和他的客人，以及他们的后代永远不会死去，而是会活在一个地方，永远活下去，享受极乐。”[1] 在这些话当中，平淡的口吻、模糊的断言和鼓励的话语混合在一起。神的选民要去的是什么地方？他们将享受到何种极乐？这一诺言不仅对应邀的客人有效，而且对他们的“后代”也有效，可是诺言意味着什么呢？文中没有说萨尔莫克西斯的同胞们要去哪里，但是让我们想到毕达哥拉斯的 180
信徒当中的有福者要去的海岛，那是他们旅行的终极目的地，而且不是别的地方，正是太阳和月亮，但是尽管如此，我们还不能假设萨尔莫克西斯和毕达哥拉斯的教导究竟是什么。从公元前 5 世纪开始，对萨尔莫克西斯的教导始终存在毕达哥拉斯式的解读，认为他的教导具有明显的毕达哥拉斯学说的倾向。公元前 5 世纪最后 25 年的历史学家米蒂利尼的赫拉尼库斯（Hellanikos de Mytilène）在《蛮族人的习俗》（*Nómima barbariká*）[2] 中写到，萨尔莫克西斯在盖塔人的地盘上建立了“密教”，认为死去的人都会来到萨尔莫克西斯的身边，而且会死而复生（ếxein dè aûthis）；总而言之，萨尔莫克西斯的教导有些类似于转世重生教（métemsomatose），很像是密教的一个教派。[3]

我们发现，对于萨尔莫克西斯的客人来说，生死就相当于换了一个地方，尤利乌斯·恺撒皇帝[4] 对这种说法的理解值得关注；生死的变换被说成是“搬家”：“他们相信自己不会死，只是换了个住处而已”，然而，“metoíkēsis”一词和搬家的主题都是毕达哥拉斯的学说中

1　希罗多德，IV，95。
2　见于《苏达辞书》中的“萨尔莫克西斯”词条（*Souda, s.v.* Zalmoxis）。
3　参见前文在谈到勇气和永生不死的关系时援引的彭波纽斯·梅拉的论述。
4　《恺撒》，327（*Les Césars*, 327）

特有的。[1]的确，根据杨布里科斯的说法，信徒“在尘世搬家的过程中，带着长长的口头谚语（akoúsmata）”（perī metoikēséōs tês enteûthen）。[2]

我们说萨尔莫克西斯的宗教具有明显的毕达哥拉斯学说的倾向，还有一个文本可以证明，该文本讲的不是关于接纳入教或者灵魂
181 旅行的，而是关于食物的。斯特拉波在结束了对萨尔莫克西斯的阐述，得出结论时说：“盖塔人保留了不食活物的习俗（tôn empsúchon apéchesthai），这是萨尔莫克西斯传下来的，而萨尔莫克西斯大概是得之于毕达哥拉斯。”[3]盖塔人的饮食习惯禁止一切“杀戮”，也就是说，他们不吃肉的习俗是直接来自毕达哥拉斯的。

我们从传统中撷取这几个例子，旨在说明，我们可以认为，萨尔莫克西斯的宗教就是彻头彻尾的毕达哥拉斯学说，但是，当我们再回到希罗多德的作品时，我们不得不强调几处偏差。我们这样做并非没有风险，因为关于一般的毕达哥拉斯学说，我们一向只知道只言片语，只了解一些片段，根本无法全面地了解他在公元前5世纪的状况究竟如何，更何况希罗多德的文本不仅是对萨尔莫克西斯的最早的见证之一（也可以说是唯一的见证），也是对毕达哥拉斯的最早的见证。总而言之，萨尔莫克西斯的方法十分简单：跟我一起来吃饭吧，你们会永生不死。然而，毕达哥拉斯的教导并非如此：毕达哥拉斯的信徒们并不否认死亡，恰恰相反，他们终其一生都在为死亡做准备。[4]另外，毕达哥拉斯的信徒对待死亡有一整套仪式，是一种“anagōgḗ”，也就是说，既是跨海，也是升天，最终目的是去有福者的海岛。“杨布里科斯有一

1　库蒙：《关于苏格拉底最后说的话》，载《碑铭和文学会报告》，1943年，第122页注4（F. Cumont, “À propos des dernières paroles de Socrate”, *Compte rendu de l'Académie des inscriptions et belles-lettres*, 1943, p. 122, n. 4）。

2　杨布里科斯：《毕达哥拉斯生平》，85（Jamblique, *Vie de Pythagore*, 85）。亦可参见《苏格拉底颂辞》40 e（*Apologie de Socrate*, 40 e）：*Metoíkēsis têi psuchpêi toû tópou tôn enthénde eis állon tópon*。

3　斯特拉波，VII，3，5（Strabon, VII, 3, 5）。

4　前文所引伯杨塞的作品第134页：“也许……我们知道的很多事，都能够证明毕达哥拉斯式的生活一辈子都是在为死亡做准备，另外，毕达哥拉斯的信徒们声称他们的宗教仪式与众不同，保证了他们在冥世的特殊命运。”

段文字，将毕达哥拉斯信徒最后时刻的宗教仪式，比喻为出海远航之前的准备工作……要举行目视鸟飞的仪式，最后时刻要保持静默。”[1] 182

因此，毕达哥拉斯式的共餐有苦修的意义，而萨尔莫克西斯的宴饮则完全没有这种作用：我们只要想起亚里士多塞诺斯说明的一个毕达哥拉斯信徒一天的生活过程，就可以相信这一点；共餐是非常严肃的聚会，每天举行，其实只不过是为了准备死后与冥王普鲁托（Pluton）一起享受的共餐，喜剧诗人阿里斯托芬也讽刺过这样的事。毕达哥拉斯的信徒说，每个人死后的命运有赖于他生前的经历，但是，萨尔莫克西斯做得更加彻底，的确，他教导人们说，他的客人和客人的后代（hoi ek toútōn）都不会死。问题是他把客人的后代也包括了进来。这让我们想到，柏拉图在《理想国》[2] 中提到崇拜俄耳甫斯的信徒们（Orphéotélestes），说他们都是江湖骗子；他们到有钱人家的门前叫门，让人家相信，如果“有人犯了不公正的事，或者他们的祖先犯了不公正的事”，崇拜俄耳甫斯的信徒们有能力“组织欢快和节庆的活动，加以弥补”。有的说可以替祖先补过，有的说可以让后代永生，但这都是江湖骗子的花招。

一提到“后代”，文本的漏洞立刻现了马脚，让人觉得可笑。在动词“anadidáskein”所表达的意义当中，“以他的方式”占了上风，表达了讽刺的意味：他“以他的方式”教导人们，意思是说，“你想想，一个像他那样的人，能从毕达哥拉斯的学说中明白什么，又能记住什么，更何况听他传授教义的，都是思想简单的盖塔人”。或者可 183
以冒昧地说，还有另外一种可能，萨尔莫克西斯的教义和毕达哥拉斯的学说都提到了“后代”，那么动词“anadisdáskein”指的便是学生重复了老师的教导；果若如此，那么可笑的，便是萨尔莫克西斯和毕达哥拉斯两个人，本都的希腊人借两人中的一个嘲弄另一个，将两人都

1　前文所引伯杨塞的作品第 137 页，亦参见杨布里科斯的《毕达哥拉斯生平》257。

2　《理想国》364 b。

推到了可笑的境地。

文本中增加了“后代”一词，便有了某种可笑的意味；如果承认这一点，那我们就要重新考察，看有没有其他意在言外，或者语气完全不同的表达。“勇敢”一词将我们一直引向克里特岛和一些战士的群体。在建立了这个概念之后，萨尔莫克西斯便像客栈老板一样开始接待客人。希腊文使用的词是“pandokeúein”，我们不可能不对两个词之间的差距感到奇怪，这两个词根本不属于同一个世界。我们本来期待的是主持宴饮的主人，可出现在我们面前的，是一个小客栈老板，而且根据一般的想象，这样的人主要关心的是如何勒索顾客的钱财，如何在尽可能短的时间里，从他们身上诈取更多的钱。[1]

萨尔莫克西斯选择和盖塔人一起共餐，用“最初的同胞”指盖塔人，其用词令人感到吃惊：萨尔莫克西斯在这个地方现身，可以说明叙述者“忘记”了这个地方的“特色”（也就是说，盖塔人不是生活在城邦里的人），但是，从某种意义上说，这也可能是上下文产生的意思：共餐和“最初的公民”是相互呼应的，只是把它与客栈的餐厅联系在一起，会显得不协调。虽然“pandokeúein”一词的可笑意味无
184 可怀疑，我们也可以认为“最初的同胞”在表达上是词义反用：如果是在希腊，那的确指的是城市最初的公民，可是，在这些可怜的穷人生活的地方……他们本不该是这样，人们假装相信他们是另外一种人，意思是说，实际上他们根本就不是文中所说的那样。“言外之意”有可能再次出现，而且再一次让人觉得可笑。

“sumpótai”一词也可以用来表达两种意思：可以指请来的客人，指一般情况下一起吃饭的人，但是也可以指酗酒者，指再多的酒也吓不倒的人。萨尔莫克西斯的宾客属于哪一种呢？另外，根据某

1　《法律篇》，XI，918 d 及以后部分。

些见证，毕达哥拉斯的信徒根本不喝酒。[1] 如果真是这样，那么讽刺的对象又是谁呢？这个问题使我们又回到已经提出过的另一个问题："anadidáskein"中的"ana"是什么意思？

最后，认为客人的"后代"也可以永生不死这样的说法太过分，这使我们又回到前边已经说过多次的"永生"（athanatízontes）这个词。林福斯认为，这个词有讽刺的意思：既讽刺萨尔莫克西斯的宗教，也讽刺毕达哥拉斯的学说。盖塔人是热衷于修行永生不死的人，他们是怎么说的呢？他们说：为了不死，必须先从死开始。以下就是证明：第 94 章明确说，被派到萨尔莫克西斯那里去的信使"还活着的时候"（éti zōónti），人们就是这样叮嘱他的。也许"hoi athanatízontes"一词不能翻译成"修行"永生不死者，而应当翻译成"使人"永生不死者才对？

因此，我们以上分析的各个词汇不是以单一和固定的形式，与公元前 5 世纪希腊人的共有知识联系在一起的。这些词和词组根据相互 185
的关系不同，可以具有不同的意义，任何听者都可以同时将各种意义按照不同的方式进行组合。在意义可变的这些词和词组之间，建立起了一种相互关系，其中便可以产生可笑的意味，也可以表达相异性。

"除了以上所说的情况，他还让人暗地里为他建了一座地下住宅。地下住宅建成后，他便从色雷斯人当中消失了，躲进地下住宅，并在里面生活了三年。色雷斯人怀念他，就像他死了一样为他痛哭。第四年，他又出现在人们眼前，而且，人们就这样相信了萨尔莫克西斯从前说过的话。"本都的希腊人讲述的萨尔莫克西斯的生平故事就这样结束了。萨尔莫克西斯躲入地下（katabase）的情节，在故事中最能让人认为他和毕达哥拉斯是一丘之貉。的确，毕达哥拉斯也有躲入地下的故事，也特别喜欢躲在地下生活。罗得岛的耶罗尼姆斯（Hiéronyme de

---

1　杨布里科斯：《毕达哥拉斯生平》，69（Jamblique, *Vie de Pythagore*, 69）。亦参见亚历克西：《塔兰托人》，见于阿特纳的作品 4，161 b（Alexis, *Tarentins*, *in* Athénée, 4, 161 b）以及阿特纳作品中的阿里斯托芬，IV，238，c—d（Aristophon, *in* Athénée, IV, 238, *c-d*）。

Rhodes）说[1]，毕达哥拉斯曾到地狱去过，在地狱里尤其遇到了荷马和赫西俄德的灵魂。赫尔米普斯（Hermippe）也特别讲过一个故事，说毕达哥拉斯和萨尔莫克西斯一样，让人悄悄在地下建了一个房子。[2]房子建成后，他便住了进去。他的老母亲是唯一知道他的计划的人，她将一些重要的事写在板子上，悄悄传送给他。过了一段时间之后，变得憔悴和消瘦的大师又出现在人间，说他从冥王哈迪斯（Hadès）那里回来。由于他能说得出他不在的期间发生的事，他的弟子们便相信他是神一样的人物。

186 德拉特[3]认为"应当"将这两个文本进行比较，但是他并没有说比较的意义何在。还有人说，赫尔米普斯抄袭了希罗多德的故事，也有人说是"大胆的重述"。[4]伯克特（Burkert）则认为[5]，地下房屋的故事不属于"萨尔莫克西斯的传统"，而是"希腊的情节"，证明就是：斯特拉波认为，色雷斯的大祭司不是住在洞穴里，而是住在山顶上。他认为，赫尔米普斯的故事并非完全来自希罗多德，因为故事的一些元素是希罗多德的文本没有的，尤其是毕达哥拉斯的母亲这个角色。他大胆地认为，这实际上是一个十分古老的情节，已经不再被人们理解，赫尔米普斯尽可能地将情节"合理化"了：所谓母亲其实并不是他亲娘，而是神母，也就是得墨忒耳，毕达哥拉斯则是神母的信使（l'hiérophante）……

将希罗多德关于萨尔莫克西斯的故事和赫尔米普斯关于毕达哥拉斯的故事进行比较的结果表明，我们可以把两人个物放在一起理解。萨尔莫克西斯让我们想到毕达哥拉斯，而毕达哥拉斯也让我们想到萨

1　第欧根尼·拉尔修，VIII, 21。

2　同上，VIII，41。

3　德拉特：《毕达哥拉斯生平》，第245页（Delatte, *Vie de Pythagore*, p. 245）。

4　在赫尔米普斯的故事中，毕达哥拉斯从冥世回来，带来了一个信息（而且正是这一信息使人们产生了信仰），而在希罗多德的文本中，没有所谓的信息：人们只是见到萨尔莫克西斯现身，便对他产生了信仰。

5　伯克特：《古代毕达哥拉斯学说中的传说与科学》，哈佛大学出版社，1972年，第158—159页（Burkert, *Lore and Science in Ancient Pythagorism*, Harv. Univ. Pr., 1972, pp. 158-159）。

尔莫克西斯。如果只是认为某个系列的情节先于另一个，认为一个是另一个的源头或者模版，那无异于表示我们太无知了。

开始时，我们建议用毕达哥拉斯来解读萨尔莫克西斯：这种方法 187
是正当的（虽然我们也说了，还没有人对毕达哥拉斯的学说进行过系统的阐述），但是这还不够。本研究的确表明，如果说“萨尔莫克西斯的思想”可以通过毕达哥拉斯的学说来解读，那么毕达哥拉斯的学说也可以反过来通过“萨尔莫克西斯的思想”解读。

最后还有一个问题，那就是希罗多德作为人种志学者的问题：本都的希腊人如何看待萨尔莫克西斯？旅行者如何转述希腊人的观点？盖塔人从来没有离开过家乡，他们不知道的事物，或者更加准确地说，他们从来不曾知道其存在的事物，希腊人是知道的。希腊人是有知识的人。希腊人知道的关于萨尔莫克西斯的事，不是比其弟子当中知道得最多的人还要多到不知哪里去吗？因此，从一开始希腊人就假设对方是无知的，对方根本就不知道自己在说什么。

第二，本都的希腊人生活在希腊世界的北部边缘地带，为了说明邻居的宗教现象，他们绕了一大圈：他们借助从地理上离他们最远的一个人——毕达哥拉斯，毕达哥拉斯是西方人，也可以说是“西方远处”（far west）的人。为了让盖塔人的相异性变得不那么可怕，为了面对这些奇怪的、让人捉摸不透的人——希腊人不知道盖塔人是什么样的人，不知道他们究竟是神，是鬼，还是其他什么东西——他们求助于遥远的西方的一个人，这个人与希腊人拥有共同的知识，所以获得了中间人的地位，这个人也许有些相异性的味道，但是他的相异性不是“野蛮”的相异性，而是被登记在案、被承认、被挂上了标签的相异性。因此，这是一种近与远的游戏：离得近的，才是最远的。

对萨尔莫克西斯，本都的希腊人既不能直接面对，也不能听他讲话，更何况萨尔莫克西斯也说不出任何本都的希腊人可以理解的话，所以，当本都的希腊人需要理解萨尔莫克西斯时，有必要求助于第三 188

者，而这个第三者是可理解性的真正的中继站，于是，毕达哥拉斯成了萨尔莫克西斯的话语和行为的源头，也是其真理。这样一来，两者之间的关系是按照这样的方向解读的：从毕达哥拉斯到萨尔莫克西斯，也就是说，萨尔莫克西斯的思想是完全通过毕达哥拉斯的学说解读的，萨尔莫克西斯的思想完全抄袭了毕达哥拉斯的学说。

对于本都的希腊人来说，在两个人的关系当中，如果也可以按照从萨尔莫克西斯到毕达哥拉斯的方向解读，那是不可想象的，因为在他们和盖塔人之间，有一道希腊世界的边界。他们的故事以特别清晰和突兀的方式说明，萨尔莫克西斯曾经是毕达哥拉斯的奴隶。虽然这事发生时，亚里士多德还没有对“自然的”奴隶进行过思考，但不可否认的是，奴隶和自由人属于两个世界，而且正常情况下，这两个世界是没有交集的，比如在雅典，一个获得了自由的奴隶得到的身份是“外侨”（métèque），而且永远保持这一身份，他的后代的身份也不会发生改变，永远不会变成公民。因为他们不在同一个层面上，所以他们的关系是不可逆转的。

相异性就这样被简化、被引导、被驱除了，但是借助字词的多义性，并在字词的多义性当中，仍然在文本里起着作用。我们不要忘记“anadidáskein”一词，以及“以他的方式”的意义，客栈的小老板如何以其勇敢（andreîon）对待“最初的同胞”，以及由于父母某天晚上一口气喝了一杯酒，其“后代”便可以永生不死了，对于希腊人来说，所有这些字或者词都透着可笑的意味。于是，这种可笑的意味使得萨尔莫克西斯和毕达哥拉斯之间产生了某种差距，标志着某种相异性，而且说到底，这种相异性只不过以不同的方式，重复表达了这样的意思：萨尔莫克西斯是毕达哥拉斯的奴隶。

189 本都的希腊人所说的一切话语，事实上都依赖一个“我”字（我打听过了，punthánomai），是“我”以间接引语的方式在转述他们的话。到目前为止，我们似乎认为，在本都的希腊人和他们的话语之间，不存在任何距离，但是，显而易见，其中离不开希罗多德这个中间人。[1]

除了第 95 章，本都的希腊人唯一的观点，就是写盖塔人的整个段落，这是我们应当考察的一个段落，首先是第 94 章和第 95 章之间的关系，是作为魔鬼的萨尔莫克西斯和作为江湖骗子的萨尔莫克西斯之间的关系。对于某些评论者来说，这个问题很好解决：第 94 章解释的是如何在确定的日期，派一个信使到萨尔莫克西斯那里去，而且也说明，信息能不能传递出去，应当遵循什么样的程序，这实际上是对仪式的阐述，而第 95 章讲的是萨尔莫克西斯的故事，是神话。米尔恰·伊利亚德写道："与神在神话中的再次出现所对应的，是萨尔莫克西斯和信徒们在仪式中具体交流的恢复。这是象征性地重复祭祀的建立（因为是在仪式中的重复）。"[2]

为了把这些范畴硬套在希罗多德的文本上，评论的作者们特别使用的理由，是根据历法做的一些考虑：的确，人们每隔四年派一名信使到萨尔莫克西斯那里去，萨尔莫克西斯又是在地下住宅里待了四年，然而，希腊文的意思是说，人们每次都是在第五个年头（dià pentetērídos）派人到他那里去，也就是每次过完四年之后的第五年，而他在地下的生活"长达三年"（ep' étea tría），是在第四年重新出现的；
在神话和仪式之间，出现了一年的时间差：大概"不太精明"的盖塔 190
人数算错了，如果他们会算术的话。

不管怎么说，第 94 章没有任何可供评论的把柄。人们派了一个信使到萨尔莫克西斯那里去，在描述使者的可怕的遭遇的时候，使用的是尽可能平淡和中性的词汇。[3] 对信使被杀戮的过程描写得非常详细，几乎连技术细节都有：在任何时刻，信使都没有被看作献祭的牺牲品，然而，如果希罗多德愿意，他完全可以把一些表面上看起来会令希腊

1　另外，希罗多德是被称为新锡巴里斯的图里奥姆（Thourioi, la nouvelle Sybaris）的公民：通过毕达哥拉斯提到萨尔莫克西斯，这也有可能是一种针对"意大利"公众讲话的方式。

2　米尔恰·伊利亚德：《查尔莫克西斯》，第 57 页（Mircea Eliade, *Zalmoxis*, p. 57）。

3　唯一有可能隐约具有仪式含义的词是"penteteris"，至于"apopempein"一词，也许比简单的"pempein"更加庄重。

人气愤的野蛮行径说成献祭，比如伊塞冬人阴森可怕的宴饮活动就是这样，在宴饮期间，伊塞冬人会把他们死去的父母吃掉。[1]看起来，这一章像在尽可能明确地描述盖塔人如何崇拜他们的神。这是一段叙述的文字，或者更准确地说，是一段描述的文字，但是，描述的时候没有假设任何见证人，故事没有任何叙述者，至少是没有明确的叙述者，这也正是这段文字的与众不同之处，正是理解这段文字的困难之处。没有中间人，没有向掌握更多知识的听者或者读者提供故事的谜底，表面看起来既没有说明者，也没有说明的标志（在第 95 章中，说明的标志是被明确指出了的："我说的是本都的希腊人说的话"），也没有任何对信息来源的说明。只是一篇非常现实的故事（这是……这就是……），直接展示、讲述了盖塔人一向和永远的所想、所信、所做（至少自从萨尔莫克西斯成了萨尔莫克西斯以来）。

191 因此，这个故事就好比是解释的起点，这就是盖塔人的部分信仰，说得不明不白吗？有可能，但事情就是这样。然而，我们可以提出的问题是，这是不是一种更加巧妙的表述方式呢？首先，希罗多德在这里编写这一章，并不是偶然的。这个地方恰巧在本都的希腊人讲的话之前，这一章应当产生一定的效果，然后，一旦到了段落的末尾，该效果肯定是要发生变化的。

不过，在这一章的内部，还是存在着某种阐释的机制。文本时时刻刻在明确说，这是盖塔人的信仰（nomízousi, phámenoi, dokéei, nomízontes）。这种强调说明叙述者想躲在后面，不想把事情记在自己的账上，不想承担责任。在保持距离的同时，叙述者也让盖塔人远离了自己，而这种没有正面说明标志的说明，仍然是一种形式的说明。另外，文中安排了很多"他们认为……"就像一个个的中继站，在盖塔人的荒唐行为，甚至在他们的谎言之间，确保了起码的连贯性：将某人抛起来，让他落在标枪上，如果这个人死了，就可以得出结论，

1　希罗多德，IV，26。

这是有利的征兆，这岂不荒唐，甚至骇人听闻，但是，既然这是你的信仰，那么你的行为，即使我认为是可憎的，对于我来说也就有了意义。我们所面对的，其实是阐释的开始。

我们还注意到，叙述者在文本中有两处干预，而这两次干预起作用的层面略有不同。“对这同一个人（萨尔莫克西斯），有些人称呼他吉贝勒齐斯。”萨尔莫克西斯没有希腊文的名字[1]，的确，希罗多德 192
经常说，某个土著的神在希腊文中是某个神。比如赫斯提亚（Hestia）就是斯基泰人说的塔比提（Tabiti），宙斯用斯基泰语说是帕帕约斯（Papaios），等等。[2]但是，萨尔莫克西斯并没有因为身份的统一而变得简单化，其相异性反而得到了加强，从萨尔莫克西斯又变成了吉贝勒齐斯，一个听起来更加怪诞的名字。即使在盖塔人当中，他也有两个名称，这让他的身份显得更加不确定。叙述者指出，或者表现出了自己的知识，同时又尽其可能，让听者感到更加不知所措。[3]

以下是第二次干预：“而且同样是这些色雷斯人，天上响雷打闪时，便向天上射箭，向这个神发出威胁，因为他们认为，除了他们的神之外，不会有别的神。”这句话提出了一个问题：“theós”一词出现了两次，每次指的是不同的神。正如罗赫德（Rohde）指出的那样[4]，如果他们威胁的神是“这个”神（正如勒格朗翻译的那样），也就是萨尔莫克西斯，那么叙述者提出的他们的行为理由就显得十分奇怪，甚至荒唐：他们威胁那个神，因为他是他们心目中唯一真正的神。因此，受到他们威胁的神，不应当是萨尔莫克西斯，而是天神（也就是说，和我们的天空一样，是说不清楚的某个神），然而，这个神是希腊的

1　在第欧根尼·拉尔修的作品中（VIII，1），我们看到相对应的名字是查莫尔西斯-克洛诺斯（Zamolxis-Kronos），而且作者还错误地说，这是出自希罗多德的笔下。

2　希罗多德，IV，59。

3　林福斯：《希罗多德作品中的希腊神和外国神》，载《加利福尼亚大学古典语文学研究文集》，第九卷，1926 年，第 1—25 页（Linforth, “Greek gods and foreign gods in Herodotus”, *University of California Publications in Classical Philology*, vol. IX, 1926, pp. 1-25）。只有三个神没有被同化：阿普斯辛斯的色雷斯人（Thraces Apsinthiens）的神普雷斯托洛斯（Pleistoros）、库伯勒和萨尔莫克西斯。

4　《普赛克》，第 286 页注 2（*Psyché*, p. 286, n. 2）。

神，正因为如此，事情才值得我们关注。用“ho theós”来指鸣雷打闪
193 的神，那是站在希腊人的观点上说的。当雷落在斯基莱斯在奥尔比亚的房子上时，希罗多德写的是“神打了一个雷”（ho theós）。[1] 由于悄悄过渡到了希腊人看待事物的视角，叙述者不得不出面干预，明确说，除了萨尔莫克西斯，他们没有其他的神，而且对于他们来说，“天神”是不存在的。在给出这一解释的同时，他重新引入了盖塔人的世界观，只是，他将盖塔人的世界观放在了与希腊人的世界进行比较的关系上。他同时也就指出，盖塔人在向天空射箭的同时，其实并不知道他们在干什么，不管怎么说，他们的行为是可笑的，因为不管在人世间还是在神的世界里，人们都不是这样打交道的，他们之所以这样做，其实是因为无知。另外可以肯定的是，希罗多德认为，这种宗教的沙文主义十分可笑，他本来认为大地是“统一”的[2]，而且神到处都一样，虽然各处的人们并不都信奉同样的神。[3]

最后是关于每隔四年一次的仪式，通过这一仪式，可以让盖塔人和神沟通。仪式是否从相异性的角度表达了某种意思？至少是正话反说。的确，人们是如何对待不幸的信使的呢？人们将他抛向空中，让他落在三支标枪或者长矛上，而不是像人们经常做的那样，将标枪投向他。另外，他们将标枪枪头向上，而一般情况下，标枪是水平使用
194 的。盖塔人从两个方面，以“不正常”的方式解读标枪。为了到达萨尔莫克西斯那里，信使必须落在标枪上。这种颠倒的游戏“确定了”仪式的“方向”，或许也勾勒出了其相异性的意义？

如此看来，这一章并不是解释的起点。它想成为起点，这是完全不一样的。我们看到表述的标志是如何在文本当中（间接）显露出来

---

1 希罗多德，IV，79。

2 同上，IV，45：“我也无法向自己说清楚，本来统一（mía）的大地什么时候接受了三种不同的名称……”

3 韦纳：《历史是如何书写的》，巴黎，1971 年，第 141 页（P. Veyne, *Comment on écrit l’histoire*, Paris, 1971, p. 141）：“对于所有人来说，神（在古代）都是一样的；不过各个民族都用自己的语言为他们命名而已，也就是说，神的名称可以由一种语言被翻译成另一种语言，正如变通名词一样。”参见本书第 373 页及以后部分。

的，阐释是如何大致表现出来的。我们从中看到了另一个毕达哥拉斯，虽然毕达哥拉斯和萨尔莫克西斯是互相交织在一起的，而我们看到的毕达哥拉斯也就似乎成了与真正的毕达哥拉斯不同的人。[1]

在这两个章节当中，我们听到了哪些声音呢？在第 93 章，我们看到的仍然是故事，是对“事件的叙述”。[2] 到了第 94 章的一开始，事情完全变了：文本不再叙述行动，现在时代替了不定过去时：这时候已经不再是对事件的叙述，也不再是“据说”（légetai）的范畴，而是到了“描述事实”（esti）的范畴。这一章开头就是“tónde tòn trópon”（“这样一来……”），标志着对描述的“统管”；再往后几行文字中，“ôde”（“这就是……”）一词再一次重申了这一标志。因此，一系列词语表达了这样的描述，或者更准确地说，表达了这些显而易见的事实，因为这些描述不需要假设任何见证。如果想为这一章找一个形容词，我们可以说这是“叙述”的一章，因为“它排除了一切自传体的形式”[3]，其中只有第三人称的形式，而且没有假设讲话者，也没有以听者为前提。

第 95 章开始的时候，出现了一些新的声音：前边描写的，是静 195
止、固定的事物，不需要任何观察者作为中介，也不需要任何人转述。从第 95 章开始，我们又回到了“*légetai*”（据说）的范围。前边是对“事实”（ésti）的直接叙述，而从第 95 章开始，我们又恢复了间接风格的距离感。[4] 如果把“一切以讲话者和听话者为假设前提的表述”定义为话语（discours）[5]，那么，这一章便是“话语”，但因为是间接的风格，

1　我们还可以补充，在毕达哥拉斯的教导当中，所有关于戒绝杀戮的话都恰恰是与这种用人来进行“祭奠”的行为背道而驰的。

2　吉奈特：《形象（三）》，巴黎，1972 年，第 186 页（G. Genette, *Figures III*, Paris, 1972, p. 186）。

3　本维尼斯特：《普通语言学问题》，I，巴黎，1966 年，第 239 页（É. Benveniste, *Problèmes de linguistique générale*, I, Paris, 1966, p. 239）。

4　同上，第 242 页：“历史表述和话语表述有时候可以联合成第三种类型的表述；在这样的表述当中，话语以事件的角度转述，并移置历史的层面上；这就是我们一般所称的‘间接话语’。自由间接风格使这一现象变得更加难以分析。”

5　同上，第 242 页。

所以表现为叙述，而且最后（几乎）真的成了叙述。我认为，这说明为什么在这一章的最后，突然又出现了不定过去时。[1] 正常情况下，话语中是不使用不定过去时的，因为不定过去时是描写“与叙述者无关的事件的时态”。这一章结尾的一句话是“他们说他们就是这样做的”（tautá phasì min poiêsai），作为“统管”的标志，重申了使用的是间接话语的风格，按照循环组合的方法，与开始时的“punthánomai”（打听，调查）遥相呼应。这一合理性的、实证性的话语，尽可能化简了萨尔莫克西斯的相异性，想成为表达真相的话语。真相就是盖塔人无法表达的事物；真相就是盖塔人的信仰，而这是盖塔人连想也没有想到的事。这就是第 94 章和一切关于萨尔莫克西斯的故事的谜底。

196 最后，第 96 章主要是“我”的声音，而“我”是对本都的希腊人所说的话进行干预：针对竭力排除相异性的最终的、自信的话语，希罗多德以令人佩服的方式做出回应，重新引入怀疑和不确定性，并破坏了唯我有理的自负感。句子的左右摇摆（oúte...oúte...; eíte...eíte）很能够说明作者的意愿，他不想做出选择，他想为相异性留下一定的地位：不是我不相信，也不是我过于相信，他或者是人……或者是魔鬼……

但是，从总体上来看，希罗多德的做法可以这样来概述：在相异性很大，而且自称达到了最大的一章（第 94 章）之后，在紧接着的一章（第 95 章）里，相异性几乎被排除得一干二净。其次，希罗多德在最后的干预，首先是对本都的希腊人讲的话进行的干预，也包括第 94 章中的干预（重新提出他是不是魔鬼的问题），都暗示说，他们指出了一条解决萨尔莫克西斯的问题的路，但也许这只是一条假线索：“我认为萨尔莫克西斯比毕达哥拉斯早很多年。”句中的“dokéō moi”完全破坏了他们的论据，并强调，他们也许错误地领会了萨尔莫克西斯

1　本维尼斯特:《普通语言学问题》，第 241 页：“（在叙述当中，）事件在提出时似乎是出现在历史的天际的。这时候任何人都没有在讲话；事件似乎是在自我叙述。基本的时态是不定过去时，而不定过去时是超脱了叙述人的事件的时态。”

的相异性。他否认了他们的话语中的真相，在第 95 章中不承认第 94 章的结论是正确的，希罗多德在这样做的同时，重建了两章之间的关系：这一关系不是单向的，而是可逆的。[1]

萨尔莫克西斯可能是人，也可能是鬼，有可能先是人，后来又成了鬼，还有可能是其他的东西。他的相异性最终处在这种没有结论的 197
状态，我想这就是最终的“祈使句”（chairétō），最终的第三人称命令句的意义：“愿老天眷顾，或者让我们把这事放在一边吧……”

边界和相异性

阿纳卡西斯和斯基莱斯两人都是因为违反边界而送了命：一个是因为单独一人在希莱亚庆祝众神之母的密教，另一个是因为躲在奥尔比亚，加入了狄俄尼索斯-巴克科斯教派。根据叙述者说明的规则，这是对斯基泰文化的“遗忘”，一定会招致惩罚：斯基泰人不愿意接受外国“文化”。总而言之，这项伟大的法律使“习俗成为世界的女王”[2]，对他们的厄运的描述只不过是这一伟大法律的又一例证而已。

因此，不管是近在眼前，还是远在天边，阿纳卡西斯和斯基莱斯的故事，以及萨尔莫克西斯的故事作用都是一样的：狄俄尼索斯在奥尔比亚的城墙以内是得到人们承认的，但是出了奥尔比亚的城墙，就没有人承认了，因为作为酒神，他的行为被斯基泰人当成“疯子”。
空间的近变成了文化上的远。同样，本都的希腊人为了想象他们的邻 198
居萨尔莫克西斯，需要借助于毕达哥拉斯，毕达哥拉斯也许是希腊人，

1　这一段文字的意思曾在《比萨高等师范学院年鉴》（*Annali della scuola normale superiore di Pisa*, 8, 1, 1978, pp. 15-42）发表的一篇文章中表述过，但此处有修改。

2　希罗多德，III，38：“在大流士统治时期，他把身边的希腊人叫过来，并问他们，他们会以何种代价才接受吃掉他们死去的父亲。希腊人回答说，任何代价都不会让他们这样做。然后，大流士叫来被称为卡拉迪斯（Callaties）的印度人，这些印度人是吃死去的父母的。当着希腊人的面，而且有人将印度人讲的话翻译给希腊人听，大流士问印度人，他们以何种代价才会接受将他们死去的父亲烧掉。印度人大声叫了起来，并请大流士不要讲一些会招致不幸的话。这些情况表明的就是习俗的力量，而且我认为，品达在诗中说得对，他声称‘习俗是世界的女王’。”

但他是在空间上隔得很远的同胞，而且其行为也很怪诞。本都的希腊人不了解萨尔莫克西斯的身份，他与身边的人们从事的祭祀仪式不能不让人感到害怕；在需要面对他时，本都的希腊人迂回到毕达哥拉斯。这样一来，他们便可以把萨尔莫克西斯翻译成希腊文（萨尔莫克西斯的思想是需要与毕达哥拉斯的学说进行比拟的），也可以标志出距离，或者建立他的相异性（萨尔莫克西斯是一个人，他曾经是毕达哥拉斯的奴隶，总起来看，他是个江湖骗子，而且盖塔人并不精明）。就这样，人们到了边界的另一边，并加强了这一边界。

但是，近和远还以隐含的方式，在另一个层面上起了作用。如果我们站在接受者的立场上，那么的确，对众神之母和狄俄尼索斯的选择能告诉我们什么呢？当然，两者都是基齐库斯和奥尔比亚重要的神，甚至是主要的神。基齐库斯和奥尔比亚是两个处在希腊世界边缘的城邦。但是，假设在地理空间的表示和神的空间的表示之间，具有直接的相似性，认为与地理上的边缘性相对应的，是神的边缘性，这种做法看起来也太简单化了。众神之母和狄俄尼索斯相对于希腊万神殿中其他的神所处的地位，也同样表示了基齐库斯和奥尔比亚与希腊世界其他的地方相比较的地位。如果这样做，我们就等于不了解他们能够从边界走向内部，并同时困扰几个地方。

然而，为了让对他们的彻底拒绝在接受者心目中产生尽可能大的意义，我们可以提示说，这两个强者（众神之母和狄俄尼索斯）应当
199 被人“看成”希腊的神，同时离斯基泰人也不远。的确，这两个神必须都被接受者认为是希腊的神，以证明斯基泰人的行为是有根据的，并证明故事中讲述的规则。但是，人们也要承认这两位神离斯基泰人也“近”，不仅在地理上近，在文化上也近，以便对他们的拒绝会让人感到吃惊，并产生意义。这是一些他们本可以很容易接受的神（由于这些神的出身，由于这些神所要求的祭祀仪式，由于他们“野蛮的”一面），而斯基泰人绝对否认的，正是这两位神（因为这两位神是希腊的神）。就这样，故事潜在的寓意更加得到了加强：在这边是真理

的，到了那边就是谬误……

在不幸的斯基莱斯的故事当中，叙述者没有以任何形式进行干预，以平衡他让斯基泰人说的话，接受者只能自己去判断斯基泰人在“manía”（疯子）和“bachkeúein”（酒神的崇拜者）之间造成的混乱。相反，萨尔莫克西斯的故事结构更加丰富，因此也就更加值得关注。本都的希腊人说的话，可以被认为是真理的话语，是可靠的话语，是对事实的标记（萨尔莫克西斯是个江湖骗子），对所言之事心中有数，就连盖塔人对自己的了解都没有那么清楚。[1] 除此之外，故事中又增加了叙述者直接的发言，而叙述者直接的发言破坏了本都的希腊人提出的让人觉得心安理得、简单化的解释，并再一次提出了人物的身份问题。“叙述者”还说，（事情究竟是怎么回事，）那就看你怎么认为了。

1　能把萨尔莫克西斯的思想看成毕达哥拉斯学说的变体，这反过来对毕达哥拉斯的学说产生了影响，也就是所谓的镜子效应。从希腊人共有的知识角度来看，的确，将两人放在一起进行比较至少必须是可以被人们接受的做法，虽然这只是远方的奥尔比亚人的事，虽然萨尔莫克西斯只是毕达哥拉斯的奴隶。

第四章

200 国王的身体：空间与权力

生病的身体

国王心里难受，国王生病了，于是他让人召来一些占卜者，给他治病。占卜者开始忙碌，不久便把他生病的原因告诉他：有人违背了誓言。占卜者开出的药方就是：砍下违背誓言者的头。换句话说，国王的痛苦是违背誓言的症状，而且表面看来不会有别的原因。的确，占卜者声称："按照一般的规则，或者差不多是这样……有人发了假誓。"[1] 因此，违背誓言，能够严重伤害国王的肉体。当一个斯基泰人犯了这样的罪行时，国王便立刻能够感觉到其后果。就这样，国王和臣民之间建立起一种奇怪的交流。

希罗多德提到一个状况，与正义的国王经历过的情况相反。一般情况下，一个好国王，一个公正的国王是国家繁荣的保证：土地收获
201 丰厚，牧群繁衍，女人们生下的"儿子像他们的父亲一样"。[2] 相反，不好的国王，犯错误的国王，肆意破坏（húbris）、忘记了正义的国王，会带来瘟疫（loimós），会扩大饥荒的范围，会使牧群不再繁殖，使女人也不再生孩子。但是，在两种情况之下，在好国王和坏国王统治的情况之下，影响的方向总是从国王到臣民和国家，从来没有人考虑过

1　希罗多德，IV，68。

2　赫西俄德：《工作与时日》，第 225—237 页（Hésiode, *Les Travaux et les jours*, 225-237）；亦参见《奥德赛》，IX，第 109—114 页（*Odyssée*, IX, 109-114）。

影响的方向会逆转，从来没有人考虑过影响会从臣民到国王本人。[1] 然而，发生在斯基泰人当中的事，似乎恰恰就是这样：臣民不好、臣民犯罪、臣民不公正的时候，他们会伤害到国王；从逻辑上说，反过来，如果臣民忠诚，国王的身体就会健康，国王就会更加幸运。

血誓

斯基泰人是如何发誓的呢？“他们在一个大的陶土杯中倒入葡萄酒，用锥子将盟誓者的身体刺破，或者用刀（máchaira）将盟誓者的身体割开一道小口，将血混入葡萄酒中，然后，他们将砍刀、箭、斧头、标枪浸入酒中。之后，他们口中念念有词，背诵一大堆宗教的咒语（kateúchontai），然后，他们将杯中的酒喝下。喝血酒的，既有盟誓者，也有陪同盟誓者的人中最为杰出的人。”[2] 琉善在《托克萨利斯或者友谊》（*Toxaris*）当中，提到一种友人盟誓的仪式：盟誓者将手指割 202
破，让血流进一只杯中，在将杯中物喝下去之前，双方只将自己的剑尖在杯中蘸一蘸。[3]

格洛兹（Glotz）[4] 和盖多兹（Gaidoz）[5] 记录了很多这类以血盟誓的

1　关于各种王国的仪式，详见卢克斯：《阿耳戈英雄的问题》，巴黎，1949 年（R. Roux, *Le Problème des Argonautes*, Paris, 1949）。关于波斯人，我们可以援引大流士国王的这句祈祷：“愿阿胡拉·马兹达（Ahuramazda）和所有其他的神拯救我，保护国家不受敌人军队的进犯，不发生灾害歉收，不要有人说谎。”

2　希罗多德，IV，70。吕底亚人（Lydiens）在盟誓时（I，74），也要在身体上切开一道口子，每一方均在对方的切口上舔血。阿拉伯人在发誓时（III，8），用石头割破盟誓者的手掌，但是不会把血喝下去。

3　琉善：《托克萨利斯或者友谊》37（Lucien, *Toxaris*, 37）。杜梅齐尔在《纳尔特人的传说》（巴黎，1930 年，第 165 页）（Dumézil, *Légende sur les Nartes*, Paris, 1930, p. 165）中，也转述过友人盟誓的仪式：“两位盟誓人在一只杯子中倒满烧酒或者啤酒，将一个银币扔进杯中，每人喝三次，同时发誓要永远忠诚于对方；誓言可以是：‘如果我不能像亲兄弟一样爱你，愿这杯酒成为我的毒药，愿杯中的银币成为向我发泄的愤怒！’或者‘我以这枚银币，这枚金币发誓……’在奥塞梯人（Ossètes）的心目当中，银‘是神圣的东西，具有惩罚的特别功能’。”

4　格洛兹：《希腊的家庭联系》，巴黎，1904 年，第 160 页（G. Glotz, *La Solidarité de la famille en Grèce*, Paris, 1904, p. 160）。

5　盖多兹出版的神话、大众文学、传统和习俗文集《梅留辛茸》（*Mélusine*, Recueil de mythologie, Littérature populaire, traditions et usages publié par H. Gaidoz）。

例子。达维（G. Davy）为了证明自己的学说，在《宣誓的信仰》（*La Foi jurée*）中选取了一些。[1]但是，第一个从这样的实践中总结出理论的，是罗伯逊·史密斯（Robertson Smith）。的确，罗伯逊·史密斯认为，只有带血缘的亲属之间才有联系，这是“血的契约”（blood-covenant），是血盟的基础。“签订契约的人只能像亲属一样联系在一起，如果他们不是天然的亲属，而又想建立契约联系，那他们就要以人为的方式成为亲属。然而，所谓亲属，就是具有相同的血缘，所以必须通过形式各异的联盟仪式，相互参与血缘。”[2]我们在这里看到的，也是这种血缘相通的观念，这种观念是他的献祭理论的中心，后来被很多人接受。

根据格洛兹的理论，“神意裁判（ordalie）是行动的誓言，誓言是
203 话语的神意裁判”[3]，但是，斯基泰的誓言从仪式上看，似乎是作为行动和话语的神意裁判；不管怎么说，誓言是行动的话语之组合，是事前的神意裁判。本维尼斯特在对“希腊的誓言”所做的研究当中指出，有必要“将奥伽斯（hórkos）视同为一件物品：那是神圣的物质，是权杖。具有根本性意义的，每一次都是该物品，而不是表述的行为”。[4]具体到我们说的情况，这种纯葡萄酒和血的混合物，就是能够具有神圣性质的“物品”，它“包含有某种能力，能够惩罚一切违反诺言的行为”。

葡萄酒中加入了“盟誓者的血”（tỗn tò horkíon tamnaménōn）。这里并没有提到受害者的献祭，那么文中使用的这个词组是什么意思呢？这种形式（hórkia támnein）只在荷马的作品中，在爱奥尼亚一些

1　达维：《宣誓的信仰》，巴黎，1922 年第 43 页及以后部分（G. Davy, *La Foi jurée*, Paris, 1922, p. 43 *sq*）。

2　同上，第 49 页。

3　达伦贝和萨格利奥：《古代词典》的“宣誓”词条（Daremberg et Saglio, *Dictionnaire des Antiquités, s.v.* Jusjurandum）。

4　本维尼斯特：《印欧体制的词汇》，巴黎，1969 年，第二卷第 168 页（É. Benveniste, *Vocabulaire des institutions indo-européennes*, Paris, 1969, t. II, p. 168）。

古老的碑铭和希罗多德的作品[1]中存在，意思是“以牺牲者为祭品”，也有“签订协约”的意思。Hórkia“先是指 hórkia iereîa，后来在人们的感觉当中表达的是‘誓言’的意思，并出现了单数形式 hórkion，指‘协约’”[2]，因此，在我们的文本当中，hórkion 和 hórkia 的意思都只不过是“协约”“誓言”的意思。[3]但是，在 hórkia 和 támnein 之间，为什么会有这种联系呢？据卡萨博纳说，这个词先是用来指“在宣誓时，将牺牲品砍成碎块的仪式，而且大概主要是指在荷马的誓言形式形成的时代，签订军事协约时的情景”。后来，这种用法过时了，在人们 204
的感觉当中，这个词组的意思是“宰杀牺牲品”，将 témnō 与“砍掉”牲畜的头的仪式联系在一起，尤其是在阿提卡。[4]砍掉牲畜的头，放血，这才是要点。这不仅仅是指献祭本身，而且是“一种带血的祭酒”。[5]然而，斯基泰的誓言也是以某种带血的祭酒为基础的，或者更加准确地说，血是首先倒入酒杯，与葡萄酒混在一起。[6]另外，“祭酒”用的血不是动物牺牲品的血，而且是盟誓者自己的血。这一点当然是斯基泰的仪式和希腊人盟誓的仪式之间，第一个根本性的差别：的确，盟誓者是他们自己的牺牲品。当然，他们不会砍下自己的头，但是，他们会用锥子“刺”破自己（túptō），或者用刀割破自己（epitámno），因此，我们可以认为，如果像卡萨博纳说的那样，“hórkia támnein”的意思只不过是“宣誓”，那么在有血的背景中“宣誓”也并不是不合

1　详见卡萨博纳的《希腊文中关于献祭词汇研究》，博士论文，巴黎，1967 年第 212 页及以后部分（J. Casabona, *Recherches sur le vocabulaire des sacrifices en grec*, thèse, Paris, 1967, pp. 212 *sq*）。

2　同上，第 214 页。

3　卡萨博纳指出，对于具有私人性质的誓言，希罗多德用的是“ómnumi”。唯一的例外就是斯基泰的誓言，而斯基泰的誓言似乎是在个人之间订立的：难道公共和私人的区别也不适用于斯基泰社会吗？

4　前文所引卡萨博纳的作品第 219 页。

5　鲁达尔特：《古典希腊宗教思想和祭祀行为的基本概念》，日内瓦，1958 年，第 282 页（J. Rudhardt, *Notions fondamentales de la pensée religieuse et actes constitutifs du culte dans la Grèce classique*, Genève, 1958, p. 282）。参见热尔内：《古希腊人类学》，第 214 页（Gernet, *Anthropologie*, p. 214）。

6　阿里斯托芬的《解散军队的人》第 181 页及以后部分（Aristophane, *Lysistrata*, 181 sq）当中，有一场滑稽的誓言的戏，无疑指的就是希罗多德作品中这一章。关于这段文字的一种解释（而且是多么审慎的解释啊！），请参见卡萨博纳前文所引作品第 323—326 页。

适。有血在流，当然不是太多（smíkron），但那是他们的血。我们也可以认为，他们在身上刺破或者割开的伤口，通过将来留下的疤痕，都是记忆的标记：斯基泰人将承诺之记忆刻在自己身上。

205 葡萄酒，尤其是纯葡萄酒，是与誓言联系在一起的。[1] 当人们做出承诺时，会泼洒葡萄酒，而且在日常习惯中，圣事仪式甚至可以简化为浇祭，一段碑铭说："通过葡萄酒，人们便进入誓言的联系。"[2] 几乎所有的例子都表明，要将喝不完的葡萄酒一下子泼洒在地上。[3] 因此，在斯基泰的仪式当中，出现了第二个荒唐的地方：正如在"正常情况"下一样，仪式中要用到葡萄酒，但是他们的葡萄酒不是用来浇祭，而是用来喝的，葡萄酒不是完全被泼洒在地上，而是被参加仪式的人喝掉。

然而，和希腊的祭祀相比，最根本的差别表现在血的质量，以及对血的使用上。的确，仪式中使用的血是人血，而不是动物的血。另外，人们不是让血从动物的脖子处流出来，或者将动物的血洒在牺牲者的身上，而是将血与葡萄酒混合在一起，然后再把葡萄酒喝下去。比如，人们在一只大杯子当中，将血和葡萄酒混合在一起，正如在双耳爵中将葡萄酒和水混合在一起一样。然而，希罗多德还转述了希腊人喝人血的一种情况：那些人是为雅赫摩斯法老效劳的希腊和卡利亚的雇佣军。在与波斯人开战之前，他们杀了两个孩子，让孩子的血流进双耳爵，往里倒了葡萄酒和水之后，让所有的人都喝了。[4] 希罗多德将这一牺牲的场景"理性化"，用复仇来解释：两个孩子是法尼斯（Phanès）的儿子，而法尼斯出生于哈利卡纳苏斯，本来是雅赫摩斯的雇佣军，后来离开了雅赫摩斯，为冈比西斯效劳去了。他原来的伙伴
206 因此而怨恨他，而且"他们当着父亲的面"杀死了他的孩子。因此，

1　荷马：《伊利亚特》，II，第 245 页及以后部分，IV，第 158 页及以后部分（Homère, *Iliade*, II, 339, *sq*; XIII, 245 *sq*, IV, 158 *sq*）。

2　热尔内：《古希腊人类学》，第 211 页（L. Gernet, *Anthropologie*, p. 211）。

3　可见于《伊利亚特》，II，296（Homère, *Iliade*, II, 296）。

4　希罗多德，III，11。

这次牺牲既有奉神旨意的意思，又有宣誓保证的作用，其内容极其残暴，却被说成是报复。

《七雄攻忒拜》(*Les Sept contre Thèbes*)中有另外一个例子，说明血和誓言之间存在的联系。信使厄忒俄克勒斯(Étéocle)说："七位英勇的将领在一张黑色的盾牌上，宰杀了一头公牛，他们将手浸在血里，以阿瑞斯、艾诺奥(Enyo)和渴望杀戮的德鲁特(Déroute，也就是"溃败"的意思)的名义发誓，一定要冲进卡德摩斯城里，洗劫那座城市，否则就让自己的血流进那里的土地中。"[1] 这是已经被美化过的祭祀仪式了（公牛的血，将血敷在手上，而不是喝下去），但是，埃斯库罗斯还是站在从七个城门进攻底比斯的残暴的七勇士一边，来描述祭祀仪式的。血仍然是一种可怕的液体，公牛的血就更加可怕，因为人们认为公牛血是毒药：喝公牛的血，就意味着自杀，强迫某人喝公牛的血，那就是逼迫他自杀。[2] 但是，格洛兹认为："传说中喝公牛血自杀，只不过是一种神意裁判，由于人们不懂，所以完全歪曲了其原意。"换句话说，在发誓时，人们会说这样的话：如果我的誓言是伪誓，这公牛血会成为我的毒药。能起到"如果发了伪誓，便会成为毒药"的作用的液体，还有一个极端的、神秘的例子，那就是斯堤克斯(Styx)水：当一个神发重誓时，他将金水壶中收集到的液体洒在地上， 207
如果他违背了誓言，那他就会倒在地上不省人事，在一年的时间里没有气息。[3] 希罗多德没有转述人们在祭祀仪式上说的话，没有提到他们援引什么神，许了什么诺，或者做了何种祈祷。我们只知道"祈祷很多"(kateúchontai pollà)。他们会不会像奥塞梯人(Ossètes)一样说：

1　埃斯库罗斯：《七雄攻忒拜》，42—48(Eschyle, *Les Sept contre Thèbes*, 42-48)；亦参见色诺芬：《万人远征记》，II，29(Xénophon, *Anabase*, II, 29)；其中雇佣军不是将手浸进血中，而是将剑浸入盛满血的盾牌里。"在发誓之前，他们先在一张盾牌上杀了一头公牛、一只野猪、一只公羊，希腊人将一把剑浸在血中，蛮族人将一支长枪浸在血中。"亚特兰蒂斯(Atlandide)的国王也喝了公牛血、葡萄酒和水的混合物。见于柏拉图：《克里提亚斯》，119 d 及以后部分(Platon, *Critias*, 119 *d sq*)。

2　格洛兹：《早期希腊的神意裁判》，巴黎，1904年，第112页(G. Glotz, *L'Ordalie dans la Grèce primitive*, Paris, 1904, p. 112)，作品中收集了各种例子。

3　赫西俄德：《神谱》，135 及以后部分(Hésiode, *Théogonie*, 135 *sq*)。

“如果我违背誓言，这杯饮料会成为我的毒药……”很可能是这样。不管怎么说，把武器浸在杯中似乎标志着，如果违背誓言，武器也会变成有毒的武器，会击中违背誓言的人。

对于希腊人来说，违背誓言肯定是一种罪行：是背誓者的罪行，或者更准确地说，正像本维尼斯特解释的那样[1]，一个人，如果他知道某句话或者某个诺言是假的，在讲了这样的话，或者许了这样的诺言之后，又（epì）发了誓（hórkos），那他就是有罪的人。对于这个人来说，自此之后，他就没有救了，他的心灵再也得不到安宁，因为，正如格洛库斯（Glaucos）来找皮提亚，询问能不能在发过誓言之后，再留下别人寄存在他家里的东西，而不用归还，皮提亚说：“……可是，誓言有个儿子，他没有名字，没有手脚。可是他快如风、疾如电，他会追踪背誓者，一直到抓住背誓者，摧毁背誓者所有的后代和全家人的命运。而信守诺言者的后代以后的命运会更好。”[2]

因此，违背誓言会导致本人及其“亲人”（oikós）的毁灭，某种“厄运”（loimós）会降临到他和他家人的身上，但是，重要的是，实
208 施惩罚的，是神，而不是人。狄摩西尼（Démosthène）说，违背誓言是违反正义，是对神的不敬（adikeî toùs theóus）。[3]事实上，“任何印欧的规则都没有规定要惩罚背誓的人。惩罚应该来自神，因为神是誓言的保证人”。[4]然而，斯基泰人却奇怪地规定了这样的惩罚：占卜人指定的背誓者要被砍头；他们不是把复仇和恢复被破坏的秩序的任务交给神，至少是当人们以国王的灶火的名义发了伪誓的情况之下（Basileías histías），因为以国王的灶火的名义立下的誓言是“人们最

---

1 前文所引本维尼斯特的作品第 170 页。

2 希罗多德，VI，86。这一声明与赫西俄德的好几句诗遥相呼应：《神谱》，231—232，《工作与时日》，219，282 及以后部分，321 及以后部分。

3 狄摩西尼，XLVIII，《反对奥林匹欧》，52（Démosthène, XLVIII, *Contre Olympios*, 52）。

4 前文所引本维尼斯特的作品第 175 页。亦参见格洛兹：《希腊的家庭联系》，第 574 页（Glotz, *Solidarité*, p. 574）。吕库古：《背誓不可能不受到神的注意，也无法避免他们的报复》，79—80（Lycurgue :“Un parjure ne peut échapper à l’attention des dieux ni éniter leur vengeance” , *Contre Léocratès*, 79-80）。

大的誓言”（mégiston hórkon）。

咒语常常说的是，背誓者的女人不生育，家庭断子绝孙。[1] 比如格洛库斯因为不想归还别人让他保存的东西，他的家（histía）就灭绝了：“今天，已经没有格洛库斯的任何后代，任何一个家庭都不被认为是来自他；他在斯巴达被彻底根除了。”[2] 因此，在誓言和家庭之间，存在着密切的关系：谁背誓，谁就会让他的家庭遭受灭顶之灾，他会伤害到自己的家庭。但是，在斯基泰人的地方，由于一种令人感到吃惊的转移，背誓者所伤害的，不是背誓者的家庭，而是国王本人；因为一旦有人背誓，国王立刻会生病（kámē），并感到难受（algéei），也许只有当人们“以国王的灶火的名义”发誓的时候，才会发生这种事吧，但是，对国王的灶火不敬、不公正，为什么会直接影响到国王本人，为什么会在国王的身体上留下标记呢?

国王的身体：赫斯提亚和游牧生活

由此而首先提出了国王的灶火问题，从更加宽泛的意义上说，是 209
赫斯提亚在斯基泰万神殿中的地位问题。令我们感到好奇的是，赫斯提亚在斯基泰人的家中占有首要的地位。的确，斯基泰人主要是向她祈祷，而不是向其他的神，然后是宙斯和土地神（Gê）。[3] 斯基泰国王伊丹西尔斯在回答大流士的问题时，也为赫斯提亚的主导地位提供了见证：波斯大王请他降顺，他回答说，他承认的主人（despótēs）只有两个，“他的祖上宙斯和斯基泰人的女王赫斯提亚”。[4] 如此说来，赫斯提亚是斯基泰人的“女王”（Basileía），也是他们的“主人”

1　关于对背誓者的诅咒，参见前文所引鲁达尔特的作品第 208 页注 4。

2　希罗多德，VI，86。

3　同上，IV，59。“他们祈祷的神如下：首先是赫斯提亚，然后是宙斯和土地神（他们认为土地神是宙斯的妻子），其次是阿波罗、阿弗洛狄忒、乌拉尼雅、赫拉克勒斯、阿瑞斯……”；参见本书下文第 281—282 页。赫斯提亚在《历史》中很少出现：除了斯基泰人之外，《历史》中还说（II，50）埃及人不知道赫斯提亚，仅此而已。

4　希罗多德，IV，127。

（despótēs）。至于国王，相对于赫斯提亚来说，国王是什么呢？对于斯基泰人来说，在众神当中，国王占有和赫斯提亚一样的地位。也许真的是这样？那么，国王也就是一个类似于赫斯提亚的神。[1] 另外，我们不要忘记，当以国王的灶火的名义宣誓的人违背誓言时，受到伤害的、受苦的是国王。

关于赫斯提亚，希罗多德补充说：“在斯基泰语言中，赫斯提亚
210 名叫塔比提。”[2] 杜梅齐尔指出，这是唯一一个词义非常明显的名字：她叫塔比提，也就是“灶火”的意思，和印度神话中太阳的女儿，光明的塔皮提（Tapati）名字差不多。[3] 如果赫斯提亚是斯基泰人的“女王”，我们已经看到，以“国王的灶火”的名义发的誓（tás Basileías histías），是斯基泰人最为庄严的誓言。因此，赫斯提亚就是灶火神。杜梅齐尔援引希罗多德的同一段文字，提示说，在奥塞梯人当中，“灶火是典型的神圣之所：最为庄严的誓言是‘以灶火的名义’发出的，发誓时手要抓着灶台上吊着的铁链子”。[4] 国王家的灶火非同小可，我们在伊朗的萨珊王朝时期，还能够看到其标志：国王有自己的火，在国王登基时，人们将火点燃；在国王去世时，人们将火熄灭；从国王的火点燃开始，人们计算他的统治时间。[5] 希罗多德没有说斯基泰的国王也是这样，但是，这个例子可以帮助我们想象国王的火可以是一个参照点：是时间的起点，或者是契约的起点。

文本中在谈到“国王的灶火”（foyers royaux）时，为什么用的是

1　但伊丹西尔斯还是提醒说，宙斯是他的祖先。

2　希罗多德，IV，59。

3　杜梅齐尔：《斯基泰王国及其周边的传奇故事》，巴黎，1978 年，第 143 页（G. Dumézil, *Romans de Scythie et d'alentour*, Paris, 1978, p. 143）。杜梅齐尔将印度神话中太阳的女儿塔皮提、奥塞梯神话中同样是太阳的女儿阿基鲁克斯（Acyruxs）和希罗多德叙述中的赫斯提亚—塔比提进行了比较。

4　参见《纳特传奇故事》，第 154 页（*Id., Légendes sur les Nartes*, p. 154）以及《古罗马宗教》，第 318 页（*Religion romaine archaïque*, p. 318）。“现代的奥塞梯人是斯基泰人最后的后裔。在现代的奥塞梯人那里，‘一般的祈祷’是念诵给 14 位神祇或者神灵听的，这也是特殊的礼拜仪式的基础。在一般的祈祷结束时，人们还是会援引火神。”

5　文登格林：《伊朗的宗教》，法文译本，巴黎，1968 年，第 351 页（G. Windengren, *Les Religions de l'Iran*, trad. Paris, 1968, p. 351）。

复数呢？讲斯基泰人起源的那一章告诉我们，有三个国王，每个国王都有一个灶火，所以文中的灶火用的是复数，这也就不奇怪了。然而，第 68 章提到斯基泰的国王时，用的是单数，好像他是唯一的君主。因此，相比较于直接的背景，单数指的只是一个特别的人物。其他可能 211
的解释还有：同一个人物先后有好几个灶火。由于是游牧民族，国王一天天不断移动地方，他的灶火也跟着移动，或者更加简单的是，这里的复数有表示庄严的意思。

问题恰恰是，把“赫斯提亚”和“游牧生活”这两个因素放在一起，不能不让人感到惊奇。游牧人怎么能首先崇拜赫斯提亚呢？的确，赫斯提亚是与空间联系在一起的，根据对她的描述，她与地域的广阔有关系，她甚至是对空间的一种“表达”[1]，但是她主管的是定居的人，而不是游牧人。荷马在赞歌中唱道：“在各处永恒的神和走在陆地上的凡人高尚的住宅里，赫斯提亚都永远占有一席之地，有这样的特权和荣幸（géras kaì tímē）是多么美好的事情啊。”[2] 赫斯提亚在神和人心目中的地位，就是家的地位，正像《阿弗洛狄忒赞歌》（*Hymne à Aphrodite*）明确说的那样，“她的宝座在家的中心”[3]，而且她的位置是不变的。因此，她是家这个空间的中心，而且作为中心，她的意义就是固定、不变、稳定。[4] 然而，斯基泰人恰恰没有固定的房子，他们身上背负着自己的房子（pheréoikoi），他们的“住宅在车上”（oikēmata epì zeugéōn）。[5]

灶火表示的固定，房屋象征的根基，这些概念在斯基泰人心中都 212
不时兴，因为他们不断地赶着牧群往前走，从一个营地到另一个营地。

1　让-皮埃尔·韦尔南：《赫斯提亚—赫耳墨斯》，载《古希腊人的神话和思想》，巴黎，1971 年，第二卷，第 124 页及以后部分（J.-P. Vernant, “Hestia-Hermès” , *Mythe et pensée chez les Grecs*, Paris, 1971, t. II, pp. 124 *sq*）。

2　荷马的《赫斯提亚赞歌》，I，1—3。

3　荷马的《阿弗洛狄忒赞歌》30。

4　前文所引让-皮埃尔·韦尔南的作品第 126 页：“赫斯提亚并不只是家这个空间的中心。圆形的灶火是固定在地上的，就像是人的肚脐眼一样，让家扎根在土地里。它是固定、不变、稳定的象征和担保。”

5　希罗多德，IV，46。

从总体上来看，赫斯提亚的地位在游牧人家里应该低一些，甚至没有地位，而与她相邻的赫耳墨斯的地位应该更高，而且应当占据主导的地位。然而，如果说赫斯提亚是斯基泰人的主神，这事已经很奇怪了，可是他们的万神殿中根本就没有赫耳墨斯的名字，这种事就显得更加奇怪。赫耳墨斯是畜牧之神（agrós），是远离耕种的农田，完全在跑马放牧之地生活的人们的领主，是那些在开放的、狩猎野兽的地方求生存的人的领主。[1] 斯基泰王国是“边塞”（eschatiá）地区，整个王国不都是畜牧之地吗？赫耳墨斯的特点是流动：“属于赫耳墨斯的，是外面，是开放的空间，是不停地流动，是与除了自己之外的别人接触。”[2] 然而，斯基泰人根本就不知道迈亚（Maia）的儿子（赫耳墨斯）是谁。但是，总起来说，对于希腊人，空间是通过赫耳墨斯和赫斯提亚表达的：这两位主神是一对儿。“赫耳墨斯–赫斯提亚这一对神，通过两个极端，表达了某种张力，是表示古代空间的标志：空间需要有一个中心，一个固定点，其意义是特别的，只有通过这个固定点，人们才可以辨别和确定方向，而各个方面就其品质来说是完全不一样的，但是空间同时也表现为一个运动的地方，这就要求具有从空间的任意一点向其他任意一点的转变和过渡”[3]：赫斯提亚是空间的“中心点”，而赫耳墨斯则使这个点“运动起来”。

213 两个神的形象（赫斯提亚 + 赫耳墨斯）表达的都是空间，斯基泰人只从中选择了一个（赫斯提亚），似乎他们重视中心，而忽视了开放性和运动性，可是，他们本来就是不会停下来的人。

然而，斯基泰人崇拜的是赫斯提亚，而不是赫耳墨斯，这让我们如何理解呢？首先是国王的赫斯提亚。的确，赫斯提亚常常与国王发生某种联系：“她是斯基泰人的女王，是‘国王的灶火’。”因此，她

1　尚特莱纳：《希腊词汇研究》，巴黎，1956 年，第 34—35 页（P. Chantraine, *Études sur le vocabulaire grec*, Paris, 1956, pp. 34-35）。

2　前文所引让–皮埃尔・韦尔南的作品第 128 页。

3　同上。

的地位有赖于国王的地位，她的权力有赖于国王的权力。提到国王的灶火，我们想到希腊已经成为过去的一个时代，那时还没有所谓的城邦之火，王家的灶火起的作用为天下第一：“王家灶火的突出意义仍然时时存在于诗歌的记忆当中。”[1]在悲剧中，国王的灶火和城邦的灶火有时候是对立的，有时候被混淆在一起。[2]但是在斯基泰王国，这两者不可能具有二元性，国王的权力是唯一的权力，所谓的“公共灶火”，就是国王的灶火；从这种意义上说，赫斯提亚的确是斯基泰人的“女王”。

另外，国王的灶火是最为庄严的誓言建立的地点和对象，最具有誓言的限制作用，立誓者一旦违背誓言，便有可能让国王生病。相反在希腊，赫斯提亚不是人们在发誓时经常援引的神。[3]然而我们知道，在古典时代，有人以布拉亚的赫斯提亚（Hestia Boulaia）的名义发誓。埃斯基涅斯（Eschine）写道：狄摩西尼“以布拉亚的赫斯提亚的名义发誓（tȇn Hestían epṓmose tȇn Boulaían）说，他很高兴将出使的任务 214
交给……”[4]如此说来，在布拉亚（Boulé），有赫斯提亚的祭坛，在某些情况之下，人们会以她的名义发誓，但是，在斯基泰人的地盘上，这与国王的灶火的作用是没法比的。对于斯基泰人来说，国王的灶火既是担保又是最为严肃的交流必然会提到的地点。相对于斯基泰人的空间来说，国王的灶火就像是一个交换器，也起着立交桥的作用：当两个斯基泰人要协商某件事的时候，一定会提到国王的灶火。因此，通过在誓言中的作用，国王的灶神是斯基泰社会的中心，她符合韦尔南说的“确定”空间中心的作用。但是，因为她是人们在相会和交流

1　热尔内：《关于政治象征主义：共同的灶火》，载《古希腊人类学》，巴黎，1968 年，第 387 页（L. Gernet, “Sur le symbolisme politique : le foyer commun” , *Anthropologie de la Grèce antique*, Paris, 1968, p. 387）。

2　埃斯库罗斯：《哀求者》，365 及以后部分（Eschyle, *Suppliantes*, 365 *sq*）。

3　希腊人发誓时援引的，主要是宙斯、阿波罗、得墨忒耳，或者宙斯、波塞冬（Poséidon）、得墨忒耳。参见前文所引鲁达尔特的作品第 204 页。

4　埃斯基涅斯：《出使之罪》（Eschine II, *Sur l’Ambassade*, 45）。见于哈波克拉雄，“布拉亚”词条（Harpokration, s.v. Boulaia）。普勒那：《赫斯提亚—维斯太》，图宾根，1864 年，第 118 页及以后部分（A.Preuner, *Hestia-Vesta*, Tübingen, 1864, pp. 118 *sq*）。

中必然会提到的人，是人们发誓时的见证人，所以从某种意义上说，她部分地代表了开放性和流动性，她的身上“已经具有赫耳墨斯”的特点。[1]

杜梅齐尔提到，在奥塞梯人那里，最为严肃的誓言是以灶火的名义发出的。他与希罗多德的文本进行了比较，但他还是指出：“这种习惯只不过变得更加普遍、分散，因为奥塞梯人既没有保留国王，也没有保留统一。”[2] 在他们那里，每一家的灶火都可以被援引，都可以成为承诺的保证，而不必再经过国王的灶火作为沟通的中介。这是一个“民主化”了的社会，或者说是一个“分散化”了的社会，总而言之是没有了国王的主导权力的社会。相反，希罗多德笔下的斯基泰王国的特点，是国王的存在，而国王是权力的中心：国王的灶火是人们在交流
215 中必然要经过的地点，是社会联系的参照点。严格说来，斯基泰人没有个人的灶火，他们唯一真正的灶火，就是国王的灶火。

占卜者声称：“某人——他们指的是他们心里想说的某个公民（tôn astôn）——以国王的灶火的名义发了伪誓。”在这个句子当中，有一个词令人感到十分奇怪，那就是“astoí”，这个词是城市人或者公民的意思。的确，一旦以誓言和国王的灶火为叙述的背景时，斯基泰人就一定是“城市人”。誓言的程序和对国王灶火的援引，使得斯基泰社会成了“koinōnía d’astoí”（城里人的社会）[3]，似乎他们的游牧生活结束了；他们突然就变成了集中生活的固定的群体；他们的生活本来是不稳定的，可是，似乎这种生活突然之间就结束了。很值得关注的是，我们注意到，国王的灶火被希罗多德说成是城邦之火——那是为“城里人”的承诺担保的灶火，因此，它起到的是灶神（Koinḗ）赫斯提亚的作用，

1　前文所引让-皮埃尔·韦尔南的作品第 167 页：“两极分化的特点在所有的层面上都标志着女神和赫耳墨斯的关系，两极分化的特点是古代这种思想的一个根本性的特点，即使在灶神的内部，我们也可以看到这种特点，似乎赫斯提亚的一部分已经属于赫耳墨斯。”

2　杜梅齐尔：《纳尔特人的传说》，第 155 页（G. Dumézil, *Légendes sur les Nartes*, p. 155）。

3　在谈到萨尔莫克西斯时（希罗多德，IV，95），也发生了同样的遗忘：萨尔莫克西斯召来最初的“城里人”（astoi），让他们参加他在盖塔组织的共餐。

是城邦的公共灶神。但是同时，这也提出了它与国王之间的奇怪的关系问题，由于国王，这里说到的“灶火”也就不再是“城里人”的灶火，而成了完全不一样的东西。

在斯泰人的心目当中，国王的身体和社会主体之间存在着某种联系。国王的身体被扩展开来，最终包括了社会的或者政治的主体。这种奇怪的关系让我们想到很久之后到了中世纪才在英国建立的与国王的双重性质有关的一种理论。的确，坎托洛维茨（Kantorowitz）解释了国王身体具有的这种两重性：国王有两个身体，一个是肉体的，可 216
以生病，可以死亡；另一个是政治的，国王的政治之躯是永恒的。“国王有两具躯体，其中的一个是天然之躯，有天生的四肢，和其他所有人一样，也会有世俗的欲望，也会死亡，这跟别人没有什么两样；另外一具躯体是政治之躯，国家的臣民就是这具躯体的四肢……”[1] 两个身体既是完全分离的，又完美地结合在一起。但是，对于斯基泰王国的国王来说，政治躯体的过错（违背誓言）会反应在天然的身体上（病痛）。违背誓言的罪行会危及契约的可能性之基础，对国王造成具体的打击：因此，违背誓言是弑君罪。在希腊，违背誓言会危及自己家的灶火，但是在斯基泰王国，违背誓言会伤害国王的灶火，这难道不是在说，说到底，唯一真正的灶火就是国王的灶火吗？因为，国王的形象占据着如此主导的地位，只有他才能真正地拥有唯一的灶火。这样一来，赫斯提亚便成了空间的中心，成了将斯基泰人集中在一起的灶神。

至于游牧生活，灶神的存在使斯基泰人变成了“城里人”，游牧生活的特点似乎也因此而被消除了。除非灶神不以我们前边指出过的复数形式存在，可是在提到国王的灶火时，为什么要用复数呢？国王的生活是流动的，国王有几个灶火，有先有后，但每次都是国王的灶

1　坎托洛维茨：《国王的两具身躯》，普林斯顿，1957 年，第 13 页，法译本见于《坎托洛维茨作品集》，巴黎，2000 年（E.H. Kantorowicz, *The King's Two Bodies*, Princeton, 1957, p. 13, trad. fr. *Œuvres*, Paris, 2000）。

火，这个灶火是借助赫斯提亚来确定的，不是地理空间的中心，而是社会空间的中心。这样一来，斯基泰民族就像横亘在天上的星座一样：构成星座的每一颗星都在不断地运动，但它距离其他星星的距离却是不变的。

如何产生真理？

为了了解生病的原因，国王让人叫来占卜者。占卜者是有知识和权力的人，他们管理着真理：的确，由于他们掌握的技术，他们可以知道国王的病真正到了何种程度，也就是说，他们可以指出斯基泰人当中是谁违背了誓言。因此，他们的知识使他们对斯基泰人有生杀予夺的权力，但是，这种权力也是有平衡之物的：他们的生命也会有风险，的确，如果在程序结束的时候，事情的结果表明他们是“pseudomántis”，也就是“说谎话”的占卜者，那他们就会被处死。占卜者的人数很多，他们用柳树棍卜算：“他们带来一大捆柳树棍，放在地上，解开捆，嘴里一边念着占卜的咒语（thespízousi），一边将每根柳树棍放在一旁；然后，他们仍然念着咒语（áma te légontes），又将柳树棍拢成一捆，又再次一根根放在地上。”[1] 另外一种占卜者是“非男非女的人”（Énarées），用缠绕在手指头上的椴树皮占卜。阿米阿努斯·马尔切利努斯（Ammien Marcellin）说，埃兰（Alains）人也有同样的占卜方式：“他们通过一种奇怪的方法卜算未来。他们将小木棍截成直段，并在一定的时候将木棍按照一定的方式排开，同时念着神秘的口诀，就这样，他们会知道将发生什么事。”[2] 米勒（Miller）最早将这些做法与奥塞梯人现代的习惯联系

1 希罗多德，IV，67。
2 阿米阿努斯·马尔切利努斯，XXI，2，24（Ammien Marcellin, XXI, 2, 24）。

起来，阐述了希罗多德文本的意义。[1]

因此，正是借助这些小木棍形成的图形，或者小木棍的运动，占 218
卜者才破解了所提出的问题。但是，希罗多德在描述这一过程的时候，不由自主地将可以用语言表达的东西放在了优先的位置，而不是可以看得见的东西，结果对小木棍的摆弄只不过成了占卜者咒语的陪衬。重要的，首先是咒语：“thespízousi”，“他们念着神圣的口诀”。[2] 当希罗多德将两个层面拉向一起时，他只是用“áma”（同时）将两个层面协调在一起：“他们一边念着口诀，同时将小木棍又收拢在一起。”两项活动只是简单地并列在一起，希罗多德并没有在两者之间建立联系：无论如何，不是小木棍让他们念什么口诀的；至于口诀，为什么念口诀的时候需要小木棍呢？通过借用希腊文中占卜的神谕词汇，希罗多德更多强调的是占卜者口里念的口诀，而不是眼前所看到的情景，他不可能想到将两者联系在一起。对希腊人来说，占卜 219
的行为的确首先是通过口里说的话完成的。[3] 通过采用这种希腊的结构，斯基泰人占卜的相异性在描写中既被化简，也没有得到正确的表

1　杜梅齐尔：《斯基泰王国及其周边的传奇故事》，第 212 页及以后部分（G. Dumézil, *Romans de Scythie et d'alentour*, p. 212 *sq*）。在奥塞梯人那里，巫师很有地位。高维耶夫（S.Y. Koviev）是这样说的：“每个巫师有四根小木棍，其中一头是劈开的。巫师用这些小木棍卜算所有事件的意义……巫师来到病人的身边，坐在地上，要一块某种颜色的靠垫和一块毯子，或者一块干净的地毯，将毯子或者地毯铺摊开来，嘴里一边念着口诀，一边从口袋中抽出四根小木棍，分成两对放在地上，从劈开的一头两根一组收在一起。每一对小木棍当中余下的一端，一根靠在垫子上，另一根则握在巫师的一只手中。就这样，巫师的每一只手握着每组小棍的一端，大声念着有可能指派疾病而来的神灵的名字。念到每一个名字时，如果这个名字真是瘟神，他便要求左边或者右边的一组小木棍竖立起来，而且当然，在骗子选择的时刻，他自己便把应该竖立起来的一组小木棍巧妙地、神不知鬼不觉地竖立起来……”

2　克拉艾：《真理之口》，载《占卜与理性》，巴黎，1974 年，第 204 页（R. Crahay, “La bouche de vérité”, in *Divination et rationalité*, Paris, 1974, p. 204）：“Thespízō 似乎是与 theós，也就是‘神’联系在一起的，虽然联系的方式还难以被人理解，而且也与一个陈述动词联系在一起，éspon 的不定过去时形式 ennépō 就证明了这一点。（参见神的声音说的 thespésios）。因此，这个词的意思是：念神圣的口诀。同样，来自 *chrế*（必须，……是正常的）的 chráó 应该是一个‘从词组产生的动词’，意思是‘说 *chrế*’。”

3　让-皮埃尔·韦尔南：《占卜与理性》，第 18 页（J.-P. Vernant, *Divination et rationalité*, p. 18）：“希腊人重视口头占卜。他们认为解释符号的技术、掷骰子之类随机性的卜算都是儿戏，他们更喜欢克拉艾（R. Crahay）说的与神的对话，在对话中，神的话直接回答求占者的问题。在与来世交流的时候，话语占有优先的地位，这与口语具有根本性特点的文明是一致的，在这一文明当中，文字只是后来才出现的，而且文字完全是声音的记录符号，也只不过是口语的延伸……”

达。之所以说被化简，是因为斯基泰人的占卜被描写成了希腊人的占卜；之所以说没有得到正确的表达，是因为人们不懂柳木棍或者椴树皮是用来干什么的。

占卜者是国王叫来为他诊病的。显然，斯基泰王国除了占卜者，没有别的医生，除了占卜以外，也没有别的医术。这一特点在文本当中并没有被强调，在生病时求助于占卜者，似乎是理所当然的。只不过，因为涉及国王，所以找来的是“最有名的”占卜者。然而，我们还是可以指出，波斯大王生病时，不求助于祭司，而是找医生来诊病：冈比西斯召来埃及的一名医生给他治疗眼疾，大流士为了治疗脚病，求助于克洛托内人德莫科戴斯（Crotoniate Demokédès）的医术。[1] 斯基泰人的行为方式是不言而喻的吗？不管怎么说，占卜从功能上相当于诊病：指出违背誓言者，就等于指出国王病痛的原因；这就是为什么你的女儿是个哑巴！

找出病痛的原因，同时也是对有罪者的宣判，因此，诊断就是审
220 判的形式，而且占卜的作用也就相当于神意裁判。的确，占卜者以他们的方式，充当了“真理的主宰者”[2]，他们的话既是在占卜，又是在主持正义。希腊经历过这种形式，也曾通过占卜来实现正义。比如在公元前 5 世纪的曼丁尼亚（Mantinée）时代，“在一次亵渎神灵的案件当中，由祭司和法官组成的混合法庭规定了对有罪者的惩罚，但是判决要由神谕来决定”。[3] 由于是亵渎神灵的案件，所以采用这种古老的裁判程序，也就不奇怪了。格洛兹把这一裁判程序说成是“无痛苦的神意裁判”。斯基泰的占卜者一边念咒语，一边摆弄小木棍，以找出亵渎神灵者，也就是违背誓言的人，这其实也是一种“无痛苦的神意裁

1　希罗多德，III，1；III，130。

2　马塞尔·德蒂安：《古希腊真理的主宰者》，巴黎，1967 年，第 29—50 页（M. Detienne, *Les Maîtres de vérité dans la Grèce archaïque*, Paris, 1967, pp. 29-50）。

3　格洛兹：《早期希腊的神意裁判》，第 5 页（G. Glotz, *L'Ordalie dans la Grèce primitive*, p. 5）。我们还可以提到泰奥尼斯（Théognis，543 *sq*）转述的墨伽拉（Mégare）习俗：“我必须把欠他们的东西公平地分成两份，我求助于占卜者、鸟和烧热的祭坛，以免因出错而遭受耻辱。”

判”：的确，这样做的目的，不是为了发现历史的真理，历史的真理应该是通过调查得出的结论，而是为了“正确地执行程序，为了按照仪式完成程序”。[1] 真理是被说出来的，而不是被证明的：真理是证明的证据，但是它不能证明自己。另外，占卜是古老类型的证据，其作用就是作为决定的证据[2]：如果第二批来的占卜者通过卜算，证实了第一批占卜者的卜算结果，那么违背誓言者必须立刻死亡（ithéōs），判决是完全由卜算的结果确定的。同样，在相反的情况下，当大部分占 221
卜者表示第一批占卜者指定为违背誓言的人是清白的，那么第一批占卜者必须死亡（dédoktai）：事情就是这样，判决是不能被讨论的，卜算也是一种决策的证据。

因此，在与国王的关系上，占卜完全是一种诊断，一种神意裁判，一种古老的证据。但还不仅如此。的确，从违背誓言者被带到占卜者面前开始，场景突然之间发生了变化，我们来到了正在审理官司的法庭里。从这一时刻开始，由占卜指定的违背誓言者便以被告的面目出现：他被“逮捕”，被“带上来”。[3] 他会怎么办呢？正如所有的被告一样，他开始会否认：不，我没有违背誓言。正是他的否认将对质变成了审判，的确，国王听到他的申诉，便派人去找来其他的数量多一倍的占卜者。

在对诉讼的正当性提出异议的同时，被告逼迫国王出面干预，让国王不得不处在法官的位置上，控制司法程序的进行。在这一点上， 222
斯基泰的国王扮演了令人吃惊的角色：国王既是病人，作为医生的占卜者关注的是他的身体，但国王也是法庭的庭长，而法庭正在审判对

1　前文所引德蒂安的作品第 49 页。

2　前文所引热尔内的作品第 269 页。

3　希罗多德，IV，68：“人们立刻便逮捕他们说的违背了誓言的人，并将他带上来。他被带来后，占卜者控告他，他们说，根据占卜的结果，他以国王灶火的名义发了誓，又违背了誓言。正是这一原因，国王才生病了。但是，他保证说他没有发过伪誓，他感到气愤。面对他的否认，国王派人再去找来数量多一倍的占卜者。如果这些占卜者通过卜算，说服违背誓言者认罪，那就会立刻砍掉他的头。第一批占卜者平分他的财产。如果相反，第二批来的占卜者声明他是无罪的，那么第一批来的占卜者就算完了，他们必须去死。”

他的“政治身体”造成的伤害。在这一新的角色分配当中，占卜者一旦面对违背誓言的被告，又变成了原告，而且文本使用的是司法的语言。他们“说服”违背誓言者认罪（elégkhousi）——“élegkhos”具有“足以说服某人信服的证据”的意思——在“说服他认罪之后”（katadḗsōsi），他们判决他，或者“宣布他无罪”（apolúsōsi）。这些都是属于司法辩论（agṓn）的词汇，辩论中的话语变成了对话，而且旨在说服对方。

但是，这种辩论很快便达到了极限，因为不可能有真正的对话。被告为了替自己辩护，只能“否认”，并“发出激烈的申诉”（deinológein），但是，他无法通过指证，证明自己是清白的，而占卜者是有知识的人，他们利用卜算作为证据，但是，因为他们的知识是不能讨论的，而且他们的证据不能“以实证的方式使用”[1]，之所以仍然具有证据的作用，是就这个词古老的意义说的。在占卜者试图说服的努力当中，他们实际上只是援引卜算的结果：“卜算的结果是他违背了誓言”，他们只是这样说，或者“他们在卜算中看到了”这一点。[2]这一次，希罗多德强调了占卜的眼见的特点，以确实表明卜算的结果是不能被讨论的。换句话说，斯基泰的“法庭”不是《俄瑞斯忒斯》（*L'Orestie*）中说的古希腊雅典的刑事法庭（Aréopage），古希腊雅典
223 的刑事法庭不是根据誓言审判案件，而是以事件的迹象和见证为基础，所以斯基泰的法庭不可能进行“调查”。

但是，这个奇怪的法庭还有一个很大的令人吃惊之处：最终起作用的，是多数人的意见。如果大多数占卜者宣判被告有罪，他就会被砍头；如果大多数声称他无罪，他就会被释放。[3]这样的规则让我们想

1　前文所引热尔内的作品第 213 页。

2　希罗多德，IV，68：esorôntes es tèn mantikèn。我们在 VII，219 看到这个动词的相同的用法，说的是占卜者梅吉斯提亚斯（Megistias）“在 *e*sidón es tà irà 之后，宣布……”。

3　我们可以在希罗多德介绍案件的处理方式当中指一个难处：国王召见三个占卜者，然后再召来六个。如果六个占卜者证实第一批占卜者的卜算，那人会被执行死刑；如果推翻了第一批占卜者的卜算，国王再召其他的占卜者，一直到产生多数意见。但是，当六名占卜者表明意见时，已经形成多数派了吗？

到共同誓言的方法。我们知道艾奥利德（Éolide）有一条关于杀人罪的库美（Kymè）法律："如果控告者在自己的亲属当中提供规定数量的见证人，那么被告便负有杀人的罪责。"[1] 亚里士多德提出这条法律作为例子，说明从前的立法很天真，而且简单、野蛮。我们知道还有其他的情况，尤其是在克里特岛，也说明集体的誓言具有决定性作用。[2]

"在古代法律中，这种办法是众所周知的，而且标志着一个转折点，因为它带有一定的天真，表明法律对证据的某种要求，但是这种办法也表明了初期审判的观念：按照人们的理解，共同发誓人既'不是真理的见证人'，也'不是具有可信性的见证人'，他们通过集体的承诺，并不能证实'事实'；他们招致对'权利'的一项决定，也 224
就是说，如果他们人数足够多，便可以保证他们代表的家庭一方的'胜利'。"[3] 虽然我们回顾的这种司法程序能够阐明斯基泰"法庭"的运行机制，但是两者之间还是有着重大的区别。的确，占卜者不代表任何"家庭一方"，而且尤其是，他们并没有宣誓：他们并没有共同宣誓，至多是在共同卜算而已。[4]

总起来说，这段表面看起来简单的文本，实际上很难理解。通过提出的一些联系，我们想说明，在真理产生的过程中，卜算的作用既是神意裁判，又是证据和见证。难以理解的部分原因当然是希罗多德没有明确说的一些事，比如：违背誓言者一旦被处决，国王的病能不能痊愈？如果被认定的背誓者最终被承认为无罪，占卜者要不要指定另一个有罪者？如此等等。但是，这一段简单的描述已经足够建立起

1　亚里士多德：《政治学》，II，VIII，20，1269 a（Aristote, *Politique*, II, VIII, 20, 1269 a : *pléthós ti martúrōn*）。

2　习俗仅仅局限于规定共同发誓者的必要人数；多数人的规则也可能起作用：正如戈提那（Gortyne）的一条法律规定（一条不完整的规定）所表明的那样——发誓者人数最多的一方获胜［nikên dótera k'hoi ṕ (lies ó) mósonti］；参见索戴尔：《古希腊法律的证据》，载《博丹学会文集》，XVI，1965年，第135—141页（G. Sautel, "Les preuves en droit grec archaïque", *Recueils de la Société J. Bodin*, XVI, 1965, pp. 135-141）。

3　前文所引热尔内作品第245页。

4　为了使这一画卷更加完整，我们还可以补充的是，占卜者通过抽签的方式（dialagchánousi）平分被处死者的财产。抽签在这里意味着什么呢？希罗多德只在此处使用了一次这个动词。

相异性：这是旅行者可以使用的一种办法，以提示存在的距离。这一
段文本很难领会，因为我们很难判断希罗多德的听众是以何种方式来
接受这一文本的：人们是如何看待这种官司的？把它看作一种奇怪的
诉讼程序？是一种十分古老的揭示真理的方式？或者相反，是人们在
某些情况下可以采用的一种办法？不管怎么说，在公元前 5 世纪的曼
丁尼亚，在处理一件亵渎神灵的案子时，人们也是按照神谕来判决的。
225 无论如何，它证明了占卜术、前法律和法律是密切地交织在一起的。

由于国王生病了，于是便启动了一系列寻求真理的程序，程序结
束时，“证明”背誓者果真违背了誓言，而且占卜者也是货真价实的
占卜者[1]，或者相反，背誓者是假的，占卜者也说了谎话，但是在两种
情况之下，事情在结束时都有人被处决。违背誓言者的脑袋会被砍掉，
也就是说，他是被当成敌人对待的。的确，斯基泰人会砍掉敌人的脑
袋。[2] 砍掉他的头，就意味着不再把他看成斯基泰人。有一个著名的斯
基泰人遭受了这种无疑是耻辱的死亡，那就是斯基莱斯[3]，他背叛了斯
基泰的“文化”，他哥哥便让人砍掉了他的头。因此，违背誓言者是
敌人，是叛徒，判处他死刑就可以证实，以国王的灶火的名义发了假
誓，就等于破坏了斯基泰的“koinónía”（共同性）。最终表现为“出
错的占卜者”的人也要在人世间消失。他们的死亡仪式很奇怪，也是
独一无二的：他们没有被当成敌人，而是接受游牧人的死亡：“人们
在一辆车上装满像小山一样的小木块，车套上几头牛，占卜者被捆住，
手被捆在背后，嘴里塞着东西，被紧紧拴在小木块当中。人们将木柴
点着，把受到惊吓的牛赶走。”[4] 如果占卜者不是好医生，无法说出国王
226 身体的病因，无法找出真理，人们便会将他从国王身边赶走。没有人
咒骂他，没有人打他，也没有人粗暴地对待他，但是他会被烧死，他

1 埃斯库罗斯在《阿伽门农》中谈到卡珊德拉（Cassandre）时（Eschyle, *Agamemnon*, 1241），使用的词是“alethemántis”。

2 希罗多德，IV，64。

3 同上，IV，80。

4 同上，IV，69。

将在草原上消失，他的骨灰将四散在草原上：他是“pharmakós”（替罪者），然而，他只负有自身的“过错”，他会死于“pseudomántis”（谎话），死于出错的占卜。国王死亡之后，在被埋葬之前，会被人们抬着到各地臣民家里转一圈，像一般人走亲戚一样，但是占卜者会被扔上熊熊燃烧的牛车：他的被烧焦了的尸体没有墓地，也没有任何人来收集他的骨灰。他消失得无影无踪：草原就像大海一样。

占卜者是真理的主宰者，是控告者，是国王的医生，但是，在拥有这些身份的同时，他们也是在拿自己的生命冒险。虽然说他们的力量很大，但是同时，他们也十分脆弱，而且力量与弱点的结合，标志着相对于权力来说，他们的地位是模糊的，他们为权力效劳，权力也需要他们。而且这种模糊性根本不会让希腊人感到吃惊，他们也曾经遇到过占卜者和统治者之间的关系问题。只要提到特伊西亚斯这个人物，我们就会明白这一点。[1] 另外，他们的地位的模糊性得到了进一步的加强，因为，在数量众多的斯基泰占卜者当中，有一类特别的占卜者，一些非男非女的人（Énarées），一些又是男又是女的人。[2] 但是，特伊西亚斯先是男人，后来变成了女人，再后来又变成了男人，这就 227
证明，在斯基泰的占卜者当中，也有这类作为人神之间的中介的人，希腊人愿意把这类人想象成某种模糊的存在。

国王的疾病表明，国王这个人物就是专制权力的中心，在这个中心，国王的身体和社会体倾向于混合在一起。同时国王也是一个病人，人们关注躺在病床上的他，但他又是从头至尾控制程序的法官：他才

1　马塞尔·德蒂安：《古希腊的真理主宰者》，第 50 页，注 111（M. Detienne, *Maîtres de vérité*, p. 50, n. 111）。关于特伊西亚斯，参见布里松：《特伊西亚斯的神话》，莱登，1976 年（L.Brisson, *Le Mythe de Tirésias*, Leyde, 1976）。关于巫术的地位，参见奥吉：《对巫术的信仰》，载《世界的建设》，巴黎，1974 年，第 52—70 页（M. Augé, “Les croyances à la sorcellerie” , in *La Construction du monde*, Paris, 1974, pp. 52-70）。

2　有好几个文本讲到非男非女的人：希罗多德，I，105；IV，67。希波克拉底：《论空气、水和土壤》，XXII。希波克拉底认为，非男非女的人是变成了无性能力的男人，他们像女人一样生活和穿衣，但是他们根本不是占卜者。亚里士多德：《尼哥马可伦理学》，VII，7（Aristote, *Ethique à Nicomaque*, VII, 7）。亦参见布里松：《古希腊的双性人和中介》，载《心理分析新杂志》，巴黎，1973 年春季号，第 27—48 页（L. Brisson, “Bi-sexualité et Médiation en Grèce ancienne” , *Nouvelle Revue de psychanalyse*, Paris, printemps, 1973, pp. 27 à 48）。

是下达杀人命令的人。权力的集中特点表现在赫斯提亚的地位上，表现在国王的灶火所具有的基本作用上。

肉体之死：国王的葬礼

> 再告诉你一个最为神奇不过的事：当伟大的国王的尸体被抬到山里来埋葬的时候，虽然路上要走四十多天，但一路上遇到的所有人都会被抬尸队列前边的人用剑杀死。他们一边杀人，一边说："到另一个世界去服侍你们的主子去吧！"[1]

对于观察者、旅行家和人类学家来说，葬礼一向是重要的内容。对善于观察的人，葬礼可以说明很多有关部落、人种或者社会生活的问题；对善于倾听的人，通过正在举行的葬礼活动，可以重新建立有
228 关群体的想象系统。[2] 因此，我们可以提出如下的问题：在希罗多德的话语中，他人的死亡具有何种地位？如果我们以斯基泰国王的死亡为例，对这种情景的描述在多大程度上具有关联性？[3]

死亡是相异性的标志，它按照同样的划分，发生在相同者和相异者之间，而且一次次地重新开始：死亡是差别的操纵者，这就等于说："告诉我你怎么死，我就可以告诉你你是什么样的人。"但是，死亡可以作为鉴别因素，也是分类的指示和对象：的确，观察者可以建立一个死亡习俗的画卷，从"极端的相同者"到"极端的相异者"。琉善在《关于葬礼》的论文中，以这样的关联性为基础，声称："希腊人火葬，波斯人土葬，印度人将尸体装在玻璃柜中，斯基泰人将尸体吃

---

1 马可·波罗：《对世界的描述》，第 69 章（Marco Polo, *La Description du monde*, chap. 69）。

2 涂尔干：《宗教生活的基本形式》，巴黎，1912 年，第 557 页及以后部分（É. Durkheim, *Les Formes élémentaires de la vie religieuse*, Paris, 1912, pp. 557 *sq*）。

3 希罗多德，IV，71—73。

掉，而埃及人则用盐将尸体腌制起来。”[1]

死亡与公民空间

死亡与空间有联系，死亡甚至是想象空间的一个元素：群体如何对待死去的人，是否把死去的人留在家中，是否把死去的人安置在一个特别的地方，等等。如此看来，死亡的相异性和空间的相异性也许是并驾齐驱的。

古典城邦如何安置死去的人？不能把死去的人埋在城里，这是规矩。[2]当然，也有一些例外的情况，比如，这一规矩好像不适用于儿 229
童；波萨尼亚（Pausanias）指出，墨伽拉城内就有坟墓。[3]塔兰托城墙里面也发现有大型公墓。最后，斯巴达也有不一样的情况：“为了消除人们迷信的恐惧，他（吕库古）不禁止人们将死人葬在城里，而且将墓地设在神庙旁边。”[4]面对这一奇怪的现象，普鲁塔克做出了合理化的解释，比如吕库古之所以采取和习俗相反的做法，显而易见是出于教育的目的：“让年轻人在坟墓之间长大，让孩子们习惯这种情景，不让他们对死亡感到害怕和恐惧，不让他们产生谁触摸死人或者穿过坟墓，谁就会沾染晦气的观念。”[5]

但是，还有另外一种人是例外，那就是英雄。城邦将英雄葬在哪里呢？我们需要对这个问题做一个简单的探索，以便理解斯基泰国王的葬礼。为了表达对英雄的敬重，城邦愿意将英雄葬在集会广场

1　琉善：《关于葬礼》，21（Lucien, *Sur le deuil*, 21）。我们应指出的是，本来希罗多德认为是埃塞俄比亚人的做法的（III，24），琉善说是印度人（将尸体装在玻璃柜中），希罗多德说是印度人的习俗的，琉善说是斯基泰人的。因此，这些项目在“相异者”中的分配是不同的。可用的特点是固定的，但这些特点在分配上有变化。

2　库兹、博尔德曼：《希腊的习俗》，伦敦，1971 年，第 91 页及以后部分（D. Kurtz, J. Boardman, *Greek Burial Costums*, Londres, 1971, pp. 91 *sq*）。

3　波萨尼亚，I，43，2。

4　普鲁塔克：《吕库古生平》，27（Plutarque, *Vie de Lycurgue*, 27）。吕库古从两个方面反对规则：他允许将死人葬在城里，而且同意将死人葬在神庙的旁边。

5　普鲁塔克：《吕库古生平》。

（agorá）上。[1] 克利斯提尼想除掉的阿德剌斯托斯（Adraste）被葬在了西锡安的集会广场上；[2] 同样，忒修斯（Thésée）也在公元前 476 年冠冕堂皇地被安置在了“城市中心”的忒修斯神庙（Théseion）里。[3] 和英
230 雄人物接近的另外一类人，也常常有幸被葬在集会广场，那就是城邦的创立者，比如塞拉的巴图斯（Battos à Cyrène）[4]，以及后来马尼齐的地米斯托克利（Thémistocle à Magnésie）、安菲波利斯的布拉西达斯（Brasidas à Amphipolis）[5]，等等。品达作品的一条注释甚至认为，这是一种规则：[6] “城邦的创立者（oikistes）一般是被埋葬在城市中心的。”

英雄还可以被安葬在其他的地方：城墙上，尤其是城门处的城墙上。奥克西罗斯（Oxilos）的儿子艾托罗斯（Aitolos）就被安葬在韦利亚的城门上；[7] 还有埃雷特里亚（Érétrie）的君王——他的坟墓被贝拉尔（Cl. Bérard）挖掘——“和一些其他的英雄（herôa）的坟墓，常常都被放置在城墙里面，让他们以超自然的神力保护城门……在埃雷特里亚，君王及其武士们的神灵都在坟墓里看守着西大门，面对他们的对手哈尔基斯（Chalcis）”。[8]

最后还有第三种值得安葬英雄的地方，那就是领土的边界线上。奥林匹克的第一个优胜者科洛伊博斯（Koroibos）便长眠在艾利

1　我们可以根据罗赫德的《普赛克》（E. Rohde, *Psyché...*, trad. franç. Paris, 1928, pp. 132-134），菲斯特的《古代圣物》（F. Pfister, *Der Reliquienkult im Altertum*, Giessen, 1912）和马丁的《古希腊政治集会广场研究》（R. Martin, *Recherches sur l'agora*, Paris, 1951, pp. 194 *sq*）列出一个清单，看一看都有哪些英雄被埋葬在了城邦的集会广场。

2　希罗多德，V，67。

3　普鲁塔克：《客蒙生平》，8；《忒修斯生平》，36（Plutarque, *Vie de Cimon*, 8, *Vie de Thésée*, 36）；波德来基：《斯基罗斯的客蒙和忒修斯》，载《希腊研究杂志》，1971 年，第 91 期，第 131 页［A. Podlecki, “Cimon Skyros and theseus, Bones”, *Journal of Hellenic Studies*, 1971（91）p. 131］。雅典传说中其他的国王，凡是有自己的墓地的，都葬在古卫城（Acropole），比如埃莱克忒斯（Érechthée）、喀客洛普斯（Cécrops）和潘狄翁（Pandion）。

4　品达：《胜利曲》，V，87 及以后部分（Pindare, *Pythiques*, V, 87 *sq*）。

5　修昔底德，I，138；V，11。

6　品达作品注释，《奥林匹克》，I，149（Scholie Pindare, *Olympiques*, I, 149）。

7　波萨尼亚，V，44（Pausanias, V, 44）。

8　贝拉尔：《埃雷特里亚，III，西大门的英雄》，伯尔尼，1970 年，第 70 页（Cl. Bérard, *Eretria III, L'Herôon à la porte de l'Ouest*, Berne, 1970, p. 70）。

德的“边境线上”（epì tôi pérati）[1]，而且据说他的坟墓就是国家的边界（horizei）；另外一个叫科洛伊博斯的人，米格冬（Mygdon）的儿子，在弗里吉亚的边境上有座坟墓（en hórois）。[2]

上述几个例子足以表明，一个英雄可以被安葬在集会广场上、城 231
门里，也可以长眠于国家的边境线上。[3]因此，从领土标记的角度来看，上述三种地方是一样的。

由此看来，人们特别敬重的遗体具有何种作用呢？人们指望死去的人为活人站岗放哨、守护疆土，或者指望他们为胜利提供保证。比如，希罗多德便详细地叙述了俄瑞斯忒斯（Oreste）的遗骨的遭遇。[4]斯巴达人在军事上经常受到泰格亚人（Tégéates）的打击。像这样的规律只能归咎于某位神的敌视，斯巴达人向皮提亚请示，皮提亚向他们允诺说，等他们将俄瑞斯忒斯的遗骨安葬在他们国内时，他们一定会取得胜利：到那时，“你就会成为泰格亚（Tégée）的保护者”。经过漫长的寻找，一个名叫利恰斯（Lichas）的斯巴达人，终于在泰格亚一个铁匠铺里发现了俄瑞斯忒斯的遗骸。他将俄瑞斯忒斯的遗骸带回斯巴达，安葬在集会广场上。“从那一时刻开始，每当拉栖第梦人和泰格亚人互相争斗时，拉栖第梦人在武器上总是远远地占上风。”忒修斯也是这样从斯基罗斯（Skyros）回到雅典的。普鲁塔克认为[5]，他的遗体之所以回归故里，首先是因为马拉松的战士们看到了他手执武器的亡灵。[6]当客蒙（Cimon）成为海岛的主人之后，他便“竭尽全部热情”寻找忒修斯的遗体，终于发现了一口“棺材，里面是一个身材高大的人，身旁放着一支矛枪的枪尖和一把青铜剑”。

反过来，城邦也可以驱除对城邦造成伤害的英雄。比如，克利斯 232

1　波萨尼亚，VIII，26，3（Pausanias, VIII, 26, 3）。

2　同上，X，27，1。

3　两个名叫科洛伊博斯的人被埋葬的地点标志的是领土，而不是城邦。

4　希罗多德，I，67—68。前文所引罗赫德的（Rohde）的作品第 133 页对遗体运送的过程讲述得更加详细。

5　普鲁塔克：《忒修斯生平》，35（Plutarque, *Vie de Thésée*, 35）。

6　波萨尼亚，I，15，3（Pausanias, I, 15, 3）。

提尼便听到人们要求将阿德剌斯托斯从西锡安的集会广场上清除掉的话，因为阿德剌斯托斯是亚哥斯人。将阿德剌斯托斯葬在集会广场上，就好比是在城市的中心埋葬了一个叛徒一样。因为皮提亚不同意这一计划，他必须放弃自己的打算。为了让人看起来阿德剌斯托斯是“自愿走的”，他使用了如下的妙计：他将另一个英雄梅拉尼普（Mélanippe）安葬在会堂旁边，而他认为梅拉尼普是阿德剌斯托斯的死对头。

因此，在英雄和领土之间，建立起了非常密切的关系：当泰格亚人失去俄瑞斯忒斯之后，他们也就失去了对领土的军事控制，因此最终也就失去了对领土的控制。反过来，斯巴达人便赢得了泰格亚人失去的东西。因此，英雄也是指代领土的形象。在这样的条件之下，只要涉及对这些人物的召唤，皮提亚是一定有发言权的，也可以说是决定权。

最后还有那些被埋葬在秘密地点的人物。比如科林斯的独裁者佩里安德大概对自己的身后事感到不放心，便设想了一个狡猾的计策：“他命令两个年轻人夜里出发到他指定的路上去，把遇到的第一个人杀死，并埋葬。这两个人出发之后，他又派出四个人紧跟他们而去，这四个人的使命是将前面派出的两个人杀死，将他们埋葬，后面又派出其他的人，追杀那四个人，如此等等。”[1] 当然，最先派出去的两个人遇到的第一个人，显然就是佩里安德。十分清楚的是，他想避免他侄子库普赛鲁斯（Cypsélos）被推翻之后发生的事，不想让人侵犯他的坟
233 墓。大马士革的尼古拉斯（Nicolas de Damas）写道：“人民将库普赛鲁斯的遗体扔到国境线以外，曝尸荒野，破坏了祖宗的坟墓，将遗骸从墓中挖了出来。”[2] 我们注意到的一个细节，是将遗体“扔到国境线以外”，这时的尸体不是对人有利，而是变成了“pharmakós”（替罪者），被驱逐出国境。

---

1 第欧根尼·拉尔修，I，96（Diogène Laërce, I, 96）。

2 雅各比：《古希腊历史学家作品残篇汇编》，60 F 60（*F. Gr. Hist.*, 60 F 60, Jacoby）。

为了不让任何人知道墓葬之地，除了这种自私的、专制的理由之外，还有无私的和英雄的理由：如果敌人知道某个具有保护作用的英雄的埋葬之所，会将他的遗骨抢走，从而取得优势。普鲁塔克说，英雄的坟墓往往是“秘密的”，而且“很难找到”的时候，他想到的就是这种理由。[1]最明显的例子是俄狄浦斯在克罗诺斯（Colone）的墓地。[2]俄狄浦斯在快死的时候，叫来忒修斯；忒修斯是唯一能够知道他的准确死亡地点的人。但是忒修斯是盲人，于是俄狄浦斯当了忒修斯的向导，将他领到他的“墓地”的准确位置上：[3]“可是你不要告诉任何人这个地方，不要向任何人透露它藏在哪里，以及它所处的位置，如果有一天，你想让我给你帮个抵得上 1000 张盾牌的忙的话。”恰恰是俄狄浦斯许诺的这支“援军”，使得雅典城免遭“大地的孩子们”有可能对它的劫掠。俄狄浦斯是从忒拜被赶出来的，所以现在他是最能够保护阿提卡免遭忒拜劫掠的人，他从“替罪者”变成了保护城池的英雄。[4]墓葬的秘密正如城市被围困时军营的秘密暗语一样，能够加强对城市 234
的保护作用。

通过以上对英雄墓地的介绍，我们可以更好地理解斯基泰国王的葬礼。斯基泰国王的葬礼从潜在的意义上与这种空间结构相关，又使这种空间的结构发生了不同的变化。

墓地和“边塞”

国王被埋葬在哪里呢？被埋葬在盖尔罗斯人（Gerrhos）的地盘上。[5]

1　普鲁塔克：《关于皮提亚的神谕》，27（Plutarque, *Sur l'oracle de la Pythie*, 27）。

2　索福克勒斯：《俄狄浦斯在克罗诺斯》，1518 及以后部分（Sophocle, *Œdipe à Colone*, 1518 *sq*）。

3　波萨尼亚知道两个俄狄浦斯的坟墓：一个在亚略巴古（Aréopage），在赛姆努瓦（Semnoi）神庙的墙里面（I, 28, 7）；另一个在克罗诺斯的一个英雄庙（herôon）中，里面供奉着佩里索俄斯（Perithoos）、忒修斯、阿德剌斯托斯和俄狄浦斯的坟墓。

4　让-皮埃尔·韦尔南：《古希腊的神话和悲剧》，巴黎，1972 年，第 101 页及以后部分（J.-P. Vernant, *Mythe et tragédie*, Paris, 1972, pp. 101 *sq*）。

5　希罗多德，IV，71。

盖尔罗斯人居住在盖尔罗斯，是臣服于斯基泰人的最偏远（éschata）的部落。要想到达那里，必须沿波里斯泰内河而上，因此也就是向北走40天。这个地方也是船在波里斯泰内河航行的极限，而且也是人们知道的河流的最远处：再往上（tò katúperthe），就没有人知道其河道是沿着什么方向流淌，沿途经过什么部落居住的地方了；也是在这个地方，波里斯泰内河分出一条支流，名叫盖尔罗斯河，盖尔罗斯河流入希帕基里斯河（Hypakiris）。[1] 因此，盖尔罗斯是一个偏远的地区，对于更远处的地方，就没有任何记载了[2]，甚至连传说也没有。斯基泰人就是把他们的国王埋葬在如此偏远的地方。为什么是这里呢？人们不是把国王像英雄一样埋葬在这里，好让国王保卫国家的北部边界，不让野蛮的或者特别好战的部落来进犯，因为没有人知道再往北还有什
235 么部落。我认为相反，被埋葬在那里的国王不是为了保护边界，而是为了使他们的遗体得到保护，正好比把英雄的遗体埋葬在秘密的墓地里一样。对于斯基泰人来说，北部就是很好的保护地，就是庇护所。在大流士入侵的时候，我们就明白这一点了。在斯基泰人采取的保护措施当中，有一项就是让妇女、儿童和大部分牲畜先行离开："他命令人们不停地向北走。"[3]

即使被安葬在斯基泰王国的偏远地区，国王们照样与"领土"有着密切的联系，否则我们就不明白为什么要把他们的墓葬藏起来。当大流士不明白斯基泰的国王为什么不与他开战时，斯基泰国王伊丹西尔斯让人给大流士送信说："你找到我们父辈的坟墓，胆敢打扰他们，你就会知道，我们会不会为了这些坟墓而与你们开战，或者我们会不会拒绝与你们面对面地战斗。但是在此之前，除非我们愿意，否则我们是不会与你战斗的……"[4] 因此，对于伊丹西尔斯来说，

1 希罗多德，IV，56。
2 同上，IV，53。
3 同上，IV，121。
4 同上，IV，127。

国王的坟墓和国家是有联系的：找到国王的坟墓，并破坏这些坟墓，那就等于是对国家的伤害。和在希腊一样，找到国王的坟墓，就等于找到了英雄的坟墓，就等于控制了领土（至少从潜在的意义上说是这样）。

国王活着的时候，在国家占有中心的地位，正如“斯基泰人的女王”灶神赫斯提亚的地位一样，正如以“国王的灶火”的名义发誓的重要性一样。国王就是中心，不过，这是个不停移动的中心。

一旦死去之后，人们却把他运到如此遥远的地方，几乎远到天涯，这该怎么解释呢？对于斯基泰人来说，北部无疑是庇护之地，但 236
是还有一个更加根本性的原因，那就是他们是游牧人。城邦将英雄埋葬在集会广场上、城门里或者边境线上，经过这样的布置，这些坟墓是一个空间的标志，表示了公民领土的意识，但是，正如伊丹西尔斯向大流士说的那样，斯基泰人“没有城市，也没有耕种的土地”，相反，他们是在马背上和营地里生活的人，他们的领土就是不断移动的地方，而不是一片“安排好”的空间。代表中心的国王死去之后，怎么安置他们的遗体呢？斯基泰人没有“集会广场”来埋葬他们的尸体。文本说，国王死后，斯基泰人将他的尸体“装”（analambánousi）上车。人们不会说明他在哪里：他恰恰是哪里也不在，他没有规定的地方：国王可以死在任何地方。活着的时候，他的确可以是一个活动的小圈子，而这个小圈子的周边可以是到处，任何地方也不算是中心。在游牧生活的必要性和功能的中心之间的妥协，便是一个“偏离中心”的固定点：坟墓将位于边缘地带。斯基泰人没有城市和耕种的土地需要保卫，所以他们没有必要列队与大流士开战，严格说来，大流士甚至算不上是侵略者；相反，如果他找到了国王们的坟墓，那他就成了“侵略者”，斯基泰人就必须与之面对面地战斗。因此，游牧的空间并不是一个完全无差别的空间，它还是有一个节点，作为这个空间的指代象征。而且，希罗多德也明确说明了这种指代的意义：在埋葬国王之前，斯基泰人会在盖尔罗斯人的地盘上挖一个“很大的正

方形坑道”（tétrágōnon），在文本的稍远处，叙述者证明说，斯基泰
237 人的领土从总体上来看就是一个正方形：“因为斯基泰王国是个正方形……”[1] 因此，为了确定斯基泰国王坟墓的空间，希罗多德使用了说明公民空间和英雄墓葬之间关系的结构，但是游牧生活的因素，使得本来处在中心的仍然在中心，只是变成了一个“偏离中心”的点。他按照相同的方式思考墓葬的空间，只不过将其原点挪移了位置：对于城邦来说，“边塞”（éschata）是指离中心最远的地方，而对于斯基泰人来说，“éschata”恰恰代替了中心。另外，有了这个“偏离中心”的地方，有了这个边境线上的固定点，斯基泰的空间看起来才是游牧人的空间。因此，这些坟墓不是选在斯基泰人的领土上（若是那样，那就意味着这不是游牧人的空间了），而是选在边缘地带（从而使这一空间成为无差别的空间，成为没有固定标志点的空间），这完全符合叙述的逻辑。

在到达死亡的空间之后，人们会举行盛大而奇怪的仪式，仪式表现出的相异性似乎非常之大。希腊人在死亡和葬礼之间，正常情况下会举行“遗体瞻仰”仪式（próthesis）：死者由亲人中的妇女或者 60 岁以上的妇女洗浴和穿衣，然后被摆放在一张床上。遗体的展示仪式是在死亡之后的第二天，一般持续一天。“遗体瞻仰仪式的目的不仅是为了证实某人的死亡，也是传统的哀悼方式，供亲友表达他们最后的敬意。”[2] 但是斯基泰人没有类似的“遗体瞻仰”仪式；完
238 全相反的是，国王的遗体被放在一辆车上，由各部落分别运送，每个部落的人将灵车接过来，再传递给下一个部落，一直传递到盖尔罗斯人手中。盖尔罗斯人是最后一个部落。因此，这不是死者的臣民来向国王的遗体告别，而是死者最后一次去拜访各处的部落，因此，从程序上与“遗体瞻仰”的仪式完全相反。这也是游牧生活的

1　希罗多德，IV，101。
2　前文所引库兹·博尔德曼的作品第 144 页。

一种表达形式：国王的重要形象只能是流动的形象，国王的灵车向着北方而去，同时也对各个部落一个个巡视一番（perieltheîn），灵车似乎就是这种形象的写照。对长长的护灵队列，希罗多德没有用常用的词“ekphorá”，因为对于希罗多德的听众来说，这个词让人想到的，是从前皇亲贵戚的葬礼[1]，正是为了反对这种习俗，城邦才推行了共同的葬礼模式。

这种“相反的遗体瞻仰仪式”可以从游牧生活中得到解释，对普通人的待遇也证实了这一点：普通人去世了，人们也是把遗体放在灵车上，带着遗体去拜见亲属；正如国王去巡视各个部族一样，普通人的遗体是到各个亲属家中去拜见，或者分别乘着各个亲属家的车，到各个亲属家（phílous）去转一圈（periágousi）。要到达盖尔罗斯人的地盘，国王的遗体有 40 天的路程，而一般人的遗体也要走（periágontai）40 天，才能下葬。[2]

肢体伤残、用防腐香料处理尸体、将人勒死

因此，斯基泰“帝国”的所有部族相继参与送葬的队伍。各部族的参与是以何种形式表现的呢？“一个部族的人接到别的部族传递来的国王的遗体时，就像王国的斯基泰人一样，他们会割下（apotámnontai）一块自己的耳朵，剃掉脑袋周围的头发（perikeírontai），在胳膊上割开几道口子（peritámnontai），将额头和鼻子抓破（katamússontai），用箭刺穿左手掌（diabunéontai）。”[3] 除了由各个部族护送遗体之外，作者还描写了人们自残的情景，这种情景自始

1　阿莱休：《哀悼仪式》，剑桥，1974 年，第 7 页（M. Alexiou, *The Ritual Lament*, Cambridge, 1974, p. 7）：“阿提卡花瓶上的图案表明，从几何形状和古代的时期来看，出殡仪式是一项盛大的公众事件，棺木放在灵车上，由两匹马拉着，后面跟着女性亲戚、专职哀悼者和带有武器的男人。”

2　希罗多德，IV，73。我认为最好把“philous”译成“亲属”。

3　同上，IV，71。

至终陪伴着送葬的队伍，从斯基泰人的地方，一直到盖尔罗斯人的地方，一路上留下不可磨灭的痕迹。叙述者绝对没有明确说由“什么人接收死者”的遗体：整个场景都是在用现在时所营造的不受时间限制的气氛中展开的，而且实际上没有任何叙述的标记。

用来描写这些活动的词汇并不是随意选择的，因为大体上来看，文字勾勒出蛮族人的世界，在这样的世界里，自残的行为是勇敢的一种形式。[1] 的确，波斯大王会自残，法老有时候也会，而且在战争的某些习惯做法当中也有这样的行为，尤其是斯基泰人的一些做法。在权
240 利的范围和自残之间，有着明显的联系。[2] 因此，城邦里不会有这种伤残肢体的行为：公民的身体完整性是绝不能伤害的。只有当人们想让奴隶做证，只有想从奴隶口中了解事情的真相时，才可以对奴隶用刑。我们很奇怪地注意到，对城邦的排斥和对真相的排斥是并行不悖的。反过来，伤残自己，也就等于把自己置于权利的范围之外，在斯基泰人的心目当中，权利，甚至前权利（pré-droit）都是不适用的。因此，在举行葬礼时伤残、自残，甚至简单地击打自身等行为，首先表现的是城邦之外的情景。除了斯基泰人之外，我们还可以提到埃及人：“（家里的女人）在城里到处转，同时不断地击打自己的身体，衣服用一条腰带系着，露着乳房，亲属中所有的女人都与她们在一起。另一方面，所有的男人也不断地击打自己的身体，衣服用一条腰带系着。”[3]

这样的做法也让我们想到过去的情景，想到城邦还不是城邦时的情景。比如雅典，那还是在梭伦立法之前。当埃庇米尼得斯（Épiménide）来到雅典，与梭伦建立了友谊之后，“他让雅典人习惯

---

1 在希罗多德的作品中，“Katamússō”一词只使用过一次。“Perikeírō”在 III，54 中也使用过，是讲波斯人佐皮尔（Zopyre）自残。“Peritámnō”一词主要使用在 IV，64 中，讲到斯基泰人如何割头皮，在 II，162 中使用这个词讲到法老如何造成某个埃及人的肢体伤残。“Apotámnō”一词也出现在同样的语域当中（割掉人的手臂、鼻子、耳朵、脑袋）。

2 热尔内：《希腊法律和道德思想的发展研究》，巴黎，1917 年，第 211—252 页（L. Gernet, *Recherches sur le développement de la pensée juridique et morale de Grèce*, Paris, 1917, pp. 211-252）。

3 希罗多德，II，85。前文所引热尔内的作品中也说：“葬礼包括一系列仪式性的办法（往身上撒灰尘，用指甲抓挠自己，伤残自己），既表达了死者亲属必须有的痛苦，也表明家里少了一个人，间接地伤害到他们，减小了他们的作用，而且从宗教的意义上削弱了他们。”

了……在葬礼活动中更多地节制自己（praotérous）……取消了一些粗俗和野蛮的做法，而从前很多妇女是不得不这样做的”。[1] 在文本中稍后些地方，这些“粗俗和野蛮的做法”有了更加明确的说明：“（梭伦）禁止妇女在击打自己时，伤残到皮肤，不许虚张声势地哀诉，除了对死者之外，不许为其他人痛哭。”[2] 相反，在叙事诗的世界当中，这些葬 241
礼的“过分”表现是完全得到允许的：当帕特罗克洛斯死后，阿喀琉斯和他的战士们（Myrmidons）尽情痛哭了很长时间，“哀怨声声”。[3] 在点燃木柴焚烧朋友的遗体之前，阿喀琉斯还将自己的卷发作为供品奉献给他。[4] 同样，在悲剧当中，《哀求者》的合唱也说：“我的肌肉被我的指甲抓出道道伤痕，灰烬落在我的头上。”[5]

这些葬礼的表现还让人想到其他的事情，让人想到从前一些妇女的行为：在城邦中，问题来自妇女；如果立法者不注意，她们会在丧葬仪式中做出过分的举动。在仪式的不同时刻，大概都是她们出面，但是必须明确规定有哪些界限是她们无论如何都不能逾越的。比如，《伊优利斯法》（La loi de Iulis）便规定哪些女人可以进入死者家中，并指出，“哀悼”（ekphorá）时，应保持“静默”。[6] 关于斯基泰国王的葬礼，希罗多德没有明确说送葬的队伍中是否有人哀号和哭诉：好像一切都是静悄悄地进行的。

送葬队伍中的人只是自残，国王的遗体却会受到特别的敬重，因 242
为需要用香料处理国王的遗体：“先将腹部打开，进行清洗，然后在里面填满剁碎的油莎草、乳香、香芹子和茴香子，然后再将腹部缝好。”[7]

1　普鲁塔克：《梭伦生平》，XII，8（Plutarque, *Vie de Solon*, XII, 8）。

2　同上，XXI，6。在弗拉斯利埃尔（Flacelière）的翻译当中，不是“虚张声势地哀诉”（plaintes affectées），而是“用诗体表现的哀诉”。详见赖纳：《哭丧仪式》，斯图加特—柏林，1938 年，第 4 页（E. Reiner, *Die rituelle Totenklage*, Stuttgart-Berlin, 1938, p. 4）。

3　荷马：《伊利亚特》，XXIII，6 及以后部分（Homère, *Iliade*, XXIII, 6 *sq*）。

4　同上，第 140 页。

5　欧里庇得斯：《哀求者》，836（Euripide, *Les Suppliantes*, 836）。

6　《希腊司法说明文集》第 1 册，第 2 号，第 11 页（*Recueil des inscriptions juridiques grecques*, 1er fasc., No 2, p. 11）：“去参加葬礼仪式的妇女要先于男人从现场回来……死者遗体被移走之后，只有与死者有直接关系的妇女才能够进入死者的家里……”

7　希罗多德，IV，71。

这样的做法十分令人吃惊，而且斯基泰用香料处理尸体的人使用的植物在《历史》中的任何地方都没有再次出现过，乳香除外，埃及处理尸体的专家也使用乳香。[1] 至于处理尸体的方法，书中的描写让我们想到伊希斯（Isis）的祭祀仪式，在仪式举行的过程中，牺牲者的肚子里填满“香料”（arómata）。为什么要写这些植物呢？这些东西属于“香料”，因其“气味好”而著称[2]，因此，它们的作用与埃及人放在牺牲者肚子里的香料是一样的。但是其中的一种，也就是香芹，在希腊的葬礼中也有出现。[3] 比如，蒂莫莱翁（Timoléon）看到运输香芹的驴，认为是不祥之兆，因为“人们习惯于用香芹做成花环，装饰死者的坟墓”，而且还有一句俗话说，“病重的人，只能需要香芹了”。[4]

普林尼（Pline）也说“葬礼餐用香芹”。[5] 虽然香芹和死亡在希腊人
243 心目中是有关系的，但是在斯基泰人的实践当中，这些东西的意义还是出现了很大的偏差，因为它们是被当作香料，用来处理国王的遗体。

遗体在用香料处理之前，还有一项工作，那就是“将蜡涂在遗体的身上”。这种做法虽然不同寻常，却不是独一无二的。的确，波斯人也用这种方法，“在将遗体埋进土地之前，先涂上蜡”。[6] 斯巴达也有过明确的案例，证明有人使用这种方法。因此，斯基泰人在处理国王的遗体的时候采取的做法，让读者想到埃及，想到波斯人，而且最后也想到斯巴达（这就与《历史》的背景无关了），但是每一次都有一些不同之处。最后的问题是，我们能不能赋予这些偏差一种意义。在波斯人那里，所有的遗体似乎都要涂蜡。在埃及，如何用香料

1　希罗多德，II，86。乳香还在以下地方出现过：I，183；II，40；VI，97。

2　朗巴赫：《忒奥克里托斯作品中的植物》，海德堡，1970 年，第 35、44 页（K. Lembach, *Die Pflanzen bei Theokrit*, Heidelberg, 1970, pp. 35, 44）。

3　穆雷：《希腊神话中的动物》，格罗宁根，1969 年（J. Murr, *Die Pflanzenwelt in der griechischen Mythologie*, Groningue, 1969）。

4　普鲁塔克：《蒂莫莱翁生平》，26（Plutarque, *Vie de Timoléon*, 26）；蒂莫莱翁对这些士兵说，这根本不是让人感到担心的征兆：香芹是用来制作伊斯米安运动会花冠的材料。亦参见 E. Leutsch et F.G. Schneidewin, *Corpus Paroemiographorum graecorum*, II, p. 639。

5　普林尼：《博物志》，XX，113（Pline, *Histoire naturelle*, XX, 113）。

6　希罗多德，I，140。

处理遗体是有市场价格的，需要商谈“工钱”（misthós）[1]：有三种价格，而且就连木乃伊也是有某种价值的，因为一个人可以抵押父亲的木乃伊，作为贷款的保证金。[2] 城邦则完全拒绝用香料处理遗体：遗体经过最亲近的人或者 60 岁以上的妇女洗浴、涂上油、穿好衣服，并经过修饰。

国王的遗体被装在一辆车上，经过漫长而颠倒过来的瞻仰仪式之后，真正的葬礼仪式才开始。这场庄严的仪式无声无息、摄人心魄，但是给评论者留下的口实很少：听到讲述这一故事的希腊人如何接受这一场面呢？这一场面所代表的相异性似乎达到了顶点，场面是无声 244
的，像无声的电影一样一步步发展下去，旁观者感到的惊奇也只能是无声的。

在雅典，为死亡的士兵举行公共葬礼时，在指定的演说者主持下，葬礼仪式是整个城邦的一场重大庆典活动。妮科尔·洛罗（Nicole Loraux）[3] 指出，光荣的死亡（ándres agathoí）极大地扩大了语言的作用，使情景退居次要的地位：的确，在葬礼期间，可见的场景作用被大大降低，重要的是话语。在斯基泰人那里则相反，大家在葬礼上一声不吭，任何可以说得出来的话语都无法表达死亡的意义，臣民的痛苦无法表达群体所遭受的损失。不，放在灵车上的遗体是供人瞻仰的，正如波斯人马锡斯提奥斯（Masistios）的遗体一样，马锡斯提奥斯的遗体也是放在车上游行，人们说，他的遗体“值得被人们瞻仰”。[4] 为什么要保持静默呢？我们可以用游牧民族的特点来解释。的确，城邦代表的是充分的共同性（koinōnía），而共同性又打造了完全属于政治的话语，为的是自言自语，为的是留下对自我的记忆；与此相对的是游牧人，而游牧人几乎算不上是“共同体”：他们有什么值得说、值得记

---

1 希罗多德，II，86。

2 同上，II，136。

3 妮科尔·洛罗：《雅典的发明》，巴黎—柏林，1980 年（N. Loraux, *L'Invention d'Athènes*, Paris-Berlin, 1980）。

4 希罗多德，IX，25。

忆或者庆祝的呢?

但是，也许情况更加复杂。的确，斯基泰人虽然不会大声讲话，没有用话语表达什么，但是他们也在讲话，他们以他们的方式在讲话，他们用自己的身体在讲话。他们在自残的同时，将斯基泰的法律写在了自己的身体上，使自己的身体成为死去的国王葬礼的庆典和祷
245 告。通过留下的伤疤，他们的身体将变成记忆。[1] 另外，伤残的痕迹是偶然的过激暴力留下的，它们是葬礼仪式的一部分：在接收遗体的时候，人们必须这样做，而且，需要在哪些部位留下伤残痕迹，是有规定的（头部、胳膊、左手）。另外，服从规定，那就是承认国王的权力，也等于承认自己是斯基泰人："向自己、向别人证实自己是群体的一员，最好的方式，就是在身体上打下相同的标记，以示与他人的区别。"[2] 可以看得见的标记表明了你的所属。每个人身体上的标记，都是斯基泰国王的"徽章"。在希腊，身上带有城邦徽章标记的，是公共奴隶；[3] 对于希腊人来说，归根结底，王权的作用，难道不就是要阻止一切口头的和文字的话语吗？因此，斯基泰人只能通过他们的身体来讲话，而且即使是这样，也是有条件的，那就是他们只能说自己是国王的臣民。

与人们的自残行为相对应的，是用香料对国王的遗体进行处理。的确，我们只能将两种行为中的一种与另一种联系起来，才能充分理解其意义：一边是人们的屈辱，与此相对应的，是另一边对国王的狂热。死人的运气，在于能够变成一个"美好"的死人（人们将死人的脏腑换成香料，在他的身体上涂蜡，防止尸体腐败），而臣民的运气，那就是伤残（aikía）自己的身体，就是贬黜自己的身体。相反，城邦禁止自残，因为自残的做法是可怕的，也禁止用香料处理尸体，因为

---

1 克拉斯特:《与国家对立的社会》，巴黎，1974 年，第 5、152 页及以后部分（P. Clastres, *La Société contre l'État*, Paris, 1974, pp. 5, 152 *sq*）。

2 前文所引涂尔干的作品第 333 页。

3 杜克莱:《古希腊对战俘的待遇》，巴黎，1968 年，第 215 页（P. Ducrey, *Le Traitement des prisonniers de guerre dans la Grèce antique*, Paris, 1968, p. 215）。

用香料处理尸体的做法令人厌恶，这两种行为都是暴殄天物（húbris），而演说者的讲话能使公民的死亡成为美好的死亡。

斯基泰人是一个群体，他们在自己身体上留下的印记就像群体的 246
标志一样，但是，我们很奇怪地注意到，也许只有在国王死了的时候，他们才真正地形成了群体，而且国王也只有在死亡之后，才真正地成了国王。涂尔干和其他的学者指出，对于群体来说，葬礼的仪式只是一些方法，用以表明群体并没有因为这一考验而受到伤害，经过这一考验之后，群体甚至变得更加坚强。但是，斯基泰人似乎只有在举行葬礼时，才能作为群体而存在：遗体在灵车上前进，后面跟着长长的队列，队列中的人们带着一身伤残，每到一处，队列变得更长，也为队列的真正组成留下标记。到目前为止，他们只是一伙游牧人。而且文本中描述了这一变化，明确说，一旦仪式完成，“所有人便共同致力于堆起一个大大的土堆，大家竞相努力，让坟头尽可能大”。[1]这时候，他们形成了一个集体，而且在形成这个集体的小组之间，有可能出现类似竞争的东西。

边塞之地（éschata）的国王坟墓（sêma）代表了斯基泰的领土，象征着中心，因此，它变成了空间的参照点，但奇怪的是，它也变成了某种时间的参照点，变成了时间源头的参照点。的确，“一年之后”（eniautoû），人们还必须举行第二次仪式。相反，在国王的死亡和葬礼之间，有可能过去了两个月，也有可能是六个月，没有任何明确的规定，更加准确地说，这时候的时间是不进入计算的，但是葬礼之后，斯基泰人便有了一个时间的参照点。

另外，国王在死后，才有一个真正的家；人们为他安排一个宽敞 247
的空间，为他配备大量的家人，这让人想到波斯大王的家。从现在开始，叙述将强调其固定性：为了在尸体上面建设一个植物的华盖，人们将矛枪“插进土里”。为了在坟墓四周建立可怕的幽灵巡逻队，就

1　希罗多德，IV，71。

像建立一座建筑那样，人们在地上矗立一些桩子，用来支撑肚子里填了干草的马，而且还要用心地将马绑在木桩上。

国王活着的时候，骑马走遍了斯基泰王国；死后，他在灵车上再完成最后一次长途旅行，是最长的一次；被埋进地里之后，一切就都结束了：马的肚子里要填干草，灵车要被拆开来。因为，要安置围成一圈的骑兵，需要用轮子，而且只能用车轮子。人们将车轮子从中间砍成两个半圆，然后平面贴着地面安置好，用来支撑马匹。因此，灵车要被拆成零件，其“运动”的“灵魂”轮子变成了相反的东西，成了停滞不动的工具。因此，旅行是真的到达了终点，游牧生活也真的结束了。活着的时候，国王是移动的中心点；死后，他变成了固定点，只不过这个点在圆环当中是偏离中心的，而且圆环也是停滞不动的。

对葬礼的这种描述本身令人难以捉摸，但相较于希腊的一般做法，还是突出地表现出了一些差别。比如，梭伦禁止“将多于三件的衣服与死人一起埋进土里”；[1]《伊优利斯法》明确说，三件尸衣的价值不应高于100德拉克马，而且制定了丧葬中可以使用多少葡萄酒和油
248 （最多3龚吉）。如果我们根据这些规定，来看斯基泰国王的葬礼使用的大量物品，其差距是巨大的。[2]在坟墓的体积上也有差距：古典时代，甚至古代坟墓的土堆与为斯基泰国王修建的坟墓相比，差距非常大；在建筑的性质上也有差距：斯基泰国王的坟墓是用天然材料建成的，因为除了土之外，坟墓里还有一张用树叶铺成的床、木制的矛枪、梁木、用芦苇编的栅栏，而希腊的坟墓是用石、砖修建的，有时候还会用到石膏，是一座真正的建筑。[3]但是，最大的差距还是在坟墓上的活动。

斯基泰人要在坟墓上勒死（apopnígei）一名妃子、一名司酒官、一名养马官、一名厨师、一名仆人、一名信使，总而言之是正常情况

1　普鲁塔克：《梭伦生平》，第21页。
2　社会地位的不同不足以解释这一差别，这使我们想到城邦想杜绝的贵族葬礼。
3　前文所引库兹、博尔德曼的作品第79页及以后部分，105页及以后部分。

下围在国王身边的人。在墓地勒死人陪葬，其目的是处决一些人，或者杀死一些人[1]，这不是希腊人的做法，因此，这标志着两种做法是不同的。在斯基泰王国，将人勒死，是牺牲献祭的正常方式。[2]因此，斯基泰人在国王坟墓上的行动是牺牲献祭的活动：勒死这些人，对应于城邦中梭伦规定不得将牛作为牺牲品供奉给死者的做法[3]，或者对应于《伊优利斯法》的规定，"关于牺牲品，参照祖宗的习俗"。在这一点 249
上，两种做法之间的差距是最大的：一边禁止将牛作为牺牲品供奉给死者，另一边用活人来献祭。我们要回溯到史诗，也就是说，要回溯到遥远的过去，才会发现有用活人在火堆上献祭的情形；这里指的当然是阿喀琉斯用来向帕特罗克洛斯献祭的 12 名特洛伊人（但是阿喀琉斯是把他们杀死献祭的）[4]，除此之外，还有四匹良种牝马和两只家养的狗。

然后是第二个阶段，以某种方式来说，也是最让人难以理解的阶段，也就是一年之后的仪式。那是一次大规模的祭祀活动（因为要勒死 50 个活人），除此之外，那情景对于我们来说，简直就是想象的最为神奇的情景；作为牺牲品的人仍然是国王家里的人。[5]在丧葬的背景之下，我们又看到前文提到的环形圈子的意象：50 个仆役围成一圈，50 个肚子里填塞了干草的人围成一个可怕的圆圈，国王的坟墓（sêma）就在圆圈的中心。

1　阿普里伊（Apriès）是被埃及人勒死的（II，169）。巴比伦人也让女人窒息而亡（III，150）。斯基泰人将献祭的动物勒死（IV，60）。巴图斯一世（Battos I）的儿子阿基西拉斯（Arkésilas）是被他的哥哥勒死的（IV,160）。参见热尔内的《古希腊人类学》，巴黎,1968 年，第 302 页："关于执行死刑时的砍头刑"（L. Gernet, *Anthropologie de la Grèce antique*, Paris, 1968, p. 302 "sur l'exécution capitale"）。

2　希罗多德，IV，60。

3　普鲁塔克：《梭伦生平》，21。

4　荷马：《伊利亚特》，XXIII，175。在两种情况之下，都是为了取悦死者：不管是用死者的朋友还是敌人献祭，其作用是一样的。

5　他们生来就是斯基泰人。只有国王亲自对其颁发了命令的人才能成为国王的仆人，斯基泰人没有买来的仆役（argurṓnētoi therápontes）。这个关于奴役的特点值得关注，因为它表明，希罗多德认为，一般情况下奴隶是买来的，而不是"eggenḗs"。

在丧葬仪式结束之后，正常情况下，是举行净礼的时候。[1] 但是，虽然我们知道有这样一种仪式，但是仪式的举行方式却令人意想不到。不管怎么说，只要我们知道，仪式的主要结构是由两个方面的对立建立起来的（一方面是水，另一方面是火和烟），那么，这种蒸汽浴的
250 神秘面纱也就部分地消失了。的确，这一章是围绕着“antì loutroû”（相反的净礼仪式）这个词展开的：净礼仪式相当于他们洗澡的一次机会，也是和洗澡完全相反的一次活动。对于某些人来说，比如梅利就是这样认为的[2]，仪式是人们迷醉的过程：大麻是麻醉类植物，整个仪式和萨满教的仪式差不多。

在希腊，葬礼仪式上常常用到水，尤其是在埋葬死者之后，大都会用水来举行净身礼。比如《伊优利斯法》就规定，“被污染的人要用大量的水清洗全身，然后可以得到净化”，在雅典也是这样。[3]

但是，水和烟火之间的对照还不能解释斯基泰女人的行为，这是第一次对女人单独进行描写。她们先用植物和水捣成浆泥，涂在脸上和身上。为了回避问题，我们可以像勒格朗一样写道，希罗多德在这里将葬礼仪式和美容梳妆混在了一起。[4] 经过这样的行动之后，女人们被认为得到了净化（katharaí）。[5] 我们还可以提出的问题是，这种浆泥是用什么东西做成的？“她们一边用柏木、雪松木、香料木在一块凹凸不平的石头上摩擦，一边在上面浇水。”这就令人感到十分奇怪了，因为我们记得，斯基泰王国是根本不生长树木的，除了在名为希莱亚的地区之外。而香料木的出现就更加让人感到奇怪：香料木只能来自出产香料的国家，也就是阿拉伯，阿拉伯是世界“唯一”出产香料的
251 国家，没药、桂皮、樟属植物和赖百当；[6] 那里是被太阳一再烧烤的地

1　希罗多德，IV，73—75。

2　梅利：《斯基泰王国》，载《赫耳墨斯》，70，1935 年，第 122 页（K. Meuli, “Scythica”, *Hermès*, 70, 1935, p. 122）。

3　古籍注释《云》，838（Scholie *Nuées*, 838）。

4　勒格朗，第 73 章注 4。

5　“Katharaí kaì lampraí”，然而，我们不能完全排除纯净的意义。

6　希罗多德，III，107。

方，而斯基泰是寒冷之地。这种用珍贵木头做成的浆泥，其根本的特点是香料，是“好闻的气味”。[1]柏树有时候被认为具有“好闻的气味”[2]，雪松也一样。[3]因此，整个净礼的仪式都是以香料为背景进行的：在男人一边，有燃烧的大麻释放出几近芳香的烟（但是，他们是在寻求与什么人沟通呢？）；在女人们一边，涂在身上的浆泥是用芳香木制成的。

最后还有一个特点，标志着这一仪式的奇怪之处：当斯基泰人处在这种类似于“蒸锅”的环境中的时候，文本中说“他们感到异常兴奋，而且他们发出吼叫之声”（agámenoi ōrúontai）；[4]字词之间他们似乎是相约而聚集在一起的。希罗多德只有一次用“ōrúontai”这个词指人，指居住在波斯中心的人，而且他们为了抱怨波斯大王，“发出大声的喊叫”。[5]但是一般情况下，这个动词只用于指动物（狗、狼）发出的叫声，而且主要指野兽。评论者常常建议修改这个词的用法，尤其因为它与“agámenoi”用在一起，而且梅利还从中看到仪式使人迷醉的特点。[6]不管怎么说，这个词不在叙述净礼的正常词汇范围之内，所以令人感到吃惊，但我们不要忽略的是，希罗多德多次写道，斯基泰人生活在“ḗthea”（巢穴）里，他们有个“窝”。

因此，文中描述的是一场没有水的净礼，没有水，这是根本的差 252
别；另外，这个场景（至少从参加的女人来看）是在明显具有芳香气味的背景中发展的。要想进一步说明这些差距的意义，我们必须有其他的同样类型的场景。

1　希罗多德，IV，75。
2　荷马：《奥德赛》（Homère, *Odyssée*）；《古典古代时期百科全书》中的“柏木属”词条，尤其是用在丧葬场合的意义（*R.E.*, article “Kypressus”, notamment valeur funéraires）。
3　忒奥克里托斯：《讽刺短诗》，VIII，4（Théocrite, *Épigrammes*, VIII, 4）。
4　希罗多德，IV，75。
5　同上，III，117。
6　前文所引梅利的作品第 125 页。

斯巴达国王

斯基泰国王盛大的而且从很多方面来看也是独一无二的葬礼，多次让我们想到斯巴达。因此，我们应当提出的问题是：斯巴达国王的葬礼是不是也可以被看作相异者的死亡，并因此表明在希腊也可以使人有同样的理解。[1]

当希罗多德谈到这个问题时，明显是从某些方面把这两者放在一起的，而且毫无疑问地表明他将这些葬礼放在何种背景之下："当国王去世时，拉栖第梦人的习惯与亚洲的蛮族人是一样的。"[2] 在文本中的稍远处[3]，他指出了与波斯人习惯的相似之处：正如波斯的新国王减免城市的贡税一样，新登基的国王也减免债务。另外，在描写葬礼的一段文字之后，希罗多德立即通过下面的话，引入了新的阐述："拉栖第梦人与埃及人也一致认为……"[4]"kaì táde"（也）这个词的确表明，从举行
253 葬礼的仪式来看，埃及人也属于同一类人。除了亚洲的蛮族人，除了波斯人，除了埃及人之外，我们还可以补充说，还有斯基泰人。因此，他们被认为与斯巴达人是一伙的人，至少都是带有相异性的人。

关于对尸体的处理，希罗多德没有做任何清楚无误的叙述，只不过说灵床上有具"尸体"（ekphorá），也就是说，至少要让人们看到有具尸体，不管这具尸体是真是假：的确，如果国王死在了战场上，他们会制作一具假的尸体，一个"eídōlon"。另外还有一个规则，那就是如果国王死在国外，必须将国王的遗体运回来，这也说明国王的尸体的重要性。普鲁塔克的确解释说："当拉栖第梦人死在外国时，他们的习惯是就地举行葬礼，并将尸体留在当地，国王除外，国王的尸

1 关于雅典和斯巴达葬礼的差别，参见前文所引洛罗的作品。
2 希罗多德，VI，58。
3 同上，VI，59。
4 同上，VI，60。

体是一定要运回国的。”[1] 如何将国王的尸体运回国呢？恰恰需要将尸体用香料、蜂蜜或者蜡进行处理。比如阿格西莱从埃及回国的时候，死在了路上，“他的尸体被放在蜂蜜当中，运回斯巴达埋葬”。[2] 据普鲁塔克说，斯巴达人没有蜂蜜，其实是用蜡涂抹在尸体上。[3] 我们还知道一个例子：阿吉西波利斯（Agésipolis）也是被泡在蜂蜜中，从哈尔基季基半岛（Chalcidique）被运回国的。[4] 因此，对蜂蜜和蜡的使用，使我们关注到波斯人和斯基泰人，而且对尸体进行这种处理，哪怕是暂时的处理，是我们知道的希腊的唯一例证。

什么人参与葬礼呢？当国王死了的时候，一些骑兵骑着马跑遍整个拉科尼亚（Laconie），宣布国王去世的消息（periaggélousi）。在城
市里，女人敲着小锅，在街上走来走去（periioûsai）。每一家必须有 254
两个自由人（一男一女）戴孝（katamiaínesthai）。不是公民的自由人（périèques）必须去参加葬礼，希洛人（hilotes，国有的奴隶）也要去。提尔泰奥斯（Tyrtée）在谈到希洛人时，已经说：“每当国王死亡的厄运落在他们身上时，他们和他们的婆娘都要为主子的死而哭丧。”[5] 希罗多德指出的其他特别之处：在举行葬礼的时候，男女是混杂在一起的，因为男与女“混”在一块儿（súmmiga）参加葬礼。这种习俗与一般的法律完全相反，不管是按照梭伦法、《伊优利斯法》或者柏拉图在《法律篇》中的规定，男女都是要分开的。

这样的葬礼也有暴虐的特点，它具有强制性的规定：“必须”（anágkē）、“一定要”（deí）、“否则将受到严厉惩罚”，一定数量的人，而且是代表所有臣民的人聚集在斯巴达。骑兵跑遍拉科尼亚；女人们在城市里到处转；人们从各处集聚而来。品达作品中的一个注释中还举出了意思相似的例子，但说的不是斯巴达人，而是科林斯人：从前人们强迫臣服于科林斯的墨伽拉人到科林斯来参加巴奇亚德国王

1　普鲁塔克：《阿格西莱生平》，XL，4（Plutarque, *Vie d'Agésilas*, XL, 4）。
2　狄奥多罗斯，XV，93，6（Diodore, XV, 93, 6）。
3　普鲁塔克，同上；内波斯：《阿格西莱》，VIII，7（C. Nepos, *Agésilas*, VIII, 7）。
4　色诺芬：《希腊史》，V，3，9（Xénophon, *Helléniques*, V, 3, 19）。
5　提尔泰奥斯（Tyrtée, fr. 5 Diehl）。

（roi Bacchiade）的葬礼。[1] 葬礼仪式导致的人员流动完全证实，斯基泰文化这种颠倒过来的“遗体瞻仰仪式”代表了空间的颠倒。相反，在斯巴达，或者在科林斯，国王代表的是一个固定的中心点，而不是去巡视臣民的一个移动点，人们围绕着这个固定的中心点聚集起来。

255 为了让人们守丧，女人们“敲打小锅”，这和埃及人一样，当埃及人庆祝布巴斯提斯–阿尔忒弥斯（Boubastis-Artémis）节的时候，男人和女人混在一起，乘坐小船，“拍打双手”。[2] 丧葬的仪式也许在斯巴达的公共集会广场上举行，仪式开始的时候，人们的“呻吟声不绝于耳”（oimōgḗ diachréontai aplétoi）。“oimōgḗ”本来是悲惨意味很重的一个词，但是，每次希罗多德用到这个词时，都用来指波斯人。当冈比西斯生病的时候，波斯人的呻吟声不绝于耳。[3] 当他们在苏塞（Suse）听说了萨拉米斯岛（Salamine）失败的消息时，他们的“呻吟声不绝于耳”。[4] 最后，当马锡斯提奥斯死的时候，他们剪断自己的头发和胡子，剃掉马的鬃毛，而且“呻吟声不绝于耳”。[5] 因此，这是在非希腊的背景之下发生的事，而且值得关注的是，在这一点上，斯巴达人和波斯人被放在了一起。

这种每次必然出现的呻吟当然是与其他城邦立法者的规定相反的，尤其是与雅典的规定相反，自从梭伦以来，雅典便禁止唱哀歌（thrênos），或者具体规定了哀歌应该如何唱，比如只能由女人唱。[6] 要想听到人们心情“宣泄”的号啕哭声，那就要回到史诗当中。我们还记得，斯基泰人是不唱“哀歌”的，而且葬礼是一场纯粹的无声戏，完全是供人观看的，从始至终没有人开口说话。斯巴达国王的葬礼也
256 像演出一样，也是供人观看的，但是也有人开口，虽然算不上是讲

1　品达注释，《尼米颂歌》，VII，155（Scholie Pindare, *Néméennes*, VII, 155）。
2　希罗多德，II，60。
3　同上，III，66。
4　同上，VIII，99。
5　同上，IX，24。
6　关于唱“哀歌”（thrênos）的问题，最后请参见前文所引洛罗的作品；以及波利克斯，VI，202（Pollux, VI, 202）。

话，因为参加葬礼的人只是发出“不绝于耳的呻吟”。如果除了这两种葬礼之外，我们再来看雅典为战争中阵亡的士兵举行的葬礼，我们就会看到，演说被摆在第一重要的地位，而供人观看的内容被减到了最少。葬礼上展示的，不是遗体，而是遗骨，而且供人们瞻仰的，不是一个个死去的战士，而是一批批的遗骸。[1] 在这样的葬礼上，重要的是演说者的声音，而演说者代表的是城邦。通过对这三种葬礼的比较，我们看到，雅典的演说、斯巴达的呻吟和斯基泰王国颠倒过来的遗体瞻仰仪式，这三者从功能上是相当的。但是，三个社会的不同，正是表现在三种葬礼相差的距离上——从“说”到“看”，从“共同性”（koinōnia）的最多到最少。

拉栖第梦人（斯巴达人、不是公民的自由人、希洛人，混在一起的男男女女）发出不绝于耳的“呻吟”声，而且也“用力地击打自己的额头”。我们再说一遍，这样的做法是违背梭伦法律的，但是它让人想到非希腊的世界，在那样的世界里举行国王的葬礼时，人们常击打自己的额头或者抓破自己的脸。在斯基泰人那里，自残与用香料处理尸体是同时发生的，而且自残，就是承认自己是，也让别人承认自己是斯基泰人。在雅典，我们看不到这些做法，我们能够看到的，是城邦通过被指定的演说者之口庆祝自己，同时承认死去的人配得上自己。斯巴达处在中间状态。斯巴达人不会系统地用香料处理尸体，也
不会真正地自残，但是城邦选择了一些丧葬的代表，这些代表也表现 257
出他们对拉栖第梦集体的归属感，也承认对国王的某种依附。

通过呻吟，拉栖第梦人还表示，死去的国王“是最好的人”，而且每次有国王死时都这样说。城邦所表达的唯一的话，实际上说到底，只不过是一种套话，永远不变，必须这样说，没有任何意义，因为每次国王葬礼时的表达都一样。无论如何，对于葬礼演说还有另外一个不同之处：人们当作仪式对象的是国王，或者说是作为制度的王

1　修昔底德，II，34。

权，是世代遗传的君主专制，而不是城邦。[1]而且，这种说法也是过分的，如果我们把这种说法与梭伦法进行比较，就可以看出其过分的特点。梭伦法规定，“禁止说死者的坏话”。[2]在“不说死者的坏话”和“说死者是最好的国王”之间，有一段空白，而斯巴达人恰恰是毫不犹豫地跨过了这段空白。

斯巴达国王的葬礼和斯基泰国王的葬礼既有相似之处，也有区别。除了上述分析之外，还剩下一个问题，那就是国王坟墓的位置。斯巴达的国王是个固定点，人们围绕这个固定点聚集在一起，所以斯巴达的国王被安葬在城邦里，这一点儿也不奇怪；另外，斯巴达与其他的希腊城邦不同，斯巴达人愿意将逝者埋葬在城里。据波萨尼亚说，欧里庞提德世系（Eurypontides）历代国王的坟墓都在阿尔菲忒斯大道（Alphétais）尽头处，阿尔菲忒斯大道的起点在公共集会广场，而亚基亚德世系（Agiades）的国王都被埋葬在集会广场的西侧。

258 如果死亡可以分成两边的话，那么斯巴达国王的死是在相异者之死一边的。希罗多德通过死者在空间的位置，强调了其相异性。他将斯巴达国王的死与亚洲一般蛮族的葬礼放在一起进行比较，与波斯大王，甚至与埃及国王的葬礼放在一起进行比较。除此之外，我们当然还可以再加上斯基泰国王的葬礼。如果色诺芬在公元前 4 世纪看到这种相异性，会以十分不同的方式对待它，可以说，他不会将这种相异性从“横向的方面”来表达，而是会以“纵向的方式”来转述。的确，他会写道，斯巴达国王在死的时候“所接受的，不是人的荣誉，而是英雄的荣誉”。[3]有很多迹象说明国王的形象发生了变化，这就是其中的一个迹象。

1　芬利：《斯巴达》，载《古希腊的战争问题》，巴黎，1968 年，第 143 页及以后部分（M.I. Finley, “Sparta” , *Problèmes de la guerre en Grèce ancienne*, Paris, 1968, pp. 143 *sq*）。

2　普鲁塔克：《梭伦》，XXI，1（Plutarque, *Solon*, XXI, 1）；狄摩西尼：《反勒普提那辞》，104，《反博托斯辞》，II，49（Démosthène, *Contre Leptine*, 104, *Contre Boetos*, II, 49）。

3　色诺芬：《拉栖第梦人的共和》XV，9 以及《希腊史》，III，31（Xénophon, *République des Lacédémoniens*, XV, 9, *Helléniques*, III, 31）：“拉栖第梦国王并不被视作普通人，而是被当成英雄加以尊奉”；或者，在谈到亚基斯（Agis）时，“他被以高于凡人的庄严礼节埋葬”。

首领想要人头

在《历史》当中，斯基泰人第一次出现时，是以奇亚克萨的狩猎专家的面目出现的。当大流士入侵斯基泰王国时，他们开始了一场反对大流士的战争，在这场战争中，他们时而是被追逐的猎物，时而又变成猎人，而到了最后，他们宁肯去追一只野兔子，也不愿意与大流士开战。因此，对于他们来说，战争只不过是狩猎的继续，而他们使用的，也是与狩猎相同的手段。[1]

猎头

但是，当我们读到写战争习惯的一些章节时[2]，我们看到形象发生了明显的变化。的确，斯基泰人不再是平静的牧人，他们既是在狩猎， 259
又是在战斗，他们看起来就像是“专门为打仗而生的人”，而且，如果打仗就是狩猎，那就是以人为猎物的狩猎，更加准确地说，是以人头为猎物的狩猎。“战士将他杀死的敌人的人头呈给国王，因为只有当战士将人头呈给国王，分战利品时才会有他的一份儿，如果他没有呈上人头，战利品就没有他的份儿。人头是这样被斩下来的：斯基泰人用刀在两只耳朵上面割一圈，抓住头皮，一边晃动着，一边将头皮从头顶上扯下来，然后，他用一根牛的肋骨将头皮上的肉刮掉，用手揉，一直到揉得头皮软了，便用它来擦手；他把人的头皮拴在马的缰绳上，然后十分自豪地跨上马……”[3] 斩首，剥头皮，再将头皮鞣制好。

在《历史》当中，除了斯基泰人之外，还有什么人实行斩人头

1　希罗多德，I，73。
2　同上，IV，64—66。
3　同上，IV，64。

呢？目前，我们先把处决犯人时砍头的做法放在一旁。[1] 砍头处决是惩罚，也就是说，是行使权力的一种形式。我们在这里只关注斩下尸体的头。托里德人将敌人的头割下来，带回家，拴在自家房子屋顶上的一根杆子上。[2] 当七个盟誓者进入王宫，要杀死篡位的斯梅尔迪士（Smerdis）时，他们杀死祭司，并割下他们的头。[3] 阿塔费奈斯（Artaphernès）和哈尔帕奇（Harpage）将米利都的希斯提亚埃乌斯钉死在十字架上，然后将他的头割下来，送给大流士。[4] 在温泉关之后，
260 薛西斯从一片死尸当中走过，让人将列奥尼达（Léonidas）的头割下来，命令将其“挂”在一根木桩上[5]，这里使用的动词（anastaurôsai）与讲到托里德人的习俗时使用的动词是一样的。最后一个例子是关于塞浦路斯（Chypre）阿玛松特城邦（Amathonte）的人们。奥内西洛斯（Onésilos）揭竿而起，造了波斯大王的反。阿玛松特的人们不愿意追随他，他便围困阿玛松特，无果。当反叛被波斯人镇压，奥内西洛斯被杀死之后，阿玛松特的人们割下他的头，悬挂在城门之上。这既是报复之举，又是可笑的行为：从今往后，阿玛松特城有人“保护”了，可这本是一座死者生前未能攻下的城池啊。但是，希罗多德接着写道：“这颗人头就这样挂着，而且中间已经空了，这时，一群蜜蜂钻进去，把它当成蜂巢，将里面灌满蜂蜜。在发生了这样的事之后，阿玛松特的人们就人头之事问卜于祭司。祭司让他们将人头拿下来埋掉，并每年向奥内西洛斯献祭，像对待英雄一样。如果他们这样做，他们就会感觉好一些。因此，他们就这样做了，而且到了我这个时候，他们仍然在这样做。”[6] 因此，蜜蜂的干预制止了人们的习俗，祭司的话又让奥内西洛斯从极端的无耻者变成了极端的荣幸者：他的头作为他的全部

---

1 参见本书后文第 490 页。

2 希罗多德，IV，103。他们说，这样一来，他们就有人给“看家”了。因此，这与斯基泰人的用途是不一样的。

3 同上，III，79。

4 同上，VI，30。

5 同上，VII，238。

6 同上，V，114。

尸体被埋葬了，而且他还得到了和英雄一样的地位，因此也就具有了保护城邦的作用。[1]

至于波斯人，虽然说他们有时候也这样干，但这并不是常见的做法。的确，在讲到列奥尼达所遭受的待遇时，希罗多德明确说，他认为这证明了薛西斯对他的愤怒，因为一般来说，对于波斯人的行为， 261
“我是知道的，他们十分敬重勇敢的战士”。当然，希罗多德完全谴责这种行为，他说薛西斯“侮辱”了死者的遗体，而且还有更加严重的说法，“让他受到了有违文化（*nómos*）的对待（parenómese）”。[2] 总起来说，真正割人头的，只有托里德人和斯基泰人。

他们割人头，但是，他们更为人所知的，是割取人的头皮。我们的确发现有个专门指这种行为的动词“skuthízō”以及动词的复合形式“aposkuthízō”和“periskuthízō”，意思主要是“割取头皮”。[3]“aposkuthizeîv”被收入《苏达辞书》，拜占庭的艾蒂安（Étienne de Byzance）在词典中也收录了这个词，指的是“割取带头发的头皮”的意思，但是也可能是“完全剃光头发”的意思。比如赫库芭（Hécube）就对海伦（Hélène）说：“如果你穿着破衣烂衫，被吓得瑟瑟发抖，脑袋被剃得像斯基泰人一样到这里来，那岂不是很丢人。”[4] 同样，在阿特纳（Athénée）的作品当中，为了“侮辱某人而割下他的头发”就是用“aposkuthizeîn”来表达的。[5] 斯特拉波讲到色雷斯的一个部族“萨拉巴拉人”（Saraparae）——这个词大概意思就是“割人头者”——是山地野蛮人，“擅割人的头皮、砍头”（periskuthistȇs kaì

1　参见本书前文第 229—235 页。

2　希罗多德，VII，238。当然，我们应当将这一段文字与 IX，78 的一段文字放在一起来看。朗蓬（Lampon）提出，人们将马尔多尼乌斯钉在木桩上（十字架上）将其处死，是为了报复列奥尼达。波萨尼亚不这么看：“这是野蛮人的行为，而不是希腊人的行为。希腊人这样做，我们也会责备他们。”

3　单是“skuthízō”（晚期的用法）有“喝多了”“剃头”（Euripide, *Électre*, 241：“我的头剃得像斯基泰人一样……”）、“以示哀悼”（Epigrammata graeca, 790-798）和“讲斯基泰语”的意思。

4　欧里庇得斯：《特洛伊妇女》（Euripide, *Les Troyennes*, 1026）。

5　阿特纳，XII，524 f。

apokephalistḗs）。[1]

斯基泰人用割下来的头皮做成类似于“手帕”（cheirṓmaktron）的
262 东西，这个词指的是擦手用的物品。[2]因此，人的头皮经过加工之后，变成了手帕，而且斯基泰人似乎在这种事上很有名气，因为专门有个词“skuthistì cheirṓmaktron”。我们在索福克勒斯（Sophocle）的一个残篇当中的确发现了这个词，意思是“剃头（或者割头皮），做成斯基泰人那样的手帕”。[3]赫西基奥斯（Hesychius）提到这个词，在解释时说是指从前斯基泰人的一种习惯，将俘虏的头皮割下来。[4]语言的这些用法，像搁浅在沙滩上的破船一样，我们在词汇学家的解释中看到一些支离破碎的东西，但已经足够证明斯基泰人有“割人头皮”的名声。

雷纳克（A. Reinach）将古典文献中凯尔特人（Celtes）以及“附近的或者类似的民族”砍人头的资料收集在一起。证明实行这种做法的，有日耳曼人（Germains）、阿勒曼尼人（Alamans）、达西亚人（Daces）、伊比利亚人（Ibérie）和斯基泰人（他引证的就是希罗多德的这一章），而且当然，高卢人（Gaule）也这么干[5]，证据有两个，一个是狄奥多罗斯提供的，另一个是斯特拉波提供的，而斯特拉波和狄奥多罗斯都只是概要地提到罗马征服时期，在高卢旅行过的阿帕美亚的波西多尼（Posidonius d’Apamée）说的话。通过狄奥多罗斯的几行文字，我们可以看到高卢人的习惯，但这几行文字也标志着高卢人和

1　斯特拉波，XI，14，14。

2　阿里斯托芬，I，521；色诺芬：《长征记》，I，3，5（Aristophane, I, 521, *Kock*; Xénophon, *Cyropédie*, I, 3, 5）。

3　《古希腊悲剧诗文残篇》，432= 阿特纳，IX，410 c（*Tragicorum Graecorum fragmenta*, 432 = Athénée, IX, 410 c）

4　见于《百科词典》的 Skuthisti cheiromaktron 词条（Lexicon, s.v. Skuthistiì cheirṓmaktron : oi Skúthai tôn lambanomenôn (polemíôn) ôn tàs kephalàs ekdérontes [êsan] antì cheirṓmaktron echrṓnto）。

5　雷纳克：《高卢的砍头和战利品》，载《凯尔特杂志》，1913 年，第 38—60 页（A. Reinach, “Les têtes coupées et les trophées en Gaule”, *Revue celtique*, 1913, pp. 38-60）；博努瓦：《昂特芒精神的神庙》，载《史前和考古协会会刊》，1955 年第 4 期，第 38—70 页（F. Benoît, “Le Sanctuaire aux ‘esprits’ d’Entremont”, *Cahiers ligures de préhistoire et d’archéologie*, 4, 1955, pp. 38-70）。

斯基泰人之间的不同。[1]“遇到倒下的敌人，他们便割下头，拴在马脖 263
子上作为战利品带走，剩下到处是血的尸体则交给侍从。他们一边唱着胜利的颂歌，一边趾高气扬地走了。带回来的战利品则被钉在房屋的墙上，正好比人们把打猎时猎获的某些动物钉在墙上一样。对最有名望的敌人的头颅，他们会用柏木油小心地进行处理，装在匣子里保存着。”

斯基泰人当然是心灵手巧的人，除了用头皮制作手帕之外，头骨还可以用来做喝酒的容器。只有“不共戴天的死敌”才有这种待遇。制作头骨容器的秘密是这样的：“他们用锯将头骨齐眉处锯下来，清理干净；穷人家只用未鞣制的牛皮包在头骨外面，就可以使用了。有钱人家不仅在头骨外面包上牛皮，里面还要镶金。经过这样处理之后，头骨就可以当喝酒的杯子。如果他们与亲属发生争议，而且在国王面前被判为胜方，那么亲属的头骨也会被做成这样的杯子。”[2]斯特拉波在引述阿波罗多尔和埃拉托斯特尼（Ératosthène）的话时，也有过类似的
反映：的确，本都也被称为“Axenos”，因为那里刮暴风，也因为附 264
近部落的人之残暴，尤其是斯基泰人，他们“用外国人献祭，吃人肉，用人的头盖骨喝酒”。[3]同样，普林尼也说吃人肉者生活在波里斯泰内河向北 10 天的路程之外，而且他们用人的头盖骨喝酒，他们还在胸前佩戴带头发的人头皮，那是他们当手帕用的。[4]这真是一幅为这些“勇敢的手艺人”绘制的画像。

希罗多德认为，他们在处理敌人的尸体方面，还有一个专长，这

1　比如，在指人头时，狄奥多罗斯使用的是“akrothínion”，有“前提”的意思——正是死人的遗体这一堆东西最上面的部分，而且这些“前提”被高卢人挂在他们的房门上，而斯基泰人是要把人头带给国王的。

2　希罗多德，IV，65。希罗多德没有解释为什么不共戴天的敌人和亲属都有这样的待遇（如此说来，亲属也有可能属于不共戴天一类）。我们也注意到斯基泰社会中有钱人和穷人之间的区别。斯基泰人是唯一用人的头盖骨喝酒的。IV，26 的伊塞冬人（Issédons）将逝去的亲人的头保存下来：他们将人头清理干净，拔掉毛发，镶上金，在每年为逝者举行的纪念活动中，当成神像（ágalma）一般对待。

3　斯特拉波，VII，3，6。

4　普林尼：《博物志》，VII，2，12（Pline, *Histoire naturelle*, VII, 2, 12），亚里士多德，《政治篇》，VII，1324，b 17（Aristote, *Politique*, VII, 1324, *b* 17）。

是后来的传统没有继承下来的。他们可以将人的头皮缝在一起，做成大衣（chlaínas），“就像牧羊人的披风”一样。[1] 他们还剥人皮：[2]“他们用指甲撕下右手的皮，做成箭筒的盖”，很多人还“剥下整张的人皮，用木头支撑开来，骑马带着到处走”。[3] 他们在马上到处招摇的这种人
265 皮，是干什么用的呢？希罗多德没有说，只说是招摇（periphérein），也许战士在如此这般的展示的时候，也是在表明他的勇敢？

最后，有了人头就可以参与平分战利品。的确，一个战士如果交不上人头，那他就没有权利分享战利品。战利品是由国王分配的，这让人想到荷马描写的分战利品的情景：战利品堆在“中心”，堆在那里的东西都变成了“xunḗia keímena”，变成了公物[4]，由国王给大家分配。但是，在荷马的作品当中，只要是参加了行动（对一座城市的劫掠或者袭击）的人，就有权分得一份战利品（似乎是这样）。在抢劫了伊斯马洛斯（Ismaros）之后，当尤利西斯给手下的每个人分战利品的时候，并没有要求他们证明自己的行动或者勇敢。[5] 另外，成为公物的战利品并不是全部的战利品，每个参战者都竭力想得到自己“个人”的战利品，主要是参战者刚刚打死的敌人的武器。虽然没有明确说战利品是如何分的——供大家平分的，是不是全部的战利品？是不是只要交上一个人头，就可以参与平分？还是按照上交的人头数量，可以得到多少不同的战利品？——但是希罗多德再一次指出，国王具有中

1 希罗多德，IV，64，“Katáper Baítas”其中的“Baítas”相当于牧羊人的外套，是兽皮制成的衣服。我们注意到这种比较所起到的作用：斯基泰人是牧羊人，他们穿着皮制的衣服，但是这种皮是人皮。杜梅齐尔在《纳尔特人的传说》第 153 页，将这一章与巴特拉兹（Batraz）的生平故事联系在一起。在巴特拉兹的生平故事当中，“他将纳尔特人的妇女和姑娘集中在一处，说要给她们一些人头皮，命令她们将人头皮缝成一件大衣。于是不幸的女人们哭叫起来，一个说，‘这是我父亲的头皮啊’，另一个说，‘那是我情人的头皮啊’，还有的说，‘那是我兄弟的头皮啊’”。

2 “Apodeirō”在这里指的是剥下尸体的皮（V，25）。大流士让人剥下一个王家法官的皮。但是在 II，40，42 和 IV，60，61 当中，这个词指的是“剥下”用来献祭的动物的皮。同样，除了这个例子和 VII，26 中的句子之外，“ekdeirō”指的都是剥动物的皮（II，42；VII，70）。在 VII，26 中的句子，这个词指的是半人半兽的神玛西雅（Silène Marsyas）有“装水的羊皮袋”。

3 同上。这里用的未完成过去时“*en*”，表明是叙述者在故事里插入的话。

4 《伊利亚特》，I，124（*Iliade*, I, 124）；马塞尔·德蒂安：《古希腊真理的主宰者》，第 84—85 页（M. Detienne, *Les Maîtres de vérité*, pp. 84-85）。

5 《奥德赛》，IX，39—42（*Odyssée*, IX，39-42）。

心的、主导的地位，一切事情都要经过国王的决断。

这样一来，我们可以标示出距离，将斯基泰人的做法与希腊人的做法进行比较，比如，在布拉战役之后，波萨尼亚不让人们动战利品，命令希洛人将财宝集中在一起，然后，先取出给神的供奉，"剩下的平分，每个部族按照功劳取其所得"。[1] 因此，波萨尼亚起到 266
了重要的作用，至少他为按"功劳"分配战利品做了准备，而东西是分给部族的，只有以"勇敢"（aristeía），为代价而取得的东西，才会分给个人。

什么是"勇敢"：喝酒，喝血

砍了人头便有权利分得战利品，而且也是参战者勇敢行为的表现。[2] 参战者将"将人头皮擦手巾拴在马的缰绳上，并以此为荣"（agálletai）。在为文字的效果做了足够的准备之后（句子是以"agálletai"结束的），叙述者插话解释，为什么一种如此可恶的行为还能让人为此感到荣幸呢？"他以此为荣，因为拥有很多擦手巾的人，被人们认为是十分勇敢的人（anḗr áristos kékritai）"[3]，因此，说到底，割人的头皮也只不过证明自己是个"勇敢的人"而已。用人的头盖骨当喝酒的杯子，也可以这样解释："当家里来了主人十分看重的客人时，主人便用这样的头骨倒酒给客人喝，并解释说这是亲人的头骨，这些亲人跟他发生过口角，但是最后他赢了他们。而且，他们在谈论这种事的时候，就好像那是英雄事迹一样（taútēn andragathíēn

---

1　希罗多德，IX，81。关于战利品的问题，参见普利切特：《战争中的希腊国家》，加利福尼亚大学出版社，1974 年，第一卷，第 53—84 页（W.K. Pritchett, *The Greek State at War*, Univ. Calif. Press, 1974, t. I, pp. 53-84）。关于对战利品的分配，我们还可以提到"万人远征军"（armée des Dix Mille）实行的做法：一个士兵单独出去行动时，取得的东西归个人所有，相反，"当部队集体出动时，每个人单独取得的东西全部属于群体。"见于《万人远征记》，VI，6，2—10（*Anabase*, VI, 6, 2-10）。

2　参见前文所引普利切特作品中的《战争中的勇敢》，第 76—290 页（"Aristeia in warfare", pp. 76-290）。

3　希罗多德，IV，64。

légontes）。”[1]

267 他们的行为所具有的彻底的相异性，就这样被吸收了，变成了追求“勇敢”的一种方式，并标示出与希腊观念中的“勇敢”相差的距离。的确，希罗多德十分关注如何奖赏勇敢行为的问题，而且每次在重要的战役之后，他都竭力说明是谁得到了这一奖赏。在整个《历史》当中，这样的例子不少于 23 个。[2]“勇敢”的行为不再像古典战争中那样，只是通过个人的功劳表现出来，而是表现在严格遵守希腊重装步兵的规定：在自己应在的位置上战斗，在方阵中保持队形。薛西斯不明白战场上对方的行为，只能嘲笑他们，德马拉特（Démarate）则向薛西斯解释，根据拉栖第梦人的法律规定和主子（despótēs）的要求，战士们要做到的，永远是一件事：“不要在任何敌人面前退却，要坚守岗位，在岗位上战胜敌人或者死在岗位上。”[3] 两个斯巴达人在布拉战役中的行为，明显地表现了两种形式的勇敢之间的区别，表现了旧的勇敢和新的勇敢之间的区别，这两个斯巴达人，一个是阿里斯托达莫斯（Aristodamos），另一个是波希多尼（Poséidonios）。两个人当中，
268 谁才是最勇敢的人呢？斯巴达人认为，阿里斯托达莫斯无疑功劳卓著（érga megála），但是，他“离开了队伍”，而且他的“行为丧失了理智”（lussôn），是自己找死。[4] 而波希多尼表现勇敢，却并没有丧失理

1　希罗多德，IV，54。罗贝尔：《利库姆的老底嘉》，巴黎，1969 年，第 307 页注 2（L. Robert, *Laodicée du Lycos*, Paris, 1969, p. 307, n. 2）：“andragathía 一词和 andreía 一样，并不是不明不白地指‘功劳’，而是明确地指具体的‘勇气’（运动员等），尤其是军事上的勇气，而‘andragathía’则指战争中光彩的行动，而不是功劳。”

2　前文所引普利切特作品第 285 页将希罗多德作品中所有“勇敢”的行为列了一张表。希罗多德是唯一对此给予如此多关注的历史学家。正如德·罗米利在《修昔底德的历史及其理由》，第 113 页（J. De Romilly, *Histoire et raison chez Thucydide*, p. 113）中提示的那样，这难道是因为“他的历史模式仍然是史诗”的模式？不管怎么说，他认为自己应该了解清楚那些表现出极大勇气的人都是谁：因此，他知道倒在温泉关战场上的所有人的名字，虽然他并没有都说出来：“我了解了他们的名字，那是一些值得我们记住的人的名字”（实际上是 hōs andrôn anxíôn genoménōn）；“我甚至了解了所有三百人的名字”（VII, 224）。

3　希罗多德，VII，104；参见马塞尔·德蒂安的《方阵》，载《古希腊的战争问题》，第 128 页（M. Detienne, “La phalange”, in *Problème de la guerre en Grèce ancienne*, p. 128）。

4　阿里斯托达莫斯是三百勇士中唯一的生还者，在斯巴达生活在耻辱当中，为人所不齿（óneidos kaì atimíē）。

智，他迎着死神而上，因此，他才是最勇敢的人。[1]

斯基泰人将人头皮拴在马的缰绳上，谁的人头皮最多，谁就是最勇敢的人。在希腊，要声称自己是最勇敢的人（aristeía），首先必须得到一个或者所有城邦的承认，比如在萨拉米斯岛战役之后，十将军委员会的成员投票决定将勇敢奖授给谁。[2]最后还有一个对照：在斯基泰王国，人的头皮既是英勇行为留下的直接印迹，又是其象征（每一块人头皮就是一块奖章），而在希腊，在战场上的英勇行为和城邦对行为的承认之间，有着更大的距离：对英勇行为的奖赏，是勇敢者有权选择一份战利品，或者是金钱、花环，或者是一句简单的夸奖。[3]比如萨拉米斯岛舰队的首领欧里毕亚德斯回到斯巴达之后，收到一顶用橄榄枝编的花环，作为对他的事迹的奖赏。[4]

斯基泰的"勇敢"指的是个人的英勇行为，那么，这种勇敢会因此而更加接近荷马意义上的英勇行为吗？差不多是的，只不过荷马笔下的战斗从来不是一场猎取人头的活动，而这一点是最根本的，虽然有一些战士，比如多伦（Dolon）、希波洛克（Hippoloque）或者库厄斯（Coos），最终都被砍了头。[5]至于倒在战场上的战士被砍头的事，269
只有到了第十七首歌的时候才出现，尤其是当赫克托耳（Hector）要侮辱帕特罗克洛斯时，才将他的"头从肩上砍下来"，并"扔给特洛伊的狗吃"[6]，但是，这种行为被欧里弗伯（Euphorbe）和赫克托耳化解，或者只是伊里斯（Iris）提到过，但也只不过是威胁，并没有付诸实施。因此，人们不会专门去砍死者的人头，而是寻求获得战利品，作为胜利的象征，作为勇敢的标志，将被打死的敌人的武器拿走："在荷马笔

1　波希多尼则认为阿里斯托达莫斯才是最勇敢的人，而且他的勇气要大得多。

2　希罗多德，VIII，123；前文所引普利切特作品第二卷第 288 页。

3　前文所引普利切特作品第 289 页。

4　希罗多德，VIII，124。

5　塞加尔：《〈伊利亚特〉中对尸体的戕害》，莱登，1971 年，第 20 页（Ch. Segal, *The Theme of the Mutilation of the Corpse in the Iliade*, Leyde, 1971, p. 20）。

6　《伊利亚特》XVII，126—127（*Iliade*, XVII, 126-127）。

下的希腊，被战胜者的武器代替了其人头”[1]，但是，要想得到更大的光荣，战利品是必需的。

最后，对尸体的戕害，砍下死者的头，并割下其头皮，这样的做法只被希罗多德说成是勇敢的标志，而不是侮辱尸体（aikía）的表现。的确，对肢体的伤残只是针对活人说的，而不是针对已经死了的人。“砍下死尸的脑袋，那就等于激怒一个灵魂”，[2] 并阻止它报复。人们就是这样解释对尸体的侮辱，尤其是“maschalismos”的仪式（防止鬼魂袭扰人的驱鬼仪式）。[3] 据热尔内说 [4]，“aikía”（戕害尸体）的做法“可以有多种解释。通过这种做法，一个群体或者个人可以为自己人报仇。也可以通过这种做法消除死去的敌人的力量（maschalismos）……用这种办法还可以增加自己的权力，增强自身的作用。”在斯基泰人心目中，战争中的伤残行为是为了表现自己的勇敢。

270 在斯基泰人那里，人的头皮不可避免地既是勇敢的标记，又是其象征；在希腊人那里，要宣称一个人勇敢（至少在公元前 5 世纪时是这样）需要进行投票，颁发象征英勇的奖品。在斯基泰也有一种象征性的程序，以承认人的勇敢：“每个君王每年都要准备一个双耳爵，里面盛着兑了水的葡萄酒。斯基泰人当中凡是杀敌有功的人，可以喝双耳爵中的酒；凡是没有立下杀敌功劳的人，则不能喝酒，而是只能坐在一旁看着，无缘光荣，而且这对他们来说，是奇耻大辱；相反，杀死了很多敌人者则可以喝双联杯。”[5] 如此看来，凡杀死过敌人的，就有权利喝酒，“的确杀死了很多敌人”的人，不是可以喝很多酒，而是只能喝双份的酒；相反，没有杀死过敌人的，则被群体抛弃。郡守

1　芬利：《尤利西斯的世界》，新版，巴黎，1978 年，第 147 页（M.I. Finley, *Le Monde d'Ulysse*, Nouv. éd., Paris, 1978, p. 147）。

2　格洛兹：《希腊的家庭联系》，第 63 页（Glotz, *Solidarité*, p. 63）。

3　罗赫德：《普赛克》，第 599—603 页（Rohde, *Psyché*, pp. 599-603）。

4　热尔内：《希腊法律和道德思想的发展研究》，巴黎，1917 年，第 216 页（L. Gernet, *Recherches sur le développement de la pensée juritique et morale de Grèce*, Paris, 1917, p. 216）。

5　希罗多德，IV，66。

（nomarque）[1] 只能是中央权力的代表，这时候便成了司宴者，或者更准确地说，是勇敢行为的会计，有人头皮就可以喝酒，让敌人流过血就可以喝酒。[2]

至少在这个时候，斯基泰人看起来像是喝酒的人，但是无论在希罗多德的记载当中，还是根据传统，他们与酒的关系并不简单，因为他们有时候喝酒，有时候喝血，有时候喝奶。

在《历史》当中，葡萄酒被当成一种“文明”的饮料。当克洛伊 271
索斯准备攻打波斯人时，一个精于算计（sophós）的吕底亚人劝他放弃这样做，提出的理由是：那些人穿的是兽皮，吃不饱肚子，而且“不知道葡萄酒为何物，只能喝水”[3]，总而言之，那纯粹是一群野人，去攻打他们，赢了无所得，却要损失很多。当西律斯向波斯人开玩笑，想让他们起来造米堤亚人的反时，葡萄酒也同样起到了作用。的确，有一天，他将他们聚在一起，让他们开垦了一片长着刺蓟的田地。第二天，他准备了盛宴请他们，还让他们喝葡萄酒。他由此想表达的意思就是：如果他们听他的话，他们就能像第二天一样生活（吃宴席，喝葡萄酒）；如果他们仍然当米堤亚人的奴隶，那他们就只能像第一天那样生活（干活，砍刺蓟垦荒）。[4] 最后，在冈比西斯送给长命的埃塞俄比亚国王的礼物当中，葡萄酒是唯一受到赞赏的物品，而且被认为是唯一不具有“欺骗性”的东西。埃塞俄比亚人是喝奶的。[5]“他被这种饮料迷住了。他问波斯大王吃什么，波斯人最长能活多久。食鱼者（Ichthyophages）回答说，国王吃面包，并解释了做面包的小麦如何生长，说人生八十也就是寿星了。埃塞俄比亚人回答说，食粪者如何能

1 在整个斯基泰人的故事当中，这是这个人物出现的唯一一次。

2 杜梅齐尔：《斯基泰王国及其周边的传奇故事》，第 227 页及以后部分（G. Dumésil, *Romans de Scythie et d'alentour*, pp. 227 *sq*）将这种双耳爵与纳尔特人传说中出现的酒杯联系在了一起。纳尔特人的这种酒杯被称之为“纳尔特杯”（nartamongae），可以揭示真理，当纳尔特人提出他们的英勇事迹时，酒杯可以通过神迹表示某个纳尔特人说的话是真是假。

3 希罗多德，I，71。

4 同上，I，126。

5 同上，III，23。

活得长久，这倒也不奇怪，因为，如果没有这种饮料强身健体，他们连八十岁也活不到——他指着葡萄酒对食鱼者说；在这一点上，的确，埃塞俄比亚人比不上波斯人。”[1]

272 葡萄酒是文明的饮料，是美好的东西（agathá），但是也可以用来欺骗那些不了解它的人，比如在克洛伊索斯设想的战胜马萨格泰人的步骤当中，葡萄酒便起到了这样的作用。[2] 因为马萨格泰人不了解这种“美好的东西”，他向西律斯提议，到马萨格泰人那里去，准备一次盛大的宴席，备齐各种美食（sitía pantoîa），再准备大量的纯葡萄酒（oínou akrêtou），然后假装退走，只留下老弱士兵。这时候，马萨格泰人很可能会“酒足饭饱”，要想“战功卓著”也就不是难事了。这一战术之所以可以成功，部分原因是马萨格泰人平时是只“喝奶的人”[3]：他们不仅会将葡萄酒喝下去，而且因为他们不了解葡萄酒，更何况喝下去的是纯葡萄酒，所以从某种意义上说，这个方法的效果就会更大。经过这场灾难之后，马萨格泰人的女王托米利斯（Tomyris）让人给西律斯带话说，他不是通过真正的战斗的力量获得胜利的，而是通过欺骗，进行了一场可悲的屠戮，他之所以取得胜利，是因为他使用了葡萄酒这种狡猾的药物（phármakon）。[4]“phármakon”的确是个意义模糊不清的词，根据你会不会使用这种药物，它有可能是毒药，也有可能成为治病救命的良药。

当托米利斯战胜了波斯人的时候，她让人找到西律斯的尸体，将他的头浸进一只装满人血的羊皮袋里，对受到如此虐待的尸体说：“你用狡猾的计谋算计死了我的儿子，毁了我。正如我曾经威胁的那样，我要用血来灌饱你（aímatos korésō）。”[5] 这就是女王对西律斯骗人的宴席的回报，用人的鲜血来回报葡萄酒。况且，那场景意味着人们可以

1 希罗多德，III，22。
2 同上，I，207。
3 同上，I，216。
4 同上，I，212。
5 同上，I，214。

喝葡萄酒，也可以喝人血：西律斯是喝葡萄酒的人，但事实上在托米 273
利斯的心目当中，他是个喝人血的家伙，所以才会让他喝人血，就好比那是纯的葡萄酒一样。

有一种领域，喝葡萄酒，喝人血，这两种行为是联系在一起的，或者说是混合在一起的，那就是在发誓言的时候：人们将葡萄酒和血混在一起，将纯葡萄酒和血混在一起。[1] 斯基泰人在发誓的时候，在杯中将葡萄酒和血混在一起，并喝下去。这两种东西是相等的，这一点也表现在战争的习俗当中："当斯基泰人杀死第一个人的时候，他会把他的血喝下去。"[2] 因此，一个斯基泰的年轻人，只有在经历了战争的入门仪式之后，才算得上是一个真正的战士。在此之后，在举行每年一次的仪式时，根据战士们是否杀死过敌人，来决定是否有权喝下一杯酒。人们从喝人血（第一次杀死敌人时）过渡到喝葡萄酒（每一年），所以葡萄酒从象征的意义上相当于血，但是同时，这一象征意义的过渡，的确标志着战士杀死的第一个人，和该战士杀死的其他人之间的距离。人们是在重复第一次做过的事，同时强调再也不会和第一次一样了：人们从喝人血过渡到了喝葡萄酒。

因此，在某些情况之下，斯基泰人是喝人血的，他们也以同样的方式喝葡萄酒，最后，他们也喝奶。从第二章开始[3]，希罗多德便解释了他们如何取得作为饮料喝的奶。的确，传统上人们经常认为他们是喝奶的人：斯特拉波将荷马到埃福罗斯（Ephore）期间所有讨论的内容
都收集在一起。《伊利亚特》提到"以奶为生的贵人（Hippémolgues），274
他们只吃奶"；[4] 赫西俄德的一段残篇认为"以奶为生的人"指的就是

1　基尔舍：《葡萄酒在古代的神圣意义》，吉森，1910 年，第 82 页及以后部分（K. Kircher, *Die sakrale Bedeutung des Weines im Altertum*, Giessen, 1910, p. 82 *sq*）；热尔内：《古希腊人类学》，第 210 页（L. Gernet, *Anthropologie*, p. 210）："两者（葡萄酒和血）是相当的；两者都属于同一种情结，是与喝奶和蜂蜜所表示的情结完全相反的情结……"

2　希罗多德，IV，64。

3　同上，IV，2。

4　斯特拉波，VII，3，7（Strabon, VII, 3, 7）；《伊利亚特》，XIII，5—6（*Iliade*, XIII, 5-6）。

斯基泰人。[1] 埃斯库罗斯在一篇已经失传的剧本当中[2]，说过“吃母马奶酪的斯基泰人，是公平正义的人（eunomía）”。最后，希波克拉底（Hippocrate）认为斯基泰人的饮食以奶和奶酪为基础。[3] 这是一种潮流，认为斯基泰人喝奶，是正义、公平之人；同时，也有人把斯基泰人想象成残暴的人，他们割人头，用人的头骨当酒杯。因此，埃福罗斯对这种具有双面性的传统进行了思考，从地理和民族上进行划分：一方面有的斯基泰人是“好人”，也就是俗话说的，他们不食活物（tôn zôôn apéchesthai），他们喝奶，是公平正义的人；[4] 另一方面，有的斯基泰人是吃人肉的“坏人”。[5]

一方面，斯基泰王国被看成不知道葡萄酒为何物的国度，也就是说，那里的人们不懂得文明的欢乐，更不知道它的奢侈享逸。安提法奈斯（Antiphane）在一篇题为《酒神的祭司》（*Les Bacchantes*）的剧本当中写道，由于女人酗酒，结了婚的男人是个不幸的人，“除非是在斯基泰王国，那里是连葡萄也不生长的地方”。[6] 同样，当希腊人问阿纳卡西斯，斯基泰王国有没有笛子，阿纳卡西斯回答说，“那里连葡萄也不长”。[7]

275 但是另一方面，也有一种传统，开始于希罗多德，在阿特纳的作品中仍然可以看到其影响；这种传统将斯基泰人看成无可救药的酒鬼。他们不仅在发誓时，或者在每年举行一次的仪式时喝酒，他们还像“波兰人”一样喝酒。“像斯基泰人一样喝酒”是个谚语，意思是

---

1 斯特拉波，VII, 3, 7。

2 诺克，法文版，198（Nauck, fr. 198）。

3 希波克拉底：《论空气、水和土壤》，18（Hippocrate, *Des airs, des eaux et des lieux*, 18）。

4 斯特拉波，VII，3，9（Strabon, VII, 3, 9）；亦参见维达尔–纳凯：《奥德赛中的土地和祭祀的宗教和神秘学意义》，载《经济、社会和文明年鉴》，第 5 期，1970 年，第 1287 页（P. Vidal-Naquet, “Valeurs religieuses et mythiques de la terre et du sacrifice dans l’Odyssée” , *Annales E.S.C.*, 5, 1970, p. 1287）。

5 埃福罗斯没有明确说他们喝什么，但是有可能是血、葡萄酒，也可能是奶。

6 阿特纳，X，441 *d*（Athénée, X, 441 *d*）。

7 第欧根尼·拉尔修，I，104（Diogène Laërce, I, 104）。在关于阿纳卡西斯的一章中，有多处讲到葡萄酒和酗酒。

只喝纯葡萄酒。[1]希罗多德在讲到斯巴达的国王克里昂米尼（Cléomène）的命运时，已经按照这种意思在使用这个词。拉栖第梦人说，克里昂米尼疯了，因为他跟斯基泰人学会了只喝纯葡萄酒（斯基泰人来到斯巴达，提议与克里昂米尼结盟，一起反对大流士）。从那以后，当拉栖第梦人想喝"纯一些"的葡萄酒（zōróteron）时，就说"像斯基泰人一样喝酒"。[2]阿纳克里翁（Anacréon）、夏玛列奥斯（Chamailéos d'Héraclée）在关于《醉酒》的书中，阿谢约斯（Achaios）在一首题为《阿冬》（*Aethon*）的诗中，也提到过"像斯基泰人一样喝酒"，或者"斯基泰人的饮料"。[3]因此，喝葡萄酒是文明人的标志，而喝纯葡萄酒则是野蛮人的行为，代表的是违反常规的行为。只要改变了酒和水之间的正常关系，人们便是拿这种有违常规的行为做文章。"像斯基泰人那样喝酒"并不一定是说喝纯葡萄酒，只不过是指往里面兑的水比平时少一些。只有克里昂米尼喝过真正的纯葡萄酒，于是他"疯了"（manênai）。纯葡萄酒是一种危险的酒。

在思考"skyphos"（双耳爵）这个词的词源时，阿特纳有一个说法，认为它来自"skythos"（斯基泰），因为斯基泰人以喝得酩酊大 276
醉而著称。另外，他还补充说，罗得岛的希洛尼摩斯（Hiéronymos de Rhodes）在关于《醉酒》的作品中甚至写道："喝酒时无醉不欢，这才是斯基泰人的风格（tò methûsai skuthísai）"。[4]因此，"*skuthízō*"一词有"剃光头发"的意思，但是也有"喝醉酒"的意思。

最后，柏拉图在这幅斯基泰人的醉酒图上，又增加了一笔，那就

1　Leutsch, Schneidewin, Corpus Paroemiographorum graecorum, II, p. 166: Episkúthison: epì tỗn akrátoi chrōménōn; oi gàr Skúthai akratopótai.

2　希罗多德，VI，84。我们还可以补充说，斯基泰人之所以拒绝酒神狄俄尼索斯，是因为他会让人发疯。

3　阿纳克里翁：《希腊抒情诗》，法语版本63，= 阿特纳，427 a-b（Anacréon, *Poetae Lyrici Graeci*, fr. 63, =Athénée, 427 a-b），夏玛列奥斯 = 阿特纳，427 b（Chamailéons = Athénée, 427 b）也转述了克里昂米尼的故事，见于阿谢约斯：《古希腊悲剧诗文残篇》748= 阿特纳，427 c（Achaios, *Tragicorum Graecorum fragmenta*², 748, =Athénée, 427 c）。

4　阿特纳，XI，499 f（Athénée, XI, 499 f）。

是男人和女人都喝：《法律》（*Lois*）[1] 中的雅典人说，“你们（拉栖第梦人）认为，你们完全反对酗酒，而斯基泰人和色雷斯人，他们喝纯葡萄酒，女人也和男人一样喝，而且洒得衣服上都是酒，他们认为自己遵守的是一种美好的让人享尽真福的习俗。”

有机会时，他们喝血，他们经常喝奶，他们喝葡萄酒喝得很凶，这就是斯基泰人。没有必要美化这一传统的形象，实际上，传统人物的疑难正是这些形象组成的。我们只要提到独眼巨人波吕斐摩斯（Polyphème），就能够说明这一点：他喝奶，他吃奶酪，但是他也吃人。他知道“宙斯让土地长出来的葡萄酿造的酒”，但是他不知道该怎么喝，当尤利西斯让他喝酒时，他像个酒鬼一样，不往里兑水，一
277 口便喝干，而且喝完了还要。[2] 因此，奶和纯葡萄酒的确是两种饮料，而且都能表达野蛮的含义。

战争是一场狩猎，而且首先是要猎取人头；战争是一种日常的事物，而斯基泰人就是为战争而生的。但是，令人感到奇怪的是，战争似乎是一种有组织的、成系统的活动。这种游牧人战争活动的深刻的社会化，的确让人感到吃惊，因为游牧人的“koinōnía”（共同性）是程度最低的。然而，只要希罗多德一开始叙述战争的习俗，斯基泰的空间便不再是一片无差别的走马放牧的空间，而是有了网格，是经过精细管理的空间：领土分成郡，每个郡都有郡守。战神阿瑞斯有特别的祭祀仪式，有不同的祭品，尤其是有以人作为牺牲品的献祭[3]，每个郡都有战神的神庙，而且每年都要给予维护。除了空间的组织之外，

1　《法律》，637 e（Lois, 637, e）。斯基泰人与葡萄酒的关系也是亚里士多德学说研究的一个问题（*Problèmes*, III, 7）：斯基泰人之所以喜欢葡萄酒，是因为他们“性情热烈”而且“干燥”，而同样“性情热烈”，但是“湿润”的儿童就不喜欢酒。

2　《奥德赛》，IX，353 及以后部分（*Odyssée*, IX, 353 sq）：“在暗色的火光下，我再一次将他的罐子倒满（kissúbion，指的是喝奶用的罐子，也是挤奶时用的罐子）；我把罐子拿来了三次，他三次都像个疯子一样，一口气喝干！我不久便看到，酒甚至侵入了他的心脏”（360—362）。这酒是阿波罗送给伊斯马洛斯的祭司马隆（Maron）的礼物，“作为红酒，要想在喝的时候味道柔和如蜜，一杯酒要倒入二十份的水”（IX, 208-210）。相反，“纯葡萄酒是给神喝的”（IX, 205），这句话从字面上理解的意思应该是：凡人是受不了的。

3　希罗多德，IV，62。

还有在时间上定的规矩：每年都要修理战神庙，要给战神献祭，每年都在郡守的住处举行宴会，庆祝每个战士都杀死了敌人。而且这种礼节性的仪式是以象征的方式开展的。

在这些战争的习俗当中，国王处在中心的地位。国王是分配战利品的主宰，谁砍了敌人的人头，谁才能分得战利品。他是“宴会的主宰者”（郡守代表的是国王），谁在年内杀死了敌人，他便给他一杯（或者两杯）葡萄酒；他是“正义的主宰者”，凡是司法决斗，国王一定要在场：当两个斯基泰人的亲属有争议时，他们便在国王面前决斗，278
胜者将败者的脑袋做成喝酒的酒杯，因此，在这种情况下，国王还是允许砍头的主宰者：他是人头之主！

斯基泰国王是围猎大流士的主宰，是战争的主宰，他的确是个专制的君主（despótēs）。对于公元前 5 世纪的希腊人来说，王权是专制的，而野蛮人只能是王权统治的人。国王活着的时候是权力的中心，死后，他成了国土的“偏心点”，国王的遗体是一个系泊点：王国就像是一艘船一样，系泊在“他的遗体”上，斯基泰民族与他是联系在一起的。他活着的时候，他的灶火是人们沟通的基础，从而使斯基泰人形成了一个社会群体。凡是有人不信守以他的灶火的名义发的誓言时，他都会生病，就好像国王的身体和社会体既是分开的又是统一的：要想治愈他，必须砍掉背誓者的头。国王死后，遗体要用香料处理，而且斯基泰人要自残。通过这种会留下痕迹的仪式，他们才会被承认是斯基泰人，是臣民。从今往后，他们的身体打上了王权的标记，标记提醒他们，他们形成了一个社会体，而且，通过这种权力的助记方法，国王的身体和社会体编织成沟通的盟约。

第五章

279 空间与神:“自己煮自己”的牛和阿瑞斯的“饮品”[1]

斯基泰人都有哪些神?他们与神有着什么样的关系?或者我们也可以用另外的方式提出问题:游牧人是如何与神交流的?如果说斯基泰人以潜在的方式不断地使希腊人提出这样一个问题:“人怎么能是游牧人呢?”我们可以通过假设,提议说,不管以何种方式,游牧生活应当在神的空间也留下了印迹,游牧生活在斯基泰人与神的关系上也一定留下了特有的标记。我们假设一场祭祀的情景:对于城邦来说,血腥的牺牲是最重要的——通过宰杀牲畜,通过在祭祀活动中的共餐,城邦才认识到自己是一个食肉的共同体。如果说牺牲献祭是与城邦的政治秩序联系在一起的,正是因为牺牲献祭建立了城邦,也是城邦的表达,它的确可以说是“城邦宗教的一个
280 主体内容”[2],那么对于游牧人来说,牺牲意味着什么?在这样的背景之下,对于我们来说,牺牲献祭的实践可以成为一种办法,我们

---

1 本文曾发表在马塞尔·德蒂安和让-皮埃尔·韦尔南主编的《古希腊牺牲品的烹制》,巴黎,1979 年,第 251—269 页(M. Detienne et J.-P. Vernant, *La Cuisine du sacrifice en pays grec*, paris, 1979, pp. 251-269)。收入本书时略微做了修改。

2 让-皮埃尔·韦尔南:《在野兽与神之间》,载《神话与社会》,巴黎,1974 年,第 171 页(J.-P. Vernant, “Entre bêtes et dieux” , *Mythe et société*, Paris, 1974, p. 171);参见杜朗:《犯罪的肉体》,载《通讯》,第 26 期,1977 年,第 46—60 页(J.-L.Durant, “Le Corps du déli” , *Communications*, 26, 1977, pp. 46-60)。亦参见杜朗:《古希腊的牺牲与劳动》,巴黎,1986 年(J.-L. Durant, *Sacrifice et labour en Grèce ancienne*, Paris, 1986)。

用这种办法探索人类群体，标示出各群体的距离，提出各群体的相异性。

但是，在我们带着这个问题，阅读希罗多德写斯基泰人献祭的两章文字[1]之前，我们先来看看他们都有哪些神祇。"他们认为对自己有利的神（hiláskontai）如下：首先是赫斯提亚，然后是宙斯和大地（Terre，在他们的信仰当中，大地是宙斯之妻），然后是阿波罗、阿弗洛狄忒、乌拉尼雅、赫拉克勒斯和阿瑞斯。对这些神，所有的斯基泰人都承认（nenókikasi）。人们称之为的王家斯基泰人还向波塞冬献祭。"[2]首先可以说的是，神的数量并不多，这让人感到奇怪：只有7个神（对于王家斯基泰人来说，是8个），而且除了埃及人之外，所有蛮族人信奉的神数量都不多。[3]至于希腊人信奉的很多神，希罗多德没有明确说斯基泰人是根本就不知道，还是无论如何他们认为那是些"对自己不利"的神，也就是说，他们不向那些神献祭。只有狄俄尼索斯的情况是清楚的：斯基莱斯的故事告诉我们，斯基泰人绝对不接受狄俄尼索斯。而且这些神的组成也很奇怪：在斯基泰人的设想当中，神的等级与希腊世界最常见的神谱没有对应关系：在荷马的神谱中，尤其是在赫西俄德的神谱中，赫斯提亚一般被认为是瑞亚（Rhéa）和克洛诺斯（Cronos）的女儿，因此也就是宙斯的姐妹[4]，在斯基泰人的神谱中却成了首要的神。我把赫斯提亚对斯基泰人的中心地位和王权 281
的中心地位摆放在一起，力图说明赫斯提亚对游牧人的奇怪影响。[5]但是，最令人感到吃惊的，莫过于把大地和宙斯放在一起，正常情况下，这两个神不属于同一代：大地（Terre）生于混沌（Chaos），在大地和宙斯之间，还隔着克洛诺斯一代。叙述者的确意识到这一命题具有"异

1　希罗多德，IV，61—62。

2　同上，IV，59（勒格朗的翻译略有不同）。

3　林福斯：《希罗多德作品中希腊的神和外国的神》，见于加利福尼亚大学出版社出版的《哲学课》，第9期，1926年，第6—7页（I.M. Linforth, "Greek gods and foreign gods in Heodotus", Univ. of Cal. Publ. in *Class. Phil.*, 9, 1926, pp. 6-7）。

4　赫西俄德：《神谱》，454（Hésiode, *Théogonie*, 454）。

5　参见前文第210页及以后部分。

端”的特点，便在故事中插话，对听众解释说，这不是他（叙述者）的错，斯基泰人的“错误”也是有其逻辑的：“他们认为大地是宙斯的妻子”。这样一来，他们的命题便有了一定的连贯性，不会被认为不合理了，只是因为斯基泰人无知，这个命题才错了，而且错误才可以得到解释。

因此，他们的神祇少，而且秩序乱：他们没有荷马和赫西俄德给他们制定神谱，勾勒众神形象。[1] 一直到最近一个时期，我们甚至可以说一直到昨天[2]，希腊人的祖先佩拉斯吉人（Pélasges）还不知道每个神都是谁生的，而且是不是所有的神一向都有，其形象如何，他们跟无知的斯基泰人一样：斯基泰人认为赫斯提亚早于大地，而大地又是宙斯的妻子。然而，佩拉斯吉人在从埃及人那里得知神的存在之前，连神的“名字”（ounómata）也不知道。斯基泰人与他们不同，至少斯基泰人知道神的名字。[3]

282 斯基泰人向神献祭，向神祈祷。但是，他们的祭祀既不要求制作偶像（agálmata），也不用祭坛（bōmoús），也不用建造神庙（nēoús）[4]，因此，他们没有特别的地方用以敬神。这意味着什么呢？叙述者没有明说。然而，敬神的三元素——神像、神庙、神坛——在《历史》其他部分的出现，可以为我们提示一条线索。比如波斯人也没有神像、神庙和神坛，然而，在讲到波斯人时，叙述者插话说了，他们不仅不建敬神的设施，反而还认为，要是建了这些东西，那才是“发疯”（mōríē）。希罗多德说明道：“据我看，原因就是，他们从来没有像希腊人那样认为，神也像人一样（anthrōpophuéas）。”[5] 但是，这一解释虽然对希腊人能够说明问题，虽然对祭祀太阳、月亮、火等的波斯人能够说明问题，却不能说明斯基泰人的问题，因为斯基泰人是想在赫斯

1　希罗多德，II，53。
2　希罗多德认为赫西俄德和荷马比他早生 400 年。
3　希罗多德，II，52。
4　同上，IV，59。
5　同上，I，131。

提亚、宙斯、阿波罗等诸神之间进行协调的。

在离斯基泰人有一段距离的北方，布丁人生活在一个完全由木材建立的城市当中：不仅城墙、房子是木头的，神庙也是用木头建成的，“因为，这个地方有希腊神的圣殿（Hellēnikôn theôn），里面有像希腊那样（hellēnikôs）的木制神像、祭坛和神庙”。[1] 换句话说，神庙、神像和神坛是希腊特点的标志，而且可以用作判断有没有希腊特点的标准。况且，布丁人有这样的习俗并不是偶然的，因为从前，他们是希腊人。因此，这三个因素具有区别的作用。祭祀地点的不明确标志着 283
斯基泰人文化活动的相异性。

敬神的三元素再一次出现的时候，是到了埃及祭司的口中。赫利奥波利斯（Héliopolis）的祭司向希罗多德解释说，埃及人最先给 12 位神取了名字，也最先“建了祭坛、神像和神庙”。[2] 这都是埃及人的发明，希腊人原样接了过来，如果不承认这些，从某种意义上说，就等于生活在之前的时代。这种差别被说成是“原始主义”。斯基泰人似乎并不了解希腊人从埃及人那里学来的东西，我说的是“似乎”，因为有一个例外，那就是阿瑞斯，按照斯基泰人的习俗，要给阿瑞斯建圣殿，而且正常情况下，还要用“神像”（ágalma）来表示。[3] 普罗泰格拉（Protagoras）的神话甚至更夸张：如果不建神庙，不塑神像，那就不仅是生活在埃及人发明这些东西“之前”的时代，而且也是生活人类范畴之外：“因为人也参与神的世界，首先是因为人是最早敬神的动物，而且开始建祭坛和神像。”[4] 不敬神，便是否认人所特有的神圣“命运”（moîra）。

1　希罗多德，IV，108。在 VIII, 144，雅典人对“to Hellenikón”给出的定义，恰巧提到了神和祭祀的建筑：我们有着共同的“圣殿和祭祀”（theôn idrúmatá te koinà kaì thusíai）。

2　同上，II，4。柏拉图：《普罗泰格拉》，322 a（Platon, *Protagoras*, 322 a）。

3　同上，IV，59。

4　柏拉图：《普罗泰格拉》，322 a（Platon, *Protagoras*, 322 a）。

284 牛

斯基泰人是偏远地方的人，但他们也给神献祭：他们在空间上的远并没有使他们离神就更近。他们不像荷马笔下的埃塞俄比亚人那样，没有贸易之神；他们不像希罗多德笔下长命的埃塞俄比亚人，他们没有每天给他们提供煮熟了的肉的太阳桌。[1]他们也没有独眼巨人（Cyclopes）一样的本事，可以不用担心宙斯或者其他的神，因此也就可以不用给神献祭。斯基泰人只是普通的凡人，是肉食的凡人。

叙述者的第一个说明：祭品都一样，所有的斯基泰人都按照一样的仪式向所有的神供奉祭品（阿瑞斯除外）。[2]这和谈到埃及献祭时的说法是一样的：所有的埃及人都同样用动物的头作为祭品供奉给神，而且所有的埃及人都以同样的方式祭酒[3]，但是，一涉及清除动物的内脏和烹饪的时候，每种供品就不一样了。希罗多德举了一个例子，讲述“向他们认为最重要的神（daímona megístēi）”献祭的仪式。换句
285 话说，那要看你求的是哪个神灵。对于斯基泰人来说，祭祀仪式的一致性意味着什么呢？说明他们不了解每个神特有的需求，说明他们对各种神没有太明确的区别，也许是这样。

因为斯基泰人不修神庙和祭坛，没有明确界定的供奉空间，的确，表面看来，在领土上的任何地方，都可以毫无区别地举行祭祀活动。[4]祭祀用的牲畜被带来（我们不知道是如何被带来的）之后，仪式就开始了：“祭祀用的牲畜是站着的，前面的爪子被绳子捆起来。宰牲的人站在牲畜后面，拉着绳子的端部，将牲畜拉倒。就在牲畜倒下的那一

1　希罗多德，III，18。参见韦尔南：《古希腊牺牲品的烹制》，巴黎，1979年，第239—249页（J.-P. Vernant, *La Cuisine du sacrifice en pays grec*, Paris, 1979, pp. 239-249）。

2　同上，IV，60。前文所引卡萨博纳（Casabona）的作品第61页指出，在希罗多德的作品当中，érdō 相当于 poiéō：“我们在希罗多德使用 érdo 的方式当中，即使带有宗教意味的时候，都可以看到古人所说的有荷马特色的词汇。”

3　同上，II，39。

4　波斯人（I，132）也不建神庙和神坛，但是在供奉祭品时还是要选择一个“洁净的地方”（khôron katharón），也就是说，他们的空间分成了品质不同的区域。

刻，宰牲人念出要供奉的神的名字。然后，他用一根细绳子缠住牲畜的脖子，绳子里面插入一根棍子，他转动棍子，把绳子绞紧，将牲畜勒死。不点火，不把牲畜作为供品供奉，不行浇祭。"[1]

宰牲是第一个阶段。在这个阶段，叙述者通过"oúte"（不）一词的重复使用，未明言地指出缺少了的三样东西：不用火，不用第一块肉当祭品，不行浇祭，这标志着与文明祭祀相比的三重差别。当希罗多德描写其他的祭祀时，这三个过程的重新出现，不管是一起出现还是每个过程的单独出现，说明在他心目中，这三个过程是区别的标准。波斯人"在开始献祭之前，也不点火"。[2] 这个说明表示，所谓的火，指的是宰牲之前在祭坛上点亮的火。说斯基泰人的仪式中不行浇祭，大概指的是祭酒，而祭酒是在宰牲之前就可以开始的。[3] 比如埃及人不 286
仅建祭坛、点火，而且"紧靠祭坛，他们向用来献祭的牲畜身上浇洒葡萄酒……然后宰杀"。[4] 另外，斯基泰人虽然在向其他的神献祭时不举行浇祭，但是在向阿瑞斯供奉时，是有酒祭的，这种方式少说也显得十分奇怪：在用来献祭的动物头上，他们的确要浇上酒，然后再宰杀，不过这个用来献祭的动物是人。[5] 叙述者的评论中最后一个切题的要点：没有"katárkhesthai"；勒格朗写的是"充当供品的第一块肉"；他以为希罗多德写的是"apárkhesthai"。然而，我们在《历史》当中多次见到过"áparkhesthai"这个词，都明确表达的是"充当祭品的第一块肉"：等肉煮熟了，开始吃饭之前，斯基泰人从熟肉上面割下一块当祭品。[6] 利比亚人在宰杀牲畜之前，割下一块耳朵，作为祭品。[7] 如果"katárkhesthai"的意思和"áparkhesthai"表达的意思不一样，那它会

1　希罗多德，IV，60：...*kaì* apopnígei, oúte pûr anakaúsas oúte katarxámenos oút' epispeísas。

2　希罗多德，I，132。

3　据前文所引卡萨博纳（Casabona）的作品第 249 页，希罗多德笔下的"epispéndō"意思是"在某物上倾倒浇祭，指的主要是某个动物而不是一种仪式。这个词和希罗多德用于表达另外一种意思的 kataspéndō 相当。"

4　希罗多德，II，39。

5　同上，IV，62。

6　同上，IV，61。亦参见 III，24。

7　同上，IV，188。

是什么意思呢？除了这个例子之外，希罗多德还在另外两个地方使用过这个词：当托里德人用俘虏献祭时，在用重物将他们打昏过去之前，先行浇祭（kararxámenoi）！[1]同样，赫拉克勒斯在作为祭品被宰杀之前，也是先行浇祭：“赫拉克勒斯来到埃及，埃及人给他戴上花冠，带
287 着他游街（pompḗ），以把他当作供品供奉给宙斯；在此之前，他还保持了平静，但是在祭坛旁边，当人们开始浇祭（katárkhontho）的时候，他便用力挣扎，杀死了所有的人。”[2]当赫拉克勒斯清楚无误地明白，他并不是人们欢呼的英雄，而是被选中供奉给神的祭品时，他开始反抗；给他戴上花冠，带着他游街，这还不能说明问题，但是从举行浇祭的时候开始，事情就清楚了。赫拉克勒斯知道了自己的真实处境，但是，这一处境是如何表现的呢？涅斯托耳（Nestor）向雅典娜（Athéna）供奉祭品时，开始浇洒洁净的水和大麦粒（katḗrkheto），然后，他向帕拉斯（Pallas）久久地祷告，接着，他从作为祭品的牲畜头上拔下几根毛，扔进火里（aparkhómenos）。[3]如此看来，“katárkhesthai”的意思就是“浇祭”，也就是说，在作为祭品的动物头上浇洒洁净的水和大麦粒，而在浇祭之后不久发生的“apárkhesthai”，指的是取下几根毛发烧掉。因此，斯基泰人不懂浇祭，而他们对此的无知在这里意义重大。的确，在作为祭品的动物身上洒水和粮食颗粒，是要取得动物的同意：当它从右向左晃脑袋时，就是它同意把自己作为献给神的供品。这样一来，仪式便失去了暴力的色彩，参与仪式的人们事先也就证明自己没有犯下谋杀罪。[4]因此，有或者没有“浇祭”，标志着“非暴力的祭祀”和“暴力祭祀”之间的区别：斯基泰人的祭祀是暴力祭祀。

288 没有浇祭还表达了其他的意思，而且在另外一个层面上重复了斯基泰的不同：斯基泰人不种庄稼，然而，“祭祀的做法强调了作为祭品

1 希罗多德，IV，103。
2 同上，II，45。（勒格朗的翻译略有修改）希罗多德认为，这是希腊人讲的“蠢话”。
3 《奥德赛》，III，445。
4 杜朗：《犯罪的肉体》，载《通讯》26 期，1977 年，第 51—59 页（J.-L. Durand, “Le Corps du délit”, *Communications*, 26, 1977, pp. 51-59）。

的牲畜和种植庄稼之间存在的一致性，将酒和大麦粒与宰杀牲畜，并把按照仪式宰杀的牲畜放在火里烧的程序结合在一起"。[1]因此，之所以缺少这些内容，是为了说明斯基泰游牧人的特点。一些既不播种也不种庄稼的人，他们哪来的大麦呢？

希腊人在献祭的时候，将种植的植物和家养的动物组合在一起。斯基泰人不种庄稼，但是，他们用家养的动物献祭：他们还没有到用野兽献祭的地步。在种庄稼和家养动物这一对事务当中，他们选取了第二种。的确，希罗多德明确说，他们用牛和小家畜（próbata）献祭，但是也用马。用马献祭再一次拉大了他们与希腊人之间的距离，马不是希腊人用来献祭的动物，不管怎么说，在带血的食品祭物中，从来不会有马，而对于斯基泰人来说，牛、小家畜、马似乎是相当的，互相可以代替。[2]在《历史》当中，除了斯基泰人之外，唯一用马献祭的，就是马萨格泰人，他们用马向太阳献祭。[3]波萨尼亚[4]认为萨尔马提亚人也有这种做法，他说，萨尔马提亚人宰杀母马，并将其吃掉。用马来 289
献祭还说得过去，但是吃马肉，这就不一般了。

动物是被突袭打倒的，而不用征得它的同意：祭祀用的牲畜站着，前面的蹄子被捆起来。宰牲的人站在牲畜后面，牲畜看不到他。他"站在牲畜后面，拉着绳子的端部，将牲畜拉倒。就是牲畜倒下的那一刻，宰牲人念出要供奉的神的名字。然后，他用一根细绳子缠住牲畜的脖子，绳子里面插入一根棍子，他转动棍子，把绳子绞紧，将牲畜勒死……"[5]因此，斯基泰人不是用"pélekus"（用来砍牛脖子的斧头）[6]，

1　韦尔南：《神话与社会》，第 191 页（J.-P. Vernant, *Mythe et société*, p. 191）以及《古希腊牺牲品的烹制》，第 58—63 页（*La Cuisine du sacrifice en pays grec*, pp. 58-63）。

2　斯坦格尔：《希腊人的牺牲》，莱比锡和柏林，1910 年，第 155 页及以后部分（P. Stengel, *Opferbraüche der Griechen*, Liepzig et Berlin, 1910, pp. 155 *sq*）。

3　希罗多德，I，216。斯特拉波接过了这条信息（XI, 8, 6）。另外，波斯人以极其例外的方式，有一次用马当作了祭品：为了得到有利的征兆，祭司在司特鲁马河（Strymon）的水中宰杀了几匹白马（VII, 213）。

4　波萨尼亚，I，21，6。

5　希罗多德，IV，60。

6　没有 pélekus（用来砍牛脖子的斧头）可能与没有耕种的土地有关。前文所引杜朗的作品第 49 页的注 5 指出，斧头可以被看作开荒的工具。

不是用“mákhaira”（用来砍头的大刀），而是用一根绳子和一根木棍，一个套索（brókhos）和一个紧索棒来宰杀牲畜。因为，正是这一点，是斯基泰人的献祭仪式令人感到气愤的主要地方，动物不是被宰杀的，动物的血没有流出来，它是被勒死的。希腊人用食物献祭时，是带血的，斯基泰人献祭用的确实是食物，因为最后的肉是要被吃掉的，但是献祭用的动物不流血。

以这种不寻常的方式处死动物意味着什么呢？勒死牲畜不仅不是常见的献祭方法，也不是处死人的常用方法。埃及人[1]、巴比伦人[2]和巴提亚德人（Battiades）[3]在一种情况下，的确采用过这种方法。换句话说，这种方法是非希腊人，在特殊的情况之下，由“专制暴君”采
290 用的。在薛西斯军队的名录中，希罗多德提到一个部族，萨伽蒂安人（Sagartiens）在战斗中不使用铁制或者青铜制的武器，而是用套索，然而，他们并不勒死猎获到的敌人或者动物，只不过先让他们动弹不得，然后再用匕首杀死。然而，文中还是说明（这一说明并不是无所谓的），萨伽蒂安人是游牧人。[4]除了《历史》之外，被勒死或者被吊死是最坏的死法：尤利西斯的女仆不忠，最后便落得这样的下场；忒勒玛科斯（Télémaque）向她们保证，要让她们死得“不光彩”（katharôs）。“就这样，她们的脑袋排成一排，绳子套在每个人的脖子上，以这种最残忍的死法送了命，她们的脚抖动了一会儿，但时间很短。”[5]在悲剧中，这种死（ankhónē）充满了可怕的意味。比如，安德洛玛刻（Andromaque）为了救儿子而准备去死，他叫道：“你们抓住我，要砍我的头、杀死我、捆住我、吊死我。”[6]俄狄浦斯则对合唱队的领唱

1　希罗多德，II，169。阿普里伊（Apriès）是被埃及人勒死的。埃及人奋起造了他的反，并战胜了他。

2　同上，III，150。巴比伦人在奋起造反的时候，将所有妇女都勒死了。

3　同上，IV，160。阿基西拉斯（Arkésilas）是被他的哥哥勒死的。

4　同上，VII，85。

5　《奥德赛》，XXII，471—473。这是女人的死法，似乎相当于梅兰修斯人（Mélanthios）所遭受的死亡方式，先割掉这些人的鼻子、耳朵、性器（喂狗吃），再砍掉手脚（474—477）。

6　欧里庇得斯：《安德洛玛刻》，412（Euripide, *Andromaque*, 412）。

说，他犯下的"罪比该被吊死的人更加残暴"（或者犯下这种罪的人该被勒死？）。[1] 因此，被勒死似乎是一种特别"残暴"的处死方法。

斯基泰人不仅没有摈弃献祭仪式中的暴力，反而通过宰杀献祭
用的动物的方法，更加强了这种暴力。不见血又意味着什么呢？不见 291
血是否具有某种明确的意义呢？如果我们分析希罗多德谈到的非希腊人的其他祭祀形式，我们看到，埃及人在点火和浇祭之后，再将牲畜"宰杀"；[2] 斯基泰人是将牲畜勒死，但是不点火，不浇祭；利比亚人"将献祭用的牲畜的脖子扭断"（apostréphousi tòn aukhéna）——是为了将其颈椎扭断，将它勒死吗？对于如何准备献祭的牲畜，文中没有说：有没有浇祭，要不要点火？希罗多德只是说，他们将动物的耳朵割下一块，作为献祭的供品，从肩头向后扔去。[3] 人们从耳朵上割下一块，而不是从动物的额头上扯下几根毛，割下来的一块耳朵从肩头扔向身后，而不是像正常情况下那样，将扯下来的动物毛扔进火里。这些姿态倾向于提示说，仪式中没有火。但是我们尤其可以看到的，是宰杀牲畜的方式和游牧的利比亚人一样，利比亚人的生活方式和斯基泰人一样。不幸的是，这个迹象太细微，不能让我们把勒死献祭的牲畜和游牧生活联系在一起，并由此而指出仪式不见血的意义。至于波斯人，这个部族的献祭习俗是叙述当中最后提到的，文中丝毫没有说献祭用的牲畜如何被处死。但是文中还是说明他们不点火，不浇祭。[4]

在希腊的献祭仪式中，血是为神而流的。血被收集在一个特别的 292
罐子里，再洒在祭坛及其周围的土地上。血"沿着人建筑的墙，流下

1　索福克勒斯：《俄狄浦斯王》，1374（Sophocle, Œudipe roi, 1374 : érga esti kreísson' achónēs eirgasména）。在绞刑和血，或者和对血的恐惧之间，也许有某种关系，比如在《哀求者》，788（*Les Suppliantes*, 788）当中，"在可恨的丈夫将手伸向我的身体之前，我愿意被一根绳子吊死"。

2　希罗多德，IV，39。

3　同上，II，39。"ōmon"是一种推测，手稿上是"dōmon"。

4　同上，I，132：没有祭坛，没有火，没有浇祭，没有笛子，没有装饰带，没有大麦粒，然而，波斯人不是作为游牧人被介绍的，虽然他们当中有游牧的"部落"：达安人（Daens）、摩尔人（Maures）、德洛皮克人（Dropiques）、萨伽蒂安人（I，125）。

去，渗进支撑着这墙的神的领地里”。[1] 斯基泰人没有神殿，也没有祭坛来献祭，他们没有固定的地方收集献祭的血，所以我们可以理解他们不用让牲畜的血流出来。这样来看，他们的不寻常的仪式至少与游牧生活是一致的。[2]

在宰牲之后，便将牛分割开来，煮牛肉：“用以献祭的牲畜被宰杀、剥皮之后，人们便开始煮肉”；“当用以献祭的牲畜被剥了皮之后，他们将肉与骨分割开来，剔出光光的骨头”。[3] 在牲畜死后，立刻剥皮，他们（不知道这个“他们”指的是谁）将牲畜分成两部分：一边是肉（kréa），另一边是骨（*ostéa*）。因此，唯一贴切的对立就是“骨”与“肉”。另外，“骨”是要用作燃料的：要用“骨”来煮“肉”。这一仪式的不寻常之处显而易见。首先，牺牲中没有给神留出一份；其次，“mēría”，也就是大腿骨——上面包裹着脂肪——是本应该在祭坛上烧掉的[4]，但是，大腿骨并没有在祭坛上被烧掉，而是和其他的骨头一起，被当作燃料用来煮肉了。这简直令人感到气愤，叙述者展示的理性也间接证实了这一点，其解释从灵感上很有汤因比（Toynbee）的特点[5]：斯基泰王国的木头很少，于是斯基泰人便“发明了
293 （exeurḗtai）”用献祭的牲畜骨头来代替木柴的办法。这样一来，希腊人心目中令人感到气愤的行为就变得可以理解了，如果不说是可以接受的话。这是合理化的处理，在讲到斯基泰王国的木头时，我们可以从叙述的迟疑中理解到这一点：如果说这个地方从总体上来说没有树木，但还是有一个地区是被森林覆盖的，那就是希莱亚。[6] 阿瑞斯的神庙是

1　杜朗：《古希腊牺牲品的烹制》，巴黎，1979 年，第 139 页（J.-L. Durand, in *La Cuisine du sacrifice en pays grec*, Paris, 1979, p. 139）。

2　具体说，没有放过血的牛肉是不能吃的。通过血这个细节问题，我们可以更清楚地看到，阿瑞斯使我们过渡到了一个不同的空间：在给阿瑞斯献祭时，血是要流出来的。

3　希罗多德，IV，60，61。

4　详见前文所引鲁达尔特的作品第 262 页。

5　汤因比（1852—1883），英国历史学家，专门研究经济历史学。这里的意思是，煮牛肉烧牛骨只能用经济的观点来解释，是物尽其用，因为斯基泰人没有木柴，所以用牛骨烧火煮肉。——译者注

6　希罗多德，IV，76。

完全用木头建造的，而且不小于三个斯塔得[1]见方。[2]最后，处罚假冒的占卜者的时候，人们在一辆车上装满木柴，用火将木柴点着。[3]

除了没有木头之外，还没有"splánkhna"，也就是牲畜的内脏的问题，因为牲畜只是分成了肉和骨。然而，"吃内脏必然是献祭的第一个阶段"。[4]内脏穿在扦子上，被烤熟，被吃掉；同时祭坛上的"腿骨"也就烧完了。德蒂安用忒勒玛科斯来到皮洛斯（Pylos）时所看到的情景为例，指出，在献祭当中，吃肉的人们围成两个圈：一个圈围得很紧，是大家共同吃"splánkhna"（内脏）的人；另一个圈更大，也比较散，那就是参与献祭共餐的人们，但是，吃牲畜的内脏保证了献祭的"尽可能完整"。然而，在斯基泰的献祭仪式中，根本就没有这个必要的阶段：没有共同吃内脏的人所表达的共餐的特点，献祭者就好比是 294
一个人一样。

没有内脏，没有穿成内脏肉串的过程，没有烧烤的过程，好像献祭的模式就是通过这些缺少的部分来定义的，展开来的仪式显得很贫乏。的确，正常情况下，烧烤的阶段在煮肉阶段之前，可是斯基泰人的仪式根本就没有这个阶段；斯基泰人只是煮肉（hépsēsis）。[5]"他们将肉扔进当地的锅中，如果正好有锅的话——这些锅像莱斯沃斯岛的双耳爵，只不过要大得多。他们将肉扔进锅里，就在锅里煮

1 斯塔得（stade）是古希腊长度单位，一斯塔得相当于 180 米。——译者注

2 希罗多德，IV，62。

3 同上，IV，69。

4 亚里士多德：《动物之构造》，661 b 1 及以后部分，以及 673 b 1 及以后部分（Aristote, *Sur les parties des animaux*, 661 b 1 *sq* et 673 b 1 *sq*）。

5 我们在这里遇到的是烤和煮所代表的文化意义的问题。德蒂安写道（第 182 页）："吃熟的食物是人和动物之间的区别，动物吃生的东西，同样，煮熟食物是文明人和粗野人之间的区别，粗野之人只能用火烧烤着吃。"所以，我们觉得斯基泰人只能是烤肉吃，而不是煮着吃，然而事实并非如此：他们不烧烤（似乎不烧烤），而只是煮熟了吃。同样，波斯人在献祭时也是将肉煮熟（I，132），但是，他们在过生日时是将肉烤熟了吃的。埃塞俄比亚人（III，18）的太阳桌上供奉的是煮熟的肉；利比亚人献祭时的情况没有明说；至于埃及人，他们的献祭仪式没有明确说，虽然我们在别的地方（II，77）看到埃及人会使用烧烤和煮两种方法。还有以素食为生的印度人（poiēphágousi），他们将植物的种子带皮荚一起煮熟：他们吃生的，也吃熟的。当马萨格泰人用老人献祭时，将人肉和"próbata"（小家畜）的肉混在一起，共同煮熟（I，215）；他们是以奶为生的人。

（hépsousi），下面烧的就是牲畜的骨头。”[1] 我们从这里看到献祭仪式中第一件真正的工具，用来煮肉的锅，虽然这个锅看起来像双耳爵，但是很快，熟悉的东西会再次消失。的确，叙述者接着说：“如果没有
295 锅，他们便将所有的肉都放在献祭用的牲畜的胃中，掺一些水，然后就用骨头在下面烧。骨头火烧得很好，牛胃（gastḗr）完全可以把去掉骨头的肉都容纳进去。一头牛就这样被自己煮熟了（heautón），其他用来献祭的牲畜也是这样，各煮各的。”[2] 在米南德（Ménandre）的《粗暴的人》（*Dyskolos*）中，有个人物正要用一只羊给神献祭，发现忘记了锅，他想办法找，没有找到，便决定把肉都用来烤。[3] 但是，当斯基泰人同样遇到没有锅的情况时，他们因为不会烤肉，便用牲畜的肚子代替“lébēs”（锅）[4]。显然，用“gastḗr”（肚子）当锅来用，令人感到吃惊。普罗米修斯也用牛肚子将牛肉和带着沉甸甸脂肪的内脏包起来[5]，但他那样做是为了欺骗，把最好的部分伪装成不能吃的东西。“肚子”虽然可以盛东西，但是不能代替“锅”。为了介绍斯基泰人的做法，叙述者再一次利用了我们前边说过的将事物合理化的处理方法：因为他们没有木头，所以才烧骨头；如果没有锅，那他们就用牛的胃当锅。但是，如果有锅，如果锅是献祭仪式的工具，那为什么会没有呢？因此，这样说，是为了描述他们奇怪的烹饪方式。没有了锅，剩下就只是牛自己煮自己的形象：“自己煮自己”的牛。

296 肉煮熟之后，就要开始献祭的最后一个阶段——共餐。对此，希罗多德没有说是如何进行的：“当肉煮熟之后，主祭者从肉和内脏中

1　希罗多德，IV，61。

2　同上，IV，61。

3　米南德：《粗暴的人》，456，519（Ménandre, *Dyskolos*, 456，519）。

4　在古希腊文中是“陶制圆底锅”的意思。

5　《神谱》，538—539。亦参见韦尔南的《神话与社会》第188页。觊觎者（《奥德赛》，XVIII，44—45）的火上烤着“填满了脂肪和血的羊胃（gastéres）”：像血肠一样的东西。《古希腊历史学家作品残篇汇编》，梅特洛多洛斯，43 F 3（Métrodore, *F. Gr. Hist.*, 43 F 3）转述说，士麦那人原来是艾奥利安人（Eoliens），他们用一头黑色的公牛向布布洛斯蒂（Boubrostis）献祭。在将牛分割开来之后，他们将牛肉全部放在牛皮（autodoron）里煮，由此看来，这里说的情况不一样（燔祭）。

取下一块，当作供品，扔向前面。"[1] 关于共餐，作者什么也没有说；牛肉会被平分吗？由谁分？分给谁？怎么分？在城邦，"大家都要尝尝牲畜的肉"，这是非常重要的。在这里，我们甚至不知道有没有全体的共餐。的确，正如关于"牛祭"（Bouphonies）的叙述中所表明的那样，祭祀是政治性的，不知道有城邦存在的人，就不可能知道祭祀的共餐，游牧人就更不用说了。我认为在这一点上，没有提就意味着没有：对煮熟的牛肉不会平分，不举行共餐，也没有真正的共同体。主祭者的姿态本身就提出了一个问题：将一点儿食物扔向前面，这是一般的做法[2]，但是，作为供奉的食物的组成却令人感到奇怪：肉和内脏，煮熟了的肉，这还可以理解，但是为什么要有内脏呢？正常情况下，在仪式的这个阶段，在煮着肉的时候，内脏已经被人们"共同"吃掉了。另外，文中明确说，斯基泰人将牲畜分成两部分：骨和肉，没有明确说对内脏怎么处理，也没有说内脏是怎么取出的，怎么煮的，怎么吃的。我们要不要认为这些"内脏"是被当作肉处理的，也就是说，是和肉一起煮熟的呢？如果是这样，那这就又是一件不寻常的事。因 297
此，最后出现的内脏使得仪式显得更乱：如果的确用一块内脏做了供奉，那也只能是在献祭开始的时候，只能是将内脏取出来的时候，是将牲畜剥皮之前，而不是在最后，当大家开始吃的时候，斯基泰人不分"内脏"和"肉"的阶段。

总起来看，斯基泰的仪式缺少几样东西，这是显而易见的。没有祭祀的固定地点，没有祭祀的准备阶段（点火、供品、浇祭），没有血。斯基泰的祭祀仪式没有规定给神的部分（mēría）和处理"内脏"的阶段，而且最后，也不分肉，不共餐。没有祭祀时必不可少的工具，而祭祀的工具与希腊的身份是分不开的[3]：刀、扦子、锅（斯基泰的仪

1　希罗多德，IV，61：ho thúsas tô kreôn kai tôn splágchnōn apárxamenos.
2　奇怪的是，鲁达尔特的作品第 220 页用斯基泰人的这个例子，说明这是希腊的一种正常的做法。
3　希罗多德，II，41：埃及人的祭祀习俗不同，"他们不愿意亲吻希腊人的嘴，也不愿意使用希腊人的刀，或者希腊人的扦子或者锅，而且，如果一头牛是用希腊的刀宰杀的，如果牛的身上没有标记，他们也不吃"。

式中也用锅，但是也可以不用）。斯基泰的仪式是暴力的仪式：不问牲畜是否同意，而且牲畜是被勒死的。因此，和希腊的食物献祭相比，斯基泰人的祭祀仪式内容贫乏而混乱。总而言之，仪式没有在神与人之间充当中介，也没有让人们相互沟通。对于缺少的每一样东西，我们无法赋予清楚无误的意义，但是总起来看，这似乎意味着，斯基泰人不种庄稼，而且也不是一个真正的共同体。在这种情况之下，更值
298 得关注的是，在这些章节当中，其实希罗多德只讲到用牛献祭。也许斯基泰人也用小家畜和马来祭祀，但是文中只讲到牛。对牛的“选择”证明了两件事：第一，文中时时提到的参照仪式，是文明的祭祀仪式；第二，让斯基泰人用牛献祭，就意味着表示出斯基泰人和希腊人之间的最大距离，因为，这大概正是他们在祭祀时用得最少的牲畜。的确，如果牛和城邦是并列在一起的，那么，谁不是城邦人，谁就不会用牛祭祀。在这样的条件之下，选择把斯基泰人说成是用牛祭祀的人，那就意味着让读者更加清楚地看到他们的做法有多么不寻常，甚至说他们让牛“自己煮自己”。

这就是斯基泰人的祭祀，当仪式结束时，在希腊人看来，那简直算不上是祭祀的仪式，和被认为是“为战争而生”的斯基泰人的形象相比，这种仪式显得牺牲的味道太重了。的确，他们在《历史》中一出场，就是米堤亚的国王奇亚克萨的狩猎专家。国王有一次骂了他们，为了报复，他们毫不犹豫地将交给他们管教的一个孩子当作食物送给他，作为猎获物，而且也像猎获物一样“打点好”。[1] 反过来，阿斯提阿格斯（Astyage）也为了报复，杀死了哈尔帕奇的儿子，把他当成献祭的牺牲品，分割成块，煮熟了，拿给哈尔帕奇吃。[2] 这的确是两次以人肉为食的宴会，不过一次宴会上吃的是作为牺牲品的人，一次是野味。斯基泰人似乎只精通狩猎，因此也就是熟知野兽，他们不知道献

1　希罗多德，I，73：ṓsper eṓthesan kaì tà thēria skeuázein.

2　同上，I，119：米堤亚人的国王阿斯提阿格斯（Astyage）“等哈尔帕奇的儿子一到他那里，便将他宰杀了，然后将他分割成块，其中的一部分肉被烤熟，剩下的被煮熟……”

祭仪式的程序。琉善认为，虽然说斯基泰人并非不知道献祭，但是他 299
们拒绝所有的牺牲品，认为那些东西"不配""肮脏"（tapeinás），而且他们更喜欢"用人作为牺牲品，供奉给阿耳忒弥斯，认为这样做是在取悦阿耳忒弥斯"。[1] 斯基泰人是崇尚暴力的人，是喜欢战争的人，人们说他们用人作为牺牲品给神献祭，而且在希罗多德的作品当中，除了用牲畜做牺牲品之外，他们有一个神，在给这位神供奉时，是用人做牺牲品。这个神不是琉善说的阿耳忒弥斯——斯基泰人的神谱中根本就没有阿耳忒弥斯——而是阿瑞斯。的确，他们是用战争的俘虏作为供品给阿瑞斯献祭的。

阿瑞斯的"饮品"

在斯基泰人的神谱中，提到阿瑞斯时，他与众神的不同之处便已经被标示了出来。叙述者用"斯基泰语言"翻译了各位神的名称，唯独阿瑞斯是个例外；阿瑞斯在斯基泰语言中没有对应的名称，难道是因为阿瑞斯的名字不是"希腊文"吗？从《伊利亚特》开始的整个传统都认为，阿瑞斯与色雷斯有关系，有的人说他到色雷斯去，有的人说他从色雷斯回来，也有的人说他定居在色雷斯。[2] 在东北方向更远处，他与阿玛琮女战士（Amazones）又联系在了一起，他是她们的父
亲。[3] 在《历史》中，他出现得不多：他在色雷斯受人崇敬，甚至占据 300
首要的地位，被排在狄俄尼索斯和阿耳忒弥斯之前。[4] 除此之外，他在埃及的帕普雷米斯（Paprémis）拥有稳固的地位，人们每年都为他组织一些节庆活动。除了牺牲供奉之外，仪式中还包括一项奇怪的活动，

1　琉善：《关于牺牲品》，13（Lucien, *Sur les sacrifices*, 13）。

2　《伊利亚特》，XIII，301；《奥德赛》，VIII，361；索福克勒斯：《安提戈涅》，970，《俄狄浦斯王》，196。

3　罗得岛的阿波罗尼奥斯：《阿耳戈英雄》，II，989 及以后部分（Apollonios de Rhodes, *Argonautique*, II, 989 *sq*）。

4　希罗多德，V，7。

人们用短而粗的木棍子相互打斗。希罗多德认为，打斗中会有不止一人死亡。[1]相反，在希腊的世界里，他只出现在两个降示神殿里，表示战斗：“势不可当的阿瑞斯在一辆叙利亚的战车上”和“阿瑞斯用血染红大海”。[2]

在斯基泰王国，阿瑞斯以两种方式受到人们的崇敬：人们像对待别的神一样，用牲畜作为牺牲品，向他供奉。但是希罗多德没有说是否也像向其他的神供奉时一样，将牲畜勒死。[3]我们只知道人们用小家畜和马向他献祭，所以不用牛。但是他是唯一还可以享受其他供奉的神，从而使他有了不同寻常的地位。“在王国的每个郡，都建有阿瑞斯的神殿：一捆捆的小块木柴堆起来，一直堆到长和宽都有三个斯塔得那么大，高度要小一些；在用木柴堆起来的场地上，安排了一个四方
301 形的平台；平台的三面是直上直下的，只能从一面上去。人们每年用 150 车新砍下的树枝补充在平台上，因为在风吹日晒的作用下，柴堆会不断地向下塌。在每个区，柴堆上都插一把古老的铁刀（akinákēs），这把刀代表（ágalma）阿瑞斯。”[4]一涉及阿瑞斯，我们便从没有区别的空间过渡到了有组织的、有几何形状的、有行政管理的空间。而对于其他的神，就没有任何确定的祭祀地点了。而阿瑞斯则在每个“郡”都有个神殿。这些为他修建的宽敞的“marae”（神庙）再一次提出关于木头的问题[5]：对于其他的神，祭祀时根本就没有木头，所以不得不把骨头当成燃料，而阿瑞斯则拥有大堆的木柴。杜梅齐尔之所以把他看成一个“戏弄人”的神，就像奥塞梯人的巴特拉兹（Batraz）一样，

1　希罗多德，II，63：一群人守护着神庙不让人进，另一群人则竭力要进去。根据当地人说，打斗的起源是这样的：阿瑞斯的母亲住在这地方。阿瑞斯是单独被养大的。成人之后，他回来想见他母亲——与其媾和（summeîxai）。仆人们想阻止他进门，所以就打斗了起来。另外，埃及还有一个阿瑞斯的降示神殿（II，83），色雷斯的皮西迪安（Pisidiens）也有一个（VII，76）。

2　同上，VII，140；VIII，77。

3　同上，IV，62；thusías... proságousi probátōn kaì hippōn（参见前文所引卡萨博纳的作品第 135 页）。

4　同上，IV，62。

5　树木对他来说也没有任何用处，因为在给他献祭时，并没有煮食物的规定。“marae”是和波利尼西亚的神殿“类似的”。

这是原因之一。[1]同样，与战神阿瑞斯在一起的，还出现了时间：时间有了规定和计算——"每年"都要修理战神的神殿，而且"每年一次"要用牲畜作为祭品向他供奉，而对于其他的神，我们并不知道供奉的周期。另外，他的神殿以借代的方式象征着斯基泰的空间：斯基泰王国的领土是一个正方形，国王的坟墓是正方形的，阿瑞斯的神殿是个正方形的建筑。[2]最后，他还有一个不同寻常之处，那就是他有一个形象的代表（ágalma）：的确，在神殿的高台上，他是以一把"古老的刀"的形式出现的（akinákēs）。[3]然而，代表他的，是一把刀，只是 302
一把刀，而一般情况下，尤其是在《历史》中，神的代表形象都是神像，比如：同一个战神阿瑞斯在埃及的帕普雷米斯的代表形象就是神像。[4]神在代表形象上的差别能说明斯基泰人和其他人之间具有的一种新的不同吗？如果没有神殿和神像说明了某种"原始"状态，那么阿瑞斯就是斯基泰的神当中最不"原始"的神，而在希腊，在希腊的神当中，他可以被认为是最"原始"的神之一。一提到阿瑞斯，人们一般会想到疯狂的混战，会想到他的孩子"弗博斯"（Phobos，也就是"恐慌"的意思）和"德鲁特"，可是在斯基泰人那里，他却像神一样矗立在有组织的空间。索福克勒斯说过，在所有的神当中，他是"不享受荣誉者"（ápotimos en theoîs theós）[5]，可是他接受斯基泰人奉献的特殊荣誉。但是，说到底，斯基泰人的阿瑞斯是代表秩序的神，从更

1　杜梅齐尔：《斯基泰王国及其周边的传奇故事》，巴黎，1978 年，第 31—32 页（G. Dumézil, *Romans de Scythie et d'alentour*, Paris, 1978, pp. 31-32）。

2　希罗多德，IV，62，71，101。

3　同上，VII，54，"akinákēs"一词在这里被定义成一把波斯的宝剑。另外，铁（刀剑）与斯基泰王国之间也有某种联系。《七雄攻忒拜》的合唱多次将两者联系在一起："手里摇晃着骰子的人，外国的夏利伯人（Chalybe），斯基泰的移居者，平分家产的狠心人，残酷的心中插着一把刀……"（726—730）。"为他们的争吵［厄忒俄克勒斯和波利尼克斯（Polynice）］做裁判的人心肠冷酷，他是本都的外国人，掏出的剑因怒火而更加锋利；阿瑞斯，平分他们的家产的狠心人，在今天实现了他们的父亲的诅咒"（942—946）。因此，我们可以把斯基泰王国、刀和阿瑞斯联系在一起。在这样的条件之下，我们可以更好地理解为什么斯基泰人被认为"是为战争而生"的人，为什么神庙里象征着阿瑞斯的是一把刀。

4　同上，II，63。

5　索福克勒斯：《俄狄浦斯王》，215（Sophocle, *Œdipe roi*, 215）。

加广泛的背景上看，阿瑞斯是有其意义的：的确，他让人想到战争中的事物，因此也就是让人想到国王的形象。我曾在前面力图指出国王的中心地位，可那是个游牧人的世界，在这样的世界里，中心的地位应该是空的。

除了人们用牲畜给予的供奉之外，阿瑞斯还是所有斯基泰的神当中唯一享有以人作为牺牲品供奉的："凡是他们活捉了敌人，每百人中有一人被用于祭祀（thúousi），用人做供品和用牲畜祭祀的方式
303 不一样，是有差别的。"[1]除了斯基泰人之外，在《历史》中用俘虏祭祀的只有托里德人和阿普斯辛斯的色雷斯人（Thraces Apsinthiens）。托里德人将在海上抓到的遇难的船员和希腊人供奉给伊菲革涅亚（Iphigénie）[2]；至于色雷斯人，他们曾经把波斯人奥约巴佐斯作为牺牲品供奉给"本地的神"普雷斯托洛斯（Pleistoros, theós epikhṓrios）。[3]因此，这种做法很少见，肯定是非希腊人的做法。除了《历史》之外，这种行为很少有人提到，虽然被证实的确是存在的。[4]

对其他神的祭祀是没有浇祭的，对阿瑞斯的祭祀要用葡萄酒在作为祭品的牲畜头上进行浇祭；规定在仪式过程中要宰杀牲畜（apospházein）[5]，而对其他神的祭祀仪式中，突出的标志是不见血："他们在宰杀牲畜时，下面接着一只罐子，然后将罐子拿到树枝垒成的高台上面，将里面的血洒（katakhéousi）在刀上。"一边是不见血，没有浇祭；另一边是既有血，又有浇祭：浇祭和放血这两个姿态似乎是并行不悖的。阿瑞斯"喝下"这血，作为献祭牺牲品的人再一次忍受了肢体伤残的暴力。人们割下他们的右膀和手臂，扔向空中，"然后，当

1　希罗多德，IV，62。
2　同上，IV，103。
3　同上，IX，119。
4　杜克莱：《古希腊对战俘的待遇》，巴黎，1968 年，第 204—205 页（P. Ducrey, *Le Traitement des prisonniers de guerre*... Paris, 1968, pp. 204-205）：为死者（帕特罗克洛斯、阿喀琉斯、菲洛皮门），或者在战斗之前（在地米斯托克利战斗之前宰杀的三个波斯人）举行的献祭。
5　卡萨博纳（167）指出，"apospházein"在指祭祀时，只用过两次：这里的一次和阿里斯托芬在《特士摩》，750（*Thesmophories*，750）中的一次。参见德蒂安：《希腊地方牺牲品的烹制》第 223 页注 3。

把其他作为献祭牺牲品的人处理完（apérxantes）之后，他们就走了。被割下的胳臂落在哪里，便在哪里扔着，尸体则倒在另一旁"。[1] 除了 304
这种"maschalismós"（防止鬼魂袭扰人的驱鬼仪式）之外，被百般折磨的尸体还要受到最后的侮辱：无人予以安葬。他们就在那里腐烂，尸首不全，不能入土埋葬。在希腊人的心目当中，他们也就无法真正地取得死人的地位。[2] 因此，这样的祭祀才符合斯基泰人天生的战士的形象。正如斯基泰的战士第一次杀死敌人时，要喝他的血，然后每年再根据君主计算的"勇敢"程度喝酒一样，每个郡的阿瑞斯也要"喝"俘虏的血。

阿瑞斯是秩序的象征，还是混乱的象征呢？事实上，如果说阿瑞斯在斯基泰的空间占据中心的地位，那恰恰是因为在希腊，他的地位是边缘性的。[3] 因此，当雅典的年轻人发誓时，他们援引的神当中，就有阿瑞斯；当斯巴达的年轻人到训练场去打斗的时候，他们会在夜里用一条狗给阿瑞斯（Arès Enyalios）上供。他是阿玛琮女战士的父亲，所以琉善称呼他"女人之神"（theós gunaikṓn），而在正常情况下，女人是不能打仗的。在泰吉（Tégée），女人们只给一个名叫"gunaikothoínas"的阿瑞斯（宴会的阿瑞斯）上供。在斯巴达，据雅典的阿波罗多尔（Apollodore d'Athènes）说，人们要用一个男人给他上供。他的行为也表现出边缘的特点：他不会因为与人通奸而感到气愤，大概乱伦也不会。[4] 当索福克勒斯说阿瑞斯是个"没有荣誉的神"（没有"timḗ"的神）的时候，他的意思的确是在说，阿瑞斯是个边缘性的神祇。

1　希罗多德，IV，62。关于"apérxantes"一词的意义，参见卡萨博纳（65），他认为，"apérdō"是个与"apergázomai"相当的词。

2　让-皮埃尔·韦尔南：《个体、死亡、爱》，巴黎，1989年，第41—101页（J.-P. Vernant, *L'individu, la mort, l'amour. Soi-même et l'autre en Grèce ancienne*, Paris, 1989, pp. 41-101）。

3　罗舍尔：《百科词典》的 Arès 词条（Roscher, *Lexicon, s.v.* Arès）。

4　参见 301 页注 2（中译本第 200 页注 1），我们可以认为"summeîxai"的意思可以是与他母亲交媾。

结论

305 游牧人的问题

人怎么能是游牧人呢？传统的回答是：你只要是斯基泰人，那你就是，你就必须是游牧人。的确，传统认为，“游牧人”和“斯基泰人”这两个词是相当的：斯基泰人就是游牧人，游牧人就是斯基泰人。从斯基泰人的形象中，希腊人的共同知识就记住了这些特点，而这些特点又变成了“真正的”斯基泰人的形象，异国的情调就是这样形成的。当然，没有两个截然分开的时刻：先是一种形象，然后是第二种，完全覆盖了第一种。的确，自从有人第一次开口说出“斯基泰人”这个词的那一天起，异国情调就开始产生影响了。

当普罗米修斯向伊俄讲述他经历的漫长的痛苦时，他向她说到“游牧的斯基泰人”：“从这里出发，你先向初升的太阳的方向转，走过没有耕地的草原，一直走到游牧的斯基泰人的地方。他们住的房子是用柳条编成的，高高地安置在轮子很大的车上，他们肩上挎着射程很远的弓箭。你要避开他们……”[1] 同样，作为食客的诗人，《鸟》的作者（在想让人送他一件大衣时）也引述品达的诗，而且提到“游牧
306 的斯基泰人”：“在游牧的斯基泰人那里，在没有用梭子织成的布做衣服的斯基泰人那里，我要远离牧群而流浪（alâtai strátōn）。”[2] 品达还提

1　埃斯库罗斯：《被缚的普罗米修斯》，707—712（Eschyle, *Prométhée enchaîné*, 707-712）。

2　阿里斯托芬：《鸟》，941—942（Aristophane, *Oiseaux*, 941-942）；古籍注释《鸟》，942—943（scholie *Oiseaux*, 942-943）。品达法译本（105 b 1, éd. Snell.）。另外还有希波克拉底的《论空气、水和土壤》，18（Hippocrate, *Des aires, des eaux et des lieux*, 18）。

到“载在车上的房子”。斯特拉波指出[1]，一般情况下，“凡是北方已知的部族，希腊古人（archaîoi）都用斯基泰人这样一个名字指称（荷马在作品中称之为游牧人）”。《苏达辞书》（*Souda*）的词条“游牧人”中也讲述了同样的故事，但对游牧人的定义是这样的：“Boskómenai agélai”（边走边吃草的牧群），“kaì éthnē skuthiká”（以及斯基泰部族的人）。[2] 因此，斯基泰人的的确确是游牧人。

但是，对于希罗多德来说，事情并没有那么简单。如果说斯基泰人的确是游牧人，可是《历史》中的游牧人不是只有斯基泰人，好几个其他的民族也有着这样的生活方式。有些波斯人的部族（génea）
是游牧人；有些印度的人种（éthnea）是游牧人；再往北，被西律斯 307
攻打的马萨格泰人也是游牧人。在塔纳伊斯河的东边，与斯基泰人为邻的布丁人和安德洛法奇人是游牧人。在南边，利比亚人也是游牧人，他们在一片广大的地域内流动放牧，从埃及一直到特里多尼斯湖（Tritonis）。最后，希罗多德还提到过一次作为游牧部族的埃塞俄比亚人。[3] 所有这些部族的共同点就是不种地、不播种、不住在房子里，在此基础之上，这些部族之间在“文化”上存在着很大的差异。首先是食物上的差异：很多部族都是以奶制品为食的（利比亚人、马萨格泰人和斯基泰人），但并不是所有游牧部族都是这样；大部分都是吃熟

1　斯特拉波，I，2，27。

2　《苏达辞书》“游牧人”词条。拜占庭的艾蒂安写的词条“斯基泰人”（Etienne de Byzance, *Ek tōn Ethnikōn* éd. Meineke, *s.v.* Skúthai）的定义是：“éthnos thrákion; ekaloûnto dè próteron Noamîoi”，也就是放牧的人，而且是在一个个草场之间移动的放牧人。亚里士多德的《论动物之构造》（Aristote, *Partie des animaux*, 682 b 7）是这样定义昆虫“nomadikós biós”的：为了找到食物而必须到外面去的昆虫（día tèn tropèn anagkaîon ektopízein）。关于从总体上的分析，参见拉洛什的《古希腊词根“Nen”的历史》，巴黎，1949 年（E. Laroche, *Histoire de la racine “Nem” en grec ancien*, Paris, 1949）；关于希罗多德笔下的“némō/némomai”的意义，参见第 18—21 页；关于四个衍生词“nomḗs”“nomeús”“nomós”“nomás”的意义，参见第 115—129 页，比如，第 117 页，“说到底，nomós 指的不是别的，对于动物来说就是草地，对于人来说就是没有为人所承认的边界的居住地（nome 作为行政区域的划分，是希罗多德以后才出现的一个技术性词汇……像 nomárchés 一类的复合词在理解上不会造成任何困难。希罗多德，IV，66 等）。如果说 nomós 是 némō 的衍生词，那这只能是最近的解释，产生于 némō 同时也用于指领土的划分的时代，也就是说产生于公元前 5 世纪左右”。

3　希罗多德，I，125，215，216；II，29；III，98，99；IV，106，109，181，186，190。

食，但也不是所有的人都吃熟食（印度人和布丁人吃生食）；大部分人都吃肉，但也不是所有的人都吃肉（某些印度人就是素食者，而且布丁人吃松针）；安德洛法奇人是食人族，但是书中明确说这是一个例外，而且在希罗多德记录在案的所有北方部族中，安德洛法奇人的习俗最为野蛮（agriṓtata）。关于性方面的习俗差别也很大：有的部族有婚姻，有的没有；有些部族，比如印度人，“与人当众交媾”，像“牲畜一样”，其他的人在交媾时要单独躲在一旁。利比亚人埋葬死去的亲人，“和希腊人一样”；斯基泰人的埋葬方式不一样，但还是埋葬死去的亲人；印度人和马萨格泰人用老人献祭（húousi），而且趁机大吃一顿（kateuochéontai）[1]，可他们都是游牧人……因此，虽然游牧是一种生活方式，但是人们各有各的生活规则；一旦提出没有农业这个根
308 本性的区别之后，希罗多德笔下的游牧人并不都是一样的，从北向南，人们的行为也并非一成不变。另外，如果我们把斯基泰人和其他的游牧人放在一起来看，斯基泰人的游牧人特点就显得不那么突出了。的确，他们的生活方式当中采用的一些方法所包含的相异性（相对于希腊的生存方式来说的相异性）并不是很大：他们实行一夫一妻制，吃熟食，而且有祭祀。

斯基泰人是游牧人，他们和其他的游牧人一样只是游牧人，甚至并非永远是游牧人。我们还记得斯基泰人起源的第一种说法，斯基泰人自己的说法[2]：他们在那里接受了金制的物品（其中包括牛轭和犁），三兄弟当中最年轻的弟弟把这些东西拿回“家”去了。总而言之，他们看起来不像是游牧人。当然，希罗多德最终并没有把这种说法揽在自己名下，甚至也没有记在故事的名下，故事讲的主要是王权的起源，而不是斯基泰人的起源。

至于第二个版本，也就是本都的希腊人讲述的版本，和前一个版

1　伊塞冬人也在亲人死时举办宴会，但他们不是游牧人。

2　参见本书前文第 79—82 页。

本一样，主要也是与王国的起源有关，而不是斯基泰部族，叙述者也没有把这一版本记在自己的名下，但是与第一个版本不同的是，在这个版本中没有农业问题，也不牵涉斯基泰人的定居问题。文中只是说，斯基泰斯一个人成了整个领土的主人，他的两个兄长阿伽锡索斯和盖洛诺斯不得不离开。总起来看，这个由本都的希腊人打造的故事并不违背希腊人共同的知识，希腊人都认为，斯基泰人是游牧人。

另外，希罗多德还明确说——他说得十分明确——斯基泰人不仅
是游牧人。这话是在他开始探索斯基泰王国，并统计生活在那里的部 309
族的时候说的：“我们认为，我们将讲述我们听说的范围尽可能广阔的所有准确信息。”[1] 因此，他是要把“听说”（akoḗ）来的所有信息都收集在一起，条件是要对这些信息进行准确的处理（atrekéōs）。从奥尔比亚出发[2]，首先遇到的是卡利皮德斯人（Kallipides），卡利皮德斯人是“希腊斯基泰人”（Helléno-Sythes），然后再往上（húper），是阿拉综人（Alazons），这两个部族的人都“播种，并以小麦为食”（speírousi kaì sitéontai）。再往上，是“种地的斯基泰人”（arotêres），他们播种小麦，但是并不以此为食。[3] 这是第一群部族的人，再向东，过了波里斯泰内河之后，就是“种庄稼的斯基泰人”（geórgoí）。[4] 从农业种植的角度来说，“arotêres”和“geōrgoi”之间有什么区别呢？区别也许是这样的：从事“arotêres”的人播种，也耕地，但是从事“*geōrgoi*”的人只播种，不耕地；换句话说，他们不仅不吃面包，连小麦也不生产。叙述者的确说过，在潘迪卡佩斯河以远遇到的“斯基泰游牧人”，他们“什么庄稼也不种，也不耕地”（oúte ti speírontes oudèn oúte

1　希罗多德，IV，16：All’ óson mèn ēmeîs atrekéōs epì makrótaton oîoi te genómetha akoȇ exikésthai, pân eirēsetai.

2　同上，IV，17—20。

3　怎么能种小麦，可是又不吃面包呢？答案是：他们把收获的小麦卖掉。种地的斯基泰人因为离奥尔比亚近，他们“会”种小麦，但是他们并不是吃面包的人。

4　“geōrgoi”（种庄稼的斯基泰人）居住的地方在北部，地盘广约 11 天的路程（IV, 53 当中说是 10 天），向东为 4 天步行的路程，也就是说，一直到潘迪卡佩斯河（Panticapès）。文中明确说，波里斯泰内河（西部界河）一带拥有良好的草场，而且在河的沿岸播下种子，会生长得很好（IV，53）。

310 aroûntes），也就是说，这些人不吃面包，不生产小麦，而且根本就不懂任何形式的农业。

就这样，我们根据以上的统计划出了游牧生活的范围：游牧人的地盘（chṓrē）位于潘迪卡佩斯河和盖尔罗斯之间，也就是相当于步行 14 天的路程。在盖尔罗斯人之后，最后是“王家斯基泰人”：“他们是最高贵的（áristoi），也是人数最多的（pleîstoi）群体，他们把所有其他的斯基泰人都看成他们的奴隶。”他们如何生活呢？文中没有明确说，只说他们是王家的人，这就是他们的整个存在：他们就是权力。因此，从西向东，可以相继遇到四个斯基泰人的群体：前三个群体是根据他们与农业生产的关系定义的，最后一个根据与权力的关系定义。根据口头文学的传统（akoḗ）从事研究的人种志学家，会从以上的清点统计当中得出结论：不能简单地说他们是游牧人。

《历史》似乎就是这样与人们共同的知识分别了开来。斯基泰人看起来是一个游牧部族，似乎与其他游牧人的部族一样，而且他们不仅仅是游牧人。然而，从文本所表达的整个意思来看，他们让我们觉得他们就是游牧人：说到底，斯基泰人是游牧人，甚至只是游牧人。举几个例子：从文本一开始，他们便被介绍成游牧人。文中甚至提到他们的游牧生活，以解释一种不寻常的做法（虽然什么也解释不了）：如果说斯基泰人把俘虏的眼睛弄瞎，那是“因为他们不耕地，而是游牧人”，[1] 这是用一种奇怪现象解释另一种奇怪现象，用来解释的奇怪现象是大家都知道的，而且引申的范围更大。据希罗多德接受的斯基
311 泰人起源的版本说，“游牧的斯基泰人”从亚洲来到欧洲，占据了一片荒漠。[2] 当大流士越过伊斯特罗斯河之后，向东“追踪”一部分斯基泰人时，正常情况下（也就是根据对各个部族位置的描述），他本应当穿过耕地的斯基泰人的地盘、播种的斯基泰人的地盘、游牧的斯

1 希罗多德，IV，2。
2 同上，IV，11。

基泰人的地盘，然后到达王家斯基泰人的地盘，最后才能进入萨尔马提亚人的地盘，然而，事情恰恰相反，文中明确说，在一路穿越的过程中，他没有看到任何值得抢劫的东西，因为“那是一个荒芜的国家（chérsos）”。[1] 因此，随着对战争的叙述，似乎空间变了，到处都是走马放牧的地方：从伊斯特罗斯河到萨尔马提亚的边境，到处是一片荒芜之地。为了应对波斯人的进犯，斯基泰人的计划是“让孩子和女人们坐着车”一直向北[2]，这就意味着，他们只是游牧人。最后，伊丹西尔斯在回答大流士的问题时，是以游牧人的口吻讲话的，而且是纯粹的游牧人的口吻：“我今天所做的事，从根本上说，与我平时做的事并无不同；和平时期和战争时期一样，我们斯基泰人都是走马放牧的人。”[3] 因此，除了游历和统计学意义上的人种学小插曲之外，这些人只是一些游牧人。是什么让我们从“不仅是游牧人”过渡到了“仅仅是游牧人”的呢？尤其是，为什么大流士战争的导演者把斯基泰人说成仅仅是游牧人呢？

当然，人们的共同知识是起了作用的。人们的共同知识认为，斯基泰人和游牧人这两个词是一个意思。但是这还不够。应当指出的是，312
在战争叙述开始时，他们再没有别的形象，他们只是游牧人，这的确使我们再次回到叙述的限制上来。正如我们前边所看到的那样[4]，叙述的限制，就是来自要使斯基泰人成为“雅典人”，要使斯基泰战争成为另一场希波战争；相对于斯基泰战争来说，希波战争的作用，就是提供一种理解的模式。但是，将斯基泰人认同为雅典人的倾向，尤其是作为自由的捍卫者，在一定的时候，遇到了不可逾越的局限。雅典人是本地人，他们生活在城邦里，而斯基泰人不懂农业，不了解城邦的生活。在这一点上，纯粹叙述的限制（斯基泰人几乎等于雅典人）

1　希罗多德，IV，123。
2　同上，IV，121。
3　同上，IV，127。我们还可以补充说，在斯基莱斯的故事当中，斯基泰人也是游牧人。
4　参见本书前文第 100 页及以后部分。

遇上了人种学的话语要求（斯基泰人具有游牧人的特点）。显而易见的是，这种差别是存在的，而且在某种程度上具有限定性。

但是，我认为必须分析得更加深刻。认为他们仅仅是游牧人，这也属于叙述的限制。在这场战争中，的确，斯基泰人必须占上风，在这一点上，它是希波战争的重复。波斯大王从亚洲来到欧洲之后，便不可能不受惩罚地走出斯基泰人的领地，但是，又不大可能让斯基泰人大规模地列队和波斯军队开战：也许是因为波斯的军队比他们强大得多，但也是因为传统上从没有发生过这种事。换句话说，斯基泰人唯一的武器，就是不让敌人找到他们，让敌人找不到通向他们那里去的道路（póros），他们来无影去无踪。雅典人有“用木头制成的城防”，也就是他们的战船，而斯基泰人最为可靠的防护[1]，那就是他们
313 来无影去无踪。从结构上说，一边是让敌人没有办法找到他们，另一边是海上的舰队，这两种手段有着同样的地位，而且到了一定的时候，在叙述中起着同样的作用。比如，对战争的叙述便牵涉如何迷惑敌人的问题，而且这是叙述限制的一部分。然而，一些来无影去无踪的人（áporoi）只能是游牧人，而且游牧人的特点在叙述中具有某种作用。

如果说斯基泰人是来无影去无踪的人，那他们只能是游牧人；如果他们是游牧人，那他们必然是来无影去无踪的人。叙述者的人种学话语将系泊在这两个命题的联系当中，我这里说的人种学话语，指的是希罗多德所做出的理论上的努力，以思考游牧生活。在理论上，两个命题之间的联系和游牧生活的基础一样，希罗多德在策略上将两者标示了出来；让敌人无路而进，这至少是策略上的选择，也是生活方式的结果。由人们共同的知识假设的这种特点（斯基泰人 = 游牧人），是叙述的要求（斯基泰人必须是大流士抓不住的人），希罗多德的人

1　埃斯库罗斯：《复仇女神》，700—703（Eschyle, *Euménides*, 700-703）。建立了古希腊雅典刑事法庭的阿特纳（Athéna）说：“那是守护你们的国家和你们的城市的城墙（*éruma kaì sōtḗrion*），任何民族都没有这样的东西，斯基泰王国的人没有，珀罗普斯（Pélops）的人也没有。”我们可以理解的是，他们的城墙恰恰就是他们来无影去无踪的策略。

种学话语将斯基泰人的这种特点理论化了（游牧是一种生活方式，但也是一种战略，而这种战略的空间形象恰恰就是让敌人无路可进），因此，人们共同的知识、叙述的要求和人种学的要求，以及各自的限制就这样聚在了一起。[1]

权力与空间 314

辛努塞尔特在征服战争中抓到的俘虏都被判处强迫劳动，这一做法改变了埃及的空间。[2]本来适合战车和战马驰骋的国家，变成了一个河流沟渠密布如网的国家。一般来说，国王的权力会为空间打下烙印：它确定了空间的方向，将空间固定下来，划分成不同的区域并进行分配，在各地建设一些作为王权标志的建筑；反过来，跑马放牧的草地和没有区别的空间是他不喜欢的。在这样的条件之下，斯基泰人怎么能既是牧人又是臣民呢？或者，一个游牧人的国王是个什么样的人呢？一个像这样的混血儿能活得下去吗？也就是说：我们能够想象将字词像这样联系起来吗？

我在这里引入两个假设：第一个假设，蛮族人崇尚王权或者专制权力，而且在《历史》中，波斯大王便是一切蛮族权力模式的最好代表。人们说埃及人"如果没有国王便活不下去"[3]，这话其实也适用于所有的蛮族人或者所有的"非希腊人"（这两种说法之间细微的差别，为暴君留下了位置，因为暴君既是希腊人，又崇尚王权，所以暴君既是"希腊人"，又是"非希腊人"）。第二个假设：游牧人的权力是不可想象的权力。如果真是这样，斯基泰人无可争议地是蛮族人，他们只能有王权，而且他们有的，也的确就是王权，但是在叙述当中，只

1 我们还可以提到的是，通过他们的祭祀我们只能把他们看成游牧人：祭祀的仪式并没有在耕地的、种地的和游牧的斯基泰人之间做出区分。他们都不懂农业。

2 希罗多德，II，108—109。

3 同上，II，147：oudéna gàr chrónon oîoi te ê̂san áneu Basiléos diaitâsthai.

要一出现国王的形象，他们就不再是“游牧人”：我认为是这样的。

315 国王在书中是如何出现的呢？[1]首先是以一个病人的面目出现的，由于国王的身体和臣民之间，国王的身体和社会的机体之间建立的一些奇怪的交流，国王病了：因为某个斯基泰人违背了以“国王的灶火”的名义发的誓言。神谱中名列第一位的赫斯提亚是斯基泰人的“女王”，而且国王的灶火是斯基泰人交流的保证和基础。赫斯提亚–塔比提（Hestia-Tabiti）占据的中心地位，的确标志着国王权力的中心地位，而且也同样清楚地标志着这权力不可能是游牧人的权力，不管从权力的观念上来看，还是从权力的运行上来看。

国王死的时候，也许比活着的时候更像是国王。人们把他葬在盖尔罗斯人的地盘上，那里是斯基泰王国的边缘地带，而这时候他的“家”变成了领土的真正的中心，正如伊丹西尔斯向大流士证明的那样：你找到我们国王的墓地，我们就跟你们开战，换句话说，虽然你跨过了伊斯特罗斯河，可你并没有找到通向我们的道路，但是，如果你找到了国王的墓地，你才能真正地让我们的“领土”处于危险之中，我们才会与你们战斗。因此，要想成为一个真正的入侵者，大流士不能仅仅满足于跨过伊斯特罗斯河（而大流士就是这么认为的），他还必须找到历代国王的坟墓。也就是说，真正的通道（póros）不是过河的桥，而是坟墓。因此，国王的墓地代替了“中心”。的确，国王的墓地是个固定的、不会移动的点，这使得斯基泰的领土有了具体的形式（与权力相互参照），但是，由于其位置是在边界上，墓地使斯基
316 泰的空间成为游牧空间。因此，没有中心就没有领土，或者没有权力就没有领土，但是，在叙述中起推动作用的游牧人的特点，使得中心成了坟墓，而且这个中心是“偏心”的。另外，死去的国王迫使斯基泰人通过自残，承认自己是斯基泰人，同时也强迫他们承认自己是他的臣民：承认的标记，通过身体标记的记忆，使他们形成了一个“共

1 参见本书前文第 201 页及以后部分。

同体”，并消除了葬礼之前游牧人分散的特点。权力是对游牧人特点的否认。

最后，国王是战争的首领：人们要把敌人的首级带给他，才能够分得战利品。但是，从更加广泛的意义上说，只要一涉及战争事务，斯基泰的空间便发生了变化。的确，突然之间，一个本来无区别的地域变成了有边界的、有划分的、有组织的领地（有郡及郡守，有祭祀及每年的仪式）。然后，就是神殿中出现的那种奇怪的战争秩序的象征（ágalma）：人们将敌人的头砍下来交给国王，人们用战俘向阿瑞斯献祭。因此，国王和阿瑞斯作为战争的主宰者，创造了一种空间，而这种空间与埃及的郡（nomes）或者波斯的省（satrapies）相差无几。因此，军事权力和游牧人的特点看起来是相互排斥的，而且斯基泰国王的这三幅画像在执行专制权力的时候，都在权力和游牧人的特点之间勾画出一条分界线：游牧人的权力是难以想象的，一旦成为权力，它就不再属于游牧人。

然而，如果我们从斯基泰文化的阐述过渡到大流士的战争叙述，当伊丹西尔斯上场时，他显然就是一个游牧人的国王，他向人解释说，他在进行一场游牧人的战争：我们没有城市，也没有耕地，我们没有必要排兵布阵与你们打斗。如何解释作者的这一段插话呢？因为我们是在战争的叙述当中，斯基泰人就只能是游牧人，而且尤其是，317
在这里出现的伊丹西尔斯只不过是游牧战争的代言人：他向一些一窍不通的人（波斯人）侃侃而谈，说斯基泰人的行为不是“发疯”，而是在执行一种战略。借伊丹西尔斯之口，那是叙述者在对波斯人讲话，波斯人在斯基泰王国的行为像希腊人一样，而且几乎和重装步兵一样，但是也和——而且首先是和——叙述者的读者几乎一样。希罗多德伟大的独创性，也正是在这一点上，在于他把游牧人的特点说成是策略；说到底，只有作为策略，游牧人的特点才是可以想象的，才是积极的。只有希罗多德提出了这种理论的思考，在他之后，人们并没有把这种思考继续下去，游牧人的特点也就都是以负面的方式定义了。正因为如此，他用“我”，以自己的口吻说，“在最为重要的人类事物当中，在我们所了解的所有办法当中，斯基泰民族发明了最为明智的（最为巧妙的）办法”——游牧战争，或者说是一种方式，这种方式可以“让任何向他们进攻的侵略者都无法逃脱，而且，如果他们不想露面的话，也让任何侵略者都抓不住他们”。[1] 这就是他们发明的来无影去无踪的战略。只有从这样的角度来看，才能够承认游牧人的特点也有某种积极性，所以从这种角度来看，游牧人的特点不是生活方式 + 策略，而是策略 + 生活方式，或者是强迫人接受某种生活方式的一种策略。

在这种理论当中，策略的作用相当于理解的模式，希罗多德是如何提出了这种理论的呢？要回答这个问题，就必须考虑公元前 440 年
318 到公元前 430 年之间，人们在策略方面共同的知识是什么，或者当时没有进入（或者还没有进入）人们的共同知识的策略理论是什么。我在前面说，从结构上看，大流士在对斯基泰王国的征战中遇到的问题（斯基泰人来无影去无踪），就好比是薛西斯在与希腊人的战争中遇到的雅典舰队一样。两者在叙述中所占据的地位是一样的。但是，除了叙述的理由之外，这两者之间等值的基础是什么呢？我想，从潜在的意义上说，那是对岛民的特点的比喻，或者更加准确地说，岛民的特点所起的作用，是用来比喻游牧人的特点的。岛民的特点以积极的方式，使游牧人的特点变得可以想象了：游牧人，说到底就像是岛民一样。

达到这一点，如果我们从《历史》当中抽身出来，我们不可避免地会遇到伯里克利的策略。传统的策略是：要保卫城市，就必须保卫领土[2]；与这种战略相反，新的战略主张放弃领土，不与敌人进行列队的战斗，只保卫城市，把希腊放在舰队上。在伯里克利的讲话当

1 希罗多德，IV，46。
2 参见前文所引加朗的作品第 44 页及以后部分。

中，这种战略利用的是岛国特性的比喻。雅典应成为一个岛，雅典人应当像岛民一样。大约在432年，伯里克利在对雅典人的讲话中说："你们想一想，如果我们是岛民，怎么样才能授人以更少的把柄（alēptóteroi）呢？对啊！今天我们应当做的，那就是在思想上尽可能接近这样的条件：我们要放弃对土地和房屋的关注，只把注意力放在海上和城市上……而且如果我认为可以说服你们的话，我甚至会让你们去抢劫那里（土地和房屋），以向伯罗奔尼撒人表明，他们控制了 319
土地和房屋，并不能因此而让你们屈从于他们。"[1] 岛民没有把柄可以让人抓，他来无影去无踪，他是"抓不住的"（áporos）。因此，一个岛民，就是一个"抓不住的人"，正如一个游牧人，就是一个"抓不住的人"一样。雅典人不能成为岛民，但他们是海员，他们可以躲在城墙的后面；斯基泰人不能成为岛民和海员，也不能躲在什么东西的后面，来无影去无踪的斯基泰人只能成为游牧人。这样一来，岛民的特点以比喻的方式表达了伯里克利的战略，也可以作为理解一种生活方式的比喻"原则"[2]，如果没有这种原则，那就只能通过游牧生活中缺失的东西来定义了。岛民的特点潜在地告诉我们，希罗多德游牧人特点的理论是什么样的理论。通过大流士入侵时斯基泰人的安排，我们看出希罗多德的研究留下的蛛丝马迹：斯基泰人将女人、孩子和牲畜群送到北方去，正如雅典人将他们的家人和财富送到岛上去一样，而且，他们完全执行了伯里克利的计划，将饲草毁掉，将井填了，但是，在一个河流如埃及的沟渠一样密布的国家，这样的防备措施有什么用呢？

游牧生活首先是一种战略，甚至是一种战略的选择，对此，公元2世纪的历史学家尼科米底亚的阿里安（Arrien de Nicomédie）在

1 修昔底德，I, 143, 5（Thucydide, I, 143, 5）。我们在托名色诺芬的伪作（Pseudo-Xénophon）《雅典人宪法》（*Constitution des Athéniens*）中也看到有同样的比喻："如果雅典人是在岛国实行制海权，那他们想制造什么样的麻烦就可以制造什么样的麻烦，而自己却不会有任何麻烦，只要他们对海洋有控制权，他们的领土就不会受到劫掠，敌人也不会入侵……"（II，14）

2 所谓"理解的比喻原则"意思只不过是说，其表意方式是在比喻的语域中产生的。

一篇令人感到十分奇怪的文章中表达得最清楚。在他的《比塞尼卡》
320 （*Bithynica*）的一个片段当中，他的确颠倒了常规，也将事情推向了极致：首先，斯基泰人不是游牧人，或者更准确地说，他们并非一直就是游牧人；其次，出于战略的原因，他们决定变成游牧人。[1]“斯基泰人从前以面包为食，耕种土地，住在房子里，而且有城市。但是，当他们被色雷斯人打败之后，他们改变了习惯，发誓再也不盖房子，再也不用犁耕地，不再建设城市，不再积攒财富，而是住在车上，以野兽的肉为食，以奶为饮料，最后，他们的所有财产就是跟着他们到各地周游的牧群。就这样，他们从农耕者，变成了游牧者。”

用以表达的词语

在斯基泰人的发明之中，希罗多德唯一真正佩服的就是来无影去无踪的战略。通过这一战略，游牧人的特点变得可以想象了，而不仅仅是一种不寻常的生活。游牧人的特点只能通过其缺失的东西得到定义。换句话说，没有文字可以表达什么是游牧人的特点，游牧人的特点只能通过一系列否定的累积来定义：游牧人不吃面包、不耕地、不播种、不住在房子里；在向神祈祷时，他们没有神像、没有神殿、没有祭坛，而且，当他们举行祭祀时，他们不点火、不首先向神供奉、
321 不浇祭、不宰杀牲畜等等。因此，所谓的游牧人的特点，只不过是这些缺失的总和（人们永远不可能将所有的缺失项都完整地列举出来），而且游牧人就是典型的非城邦人（ápolis）。因此，希腊的人类学将游牧人的生活说成是原始的生活：人类在最初的时候就是游牧人：修昔底德在《考古学》（*Archéologie*）当中就是这么说的，[2]当然，这样说的

1　阿里安作品的法译本 54，G. Wirth 版本第二卷，第 218 页（Arrien, fr. 54, p. 218, éd. G. Wirth, vol. II）。

2　修昔底德 I，2（Thucydide, I, 2）；亦参见科尔：《德谟克里特斯与希腊人类学的起源》（Th. Cole, *Democritus and the Sources of Greek Anthropology*）。

还有其他人。在欧里庇得斯的作品中，当尤利西斯来到独眼巨人的地盘上时，他向半人半兽的神（Silène）问道：“他们的头领是谁？他们是民主的吗？”半人半兽的神回答说：“他们是游牧人：不管在什么事上，任何人也不会听从（服从）任何人。”[1]

也许这些话是荷马的作品中本来就有的，但是也说明游牧人的权力是不可想象的事。

亚里士多德对游牧人有一个说明，既表明了游牧人的特点无法用语言表达，也表现出亚里士多德回避困难的方式是很值得关注的：“游牧人是劳动得最少的人（argótatoi）：他们以家养的动物为食，而且可以不费力地、优哉游哉地得到食物，但是，因为他们的牧群不得不到处寻找饲草，所以他们也不得不跟着牧群到处走，就好比他们种了一片有生命的地一样（ṓsper geōrgían zôsan geōrgoûntes）。”[2] 首先，游牧人不知道什么叫“农业劳动”（pónos）。他们实际上生活在普罗米修斯之前的时代[3]，他们过着优哉游哉的生活，经历了黄金时代，只 322
不过土地不会自己生产出所有必需的东西，但是他们的牲畜会。在这里，在对黄金时代的想象当中，牲畜群的地位和土地一样。亚里士多德的这句话只是进行了简单的替换。然而，为了形容这些不懂得农业劳动的人的生活，亚里士多德不得不用了一个比喻，而且也是农业的比喻：他们每一个季节都换一个地方，“就好像他们种了一片有生命的地一样”。对无法想象的游牧生活，恐怕再也不能表达得更加清楚了：对于没有文字表达的事物，亚里士多德改换了编码，用了比喻，而实际上比喻也是以冗余的方式，再次说明游牧人的特点是不好想象的。

在希罗多德之前的时候，我们发现的是越来越僵化的知识，是一

1　欧里庇得斯：《独眼巨人》，119—120（Euripide, *Cyclope*, 119-120）：*Nomádes akoúei d'oudèn oudeìs oudenós*.

2　亚里士多德：《政治学》，1250 a，31—35（Aristote, *Politique*, 1250 a, 31-35）。

3　赫西俄德：《工作与时日》，42 及以后部分（Hésiode, *Les Travaux et les jours*, 42 *sq*）。

些没有任何想象的固定的句式。比如，公元前1世纪大马士革的尼古拉在《风俗文集》(*Éthnē Sunagōgḗ*)当中，是这样形容利比亚的游牧人的："他们在计算时间的时候，不是算天数，而是算夜数。"[1]这只不过把日和夜颠倒了一下而已。最后，词汇学家认为，与"游牧人"同义的词有"野蛮人""蛮族人"。[2]

---

1 大马士革的尼古拉，见于雅各比：《古希腊历史学家作品残篇汇编》90 F 103（Nicolas de Damas, *F. Gr. Hist.*, 90 F 103, Jacoby）。

2 《苏达辞书》，"游牧人"词条；赫西修斯：《希腊大词典》，"游牧人"词条（*Souda*, *s.v. Nomádōn*; Hesichius, *Lexicon*, éd. Latte, *s.v.* Nomádōn, ou s.v. Nomádes: ēmérai *ai phínontos toû mēnós*）。

第二部分

希罗多德，

吟游诗人和旅行者

引言

326 推而广之

我们就好比追寻着蛛丝马迹一样，仔细考察了“斯基泰”这个名称的由来，我们收集了所有对这个名称的说明：在《历史》的空间当中，我们一步步地走过，我们仔细阅读，而且是按照系统性差别的方法进行阅读。理性使人构筑了游牧人的形象，从而使得斯基泰人的相异性成为可以想象的东西：对于接受文本的对象来说，开始的时候，那是一种彻底的相异性，让人无法看得明白，正如在第二章中所显示的那样（他们把战俘的眼睛弄瞎，因为他们是游牧人）[1]；后来我们过渡到了能够产生意义的相异性（游牧人的特点首先是一种战略），从开始时“假的”可理解性，我们过渡到了一种“真的”可理解性，也就是说，对于公元前30年的希腊人来说，一种可以产生意义的可理解性。

在这一点上，如果要列举希罗多德的作品中提到的相异者，那就要考虑其他的民族和其他的故事：对于希腊人来说，首先是更有吸引力的埃及人；在《历史》当中，埃及人占有的地位和斯基泰人的地位对称，但是也相反；利比亚人也是这样，利比亚人有一部分是游牧
327 人，而且在斯基泰的故事之后，立刻便涉及利比亚人；或者还有印度人，印度人是向东走时遇到的最后的人，且不说波斯人及其国王象征性的形象……采用基于系统性差别的阅读，至少在开始时这样做，我们可以在公元前5世纪希腊人的想象当中确定这些人的相异性。但是，

1　希罗多德，IV，2；杜梅齐尔：《斯基泰王国及其周边的传奇故事》，第309页。

除了我们在跟踪斯基泰人的时候已经遇到过的埃及人或者波斯人之外，我们认为把我们的认识推而广之，看起来是很有意思的事情：我们不再围绕着斯基泰人的形象，在叙述和人们共同的知识之间反复对照，不再看叙述中先后都有什么人出场，我们现在要关注的，是叙述如何建构了这些相异者。

虽然故事的确是在叙述者和叙述所针对的对象之间展开的，但是文本中潜在地有一个问题，那就是如何理解叙述者对相异者的“表现”，叙述者如何通过他构筑的相异者，让人们相信叙述的对象。换句话说，我们要标示出在文本中起作用的相异性的修辞，确定一些形象，分解这些形象建立的程序。总而言之，我们是要收集一些制造相异者的规则。

但是，这项标示和分割性的工作在最好的情况下，也只能是列出完整程度不同的一些清单，统计一些没有活力的形象，虽然这样的清单是必不可少的，但是还不够。的确，叙述者让各种形象变得生动起来，而且叙述者在叙述的内部以多种方式干预：这样一来，阅读时就要关注所有的表述标记，形象是由这些标记排列的，而且对于叙述的对象来说，这些标记也最终使形象具有了说服的特别力量。对于《历史》来说，起决定作用的主要有这四个标记，或者四种行为：“我看见了”，“我听见了”，以及“我说”，“我写”。

如果必须关注表述标记，在阅读像《历史》这样的叙述时，就不 328
能只满足于结构性的阅读，不能只是分割其对象，将文本整理一番，将语句相互之间结合起来。叙述不是以线性的方式展开的，不是一个句子接着一个句子，到最后在读者和评论者的眼前形成一个变化的体系。相反，叙述中还存在一些层次上的差别，在前后相连的语句之间还有一些脱节的地方，而这些脱节的地方又恰恰是表述标记的作用指出了的。只有关注文本的这种“垂直的”联系，或者只有考虑到这样的问题（是谁在对谁讲话？他是如何讲的？），我们才能按照其本来的复杂性，提出关于文本效果的问题。

第六章

329 相异性的修辞

差别和颠倒

说某人是相异者，就意味着将他作为差别提出，就意味着有 a 和 b 两个项，而且 a 不是 b，正好比世上存在希腊人和非希腊人。但是，只有当 a 和 b 都进入同一个系统的时候，差别才变得值得关注：在此之前，那只是纯粹的非重合而已。从此之后，我们有了差距，因此也就是在两个项之间有了可以确定的，或者是具有意义的差别。[1] 我们假设世上存在希腊人和蛮族人。只要表达了或者转述了差别，那么差别就有了意义，因为差别是在语言和文字系统当中考察的。于是，不断的、不确定的工作就可以开始了，像一个个撞碎在岸边的浪花，而工作的目的就是要将相异者变成相同者。

叙述，也就是广义的游记故事中所展示的，就是相异性，因为它说的，首先是相异者；从在两个整体之间建立的基本关系出发，也
331 就是从有意义的差别出发，可以展开相异性的修辞。一个属于 a 集团的叙述者，将向 a 的人们讲述 b。在什么样的世界里讲述和讲述的是什么样的世界，如何以令人信服的方式将作为讲述对象的世界纳入作为讲述背景的世界当中，这就是叙述者的问题。他遇到的是一个表述

1　列奥塔：《语话、形象》，巴黎，1971 年，第 142 页（J.-F. Liotard, *Discours, Figures*, Paris, 1971, p. 142）。

（traduction）的问题。

为了表述差别，旅行者可以采用颠倒过来的方便形象，将相异性用“反同一性”的方式表述。我们可以想见游记和乌托邦故事当中会大量使用这种“颠倒”的方法，因为用这样的方法，可以建立使叙述的听者和读者“可以理解”的相异性：他说的不再是 a 和 b，而是 a 和颠倒过来的 a。我们甚至可以想见，这是在讲述乌托邦故事的话语当中优先采用的方式，因为乌托邦的话语一向只讲同一性。

《历史》也多次用到这种方法，有两个例子可以说明，对于自称是讲述相异者的叙述来说，这是一种非常有诱惑力的方法：第一步，先提出差别；第二步，采用颠倒的方式，“表述”或者“领会”差别。第一个例子是众所周知的，那就是埃及人。埃及人生活在具有“相异性”（héteros）的气候当中，在一条与所有其他的河流都“不同的”（állos）河边生活，而且“他们几乎在所有的事情上都采取了和所有其他人‘相反的’（émpalin）习俗”。[1] 讲到生活方式时，差别就变成了相反。另外，语句还声称具有普世性（universalité）：之所以是颠倒的，那是因为和世界上其他的人相比较而言。然而，当希罗多德一开始列举颠倒的例子时，我们便注意到，他所谓的“所有其他的人”指的首先是希腊人：“在他们那里，去市场上买东西的，是女人；男人待在家 332
里织布。在其他的国家，织布时是将纬线向上推，而在埃及是向下拉。男人用头顶重物，女人用肩扛。女人站着撒尿，男人蹲着……”[2] 对于叙述来说，规则中声称的普世性是一种掩饰颠倒的方法，消除打造这种颠倒的标志（希腊人，我们 / 与希腊人相反的人），而不仅仅是一种说法，只是为了表达“所有其他人”和希腊人都一样，或者是两个具

1　希罗多德，II，35。

2　同上，II，35。参见弗鲁瓦德风：《埃及的幻影》，巴黎，1970 年，第 129—136 页（Christian Froidefond, *Le Mirage égyptien*, Paris, 1970, pp. 129-136），以及尤其是潘布洛克：《身负重担的女人：古希腊传统中的替代功能和母权社会的古老观念》，载《瓦尔堡和考陶尔德研究所杂志》，1967 年第 30 期，第 17 页（S. Pembroke, “Women in charge : the function of alternatives in nearly greek tradition and the ancient idea of matriarchy” , *Journal of the Warburg and Courtauld Institute*, 30, 1967, p. 17）。

有相同外延的项。[1]

333 还可以通过消除对立的第二个项来隐藏颠倒，在这种情况下，颠倒是作为差别给出的（虽然从潜在的意义上说，只能作为颠倒起作用）。对斯基泰气候的描写就是这种情况[2]，描写中，采用颠倒的结构不知不觉中使气候具有了可理解性，而开始时，还只是气候极其寒冷的冬天，大海都被冻住了，可以成为车辆的通途。因此，颠倒的原则是一种记录相异性的方式，让相异性在叙述者所处的世界中变得容易理解（其实是一回事，只不过相反而已），但是它也可以成为一种启示的原则，通过它，可以让一种相异性变得让人易于理解，传达一种相异性，使相异性具有意义；如果没有这种颠倒，相异性会让人无法看透：颠倒是一种假设，它可以让人“看”到某物，可以让人理解。它是一种修辞方法，借此我们可以表现世界。[3]

因此，在描述埃及的时候，希罗多德“自然而然地”从差别的立场过渡到了对颠倒的肯定。让·德·莱里（Jean de Léry）在16世纪还可以有不同的做法：从不相似性到新事物。“这个美洲的国家，我可以

---

1 其他关于颠倒的例子，赫淮斯托斯（Héphaïstos）神庙柱廊前的两个雕像，埃及人将位于北风之神博利（Borée）一侧的那个称为夏天，位于南风之神诺托斯（Notos）一侧的那个称为冬天（II, 121）。采用颠倒的方法，我们可以理解在印度人那里（也就是最东边）太阳的效果：“太阳在上午是最炽热的，而不是像在所有其他民族那里（普世性）一样是在中午，最热的时候是从太阳刚刚从地平线上出现，一直到市场散场的时候（一个特别的参照点，颠倒的结构就是围绕着这个参照点建立的）；在这段时间里，太阳比希腊中午的时候要更加炽热，热得据说人们只能待在水里。在日中的时候，太阳炙烤印度人和其他人的程度差不多是一样的；下午太阳开始下降的时候，对于印度人来说，这时候的太阳就和别的地方的早晨一样，而且，随着太阳从这时以后越来越远，天气也越来越凉爽……”（III，104）最后一个例子，讲的仍然是太阳，只不过这次说的是利比亚南部：阿莫尼亚人（Ammoniens）的太阳之泉。“天刚亮的时候，水是温的，市场到了最热闹的时候，水稍微凉一些。到了中午时分，水就完全冷了。也就是在这个时候，阿莫尼亚人才开始浇园子，随着太阳下斜，水又失去了其凉爽，一直到太阳下山的时候，水又变得温热。越接近夜半时分水越热，到了夜半水便滚沸起来，过了半夜水便开始凉下来，一直到晨曦初露”（IV，181）。还有（I，133，140）波斯人根据酒醉的程度来做决定的机制。

2 参见本书前文第90—93页。

3 在希罗多德的作品中，颠倒不像在“dissoì lógoi”（对比论述）当中一样，不是用来让人产生怀疑的：如果在两个不同的地方，两种相反的行为同样被认为是正确的，那么要么一切都正确，要么都不正确。当然，像这样使用颠倒来描述相异者的话语形式，使我们想到劳埃德（G. Lloyd）称之为“极化”（polarity）的希腊古老的思想模式。参见《极化与相似性》，剑桥，1966年（*Polarity and Analogy*, Cambridge, 1966）。

推断，在这里所看到的一切，不管是住在这里的人的生活方式、动物的形状以及一般情况下土地的出产，都与欧洲、亚洲和非洲不同。在 334
我们看来，这个国家的确可以被称之为一个新的世界。”[1] 当然，新颖的事物尤其可以被分解成颠倒过来的事物（相对于我们在“此地”看到的“彼地”的事物）。

但是，不要以为，只要颠倒了形象，就足以产生希罗多德的整个人种志：希腊人的“文化”和相异的“文化”之间的颠倒，“可以居住的地方”（*oikouménē*）在北方和南方之间的颠倒——北方的现象可以通过寒冷来解释，而南方的现象则通过暑热来解释。[2] 首先，虽然有些相异者具有优先的地位（埃及人、斯基泰人、波斯人），但是《历史》展示的相异者很多。如果说他们各自的“文化”都与希腊的文化相反，那么这也就意味着，他们的文化应该都是一样的，可实际情况并不是这样。另外，对斯基泰人的故事的解读表明，斯基泰人的文化远远超出了颠倒的形象：不能说斯基泰的祭祀就是文明祭祀形式的颠倒，[3] 如果这样说，那就等于什么也没有说。仪式的某个段落（比如在祭坛下面把骨头当燃料烧）有可能是颠倒的结构，而不至于使前边或者后边的段落一定符合相同的模式。同样，斯基泰国王的葬礼从空间上是按照相反的模式组织的：“边塞”代替了“中心”，而且，一般的瞻仰仪式（停尸供人瞻仰）被一种颠倒的瞻仰仪式所代替（死去的国王去“拜访”臣民）。[4] 但是，仪式的很多特点都没有包括在这种说法之内，
的确，很多事都不能从这种说法中得到直接的解释，比如：尸体处理， 335
参加葬礼的人自残，作为牺牲品献祭的人被勒死，死人的尸体骑在填了干草的马上围成一圈。“颠倒”起到转换器的作用，使某种做法或

1　让·德·莱里：《巴西游记》，孔达版本的前言第 28 页（J. De Léry, *Histoire d'un voyage fait en la terre du Brésil*, préf. Éd. Contat, p. 28）。

2　这与帕诺夫在《人种学：第二冲击波》，巴黎，1977 年，第 38 页（M. Panoff, *Ethnologie, le deuxième souffle*, Paris, 1977, p. 38）中说的相反。

3　参见本书前文第 280 页及其以后部分。

4　参见本书前文第 236—238 页。

者某种行为有了意义，这种意义有可能是明确表达了的，也有可能是潜在的。因此，“颠倒”在游记当中是一种表述：它是一种程序，通过这种程序，可以从叙述者叙述的世界过渡到叙述者所处的世界。

只是，未经颠倒的修辞方法处理的那些特点又会如何呢？我们甚至可以说，这些特点还有意义吗？或者说，它们的意义就是表面上没有意义，就是停留在外部，就是标志出界限：这些特点是不是无法表述的？虽然人们怎么努力也理解不了它们（旅行者不能或者不愿意把它们表述成可理解的东西），但是，它们并没有因此而被抛弃在可信性之外；恰恰相反，我们可以认为，它们的可信性恰恰就在于表面上没有意义。它们的可信性（颠倒无法表达的特点的可信性）在叙述中是作为特殊的表达而出现的；它们让人无法把握，而这种无法把握的状态，就是它们的真实性的保证（没有人会杜撰这类的事情）；它们没有可供人把握的把柄，它们是游记中一闪而过的陨星，而这种没有把柄的状态所起的作用，就是保证了它们的相异性：对此，我们再次想到为斯基泰国王举办的丧葬仪式。

最后，阿玛琮女战士的情况[1]可以使我们对颠倒进行思考。对于希
336 腊人来说，存在着一种极化现象，也就是说，在战争和婚姻之间，既有分离，又有互补：一个是男人的事，另一个是女人的事；战争和婚姻分别标志着年轻男人的成熟和年轻姑娘的成熟。[2]想象角色的颠倒，那就是让女人从婚姻的范畴来到战争的范畴，并从战争的范畴中排除男人，女人垄断战争的功能。那么婚姻呢？婚姻有两种可能的办法：要么女人拒绝婚姻，不与男人生活在一起。这是斯特拉波采取的办法。[3]的确，阿玛琮女战士绝大部分时间都是和女战士们待在一起，一

1　参见卡利耶为《神话辞典》（巴黎，1981 年）写的词条“阿玛琮女战士”（J. Carlier, art. “Amazones”, in *Dictionnaire des mythologies*, Paris, 1981）。博纳福瓦主编的《神话词典》，巴黎，1981 年（*Dictionnaire de mythologies*, sous la direction d’ Y. Bonnefoi, Paris, 1981）。

2　韦尔南：《城邦的战争》，载《神话与社会》，第 38 页（J.-P. Vernant, “La guerre des cités”, in *Mythe et société*, p. 38）。

3　斯特拉波，XI，5，1。

年才与邻近的加尔加莱部族（Gargaréens）的男人有一次关系，在黑暗当中与偶然遇到的男人结合。“当他们让女战士怀上孩子之后，女战士便把他们打发走。如果生下的是女孩，她们便留下；如果生下的是男孩，她们便把孩子送还给加尔加莱人，让他们去养育。加尔加莱人单独收养孩子，收养的时候并不知道孩子是不是自己的儿子。”或者还有第二种办法。他们也结婚，但是由男人承担“女人的活计”：西西里的狄奥多罗斯所展示的，就是这种模式。的确，男人待在家里，照顾孩子，服从女人的命令。[1]然而，由于战争和婚姻两者之间的极化倾向， 337
狄奥多罗斯的故事变得不一样了：阿玛琮女战士在打仗期间始终是处女，但只要她们一生孩子，她们便不再打仗。因此，尽管有这种“不正常的情况”，为了让角色颠倒的模式继续起作用，必须假设一件小事，那就是在阿玛琮女战士的城邦中，战争和政治是分别开来的。的确，她们不再打仗，但是她们从事司法工作，负责“公共事务”（ta koina），当然她们单独从事这些工作，没有男人的参与；男人既不是重装步兵，也不是公民。换句话说，战争是作为处女的阿玛琮女战士的事，因此也就相当于是她们在青春期一段时间里的事，结婚之后这种事就结束了。的确，阿玛琮女战士也就相当于是一些年轻的小伙子。

希罗多德关于阿玛琮女战士的文本明显要复杂得多，因为，如果说战争和婚姻的极化在其中起了很好的作用，但是起作用的方式是不同的：不是战争或者婚姻，而是战争和婚姻。[2]狄奥多罗斯或者斯特拉波的文字段落展示的只是阿玛琮女战士（据说阿玛琮女战士……）

1 狄奥多罗斯，III，53。“据说在利比亚西边，而且远在天边，有一个部族由女人掌权（女权政治），而且他们的生活方式与我们的也不一样。的确，他们那里的规矩就是由女人出去打仗，由女人在一定的时间去服兵役，在服兵役期间，她们始终是处女。但是，在这段服兵役的时间结束之后，她们便与男人发生关系以生孩子，但是，当法官和治理公共事务的都是她们。相反男人就像我们这里结了婚的女人一样，要待在家里服从老婆的命令。他们不参军，不参与司法事务，在有关城邦事务的大会上没有发言权，有了这种权力他们就会变得自负，会让他们造女人的反。孩子出生以后要交给男人，男人用奶和所有其他适合孩子吃的东西养育孩子。如果生下的是个女孩子，要烧她的乳房，不让女孩子的乳房到了青春期之后发育，因为她们认为发育的乳房妨碍她们打仗。而且，正是因为她们没有乳房，希腊人才叫她们‘阿玛琮女战士’。”（Amazones 一词本是“无乳房的女人”的意思。——译者注）

2 希罗多德，IV，110—117。

338 以及出现在背景上或者只是在后台的希腊人。在希罗多德导演的场景中，人物的数量要更多：阿玛琮女战士、斯基泰人、斯基泰人当中最年轻的人、萨尔马提亚人和希腊人，而且极而言之，希腊人只是作为缺席的人出现在文本中，一切都是根据他们——也就是观众——组织的。因此，各不同人物之间的关系必然更加复杂。在斯特拉波和狄奥多罗斯的作品中，只有阿玛琮女战士和（希腊人）之间一对一的关系[1]，因此，颠倒的模式可以很方便地实行。在希罗多德的作品当中，颠倒的关系至少要在三个项之间建立：阿玛琮女战士、斯基泰人和（希腊人），因此，阿玛琮女战士和斯基泰人之间有关系，阿玛琮女战士和希腊人之间有关系，斯基泰人和（希腊人）之间也有关系。因此，这种三角形的场景排列使我们认为，颠倒模式不大可能像在一对一的关系中那样施行，但是这并不排除在某些段落当中，叙述让位于一些颠倒的元素。

另外，希罗多德的《历史》不是专门写阿玛琮女战士及其习俗的，阿玛琮女战士及其习俗用现在时描写，属于不受时间限制的明显的事实[2]，文本是在讲述萨尔马提亚部族的起源，说到斯基泰人向萨尔马提亚人求援，以应对大流士的入侵。因此，文本的节奏中明显分出之前和之后：首先说阿玛琮女战士以及她们为摆脱希腊人而杀死他们的方式，然后说萨尔马提亚人，最后说萨尔马提亚人的生活规则。因此，在时间安排上的这种阐述有助于增加文本的复杂性，使文本不至于按照简单的颠倒关系来组织。

339 在摆脱了希腊人之后，阿玛琮女战士来到斯基泰王国，并开始做她们习惯做的事，也就是开始抢劫。“她们第一次遇到一群有人放牧的马时，便把马抢了过来，骑在马上开始抢劫斯基泰人的财产。斯基泰人不明白发生了什么事[3]，因为，他们既不懂她们的语言、她们的习惯，

1 之所以把希腊人放在括号里，意思是说，希腊人可以不必明显地上场。

2 关于现在时和描写，参见本书后文第 379 页及以后部分。

3 “Sumbalésthai”：他们没有任何东西可以作为“比较”的元素。他们面对的是陌生的事物。

也不了解阿玛琮部族。他们奇怪地心想：这些人是从哪里来的？他们以为这些人是年龄相仿的男人，便开始和她们打斗。”不言而喻的是，斯基泰人决定与这些好战的陌生人开战，以为那是一伙“同龄”的男人，是年龄相仿的人，而且因为这些人没有胡须，所以一定是年轻人。

从开始时的这个错误出发，展开了一系列符合所有规则的行为。但是，“在战斗结束之后，他们抢到几具尸体，看出那是一些女人。他们互相商议了一下，决定不管怎么样，都不再杀死她们”。因此，从他们发现那是一群女人的时候开始，便不能再杀死她们：文本的假设是，在战争的世界里没有女人的位置，因此，从潜在的意义上说，斯基泰人的“思维方式”和希腊人一样。他们决定不再杀死她们，而是要把斯基泰人当中“最年轻的人（neṓtatoi）派到她们那里去，他们估计对方有多少女人，便派去了数量相当的斯基泰年轻人……斯基泰人之所以采取这个决定，是因为想让她们为他们生孩子”。就这样，我们又落到了战争和婚姻的极化上：不与女人打仗，而是让她们生孩子。[1]

为了实现这个计划，他们派去了斯基泰人当中“最年轻的人”，340
在整个叙述的过程中，斯基泰人只是用年龄类别指称（年轻人，最年轻的人）。这真是一个奇怪的决定，斯基泰人为什么要利用年轻小伙子呢？[2]的确，正常情况下，在希腊，“结婚”和“年轻小伙子”之间是有分别的：一个年轻小伙子不会结婚，如果他结婚了，那他就不再是年轻小伙子；一个人不能既是年轻小伙子，又是结了婚的人，因为那就意味着将两个本应当相继发生的事，或者更准确地说，把两个先后发生的片段混在一起了，因为本来是应该从前者过渡到后者，才会变成一个充分的成年人。但是反过来，你不“能”既是年轻小伙子，

1　整篇故事都有赖于开始时的“légetai”，也就是某种传说，而且间接的自由风格使得我们几乎无法鉴别哪是斯基泰人的思考，哪是叙述者的插话：是斯基泰人自己证实自己的行为，还是叙述者未明言地使用了战争与婚姻的模式，在向自己的读者解释斯基泰人的行为呢？两种可能性都有。

2　当然，这是我这样称呼他们，文本中只是说他们是“年轻人”，在这个故事的边缘安插“年轻小伙子”这样的词，使故事对希腊人来说更容易理解。我只能这样假设。

又拒绝结婚：那就是伊波利特（Hippolyte）的故事了；伊波利特是个年轻小伙子，为了继续当年轻小伙子，他打算拒绝结婚。年轻小伙子是个过渡阶段，最终必须达到婚姻的殿堂。

然而，斯基泰人似乎把婚姻和年轻小伙子结合在一起了。“最年轻的人”（neṓtatoi）有资格接受使命，去娶阿玛琮女战士为妻。[1] 为什么呢？一个简单而明白的回答：所有成年的斯基泰人都结婚了，只有年轻人还没有对象。另外，文本没有明确说一旦结婚后，他们是不是还算“最年轻的人”，因此也就没有明确说两个片段是不是真正地混在
341 一起了。虽然有这些保留，但是人们仍然把他们当作“年轻小伙子”，才交给他们这项任务。面对这伙年轻的姑娘，他们不是去打仗，而是去找对象结婚。阿玛琮女战士以打仗和抢劫为基础的生活方式，更适合于生活在边塞的年轻人，而不是成年人。在叙述的进程中，这种潜在的意义让人不知不觉地明白，斯基泰人和希腊人之间发生了位移：面对阿玛琮女战士，斯基泰人几乎变成了希腊人。为了“战胜”阿玛琮女战士，人们建议他们采取狡猾的行为，这也更与年轻小伙子的角色一致，而不是讲究如何符合成年人的生活规则：“他们要在她们附近扎营，她们做什么，他们就做什么；如果她们来打他们，那他们就逃跑，不和她们对打；当她们停止追击之后，他们再回来，在她们附近扎营……当阿玛琮女战士发现他们不会伤害她们，就不再理会他们；就这样，一方的营地每天都离另一方的营地更近一些。年轻人跟阿玛琮女战士们一样，除了武器和马，什么东西都没有了，他们也和她们一样，要靠打猎和抢劫生活。”这种狡猾计谋的推动力就是模仿；的确，如果是男人，那就与他们战斗；如果是女人，那就应该把她们抢过来，但是，因为她们是女战士，所以，面对这个又是男又是女的逻辑上的怪物，据斯基泰长者说，唯一可以接近她们的途径，那就是模

---

1 叙述强调结婚这一点：他们以为有多少年轻姑娘，便派去了多少年轻人，然后，每个年轻人和第一次与之做爱的女人待在一起。总而言之，他们竭力明显地有别于“像野兽一样”交媾的男女混杂模式。文中说的，是一夫妻制的、合法的结婚。

仿。为此，他们选择了和她们最为相仿的人（或者说她们最有可能中意的人），也就是“年轻小伙子”，不久之前从身份上还男女不分的人。因此，他们的地位的模糊性使他们与阿玛琮女战士既远又近，为 342
了战胜或者诱惑这些处女战士，人们派去了一些处男战士。

文本经过“年轻小伙子的元素”加工，也用一些颠倒的元素进行了组织，而不是简单的颠倒结构。当然，从年轻小伙子到颠倒，产生的效果很好，因为后者是前者的逻辑推动者之一。

总起来看，引诱的场景很像是一个引诱的反场景，因为斯基泰人是在露天地里，在大中午的时候，在阿玛琮女战士单独一个人上厕所的时候下手的，所有这些条件都与希腊人的习惯相反。[1] 但是，最值得关注的一点是，这场戏绝不是强奸的戏：阿玛琮女战士是同意的，“她没有推开斯基泰人，而是任凭他享受她的身体”（periîde chrḗsasthai）。一个阿玛琮女战士不可能被强奸，这从表达的词语上就是矛盾的。

虽然他们以不尴不尬的年龄，被说成是年轻小伙子，去与阿玛琮女战士相会了，但是，与她们结婚，也没有说明他们就是成年人了，正相反，好像结婚后，他们的确更像是女人了。当他们向阿玛琮女战士提出说，离开这些“偏远的地方”，到他们家乡去过“正常”的生活时（不言而喻的是，只有通过希腊人的婚姻模式，这个场景才能被人理解，而且在这一场景当中，斯基泰人变成了希腊人），阿玛琮女战士回答说，她们不可能像斯基泰女人那样生活，所以她们不会跟他们走，接着，她们又补充说：“到你父母那里去吧，去接受你的一份家产，然后你再回来，我们再单独住在一起……年轻人同意了，也这样做了。”在这里，提供“嫁妆”的是丈夫，而不是像人们习惯了的那样， 343
是年轻的女人。场景当中还有第二个不同寻常的事，正常情况下，新娘子要住到丈夫的房子里来：她要离开父亲的“家”（oîkos），走进丈

1　在大白天里，当着所有人的面做爱，这是违背城邦的一般做法的。

夫的“家”，对此，阿玛琮女战士拒绝了[1]，当然，她们不能让丈夫走进她们的家，因为她们没有家，但是她们决定在“别处”安家，到塔纳伊斯河那边去，而塔纳伊斯河是斯基泰王国的东部边界。正如新娘在丈夫的怀抱中跨过房屋的门槛一样，文本利用了这一比喻，阿玛琮女战士让她们的丈夫跨过塔纳伊斯河，以把他们带向河的那一边，带出斯基泰王国，带到一个既是新的领土又是“无人区”的地方。

当斯基泰人发现阿玛琮战士是女人时，他们便决定让她们为自己生孩子，但是，我们可以思考的是，在故事结束的时候，为后代提供了保证的，并不是阿玛琮女战士。比如在斯特拉波的作品中，作者明确说，阿玛琮人是一个没有男人的社会，她们不负责照管女性的后代，也不负责男性的教育，颠倒的结构游戏从逻辑上必然导致这样的一种结果。在希罗多德的作品中，作者没有说阿玛琮女战士或者她们的女性后代只关注女儿，文中甚至说，在萨尔马提亚人的部族，男性和女
344 性是生活在一起的，然而，我们所了解的唯一的教育规则只涉及女孩：“以下是他们那里关于婚姻的规则：任何女孩，在没有杀死一名男性敌人之前，是不能结婚的（ándra plemíon）；有些女孩因此而死在结婚之前，有的死的时候年纪很大了，仍然是单身，因为她们满足不了这条法律的规定。”萨尔马提亚人没有把战争和婚姻分别开来（斯特拉波和狄奥多罗斯的作品就是这样将两者分别开来的），反而将两者合并在一起：要想拥有脱离处女的权利，那就必须先杀死一个男人，先让男人流血，根据希罗多德转述的斯基泰语的词源，她们要证实自己是名副其实的“oiórpata”（杀男人的女人）。这样的要求让我们想到接受年轻人加入战士行列的成人礼仪式，比如，当斯基泰人杀死第一个敌人时，他要喝下那人的血；在此之后，每年再庆祝他杀死了敌人时，他

1 必须是丈夫离开父亲的“家”，文本强调了这一点。阿玛琮女战士说：“一想到与你们的父辈分开，一想到在你们国土上造成了很多的伤害，之后还要生活在这样的地方，我们就担心，就害怕。”

喝的就是象征血的葡萄酒和水了。[1] 战争并没有远离婚姻（狄奥多罗斯笔下的阿玛琮女战士只要不再是处女，也就不再打仗了），而是婚姻的必要条件。正如并不是参加战争就能够成为一名战士一样，一个萨尔马提亚的女人也不是只要参加战争就能够结婚的，她还必须有战绩。比如，想成为战士的人必须带回敌人的头皮[2]，想结婚的女人就必须杀死一个男人。

至于阿玛琮女战士本人，她们与斯基泰年轻人结婚，并没有使她们不把两者联系在一起，打仗和做爱是分不开的；她们是女人，可她 345
们照样是战士。关于她们的生活方式，结婚并不是之前和之后之间发生中断的一个标志。她们提出拒绝生活在斯基泰王国的理由，就是她们必须继续打仗。“我们不可能和你们那里的女人们待在一块儿，因为我们的习惯（nómaia）跟她们的不一样。我们要射箭、投枪，我们要骑马，我们没有学过女工（érga gunaikḗia）；你们那里的女人不会做我们说的这些事，她们只会做女工，只待在车里，不会打猎，她们哪里也不去。因此，我们不可能与她们合得来。”只会做“女工”的斯基泰女人很像是希腊的女人，她们生活在车里，像希腊女人生活在家里一样，因此，在这里再一次发生了我们前边说过的位移：面对阿玛琮女战士，斯基泰人几乎变成了希腊人。相对于斯基泰女人来说，阿玛琮女人毫无争议地据有男性的地位：她们跑外面的事，舞刀弄枪，骑马打仗，而且不会做“女工”。

与斯基泰的“neṓtatoi”（年轻人）相比，她们的地位是丈夫，而不是妻子：因为带“嫁妆”来的，是丈夫，也是丈夫离开父亲的“家”，服从命令的也是丈夫。[3] 一般来说，故事表明，阿玛琮女战士从头至尾

1　参见本书前文第 270 页及其以后部分。

2　关于如何获得战士的资格以及士兵和战士的区别，参见克拉斯特：《自由，2》，巴黎，1978 年，第 69 页及以后部分（P. Clastres, *Libre 2*, Paris, 1978, pp. 69 sq）。同样，希波克拉底在《论空气、水和土壤》（*Des airs, des eaux et des lieux*, 17）中认为，一个阿玛琮女战士在杀死三个敌人之前是不能结婚的。参见克拉斯特：《政治人类学研究》，巴黎，1980 年，第 209—242 页（P. Clastres, *Recherches d'anthropologie politique*, Paris, 1980, pp. 209-242）。

3　描写丈夫的行为的表达方式使用过两次：“epéithonto kaì (epoíēsan) taùta oi neēnískoi”。

都是占据主动的，而且故事的题目可以是：萨尔马提亚人的起源，或
者如何保证后继有人。但是，虽然说阿玛琮女战士占据了丈夫的地位，
346 可是她们的丈夫并没有因此而成为“妻子”。文本并没有基于角色进
行系统的颠倒，或者不分青红皂白的颠倒，而是做得更加巧妙。女人
拒绝“érga gunaikēia”（做女工），可是也没有见男人承担这些活计，
不像在西西里的狄奥多罗斯的作品中那样：“萨尔马提亚人的女人生活
方式像古老的祖先一样：她们骑马，不管是和丈夫在一起还是不在一
起；她们去打仗；她们的穿着和男人一样。”那么，说到底，谁做“女
工”呢？

希罗多德的叙述虽然采用了一些颠倒的元素，但并不是按照简单
的颠倒模式组织的，它的机制并不是一概地颠倒。虽然颠倒是通过表
述进行的，但是表述却更加复杂。颠倒是一对一的关系，台上出现两
个以上的人物时，能够说这种颠倒关系便不再适合吗？在第一个段落
当中，出现的是阿玛琮女战士和希腊人[1]；她们证实了自己是名副其实
的“杀男人的女人”[2]，而且文本指出，她们任何技术都不懂：她们不
知道雅典娜会导航，也会骑在战马上驰骋[3]；她们不懂航海，但是当然，
她们会骑马。第二个场景是在阿玛琮女战士和斯基泰人之间展开的，
347 斯基泰人又分为“年轻的小伙子”、成年男人和女人，但是，值得关
注的是，斯基泰社会在文本中慢慢变成了希腊社会，好像要让希腊的
观众理解阿玛琮女战士的相异性，便不可避免地要让这些观众与化装
成斯基泰人的希腊人产生交集一样。在不知不觉当中，文本便重新落
入了一对一关系的常规当中：阿玛琮女战士和斯基泰人 / 希腊人。

1 在特尔莫东（Thermodon）战役之后，“希腊人又回到海上，用三条船将他们活捉的阿玛琮女战士带回来，但是在海上，她们向男人们发动攻击，并杀死了他们。她们不懂海上航行，不会操舵，不会弄帆，也不会划桨。但是，她们将男人都杀死了，只好在大海上随波逐流”。

2 希罗多德给出了斯基泰名称的“词源”，但是根本没有提希腊文的“词源”（a-mazos, 也就是没有乳房的女人）。

3 马塞尔·德蒂安和让-皮埃尔·韦尔南：《智慧的狡猾》，第 176—241 页（M. Detienne et J.-P. Vernant, *Les Ruses de l'intelligence*, pp. 176-241）。阿玛琮女战士和雅典娜之前并没有相似性，但是雅典娜也是处女和女战士。

比较和相似性

为了表述相异者，旅行者还可以利用比较。的确，比较是将叙述的世界和叙述者所处的世界放在一起，从一个世界过渡到另一个世界的一种方式。比较是叙述者扔到相异性的水中的一张网：网眼的大小和网的布置确定了要捕捞的鱼的类型和品质；网的牵引是将相异拉向同一的方式。因此，比较在相异性的修辞中是有其地位的，它像表述的方法一样起着作用。

当然，并不是只有游记可以使用这种修辞方法，而且希罗多德也不是第一个使用这种方法的希腊作者；相反，大家都知道，这种方式是古代思想的基础特点之一：史诗中有这种叙述方法，尤其是在荷马著名的描写当中。[1] 在爱奥尼亚人的思想中，这种方法是认识的工具，
因为它可以让人表现某个未知的事物（物体或者现象）。[2] 在游记中， 348
作为表述，这种方法在“此处”和“彼处”之间建立了相似性和差别[3]，并勾勒出各种分类。为了让比较产生效果，比较的第二项必须属于游记作者的读者共同拥有的知识范围。[4] 比如，在提到阿拉斯河地区，说过了河就是马萨格泰人居住的地方时，希罗多德明确说，河中有好几个小岛，这些岛的大小可与莱斯沃斯岛“比拟”[5]；在别的地方，在描写尼罗河的河道时，他说，过了象岛市之后，其河流蜿蜒曲折，就像

1　克兰兹：《早期希腊哲学中的比较和比喻》，载《赫耳墨斯杂志》，1938 年第 73 期，第 92—132 页（W. Kranz, “Gleichnis und Vergleich in der Fruhgriechischen Philosophie” , *Hermès*, 73, 1938, pp. 92-132）；斯奈尔：《观念的发现》，翻译版本，纽约，1960 年，第 191—227 页（B. Snell, *The Discovery of the Mind*, trad. New York, 1960, pp. 191-227）。

2　劳埃德：《极化与相似性》，剑桥，1966 年，第 209 页，305 页，345 页（G.E. Lloyd, *Polarity and Analogy*, Cambridge, 1966, pp. 209, 305, 345）。

3　我是从让・德・莱里那里借用了“此世界”（这里）和“彼世界”（巴西）之间的区分的。

4　如果对比较的第二项进行系统性的考察，可以从理论上了解到《历史》的接受者的某些情况，至少可以了解到其对象的一些情况。主要是希腊、奇里乞亚（Cilicie）、米安德洛斯（Méandre, II）、伊利翁（Ilion）、戴特拉尼（Teuthranie）、以弗所（Ephèse）、塞拉（Cyrène, le lotus）、阿提卡（Attique）、拉皮吉（Lapygie）等地的人。

5　希罗多德，I，202。

（katáper）米安德洛斯河（Méandre）一样。[1] 这些比较的机制十分清楚，提出的唯一的问题，就是其外延：提到莱斯沃斯岛和米安德洛斯河，对谁有意义呢？如果我们从希腊历史典型的想象来看，也就是从服兵役的雅典人的角度来看，这些比喻代表着什么呢？

然后是分类式的比较，这样的比较强调了相似性，实际上指出了差距。我们在对习俗的描写中尤其可以看到这种类型的比较，比如性习俗，文中明确说，某个部落的人像牲畜一样交媾[2]；或者对一
349 般文化的描写中也有这样的比较：利比亚人的习惯和希腊人差不多（paraplêsioi），只是他们让自己的女儿卖淫。[3] 另外，比较还可以通过渐近的方式扩大知识的范围：利比亚的一个部族吉利伽姆人（Giligames）的习惯与其他利比亚人的习惯差不多（希罗多德在此前已经描述过利比亚人的文化）。[4] 最后，在这类比较当中，“希腊人”本身也常常占据第二项的位置。[5]

除了这类 a 和 b 一样（a 和 b 是可以直接比较的）这种对元素进行比较的比喻之外，还有一类比较，要求旅行者表现出更多的技巧，那就是要求改变语域的比较。的确，当第一项在叙述者所处的世界中没有直接等同的事物的时候，或者当叙述者所处的世界不能直接作为参照的时候，表述就要变成转述。

比如希罗多德描写了通往苏塞的王家大道一路上都有波斯人的驿站（苏塞有波斯大王的行宫）。因为希腊没有相当于驿站的机制，为了让读者更好地明白什么是驿站，他又补充说：信使相互接替，一站站送信的路程就像希腊实行的火炬接力跑一样，“第一个信使将他要传送的信件交给第二个，第二个交给第三个，如此等等，相互传递到目的地，就像（katáper）为庆祝赫淮斯托斯的节日期间，举行火炬接力

1 希罗多德，II，29。
2 同上，比如 I，203。
3 同上，I，94。
4 同上，IV，169。
5 同上，但 I，94 除外。参见 I，35；II，92；IV，26。

赛时，希腊人（传递火炬）一样”。[1] 当然，信使送信和火炬接力赛根
本就是不同的事，但是，希罗多德认为将这两者放在一起，可以更好 350
地让人们明白相异者，而且值得这样做，哪怕只是为了一时之需：在运动员之间相互传递的火炬，就像在信使之间相互传送的信件一样，一直传递到苏塞的王宫里。这里还有一个例子，表明通过比较，一种行为的相异性在刚一提出的时候令人不知所云，但最终还是变得可以理解了。当斯基泰王国东北边界地带的部族伊塞冬人死了父亲之后，便举行一次宴会，宴会期间，人们将死去的父亲的肉和动物的肉混合在一起吃掉，然后，“他们将死者的头骨拔掉毛发，清洗干净，包上金箔，在每年举行的大型献祭仪式中，作为祭祀物品来对待”。显然，故事的背景与希腊的习俗相差甚远，但是，作者的一句话很快便把我们拉回到希腊的背景当中，因为他明确说，在这样做的同时，儿子是在向父亲表达敬意，正如（katáper）希腊人为死者举行周年祭奠（genésia）一样。[2] 这些仪式和希腊的“周年祭奠”不是一样的事情，但是从功能的角度来看，两者都起着同样的作用：前者对于伊塞冬人的社会所起的作用，就像后者对希腊社会的作用一样。

这种通过接近和转换起作用的比较形式，相当于《赫雷尼乌斯修辞学》（*Rhétorique à Herennius*）中的“集合相似性”（similitudo per collationem）。的确，赫雷尼乌斯列举了四种形式的相似性：“对照相似性”（similitudo per contrarium）、“否定相似性”（sililitudo per negationem）、“简明相似性”（sililitudo per brevitatem）、“集合相似性”（sililitudo per collationem），第四种后来被称为“对照”（parallèle）。[3]
每种形式都被赋予了一种作用，第四种形式的作用是“将事物置于眼 351

1　希罗多德，VIII，98。

2　同上，IV，26。

3　《赫雷尼乌斯修辞学》，IV，46（*Ad Herrenium*，IV, 46）；参见查理：《丛书集萃》，载《诗学杂志》1978年2月第33期，第19—20页（M. Charles, “Bibliothèques”, *Poétique*, 33, février 1978, pp. 19-20）。冯达尼埃的《话语修辞格》（Fontanier, *Les Figures du discours*）中是这样定义“对照”的：“所谓对照，是指连续的或者混合在一起的两个描写，通过描写将欲指出其相似性或者差别的两个对象放在一起。”

前”（ante oculos ponere）。

“将事物置于眼前”，就算是吧，但恰恰是将一种相异的事物置于眼前：这是游记的特点。因此，作为这种叙述的修辞格，“对照”是虚构一种事物，让你处在好像能够看到它一样的境地，但是实际上让你看到的，是另外一种事物。比如，当希罗多德在斯基泰王国旅行，并塑造这个国家的形象时，他来到托里德人地盘上的海角，他是以这样的方式介绍这个海角的：“和阿提卡一样，斯基泰王国也是两边临海，南边是海，东边也是海，而且和阿提卡本来可能发生的情况也一样，托里德人居住在斯基泰王国，正好比在阿提卡，除了雅典人之外的另一个部族居住在苏尼翁海角（Sounion）一样，苏尼翁海角从托里科斯（Thoricos）一直到阿纳弗里斯特小镇（Anaphlyste），向海里突出去的更多。我说的这一点之所以有效，是因为我们可以用这类的小事情比喻大事情。这就是托里德的情况。”[1] 因此，托里德对于斯基泰王国来说，就相当于苏尼翁对于阿提卡：这是第一个“对照”的例子。另外，旅行者还说明了他的比较有效的条件：他的比较是有效的，“因为我们可以用这类的小事情比喻大事情”。[2] 但是，他的认真态度也表明，两者之间的差别只是数量上的差别，而绝对不是质量上的；只要具体
352 去量一量就可以知道了。也许托里德比苏尼翁更大，但是除此之外，那就和苏尼翁完全一样了；差别并没有被否认，而是被导向了一旁。

接着，旅行者在描述中，展开了第二个对照：“对那些没有在阿提卡的沿岸航行过的人（parapéplōke），我可以用另外一种方式让他们明白（állōs dēlṓso）：这就好比是在伊亚皮吉 / 阿布利亚（Iapygie/Apulie），一个除了伊亚皮吉以外的部族分别占据了从布兰特西翁 / 布兰迪西（Brentesion/Brindisi）港口一直到塔兰托向海上突出的部分一样。”因此，托里德之于斯基泰王国，正好比阿布利亚之于意大利靴子

1 希罗多德，IV，99。
2 同上，“légó dè hōs eînai taûta smikrà megáloisi sumbaleîn”。

的靴跟一样。这第二个对照借用了另外一种地理知识，这另一种知识事实上是不是仅仅局限于大希腊的希腊人共同的知识范围呢？我们可以注意到，旅行者没有说“不住在阿提卡的人”，或者“没有见过阿提卡的人”，他说的是“没有沿着阿提卡的海岸航行过的人”。因此，这一对照首先针对的读者是什么人呢？是大希腊的希腊人吗？因为到这里旅行过的人，不管是从希腊来，还是到希腊去，都只能乘船旅行吗？还是航海的海员呢？如果针对的读者是海员，那么这些比较更应该属于“航海记”之类的文学，是属于为旅行者准备的航海知识一类的东西吗？无论如何，比较所达到的结果，就是有可能制造一些其他的对照（其可能性几乎是无限的），因为，“我说的这两个海角，可以被理解为很多其他托里德与之相似的东西”。由此，旅行者表现出他的知识，意思是说：我还可以让你们看到别的东西；他把许可授给了听众或者读者，如果他们“看”不明白，那么听众或者读者可以建立其他的让人更加满意的对照。[1]

对照是基于四个项之间的相互作用，这四个项按照“a对于b来说， 353
就相当于c对于d”的公式，两两结合。换句话说，比较借用了相似性的形式，可以说是把自己打扮成相似性。的确，当叙述者为了让人看到托里德和斯基泰之间的关系，将苏尼翁和阿提卡之间的关系摆在读者“眼前”时，他让人看到的，是一种相似性的事物。或者还可以说，他把阿那克萨哥拉（Anaxagore）说过的那句话“从所见到不见”（ópsis adḗlon tà phainómena）当成了自己的话[2]；从知道的事物到不知道的事物。

在希腊科学开始的时候，相似性起到了非常大的作用。在科学之

1　其他对照的例子，同上，II，10。
2　迪勒：《从所见到不见》，见于《赫耳墨斯》杂志，第67期，1932年，第14—42页（H. Diller, “*ópsis adḗlon tà phainómena*” , *Hermès*, 67, 1932, pp. 14-42）。

初，相似性既是发明的方法，又是解释的系统。[1] 因此，像《历史》这样的故事也采用这种方法，这种真正的认识模式，也就是“通过比较”而认识的模式，是很有意思的事。我们从希罗多德在伊斯特罗斯河（多瑙河）和尼罗河之间建立的对照关系中，也看到了一种极限的情况。[2]“伊斯特罗斯河流经数个有人居住的地方，这是很多人都知道的，但是，没有人知道尼罗河的源头在哪里，因为尼罗河穿过无人居住的利比亚，那里是一片荒漠。”因此，从人们知道的事物到人们不知道的事物，从明显的事物到隐藏的事物：为了“找到”尼罗河的源头，我通过伊斯特罗斯河的源头绕了一个弯，以推导出结论：“我通过推测，
354 尽可能根据显而易见的事物，来想象人们不知道的事物……”[3] 先做一个一般性的假设：尼罗河和伊斯特罗斯河一样。但是为了让比较能够像考据一样说明问题，我必须假设在有人居住的世界里，北方和南方必须是对称的，而且正是通过实行这一原则，才能将比较变成真正的对照：尼罗河之于利比亚，正如伊斯特罗斯河之于欧洲。这个例子代表的是一种极限情况。首先因为，为了有所“发现”，他假设对称的原则是恰当的。的确，这一对照要求的条件就是能够实行对称的原则。其次，而且尤其是因为，与苏尼翁和阿提卡不同的是，比较的第二项（伊斯特罗斯河的河道）不直接属于叙述者所处的世界。这第二项不是读者具体视界范围内的事物，很可能也不是读者共同知识范围内的东西，而且叙述者的眼睛（我亲眼见过）也不能提供更多的保证。然而，整个证明都是以叙述者简单的肯定为基础，根据叙述者的肯定，河道属于为人所知的事物：叙述者知道，很多别人也知道。

　　比较产生于叙述者所处的世界，所以能够让人如亲眼所见。直接

1　参见前文所引劳埃德的作品。关于相似性的能力，参见福柯：《词与物》（M. Foucault, *Les Mots et les choses*, p. 36）：相似性“是希腊科学中已经有的一种古老的概念……它的能力是巨大的，因为它所处理的相似性不是事物本身所具有的可见的、实在的相似性；只要是关系上的更加巧妙的相像就足以……”

2　希罗多德，II，33，34。

3　同上，“hōs egȍ sumbállomai toîsi emphanési tà mḕ ginos kómena tekmairómenos”，这种说法与阿那克萨哥拉的话遥相呼应。

比较指的是：a 和 b 一样；相似性比较指的是：a 之于 b，就好比 c 之于 d。比较作为表述的符号，将相异的东西过滤成一致的东西。作为叙述的虚构，它的保证就是旅行者的眼睛或者叙述者的知识；它的目的就是让读者相信，而且，网一旦拉过，剩下的还有差别，那么这些差别也是可以确定的、可以测量的差别，因此也就是可以控制的差别（“因为可以将小的事物与大的事物进行比较”……）。

对“奇闻逸事”的衡量尺度 355

如果想让游记成为忠实的旅行报告，就必须包括“thôma”（奇闻、逸事）的内容。《历史》也不会错过这些东西。的确，人们可以很容易地证明，人种志的故事通常都是这样组织的：一开始先介绍当地的自然环境，列举文化现象，提到本地的植物（thómásia），最后是政治历史。[1] 关于吕底亚的章节一开始的叙述证明，奇闻逸事是人种志故事的一个真正的主题：“关于值得用文字记载下来的奇闻逸事，吕底亚真的是没有，这一点不像有的地方那样，除非是从特莫罗斯山（Tmolos）上飞落下来的金片……”[2] 在讲到斯基泰王国时，同样的句子结构又一次重复，也证实了这一点，作者说斯基泰王国没有什么奇闻逸事可供旅行者记载。[3] 作者在前言中的表述也清楚地说明，叙述者对奇闻逸事念念不忘。作者在前言中制定了自己的目标。他明确打算，要记载、要表现“érga megála te kaì thōmastá”，不管是希腊人的还是蛮族人的。“érga”是什么呢？对此，人们有过很多争论，意见也不一样：是指“建筑”？也就是由希腊人和蛮族人建设的最为突出的建筑？是指行为，也就是英雄事迹？另外一种可能，是不是指自然奇观、建筑 356

1　雅各比：《古典古代时期百科全书》附录二，331，332（Jacoby, *R.E.Suppl. II*, 331, 332）。

2　希罗多德，I，93：thṓmata gê̂ ē Ludiē es suggraphȅn ...

3　同上，IV，82：“说到奇闻逸事，这个国家没有，除了这个国家的河流远比别的地方大，也多……”

和英雄事迹呢？其实这都不重要，的确，我们所关注的，其实只是后面的形容词“thōmastá”[1]；的确，他之所以想记载这些东西，恰恰是因为“奇异”（和 megála，也就是“伟大”），因此也就是值得我们记住，他说：为的是不让这些东西有可能被人们遗忘（akléa）。

如果说叙述可以取代“奇异”之事，那么“奇异”之事也就可以算在相异性修辞的程序当中。一般来说，它可以产生严肃事物的效果；因为公众对此有期待，叙述者不能不记载这一项内容；如果他把这一项内容漏掉了，那他就毁掉了自己的信誉。情况就好像以下的假设在起作用一样：在具有相异性的国家，一定会有奇异之事。因此，当希罗多德提到处在有人居住的世界的边缘地带时，我们看到的便是这一“理论”的反映：“在有人居住的土地之边缘，据说那里也有最为美好的事物，正好比希腊接受了上天给予的最为温和的气候一样”；或者还有，“边缘地区处在世界的四周，并将世界围合起来，那里有我们认为最美好的事物，也是最为稀奇的事物”：极其美好，非常稀奇，所谓“奇闻逸事”就是由这些事物组成的。[2] 换句话说，“奇闻逸事”是对差别的表述：“奇闻逸事”是此处和彼处之间的差别的一种可能的记录方式。

357 当然，作为人种志叙述的一个类别，“奇闻逸事”并不是希罗多德发明的。相反，赫西俄德的史诗中也有，而且赫西俄德不仅用来指奇异之事，也指“使人惊愕的神迹”；由于属于神圣之事，所以那是神的事（sêma），而奇闻逸事则属于凡人的范围。[3] 在《历史》中，对

---

1 关于“érgon”一词的意义，参见伊梅瓦赫：《Ergon, 作为建筑的历史》，载《美国语文学日志》，1960 年第 81 期，第 263—264 页（H. R. Immerwah, “Ergon, History as a monument”, *American Journal of Philology*, 81, 1960, pp. 263-264）。巴特的文章《希罗多德笔下对物质的评价和选择》当中相关的词条（H. Barth, “Zur Bewertung und Auswahl des Stoffes durch Herodotus”, Die Begriffe, *thȏma, thōmázō, thōmásios* und *thōmastós*, Kio, 50; 1968, pp. 93-110）也对确定这一表达的意义做出了贡献。

2 希罗多德，III，106，116。

3 南奇：《荷马史诗中奇迹的观念》，第 275—311 页（G. Nenci, “La concezion del miracoloso nei poemi homerici”, *Atti accad. Scienze, Torino,* XCII, 1957-1958, pp. 275-311），以及同一作者的《赫西俄德作品中关于奇迹的观念》，载《历史批评》杂志，1962 年第 31 期，第 251—257 页（“La concezione del miracoloso in Esiodo”, *Critica Storica*, 31, 1962, pp. 251-257）。

神圣范围的参照不见了踪影，所谓的“奇异之事”表面看来具有双重的结构：的确，从质量上看，它是不同寻常的，或者从数量上看，它是突出的。

在世界的边缘，人们可以看到“最为美好的”和“最为少见的”事物，那里尤其出产神秘的香料。[1]阿拉伯人在收获香料时，要采用烟熏的办法，以驱赶带翼的蛇，因为香料生长在树上，而树被带翼的蛇守护着。桂皮是在一个湖里采集的，湖里生长一种蝙蝠，采集桂皮的人要用牛皮将全身护起来，防备被蝙蝠咬伤。“更加不同寻常的是”（thōmastóteron）采摘香樟草：某些鸟用这种草做窝，窝一般位于人无法到达之处，所以必须找到一种机智的手段，将鸟窝弄下来。至于“劳丹脂”（ladanum），“那就更加神奇了”，的确，这种发出美妙气味的香料挂在公山羊的胡子上，而公山羊的胡子又是奇臭无比的地方。因此，这些令人赞佩的产品都有不同寻常的来源。

但是，尽管如此，难道纯粹是质量的问题吗？不是，因为我们注意到，叙述者选择的阐述顺序，是按照东西的采摘越来越“不同寻常”的特点排列的；采摘没药时一般不会有问题，所以只是简单一提就过去了。说到底，“奇异”是作为分类标准起作用的：从程序最低的“异 358
乎寻常”到程度最高的“异乎寻常”。因此，所谓“奇异”，是有比例和尺度的（至少从潜在的意义上说是这样），叙述者在叙述中参照了这些比例和尺度。不同东西的采摘根据每一种东西所包含的“奇异”的量化程度讲述给听众，而且只是因为该量化程度的“奇异”才讲述的。因此在叙述中，从质量上分的“奇异”程度的组织规律，似乎的确是从数量上可以注意到的程度。至于“奇异”的比例怎么划分，那完全是由叙述者决定的事，而叙述者是根据读者来划分的：根据对于“我们”（对于我和你）从潜在的意义上认为是异乎寻常的程度来划分，因此，比例服从于公众的耳朵。这样一来，我们可以认为，“奇异”

1　希罗多德，III，107，112。

在必要时可以借用颠倒的修辞方法。比如，采集“劳丹脂”的奇异性特点，在于“劳丹脂”是挂在山羊胡子上的东西，也就是说，味道最好的东西，恰恰挂在散发着最难闻的气味的地方：正是这种相反的东西的吸引力，才是最令人吃惊的。在说过埃及是具有“最多的神奇事物”的国家之后，希罗多德立刻开始阐述埃及的不同，而不同又立刻变成了颠倒：从奇异到颠倒，而且颠倒又是对奇异的一种可能的记录方法。[1]

奇异也可以指人们说不出其原因的具有特殊性的事物、例外的事物。艾利德的骡子就是属于这种情况，或者骡子不耐寒的特点。在描写斯基泰的气候时，希罗多德说，那里的马很耐寒，而骡子（和驴）
359 则一点儿也不耐寒，而在别的地方情况恰恰相反：马不耐寒，骡子耐寒。接着，他讲到牛的角：牛之所以没有角，那是因为气候寒冷，证据就是，荷马说过，在利比亚，“羊羔一生出来就有角”。所以在暑热和寒冷之间，在斯基泰和利比亚之间，既对称又颠倒。作者由此得出一般性的结论：“在那里（enthaûta），我说的这些事都可以从寒冷中得到解释。”

“但是我吃惊地在心里想（thōmázō），为什么在整个艾利德，都生不出骡子，虽然那地方不冷，而且这种事表面上看不出任何原因。”[2]如果艾利德是一个寒冷的国家，那还可以援引斯基泰为先例，说明为什么没有骡子，并对这种不正常的情况做出解释。艾利德在普遍的规则之外，也在与这一规则相反的情况之外，对此，我只能感到吃惊了（thōmázō）。叙述者作为“题外话”（prosthḗkē）提供的这些说明[3]，证明奇闻逸事和题外话之间是有联系的：题外话可以是表达奇闻逸事的一种形式，奇闻逸事可以在叙述中像题外话的组织形式一样产生影响。

---

1 希罗多德，II，35。

2 同上，IV，30；文本接着说：“据艾利德人自己说，他们那里之所以生不出骡子，是因为受到诅咒的结果。”

3 同上：“我感到奇怪地心想，因为从我说的话一开始，我就探索过题外话，为什么……”

一个事物是不是奇闻逸事，是根据品质还是根据数量来确定呢？采摘香料的事表明，总而言之，通过执行未明言的比例关系，品质可以被记录成数量，而且比例关系也可以提供阐述的顺序。但是通常情况下，在《历史》当中，奇闻逸事是根据数量和尺度来表达的：奇异与否，不再根据比例关系来判断（从最低程度的异乎寻常到最高程度的异乎寻常），而是用数量和尺度来直接记录，好像数量和尺度直接 360
形成了奇异的存在：尺度越大，数量越高，就越是奇异。叙述者和公众之间未明言的、共同的奇异的比例关系，他似乎觉得太模糊了，是需要提供担保的，他把这种比例关系降格为数量的比例关系，而数量的比例关系是可以直接测量的，也是更加可靠的。

比如，“阿拉伯人有两种值得赞佩（áxia thṓmatos）的绵羊，别的地方都没有”，这是特殊性。将特殊性记录为数量：“第一种绵羊尾巴很长，其长度不少于三尺[1]……第二种绵羊的尾巴很宽，其宽度达到一尺。”[2] 同样，在斯基泰王国为数不多的奇异之事当中，有一个大脚印，长度达到两尺；[3] 这是赫拉克勒斯留下的脚印。对这个巨大脚印的归属，希罗多德一刻也没有怀疑，这一点儿问题也没有，更何况在本都的希腊人讲述的关于斯基泰人的起源当中，赫拉克勒斯的确到过斯基泰。一般来说，希腊人有一大堆人物，他们随时可以从中拿出一个，以应对各种境况。这些人物是理解的运算符号，可以用来对现象进行分类，让各种现象具有秩序；这些人物可以帮助我们思考世界，几乎就像是思想的工具一样，甚至可以是逻辑的工具。大脚印就说明赫拉克勒斯的确来过这里，而绝对不是说，大脚印意味着野人的存在，或者斯基 361
泰雪人的存在，那是现代人的思想方法。

为了形容奇闻逸事[4]，荷马和赫西俄德都使用了形空词“大”

1　这里的尺是法国的古长度单位，一般是从肘到中指端，大概相当于现在的半米。所以比中国的一尺要长。——译者注

2　希罗多德，III，113。

3　同上，IV，82。

4　参见前文所引南奇的作品《赫西俄德作品中关于奇迹的观念》第 254 页。

（mégas），但是，奇闻逸事的这种“大”是不能测量的。的确，和这种“大”在一起使用的，有“déinós”，惊世骇俗的、了不起的意思。因此“奇迹”可以是大的，也可以是惊世骇俗的、了不起的，之所以大，是因为了不起，是因为惊世骇俗。在《历史》当中，形容奇闻逸事时，常常使用数字；有很多这方面的例子[1]，我在此只说埃及让参观者感到“一千次惊奇”的迷宫，迷宫会让人们感觉到一种“thôma muríon”，也就是惊奇，但是其强度本身是按照数量来衡量的。的确，“我们把希腊人修的所有建筑，所有桥隧工程加在一起，不管是从工程量还是从花费来说，都不及埃及的这座迷宫”[2]，它“超过了所有的金字塔”。“它包括12个不露天的院子；两个成系列的厅堂，有地下的，有地面上的，一共是3000个厅堂间，每个系列1500个。我们在地面上的系列厅堂中走过，亲眼见证过，是根据我们亲眼所见来说话的。关于地下的厅堂，我们听别人口头说的，因为，看守厅堂的埃及人说什么也不愿意让我们下去看……因此，地下厅堂的情况是我们听说的。
362 但是地上的厅堂是我们亲眼所见的，简直比所有人工修建的工程都大。从我们到过的屋子里出来所走的路、所穿过的院子、所绕过的弯，其复杂程度让我们感到无比惊奇，而我们从一个院子走到厅堂，从厅堂又走到门廊，然后又从门廊到其他的屋子，再从厅堂到其他的院子。”

就这样，要将奇闻逸事表述为叙述者所处世界相应的事，估计、测量、计算都是必要的。我们想到马可·波罗的一本书，题目就是《百万》（*Milione*），这无疑是强调数字无所不在的一种方式，一种探寻它想让人们相信何种事物的方式。另外，《历史》的前言中援引“érga megála te kaì thōmastá”（伟大而神奇的行为）时，已经把“大”和“奇”放在一起。虽然这句话带有荷马和赫西俄德的色彩，但它的意思也是在说，从今往后，“大”也是可以测量的了。另外，迷宫的

1 将奇闻逸事明显地记录成可测量其大小的事物的例子：I，164，185；II，111，148，149，155，156，163，175，176；III，113；IV，82，85，199，等等。

2 希罗多德，II，148，199。

例子还说明，“奇异”是与旅行者的眼睛联系在一起的：我亲眼看见了，而旅行者的眼睛是奇异之事的保证。

当赫西俄德描写鞑靼（Tartare）的时候，他明确说，“即使对于永生不死的神来说”，那也是奇迹。[1] 在人种志的叙述当中，旅行者就是奇异之事的尺度：之所以“奇异”，是对于我来说的，而不是对于神，是我认为某个景色或者某个建筑“令人赞佩”，或者“异乎寻常”。希罗多德写道：“我将说明我认为在巴比伦‘最为杰出’的事物（thôma mégiston）。”[2] 因此，在“奇异的事物”和陈述之间是有联系的：旅行者的眼睛起到了衡量“奇异的事物”的作用，而叙述者恰恰是通过给出尺度，让读者“看见”“奇异的事物”。“奇异的事物”属于所有勘察技术的范畴。

虽然说“奇异的事物”可以成为离题话的线索，但是从更加普遍的意义上说，它是可以产生故事的，有了“奇异的事物”，才可以说， 363
才可以写。“我现在说埃及，我会详细地介绍这个地方，因为和任何其他国家相比，埃及有更多的神奇事物（pleîsta thōmásia），而且这里的很多工程都是我们的语言无法表达的，所以我会更多地谈到埃及。”[3] 的确，叙述的长度与奇闻逸事的数量有关：“奇异的事物”越多，我的叙述就越长。但是，叙述不管有多长，都无法穷尽“奇异的事物”，总有一些会漏掉：还有其他的，还有语言描述不到的，还有言语无法表达的。[4] 因此，埃及这个国家“很多工程都是我们的语言无法表达的”（érga lógou mézo），但是，这样说，恰恰是一种用言语表达这些东西的方式，说明其理由，或者说明其存在，就是说明其数量和尺度。

“奇异之事”在表述彼处和此处之间的差别时，最终能够产生一种现实的效果：意思就是说，我是相异者的现实；的确，彼处的事物

1　赫西俄德：《神谱》，743—744（Hésiode, *Théogonie*, 743-744）。

2　希罗多德，I，194；III，12；IV，129。

3　同上，II，35。

4　比如，赫西俄德在提到刻耳柏洛斯（Cerbère）时，便说奇异之事具有言语所无法表达的特点（ou ti phateion）。参见前文所引南奇的作品第 255 页。

（érga），只能是“奇异的”（thōmastá）事物。其真实性就是以这一假设为基础的。因为这些事物在叙述中出现，所以创造了一种严肃的效果，产生了一种现实的效果（之所以有严肃的效果，是因为有现实的效果），“奇异之事”以旅行者的眼睛和尺度为基础，的确是一种让人相信的程序，以将游记故事展示开来。

364 表述、命名、分类

从根本上说，相异性的修辞是一种表述的行为：它的目的是要把相异者变成相同者（tradere）；它是送差别过河的摆渡者。但是，在《历史》中，所谓的表述（traduction）是什么样的呢？它具有何种地位？叙述者是否念念不忘地只想着如何表述呢？也就是说，是否只想着如何“把一种语言表达的东西，用另一种语言表达出来，同时在两种表达之间建立语义和表达上的等同”呢？[1]

1578 年，让·德·莱里出版了游记故事《巴西游记》（*Histoire d'un voyage en la terre du Brésil*）。这个文本是按照真正的“表述结构”组织的[2]，也就是说，在叙述的过程中，文本渐渐地证明，在“此处”和“彼处”之间，并不是事物有差别，只是事物的表象不同而已，因为，总起来看，人的本性是一样的，只是语言相异。但是语言是可以翻译的，因此差别也就可以被领会。在旧世界和新世界之间，翻译既维持又缩小了大洋的距离：因此，翻译既是两个世界之间永远存在断

1 这是罗贝尔词典的定义。（译者按：词典所定义的词是“翻译”（traduction）；在讲到旅行者把异国的东西“翻译”成其读者能够理解的东西时，我们没有用“翻译”这个词，而是用了“表述”“表达”。法语的一个词有两种意思，但是说到词典的定义时，那就只能二者择其一了。的确，在汉语中，“翻译”只能指语言的翻译，虽然一般的翻译是指将一种文化氛围中的事物，移植到另一种文化氛围当中来，把在一个世界里发生的事情，“表述”给、“表达”给另一个世界里的人听。而涉及旅行者的表述时，这个法语词所针对的不是语言，而是如何把彼处所谓的“奇异之事”叙述得让此处的读者能够理解，所以指的是“事物”。汉语中如果说“翻译”事物，就显得生硬。在一词二义或者多义时，在涉及“文字的游戏”时，翻译难以兼顾的尴尬处境就会暴露无遗。）

2 德·塞尔托：《历史的书写》，巴黎，1975 年，第 233 页（M. De Certeau, *L'Écriture de l'histoire*, Paris, 1975, pp. 233）。

裂的标志，又是两个世界不断重新努力连接的标志，断裂/连接是影响文本的一个运动的两个阶段。为了从理论上得以建立，这样的表述结构的前提，是能够参照一种提出问题的方法，而这种方法能在存在和表现之间做出区别。

这种对表述/翻译的思考在让·德·莱里的书中变得非常明显，因为第二十章是一部法语—图皮语的词典，或者“更加准确地说，是一本语言学习的教科书”[1]，具体表现的形式是一个图皮南巴人和一个法国人之间对话。如果差别只是语言的问题，那么这一章给出了“语言转变的规则”。[2]况且，这场“研讨会”结束了对印第安生活图景的描 365
述，因为后面只剩最后两章，讲的是回国的曲折经历。

在《历史》中，我们能够看到某种“表述结构”吗？如果从字词准确的意义上说，当然没有。里面没有任何埃及语—希腊语，或者波斯语—希腊语，或者斯基泰语—希腊语的“研讨会”。马可·波罗学过波斯语和蒙古语，也学过一点儿中文。让·德·莱里有一个“中间人”，一个翻译，但是他学了图皮语，而且正是由于他懂得外语，才和他的老对头特维（Thévet）发生了争吵。特维在《宇宙志》（*Cosmographie*）中专门有一章，写美洲人的语言，但是，据莱里说，特维只不过是在“胡说八道”，是在“乱说一气”，因为实际上，他连外语的一个词也不懂。莱里自己也经常使用图皮语的一些词，常常是名词，而且他紧接着会给出这些词的翻译和解释。这种做法肯定会产生一些异国情调的效果，但是也可以让人觉得他是在严肃地谈论事情。希罗多德则很可能只懂希腊语[3]；也许他不像莱里，没有到任何国家参观过，也不像马可·波罗那样，在同一个地区生活了16年，但是尽管如此，一般来说，希腊人还是只会讲希腊语。莫米利亚诺说：“他

1　德·塞尔托：《历史的书写》，巴黎，1975年，第232页，第二十章的题目是《图皮南巴人用蛮族语和法语举行的进入或者到达巴西的研讨会》。

2　同上。

3　勒格朗，《前言》第75页，以及在希罗多德的书第一卷第139页的注。

们不会用土著语与当地土著交谈……他们没有把外国书翻译成希腊文的传统。”而且，希罗多德投向其他文明的目光，说到底，是一种“冷
366 漠的、自信的目光”。“他们没有理由受到外国文明的诱惑。事实上，他们不会讲外语，因为他们没有切实地了解外国人的愿望。”[1]

事实上，希罗多德或者与希腊人聊天，或者与讲希腊语的人聊天，或者他通过翻译了解情况，正如他在埃及旅行时我们所看到的那样。在参观胡夫金字塔时，他提到一句铭文，并补充说，“翻译把铭文给我读了一遍，如果我还记得翻译说的话，那就是……”[2]不过这是唯一的一次遇到这种情况。其他时候，当他转述别人的话，援引某个文本或者铭文的时候，根本没有提到翻译的问题。一般来说，除了通过翻译之外，我们看不到《历史》中的希腊人与波斯人有直接关系，[3]米利都的希斯提亚埃乌斯是个例外，米利都的希斯提亚埃乌斯是暴君，是波斯大王的傀儡，他有一次至少用波斯语说了几句话。而且那也是在一个很特别的场合：在一场战斗中，在他即将被波斯士兵杀死的时候，他说出了他是谁；至少可以说，当时的情况十分紧急！[4]关于翻译的培养，第二卷中有一些值得关注的说明：普萨美提克（Psammétique）在爱奥尼亚人和卡利亚人（Cariens）的帮助之下登上了权力的宝座，便把一些土地让给他们，“而且为了让他们用希腊语言学习，还把一些年轻的埃及人交给他们，正是由于这些教授语言的年轻人，才有了今天
367 埃及的翻译”。[5]因此，翻译也是子承父业的，但是更主要的是，充当翻译的，是那些讲希腊语的埃及人，而不是懂得埃及语的希腊人。

虽然《历史》不是根据“翻译活动”组织起来的，但我们还是可以看到一些翻译的个案（30 多处）。从与相异者的关系的角度来看，

---

1 莫米利亚诺：《希腊人的错误》，载《戴达罗斯》，1975 年 2 月第 104 期，，第 12 页，第 15 页（A. Momigliano, “The fault of the Greeks” , *Daedalus*, 104, 2, 1975, pp. 12, 15）。

2 希罗多德，II，125。似乎对那句铭文的翻译也是“富于想象”的翻译。

3 同上，III，38，140。

4 同上，VI，29。相反，有一次在底比斯（Thèbe）为马尔多尼乌斯举行的宴会上，一个波斯人便用希腊语对坐在他旁边的希腊人讲话（IX，16）。

5 同上，II，154。

这些翻译是什么类型的，又说明了什么问题呢？首先是一些名词，而且主要是专有名词；相反，翻译的对象从来不是句子。因此，翻译从根本上说，是与命名联系在一起的：在讲述相异者的故事过程中，翻译是一种命名的方式。

专有名词是有意义的，我们从波斯大王大流士、薛西斯、阿尔塔·薛西斯的名字当中便可以看出。译成希腊文之后，这些名字的意思是“压迫者”“战士”“大战士”，而且“希腊人可以用自己的语言称呼这些君王，不会出错（horthôs）”。[1]通过翻译，名字变得既是专有名字，又像是称呼：“大流士”和“薛西斯”，就好比是“狮心理查”（Richard Coeur de Lion）或者“可怕的伊万”（Ivan le Terrible）一样；翻译可以带来补充的意义。原来只供简单分类用的名字（从前有一个国王名叫“大流士”，还有一个国王名叫“薛西斯”，如此等等），经过翻译之后，也可以作为称呼使用，因为这些名字表达了有关人的某种特点：薛西斯，是王朝的第三个君主，在西律斯和大流士之后，而且他还是个“战士”。

以下是第二个关于翻译 / 名称的例子，含义比前一个例子更加丰富：阿玛琮女战士的名字，斯基泰人称呼她们“Oiórpata”，翻译成希腊文，意思是“杀男人的女人”，因为斯基泰人称男人为“oior”， 368
“pata”的意思是“杀死”。[2]因此，看起来翻译是分两步完成的：在斯基泰王国，阿玛琮女战士被称为“Oiórpata”，在希腊文里，这个名字的意思是“杀男人的女人”。换句话说，虽然“Oiórpata”的确是“阿玛琮女战士”的翻译，但是两个词的“词源”并不一样：从“斯基泰语的词源”来看，我们得到的是“杀男人的女人”的意思，而从希罗多德没有提到的希腊俗语（读者很可能懂得这种俗语）的词源来看，

1　希罗多德，VI，98。

2　同上，IV，110。勒格朗以本维尼斯特为基础，称这种翻译为“富于想象”（fantaisiste）的翻译。其他翻译的例子，IV，27：“阿里马斯普人（Arimaspes）是斯基泰语的名字，‘arima’是‘一个’的意思，‘spou’是眼睛的意思。”

我们得到的是“A-mazós”，是“没有乳房”的意思。[1] 因此，简单的名称翻译，利用希腊语域和斯基泰的语域，建立了阿玛琮女战士的形象。由于翻译，对于希腊人来说，“Oiórpata”的名称变成了一种描述，从而增加了希腊人对阿玛琮女战士的了解。

最后一个例子，关于巴图斯人（Battos）。巴图斯人建立了利比亚的塞拉殖民地：“……生了一个儿子，说话很费力，口吃，据特里安人（Théréens）和塞拉那人（Cyrénéens）说，人们给这个孩子取了个名字，叫巴图斯（希腊文的 Battos 是结巴的意思）。但是，我认为，人们给他取的是另一个名字，当他来到利比亚的时候，他把名字换成了巴图

369 斯……因为利比亚人称国王为‘巴图斯’……”[2] 因此，同一个名称“巴图斯”，指同一个人，如果按照希腊的语域来看，那就是“结巴”的意思；如果从利比亚人的观点来看，那就是“国王”的意思。可以从一个语域过渡到另一个语域的，恰恰就是名称的翻译，而叙述者的知识为“翻译”提供了保证（“我认为”）。

除了这些例子之外[3]，命名翻译也特别用于神的名称。的确，神的名称是什么？神的名称是专有名词，是称呼，还是普通名词呢？神的名称是什么意思？名称的问题（ounómata），是一个广泛和复杂的问题，因为这个问题涉及《历史》中神的空间和神的代表性。在这个问题上，我们不能简单地就事论事，在此，我只局限于评价翻译的活动及其与相异性修辞的关系：翻译作为这种修辞的一个过程。

翻译可以从母语向外语翻译（先提出希腊神的名称，然后再给出蛮族语的名称），也可以从外语翻译向母语，但还是以从母语翻译向

1　在希腊人的共同知识当中，“斯基泰语的词源”也可以让人想到，或者也可以提示荷马的称呼（伊利亚特，VI，186）：阿玛琮女战士被称为“antianeirai”，是利用前缀“anti”表达“平等的”和“男人的敌人”的意思。

2　希罗多德，IV，155。这个例子当中好笑的是，名称是单数（指的是同一个人），但是对于希腊人来说，相同的名称“巴图斯”是一种称呼，是对利比亚人的描述（根据希罗多德的说法是这样），而且反过来也是这样。参见戴龚伯：《一种很特别的假设，或者如何指称阿里巴巴的门》，载《批评》杂志，1978 年 5 月号，第 467—492 页（V. Descombes, “Une supposition très singulière ou comment désigner la porte d’Ali Baba”, *Critique*, mai 1978, pp. 467-492）。

3　除此之外，还有 I，110；II，30；IV，52，192；III，26；VI，119；VIII，85；II，143；IX，110。

外语为主（从母语翻译向外语的例子有 11 个，从外语翻译向母语的例子有 5 个）。

从外语翻译向母语的，都是在埃及话语的背景之下：某个希腊语的神，就是某神（后边是埃及文的名称 katà Halláda glôssan）[1]；相反，斯基泰的神都是从希腊语翻译过来的。[2]

第二点，名词的重要性。自从《创世记》的典故以来，我们知道，命名具有对被命名者的控制作用：亚当在给上帝的创造物命名的同时，也就宣示了对创造物的优越性。保守秘密，是标志着名称重要性的另外一种方式：的确，我们知道在很多原始社会里，一些人的专有名称是保密的（也就是说，这些人的名字只对某些人揭示，而且要有一定的仪式）。因此，让人接受一个名字，或者知道人的名字，要有一定的权力：名称一向不仅仅是称呼时的声响。 370

在希腊的背景之下，德谟克利特写过一本《名集》（*Onomastikón*），他说，神的名字是"具有声音的神圣的雕像"（agálmata phōnḗenta）。[3] 因此，神的名字是神的"声音代表"，正如神的雕像是神的图形代表一样。远在德谟克利特之前，毕达哥拉斯学派的学者不仅考察过神的名字，而且也考察了所有事物的名称和事物的形象（agalmata, eikones）。[4] 从这个角度来看，名称是对事物的说明，而且神的名称是对神的说明：知道神的名字，就是知道神。比如安提西尼（Antisthène）就认为，教育开始于对名称的学习；安提西尼写过一本书，题目就

1　希罗多德，II，144（荷鲁斯 = 阿波罗，Horus=Apollon）；II，137（布巴斯提斯 = 阿耳忒弥斯，Boubastis=Artémis）；II，59（伊希斯 = 得墨忒耳，Isis=Déméter）；II，144（奥西里斯 = 狄俄尼索斯，Osiris=Dionysos）；II，153（阿皮斯 = 以巴弗斯，Apis=Epaphos）。

2　同上，IV，59；其他从母语翻译向外语的例子：I，131；II，42，46，79；III，8。

3　德谟克利特，68 B 142（D.K.）。

4　戈尔德施密特：《论克拉底鲁》，巴黎，1940 年，第 27 页（V. Goldschmidt, *Essai sur le Cratyle*, Paris, 1940, p. 27）；布瓦扬斯：《克拉底鲁作品中的厄迪弗隆学说》，载《希腊研究杂志》，1941 年，第 143—175 页（P. Boyance, "La doctrine d'Eutiphron dans le Cratyle", *Revue des études grecques*, 1941, pp. 143-175）；伯克特：《事物和文字的起源：阿那克萨哥拉和克拉底鲁之间的纸莎草》，载《哲学研究》，1970 年第 4 期，第 443—455 页（W. Burkert, "La genèse des choses et des mots, Le Papyrus de Dereni entre Anaxagore et Cratyle", *Les Etudes philosophiques*, 4, 1970, pp. 443-455）。

是《关于教育或者名称》。[1]后来克拉底鲁接过了他的论断，有几页文字专门论述神的名字。[2]的确，苏格拉底研究过神的名称的组成，认为
371 该项研究是一件很开心的事，他想知道神的名称是否名副其实，想根据神的品质，给出神的名称的词源。大致来说，这就是关于神的名称（ounómata）问题的背景，尤其是神的名称起源于埃及这一断言，也是出自这一背景之下，希罗多德曾写道：“几乎所有神的名称都是从埃及来到希腊的。”[3]虽然人们对这一断言争议很大。

第三点，翻译的可能性意味着什么。如果我可以说，赫斯提亚用斯基泰语说是塔比提，或者把奥西里斯译成希腊文，那就是狄俄尼索斯，这意味着什么呢？林福斯从中得出结论说，神的名字是和普通名称一样对待的。[4]说到底，神的名称的地位和语言中其他名词的地位是一样的，语言被设想成是一个词汇表：由于形成了一张名词对照表，神的名称也和普通名词一样，可以翻译成另一种语言。

但是，专有名词和普通名词之间的区别是完全恰当的吗？不用具体看逻辑学家和语言学家就什么是专有名词进行的讨论，我们还是可以说，在《克拉底鲁》（*Cratyle*）当中，柏拉图是想建立一种对事物命名的一般性的理论，似乎并没有区别对待专有名词和普通名词：在
372 139 个命名的例子当中，49 个是专有名词。[5]好像这两种命名的做法是

---

1 第欧根尼·拉尔修，VI, 7（Diogène Laërce, VI, 7）。

2 柏拉图：《克拉底鲁》，397 *c*—408 *d*（Platon, *Cratyle*, 397 *c*-408 *d*）。

3 希罗多德，II，50。对于这一问题，我认为最好的文章还是林福斯的《希罗多德作品中希腊的神和外国的神》，见于加利福尼亚大学出版社的《古典语文学》，1926 年第 9 期，第 1—25 页（I.M. Linforth, “Greek gods and foreign gods in Herodotus”, Univ. of Calif. Publ. in *Class. Philo.*, 9, 1926, pp. 1-25）。另外，参见拉迪莫尔的《希罗多德和埃及的神》，载《古典语文学》，1939 年 第 34 期， 第 357—365 页（R. Lattimore, “Herodotus and the name of Egyptian gods”, *Classical Philology*, 34, 1939, pp. 357-365），以及林福斯在《古典语文学》1940 年第 35 期第 300 页上的回答（*Classical Philology*, 35, 1940, p. 300），以及劳埃德《希罗多德第二卷评论》，莱登，1976 年（A.B. Lloyd, *Herodotus Book II, Commentary*, Leyde, 1976）。

4 参见前文所引林福斯的作品第 11 页：“正如 húdōr 和 aqua 意思一样，所以一个希腊人用希腊文写文章时，会使用 húdōr 这个词，而一个罗马人用拉丁语写作时，会使用 aqua，同样，宙斯（Zeus）和阿蒙（Amon）意思一样，所以用希腊文写作的希罗多德，自然而然地就会使用‘宙斯’。”

5 姆南：《翻译的理论问题》，巴黎，1963 年，第 26 页（G. Mounin, *Les Problèles théoriques de la traduction*, Paris, 1963, p. 26）。

一样的。列维–斯特劳斯（Lévi-Strauss）还指出，“名词多少都有些‘专有’的特点，这一特点不是以内在的方式确定的，也不能通过其与语言的其他字词的比较确定，它是依据每个社会声明其分类工作的完成时刻而定的”。的确，对于人类学家来说，专有名词和空间的地点词一样，是社会集团内部的一个标志点，除了作为“在一个包含有多种维度的系统中分配位置的办法”之外，不可能用其他的方法来定义它。通过执行分配规则，专有名词识别的是某个位置，而且“确认被命名的个人属于某个预先设定的阶级”。在这些条件之下，“说一个词被感知为专有名词，也就意味着是在说它处在某个水平上，在这一水平之上，不需要再进行任何分类，这不是绝对的，而是指在一个确定的文化体系内部是这样”。[1] 专有名词具有分类的作用，而且它的意义永远至少是这样。

神的名称，如果说它“具有识别某个位置的作用”，那么它似乎是属于专有名词的。它们“的确证实了一些被命名的个体属于某个预先设定的阶级”（神的阶级），另外，显而易见的是，我不能用随便什么名称来称呼它：神的名称属于一个范式的整体，所以，神的名称是专有名词。但是，由于神的名称可以从埃及文译成希腊文，或者从希腊文译成斯基泰文，所以翻译似乎又使这些名称变成了普通名词。不
管怎么说，在查阅希罗多德的“词典”时，我们发现这部词典根本不 373
完整：很多神的名字都没有翻译，比如，我们知道，利比亚人向雅典娜、宙斯、赫利俄斯（Hélios）、波塞冬等神祈祷，但是我们并不知道用利比亚文如何称呼这些神。我们看到有希腊文的名称，但是没有本地土著语言的名称。[2] 从母语向外语翻译的这种缺位意味着什么呢？是不是叙述者不知道另外一种语言中的名称，或者认为没有必要提供另

1　克洛德・列维–斯特劳斯：《野蛮的思想》，巴黎，1962 年，第 240、248、285 页（Cl. Lévi-Strauss, *La Pensée sauvage*, Paris, 1962, pp. 240, 248, 285）。

2　即使有翻译时也没有建立系列，I，131 除外，阿弗洛狄忒 / 乌拉尼亚 = 米利塔 = 阿拉拉 = 密特拉（Aphrodite Ourania=Mylitta=Alalat=Mitra）。

一个语言中相当的名称，因为用希腊文的名称为本地土著的神命名，对于文本的读者来说，作为标记已经足够了呢？

但是，相反的情况也有：从外语向母语的翻译也有缺位的时候，文本中只给出了本地土著神的名称，而没有相应的希腊文名称。这样一来，在神的名称对照表里，就出现了空白，或者更准确地说，是出现了三重的空白，因为这种现象重复了三次，涉及三个神：库贝贝、普雷斯托洛斯（Pleistoros）和萨尔莫克西斯，三个神都被说成是“本地的神”（theós epichṓrios），而且“本地的”（epichṓrios）这个形容词的出现，说明这些神的名称是不能翻译的。库贝贝被说成是“萨迪斯本地的神”。为什么这时候，她的名称不能翻译成库伯勒或者众神之母呢？有两个理由：爱奥尼亚人造了国王的反，来到萨迪斯，烧了她的庙（所以这个神不可能是希腊的神），反过来，波斯人“以此为借口，也烧了希腊地方的神庙”（所以这个神也是波斯的神）。[1] 普雷斯托洛斯则是一个阿普斯辛斯的色雷斯人的神，要用人作为牺牲品向他献祭[2]，这一特点也许说明为什么对照表中相应的位置是空白的：对这样
374 的神，在希腊文中不可能有对应的神。至于萨尔莫克西斯[3]，本来他的身份就说不清楚（他是神、是人还是鬼呢？），而且给他“派”信使的那种可怕的方式，也说明了为什么没有翻译他的名称。不仅他的相异性是没有办法翻译的，而且他还有一个别人送给他的名字：“就是这同一个萨尔莫克西斯，有些人叫他吉贝累西斯”。从萨尔莫克西斯到吉贝累西斯这个叫起来更加奇怪的名字，我们离可能的翻译更远了。[4] 在这三种情况当中，翻译的缺位也许说明是对照表中的缺位：对照表中没有与库贝贝、普雷斯托洛斯和萨尔莫克西斯对应的希腊文的名称。

1　希罗多德，V，102。

2　同上，IX，119。

3　同上，IV，94—96。

4　剩下的还有阿瑞斯（Arès）和托里德人（Taures）的鬼。人们用人做供品，向阿瑞斯献祭，然而他有个“希腊文”的名称，而且在斯基泰文中没有对应的翻译（contra Pleistoros），参见本书前文第 300 页及其以后部分。托里德人用俘虏向他们的鬼（daímōn）献祭，然而，托里德人认为，他们的鬼和伊菲革涅亚（Iphigénie）是一样的，但是希罗多德明确说，这是他们翻译的。

总起来看，“词典”里的空白证实，给相异者命名，那就是给它分类。普雷斯托洛斯或者萨尔莫克西斯 / 吉贝累西斯的例子的确表明，不翻译，不仅仅是对神的一种分类，也是对人的分类。的确，名称的相异性只不过是部族相异性的借代而已。不翻译，就等于是分类，但是显而易见，翻译，也同样是分类。涉及蛮族的诸神时，我们从表达的回归便可以明确地看到这一点，“他们崇拜的神，只有……”[1] 比如，马萨格泰人只知道太阳神，斯基泰人只向 8 个神祈祷，但是不管是哪种情况，蛮族人的神都比拥有 12 主神的希腊少。换句话说，在给相异 375
者分类的同时，我也是在给我自己分类，好像翻译总是从母语向外语的翻译，也就是说，好像供参考的神总是希腊的诸神，而且叙述者是根据有或者没有的系统进行翻译的。

从这种翻译命名的做法当中，我们要不要得出结论说，在诸神之间，差别只存在于名称上，只要翻译一个名字，便可能通过名字看到神的身份，而且说到底，其实神在各处都是一样的，虽然各处的人们敬的不一定是一样的神？如果真是这样，那么翻译的活动就真的有其地位了：叙述搅起语言的异质之碎屑，表现出物质的身份。尽管存在着地理空间的差异性，但是神的空间还是统一的。阿弗洛狄忒和乌拉尼雅（Aphrodite/Ourania）在名称之间作为参照点的对应关系，表示的也许就是这样的意思。阿弗洛狄忒 / 乌拉尼雅被亚述人（Assyriens）称为米利塔（Mylitta），阿拉伯人称为阿里拉（Alilat），波斯人称为密特拉（Mitra）。[2] 叙述者有一段说明，表达的大概也是这种意思：在谈到奥赛人（Auses）和马克利斯人（Machlyes）的“土著的神”（authigenḗs）时，叙述者说，就是“我们所称的雅典娜”。[3] 这里的“我们”指的是希腊人，而且与“他们”利比亚人，是有区别的。但是事实上（不管

1　马萨格泰人（I，126）；阿拉伯人（III，8）；波斯人（I，131）；埃塞俄比亚人（II，29）；斯基泰人（IV，59）；色雷斯人（V，7）。

2　希罗多德，I，131。

3　同上，IV，180。

是对于我们，还是对于他们）神是一样的。叙述者针对利诺斯（Linos）说的一些话，表达的仍然是这种意思："利诺斯"指的既是一首歌，也是一个人物，在希腊、埃及、腓尼基、塞浦路斯和其他地方，人们都为"利诺斯"举行庆祝活动。在希腊，人们称之为利诺斯，在埃及文里称之为马内洛斯（Manéros），"每个部族的名称都不一样，但是
376 人们都认为，那就是希腊人歌颂的利诺斯"。[1] 在这一点上，名字虽然具有多样性，但是指的人物其实是同一个。

与此相反的，是位于斯基泰王国北部的盖洛诺斯人部族的做法，他们"以希腊人的方式"（hellēnikôs）向希腊的神祈祷（theói hellēnikoí）。[2] 希罗多德明确说，盖洛诺斯人的祖先是希腊人。薛西斯好像并不相信神的空间是统一的，因为，在来到欧洲之前，在跨过赫勒斯滂海峡之前，他让人们向"共同接受了波斯土地的神"（lelógchasi）祈祷。[3] 当然，这是薛西斯在讲话，希罗多德并没有把这种祈祷记在自己的账上。

在这种做法当中，最重要的时刻就是命名；说到底，翻译只不过是一种重复的命名法。翻译首先是从母语向外语的翻译，而且叙述者从来不解释名称对照表是以何种方式建立的：翻译的方式好像是不言而喻的，好像是大家都知道的。的确，他从来没有提出过翻译的理由，没有说这是他的翻译，甚至连解释也没有。翻译是分类，也就是说，翻译的目的不是将相异者变成相同者，清点差别，而只是将一些分类的框架在世界上到处套用。所以极而言之，那不是在"翻译"，而只是将相异者的神的空间格式强加给人，通过这种格式来破解神的空间的密码，因此也就是建立神的空间：这样一来，只要按照有 / 没有的系统去"解读"就行了。

翻译将我们引向了命名，而命名又表现为一种分类的模式，然而，

1　希罗多德，II，79。
2　同上，IV，108。
3　同上，VII，53。

分类的人，命名的人，翻译的人，就是旅行者。的确，旅行者知道名字： 377
在地理空间，他知道地点的名称是如何划分地域的；在由事件编织而成的网中，他知道主要的行为者是如何分割这张网的；在神的空间，他知道如何分割神的名称。对于那些在听他讲话的人，他分配名称（以及这种声音所包含的知识，以及它所带有的对听他讲话的人和对命名的事物产生的影响）；或者还有更有利的情况，他重复了亚当的经验，他用一个名称来称呼那些从来没有存在过的事物，那些已经不存在了的和还没有存在的事物（至少就他所知道的事情而言）。他有给事物命名的渴望，而且在这样做的同时，他感到非常高兴。希罗多德经常明确说，他知道名称。一直到世界的某一点，向北或者向南，人们知道各不同部族的名称，但是再往远处去，就没有人知道了："一直到利比亚的亚特兰蒂斯人（Atlantes）的地盘之前，我可以列举出居住在周边的人们，再往远处去，我就说不清了。"[1] 或者，他喜欢强调说，他可以说出参加了某次战役的所有士兵的名称（因为他收集了这些情况）。他知道巴图斯是结巴，也是国王，他知道奥赛人和马克利斯人的神，就是我们称之为的雅典娜，他可以把一个名称换成另一个：他是这种变换的"道路"和保证。

从某种意义上说，马可·波罗的故事是由一个个异国情调的名称串联起来的，而且每次都展示出名称所包含的值得注意的内容。让·德·莱里先是说植物叫什么，动物叫什么，然后再讲图皮（Tupi）的"文化"。

如果说命名是游记故事的源泉之一[2]，如果真有命名的愉悦，那么
翻译，翻译的命名，似乎进一步加强了这种命名的愉悦感，因此在相 378
异性的修辞当中也是有其地位的。

1　希罗多德，IV，185；以及 IV，197。

2　参见米歇尔·德·塞尔托（M. De Certeau）："从根本上来说，凡尔纳（J. Verne）描写的航海家都是给事物命名的人；他们通过给事物命名，参与了对世界的创造……航海家使天地间的空白有了意义。《儒勒·凡尔纳：17 世纪伟大的航海家》，巴黎，1977 年，第 IX 页（*Jules Verne, Les grands navigateurs du XVII*^{e} *siècle*, Paris, 1977, p. IX）。亦参见米歇尔·德·塞尔托：《日常生活的发明》，巴黎，1990 年新版，第 170—191 页（M. De Certeau, *L'Invention du quotidien*, Paris, 1990, nouvelle.éd., pp. 170-191）。

描写：看见和让别人看见

描写，就是自己看见，也让别人看见；就是说出你看见的事物，说出你看见的一切事物，而且仅仅是你所看见的事物。你只能看见你说出的事物。[1]你是读者和听众，但是你也是记述的见证人。

在希罗多德的作品中，描写占有重要的地位：的确，《历史》有的时候可以被认为是史实的罗列，有的时候又可以被看作一连串的描写和故事，或者一连串的图景和叙述。史实的罗列：前四卷书主要是各种非希腊部族不同“文化”的描写，后五卷书是希波战争的历史；一连串的描写和故事：第四卷书的第 2 章和第 82 章是对斯基泰王国及其文化的描述，而第 1 章以及后面从第 83 章到第 144 章是对大流士远征的叙述。

379 在分析萨尔莫克西斯这个人物[2]，尤其是分析对斯基泰国王葬礼的描写时[3]，我们已经思考过有关过描写的问题，但是，在返回来看这些奇怪的描写之前，我想先关注游记当中常见的另一种描写：以目睹为基础的景象。比如对在埃及见到的河马的描写：“以下是它的样子。这是一种四足兽，脚像牛一样分叉，塌鼻子，有像马一样的鬃毛，牙齿突出（牙齿长得像野猪），尾巴像马，嘶叫声也像马。它的体型像最大的牛那样。皮很厚，晒干后可以做标枪的杆。”[4]对鳄鱼的样子的描写采用的也是同样的模式。鳄鱼为四足，可以在陆地上和水中生活。它下蛋，蛋的体积并不比鹅蛋大，但是从蛋里孵出的小鳄鱼长大后，最长可达17尺[5]，而且还可以更大。眼睛像公猪，牙齿很大，而且突出（或者像野猪的牙齿）。这是唯一没有语言的动物。[6]

1　我在此参照的是 1977 年 7 月在乌尔比诺（Urbino）举行的一次关于描写的研讨会，尤其是英贝尔和阿蒙（Cl. Imbert et Ph. Hamon）在研讨会上的发言。

2　参见本书前文第 164 页及以后部分。

3　参见本书前文第 228 页及以后部分。

4　希罗多德，II，71。

5　法国古尺，一尺相当于半米长。——译者注

6　希罗多德，II，68。

我们假设，在叙述者所处的世界和叙述者所叙述的世界之间，在“他们”和“我们”之间，在彼处和此处之间，有一条分界线。正如让·德·莱里在题为《动物、野味、大蜥蜴、蛇和美洲其他怪异的野兽》一章的开头指出的那样，“关于四足动物，一般来说，而且毫无例外的是，在美洲巴西的土地上，没有任何一种动物在任何方面与我们的动物相像”[1]，因此，差异支配了一切。问题是：如何勾画出差异的界限呢？“差异的形象”是与人们在“此处”所见到的事物相比较而产生的差距建立的，因为这种形象是由“此处”的一些形式奇异地组合而成的。河马像牛、像马，甚至像野猪。怪物一向是为人所知的一些元素的组合[2]，而且最好每一个元素都是人们知道的，以便这些元素从总体上的组合呈现出怪诞的模样。

之所以可以这样描写，是因为有见证者的眼睛，不管是主要叙述者的眼睛，还是本地或者授权叙述者的眼睛：“我看见了”，或者“他说他看见了”。另外，在组成“彼处”不同动物的各种奇异元素之间，旅行者的眼睛起到了联系的作用。的确，是旅行者将各种元素排列起来，旅行者是各种元素组合的保证，因此，怪物也就是由旅行者通过对各种可见事物进行不同的分割而产生的；如果没有他，这些元素不可能凑到一起。

让·德·莱里用了很多技术词汇，详细地、完全中性地描写了图皮人（Tupinambas）吃人肉的习性之后，在叙述的最后说：“正如我看到的一样，美洲的野人就是这样将打仗时抓到的俘虏的肉煮熟，或者 381
烤熟的，他们采用的那种方法是我们所不知道的。”[3] 因此，描写中创造

1　让·德·莱里：《巴西游记》，孔达版本的前言第 105 页（J. De Léry, *Histoire d'un voyage fait en la terre du Brésil*, préf. Éd. Contat, p. 105）。

2　笛卡儿：《沉思录》（Descartes, *Méditations*, I）：“因为，画家在专心于用生花的妙笔，用种种奇异的形式表现美人鱼和林神的时候，也无法让它们具有全新的形式和种类，而是只能用各种动物的肢体组合成一个混合体；或者如果他们的想象力足够怪诞，能够发明出一些我们从来没有见识过的新东西，他们的作品能够向我们介绍纯粹虚构的、绝对虚假的东西，至少组成这些东西的颜色也应该是真正的颜色。”

3　见于前文所引让·德·莱里的作品第 179 页。

了一种欧洲人不知道的烤肉方法。描写是以解剖的知识为基础的，有了解剖学的知识，才可以这样描写，描写就像是一双眼睛一样，这里指的是莱里的眼睛，是莱里在讲话，没有通过中介，是他在直接介绍，是“客观”的介绍，或者他的介绍自称是“客观”的。是一双眼睛在讲，在说出眼睛看见的事物。

当希罗多德在描写埃及的海马或者鳄鱼，或者在描写斯基泰的大麻时[1]，当莱里描写美洲新世界的“塔皮鲁苏”（tapiroussou）[2]和植物时，他们采用了一种分类学；当他们在描述埃及的或者斯基泰的情景，或者图皮的景象时，他们将知识在空间上做了划分。[3]阿蒙（Ph. Hamon）
382 指出，在博物学家的文本当中[4]，描写在故事中引入分类。读者在理解时所需要的，不是逻辑的能力，而是词汇学和元语言学的能力。当然，描写不会简单地变为分类，描写不仅仅是分类，因为分类也是通过描写才出现在文本当中的。

希罗多德和莱里都不是博物志作家，但是不可否认的是，两个人作品中的描写都与分类学有关。于是我们可以由此得出第一个结论：描写，就是看见，也让别人看见，因为描写就是将空间和知识连接在一起，就是将知识进行空间的划分，总而言之，就是介绍一幅图景；描写，就是知道，也让别人知道（而这里说的“也让”恰恰就是将事

1　希罗多德，IV，74。“他们那里长大麻，和亚麻完全一样，只是粗细、高矮不一样。因为从这个角度来看，大麻要强得多了。这种大麻自己长出来，或者也可以播种。色雷斯人也用它来做衣服，和亚麻的衣服一样，如果不是行家（*tribōn*），那就分不出究竟是亚麻还是大麻，而且没有见过（eîde）大麻布的人，会以为那就是亚麻布。”

2　据说是巴西的一种四足兽，体型如牛，但是没有角，脖子短，牙齿尖利，毛很长，为深红色。皮可用来做盾牌，箭射不透，肉鲜美，味道似牛肉。——译者注

3　参见前文所引塞尔托的作品第 235 页：“……一些物体分散在一个空间里，主导这一空间的，不是地理的位置或者路程（这样的说明很少，而且总是模糊的），而是一些有生命的东西的分类——比如，当莱里论述鸟时，他会参照贝隆的《鸟的博物志》（P. Belon, *Histoire de la nature des Oyseaux*, Paris, 1555）——某个哲学问题的系统的清单，等等，总而言之是某种知识的理性罗列。”

4　阿蒙：《博物学家文本的描述机制》，乌尔比诺研讨会上的论文，1977 年（Ph. Hamon, “L’appareil descriptif du texte naturaliste”, colloque d’Urbino, 1977）。在采用分类学时，最令人吃惊的例子无疑是《海底两万里》中“鹦鹉螺号”的舷窗，百科全书上收录和分类的所有海里的鱼和动物都从舷窗前一一经过。

物进行分类）。

这些描写能让人看见，而且是能让人看见一种知识[1]：因为，的确，描写是以一双眼睛为焦点的，是这双眼睛在组织描写的结构（组织可以被看见的事物），是这双眼睛确定其外延的边界，对描写进行控制（控制视域），并对描写进行确认（见证）。因此，是这双眼睛让人以为看见了，而且知道了，是这双眼睛产生了让人相信的效果（peíthō）：我看见了，这是真的。[2]

如果描写中的这双眼睛形成了描写的视角，那么，那些奇怪的描写会怎么样呢？比如为萨尔莫克西斯举行的仪式，或者斯基泰国王的葬礼，这些描写当中似乎是没有任何眼睛的，或者更加准确地说，如果有一双眼睛的话，那这双眼睛也不是属于任何人的：那是一双讲话的眼睛。在希罗多德的作品中，说和看见之间没有任何距离：看见和说出，可以看见的事物和可以用语言表达的事物之间，可以充分地沟通，或者更准确地说，它们不是在两个分别的领域内形成的。

前面说的描写（世界的图景）有需要表述的明显标志（“我看见
了”），相反，后面说的描写表面看起来并没有这样的标志：的确，后 383
面说的描写既没有以“看见”作为支撑，也没有以“说”作为支撑，归根结底，不管是不是有明确的标志，“说”总是以基础的“看见”作为参照的。然而，不以标志的正面形式表现的表述（描写中没有叙述者，也没有任何叙述者的授权代表），在其表述的状态上就没有什么蛛丝马迹吗？

让我们再来看对国王葬礼的描写。这段描写是这样开始的：“国王的坟墓在盖尔罗斯人的地盘上，波里斯泰内河可以航行的河道到那

1　用中文说“让人看见一种知识”显得有些怪，因为“知识”不是“看见”的东西，而是明白、得到的东西。法语里的“voir”（看见）恰恰就有“看见”的意思，也有“明白”“理解”的意思。但我们在这里还是直译“看见”了。——译者注

2　对于描写来说，这个让人相信的过程是根本性的。我们可以对这个过程提问，比如以一些声称看见了，但是并没有被人相信的文本为例：克特西亚斯等。

里为止。那里（enthaûta）……”[1] 这样的表达方式意味着什么呢？这意味着人们在讲希腊语，因为，根据波里斯泰内河可以航行的河道来确定斯基泰国王的坟墓，这种表达显然是在对希腊人讲希腊语。我们可以断定，斯基泰人不需要这种说明，相对于他们的生活方式来说，河道能不能通航不是可以用来参照的适当信息。斯基泰人不是海员，也不是内河航行的专家，而是靠战车和马匹生活的人。只有当水结冰了，他们才会使用水面，而且也恰恰是为了让战车在上面行走。[2] 在谈到那里是航道的尽头时，我是在对希腊人讲话，因为乘船是希腊人出行的常用方式，而且船也是希腊人旅行的手段（我明确说，船在河道上可以航行 40 天），特别需要指出的是，我是在对黑海城邦的希腊人讲话，他们对通过河流深入内地的航行感兴趣。最后，我是在对希腊的其他旅行者讲话，在明确说明这个远在天边的地区的空间布局时，我有可能是在补充、纠正其他旅行者提供的信息，而且我是在做一个地理学
384 家该做的工作。明确说这里是河道可航行的极限点，人们的知识也是到此为止了：再远处的事情就没有人知道了。在希罗多德的世界结构当中，可以行船的极限，也是空间的极限，是可以用语言描述的世界的极限：“它在人们的上边，从居住在那里的人们当中流过，谁也没有什么话可说。”[3]

后面紧跟着一个“在那里”（enthaûta）（他们在那里……挖一个四方形的大坑），这个词也并不是没有模糊性：这个“在那里”的确是相对于斯基泰人说的（在那里，在北边，相对于他们来说），但也是相对于希腊人说的（在那里，在北边，相对于“我们”希腊人来说）。把盖尔罗斯人的地方说成是偏远的天边（éschata）也是这样。对于斯基泰人来说，相对于他们平时生活的地方，那里的确是一个偏远的地区，他们之所以选择在那里埋葬国王，偏远甚至是主要的原因，但是对于

1 希罗多德，IV，71。
2 同上，IV，28。
3 同上，IV，53。

我这个希腊人来说，对于正在说或者正在听这个故事的希腊人我来说，那里同样是偏远的地方：处在为人所知的世界边缘地带的盖尔罗斯是典型的天涯之地。但是从希腊来看，斯基泰王国从总体上来说也一样是荒天僻地。

实际上，叙述者使用“偏远”（éschata）这个词还有着更多的意义：不管是相对于斯基泰王国来说，还是相对于一个城邦的领土来说，盖尔罗斯的地位是一样的。对国王的葬礼的叙述，为我们提供了一个证明，说明对空间的这种表示，从潜在的意义上正是以希腊的结构为基础的：斯基泰人将边塞当中心，但是，为了让这种行为有意义，也就是说，为了让读者把这种行为解读为与希腊的丧葬习惯相反的做法，在人们的共同知识当中，一方面是盖尔罗斯和边塞，另一方面是斯基 385
泰王国和一个城邦的领土，这两个方面之间的相似性至少必须是可以想象的。

在文本的最后，我们还注意到另一个表述的痕迹，比前两个更加肯定：“在坟墓四周树立起这样（toioútous）排列成环形的骑士（这里指的是50名肚子里填了干草的年轻人）之后，斯基泰人便走了。”[1] 对于叙述者来说，这个作为描写结尾的“toioútous”既是对他刚刚所做的描写的评价，又是叙述者抽身站在一旁的一种方式：这样的骑士，我就不多说了……

最后一个痕迹出现在对奴隶制度的一个插入式的说明中：“这些人生来就是斯基泰人。凡是国王亲自下令指定的人，可以成为国王的仆人，斯基泰人没有买来的（argurṓnetoi）奴仆（therápontes）。”显而易见的是，这句话的确只能是针对希腊人说的，甚至是专门针对雅典人说的。对于希腊人和雅典人来说，奴隶首先是一种可以买卖的商品，这个简短的说明可以让我们衡量在“他们”和“我们”之间的一种差别。

1　希罗多德，IV，72。另外，“toioútous”是以结论的方式与前边的“ôde”相呼应的。

在萨尔莫克西斯的故事最后，叙述者用第一人称，以非常公开的方式插话说："对于我来说，我不会拒绝相信……而且我不太相信……但是我认为……"不过，在第一部分，在讲到给萨尔莫克西斯派遣信使时，情况却并非如此。第一部分也是最为神秘的部分，作者小心翼翼地让文中没有任何明显的标志。然而，就像在描写国王的葬礼时一样，
386 我觉得其中还是有表述的痕迹。比如，当希罗多德在这一章开始处提到盖塔人，说盖塔人是"制造永恒者"（oi athanatízontes）时，他在叙述中插话，而且按照林福斯的说明[1]，他插话的痕迹还非常明显，因为他引用了别人的话，也可以说是别人的一个绰号，使毕达哥拉斯学派的学者形象跃然纸上，而且使这一形象变得滑稽可笑，用在盖塔人身上，这种表达产生了出其不意的效果，同时也把他们归了类。我们还可以提到关于"天"（théōs）的说明，是偷偷摸摸拿来的希腊人的一种世界观，因此也就是评价正在向天上射箭的盖塔人行为的一种方式：一种徒然而可笑的态度，干这种事的人不知道自己在干什么。

"有眼睛"的描写，或者"没有眼睛"的描写用的都是现在时。然而，这种现在时所意味的，不是现在，不是"此时此刻"，不是"讲话人正在讲话的此时"[2]：的确，在故事和叙述之间，在国王的葬礼和正在讲述或者正在写葬礼故事的希罗多德之间，并不存在同时性。相反，这个现在时意味着时间的不确定，专门用于某些类型的叙述（谜语、谚语、科学实验、情节摘要等等）。[3]格雷维斯称之为表达真理的现在时。[4]这里表达的是关于斯基泰国王的丧葬文化。魏恩里希（H.
387 Weinrich）认为，现在时是最常用的"评说时态"（他的确区别两种时态的类别：一类是评说时态，一类是叙述时态）。

另外，这些使用"表达真理"的现在时描写的情景，是穿插在动

1 参见本书前文以及前文所引林福斯的作品。
2 本维尼斯特：《普通语言学》，第一卷第 262 页（É. Benveniste, *Essais de linguistique générale*, t. I, p. 262）。
3 热内特：《修辞方法，三》，巴黎，1972 年，第 228 页（G. Gentte, *Figures III*, Paris, 1972, p. 228）。
4 格雷维斯：《习惯用法》，第 115 节（M. Grévisse, *Le Bon Usage*, § 115）。

作的叙述之间的，因此，斯基泰文化的描写是穿插在大流士决定向斯基泰人报复的决定和报复的准备之间。现在时的意义也是相对于行动的叙述时态来确定的。因此，进入描写，并向现在时过渡，然后是描写结束，又回到未完成过去时和叙述。

除了现在时之外，我们看到的还有作为描写符号的代词：描写是由“这”“由此”“这样一来”“这就是”（tòde, toiônde, tónde, tòn tópon, ôde）引入的。总而言之，引导词常常是一些第一人称的指示代词。因此，我们可以提出的问题就是，这些代词与话语的机制是什么关系：它们是不是也是一种不引人注意的表述的形式呢？[1]但是准确地说，问题不能以这种方式提出，因为我们注意到，这些作为描写引导词的“第一人称”的代词后面，常常紧跟着“第二人称”的代词，而第二人称的代词是结束描写的标志：“那”“那就是”“以上就是”（oûtos, toioûtos, hótō）。因此，我们所面对的，是一种口语的结构方法，也就是循环结构（以下是他们如何……以上就是他们如何……）。然而，这些标志也是一种叙述者在叙述中插话的模式，只不过插话的层面不一样：这种模式强调连接，说明分割，的确是在内部对叙述的一种组织。关于叙述者对自己的叙述材料进行的这种加工，我们可以像 388
热内特一样，称之为管理的功能和说明。

日暮时分，马可·波罗和忽必烈在王宫的平台上说着话，皇帝借这个外国的大使之口，描述帝国的城市。那天晚上，忽必烈汗不断地让马可·波罗一个城市一个城市地讲，马可·波罗虽然知道不少的城市，可他知道的也都说完了：

> “陛下，我把我认识的所有城市都跟你说了。
>
> ——其中的一个你永远不会说的。”
>
> 马可·波罗低下头。

---

1 关于指示成分，参见前文所引本维尼斯特的作品第 252—257 页。

"威尼斯，"大汗说。

马可笑了："你以为我是在跟你说话吗？"[1,2]

这段对话清楚地提出了一个根本性的问题：旅行者说的到底是什么呢？是相同的东西还是相异的东西呢？旅行者的努力"相当于"建立一种相异者的形象，而且这种形象应当对于和旅行者相同的人有意义。然而，在游记的视角当中，描写是各种程序中的一种，可以让叙述者产生并传达具有一定相异性的内容。这就是描写的主要效果，正因为描写的目的是产生这一效果，所以描写才会进入旅行者的"设想"当中。

为了产生这种相异性的效果，人们可以用完全中性的笔触，描写一些可恶的事（对于我们来说可恶），甚至可以用技术性的词汇去描述，好像那是世界上一些日常的、非常简单的事一样。当希罗多德描写萨尔莫克西斯的仪式，或者用干草填在肚子里的骑士围成一
389 圈的那种阴森可怖的情景时，他是用中性的词汇描写的，同样，当让·德·莱里描写图皮人吃人肉的行为时，他一五一十地说明前后的过程，而且明确说，那就相当于在烤肉，而且那种烤肉的方式是我们所不知道的。这种强调野人或者蛮族人相异性的方式，在围绕着一双眼睛而组织起来的、带有明显表述标记的描写当中有，在表述标记不明显的描写当中也有，但是总起来看，两种描写所产生的效果完全一样吗？

第一种类型的描写带有明显的分类引导词（对河马和"塔皮鲁苏"

1 卡尔维诺：《看不见的城市》，图灵，1972 年，第 94 页（L. Calvino, *Le Città invisibili*, Turin, 1972, p. 94）。

2 这一段对话的原文是意大利文：
"Sire, ormai ti ho parlato di tutte le città che conosco.
——Ne resta una di cui non parli mai."
Marco Polo chino il capo.
"Venezia disse il Kan."
Marco sorrise. "E di che altro credevi che ti parlassi？"——译者注

的描写）；对读者产生的相异性的效果是一种指定的、设计好的效果。或者也可以说这类描写建立了相异性，但是同时也提供了一份相异性的说明书。比如，当希罗多德描写斯基泰人的祭祀习俗时，他在一定的时候说，斯基泰人把作为牺牲品的动物勒死，“不点火，不先给神上供，不举行浇祭”。[1] 这三个连续的否定（“不”）指出了一种差别，同时也指出了意义，甚至尺度；斯基泰人祭祀仪式的相异性就是这样（部分地是这样）。换句话说，这种描写就像一幅带说明的画，因为描写中提供了应该以何种方式去“解读”文字。

相反，另一种描写没有以明确说明的“看见”为参照，所以没有指出差别，没有说明应该如何理解差别。如果说第一种描写像是一幅带说明的画，那么第二种描写就是一幅不带说明的画，或者画的说明藏在画里（表述的痕迹就是说明）。当然，可以不知不觉地从一种形式的描写过渡到另一种，这主要是由有或者没有某些修辞的形式来表示的。如此看来，第二种形式的描写不用比较的表达式（那里的 a 就像这里的 b 一样），也不用相似性的表达式（那里的 a 之于 b，正如这里的 c 之于 d），也不用否定的表达式；相反，它使用颠倒的模式。

第二种描写不给出差别的意义和尺度，我们可以认为它比另一种描写表达了某种更大的相异性，而且这正是它对读者应该产生的效果。只要我们想一想斯基泰葬礼那种极其阴森可怖的情景，我们就可以明白这一点。因此，那是一幅不带说明的画，或者还可以说是一种寓言，因为这种描写只是把事物简单地表现了出来，要由读者去给出“说明”，或者“计算出”其意义。

因此，没有表述的标志，或者表述标志的消除，是叙述者使用的一种技巧，以增加他的故事中相异性的影响力。这种技巧给人的印象是，相异性是“原封不动”地呈现出来的，或者呈现出来的是“野蛮”

1　希罗多德，IV，60。我们可以强调说，这一描写不是围绕一双作为基础的眼睛组织起来的。然而，如果否定，那就意味着有一双作为参照的眼睛提供了差别的尺度，至少是以间接的方式。

的相异性。然而，描写当中时时可以见到的表述的痕迹针对的是读者潜在的知识，引导读者接受描写内容的方向。

描写，就是看见，也让别人看见，但是，对描写中具有分类作用的考虑使我们很快便补充说，描写就是知识，并且也让人知道，或者也可以说是让人看到（明白）某种知识。[1]

391 但是，在某个特别的故事内部，描写还有一种功能。描写让人看见的知识不是简单地与事件的叙述并列在一起的，它在故事中也具有效率的功能。比如，为萨尔莫克西斯举行的仪式说明，为什么在色雷斯人当中，只有盖塔人抵抗大流士（他们有萨尔莫克西斯）。因此，叙述和描写并不是完全对立的。

把描写当作相异性修辞中的一种程序来研究，最终得出的结果，导致我们提出关于相信的问题。在眼睛和耳朵之间起作用的话语，是如何让人们相信的呢？

被排斥的第三者

在结束对相异性修辞的说明之前，我们还要指出的是，表达相异者的故事还有一个特点，我们可以称之为排斥第三者的规则。或者也可以说，那不仅仅是叙述者遵守的规则，不仅仅是叙述者有意采用的程序，也是一种节奏，或者说是故事的脉动：的确，为了表达相异者，说到底，叙述当中不能同时有两个以上的项。

假设有希腊人、波斯人和斯基泰人：他们互相打仗，波斯人和斯基泰人打，希腊人和波斯人打。在希腊，波斯人的行为像“波斯人”一样，也就是说，像不懂得打仗的人一样，像与重装步兵相反的人一样[2]，但是在斯基泰王国，面对斯基泰人时，他们便一心只想着按照希

1 表达的两种意义：叙述者表明他是知道的，所以是可信的，因此描写“让人看见”所描写的场景（让读者看见）。

2 参见本书前文第 112 页及以后部分。

腊“传统战略”的所有规则列队开战。因此，他们的行为就像重装步兵一样，而且在这一过程当中，他们看起来就像是“希腊人”一样。 392
为什么一旦改换了空间，他们的面目就不同了呢？

对于一个希腊的接受者来说，如何表现波斯人行为的相异性呢？当然，叙述者这时候所关注的，是斯基泰人的战斗方式，而且他想表明的是，斯基泰人的生活和他们的战斗一样，他们的战斗也和他们的生活一样。好像叙述中不能承载和表现重叠的相异性，只能采用逐渐转变的做法：为了让斯基泰的相异性表现得更加明显，的确是只要让波斯人变成“希腊人”就可以了。这样一来，我们就不是有三个项：希腊人及其战斗的方式、波斯人及其战斗的方式、斯基泰人及其战斗的方式，而是只有两个：斯基泰人和“波斯–希腊人”。

同样，阿玛琮女战士的故事开始时使用的是三角场景的布局，有希腊人、斯基泰人和阿玛琮女战士。[1] 但是不知不觉当中，为了突出阿玛琮女战士的相异性，故事把斯基泰人变成了“希腊人”。我们的确看到斯基泰人像希腊人一样思考问题了（男人不和女人打仗），而且战争 / 婚姻的两极性对他们也有效了。另外，年轻军人的结构大概也起了作用。讲到阿玛琮女战士和斯基泰年轻人结婚时，故事未明言地参照的模式就是希腊的模式。最后，斯基泰的女人除了生活在车上之外，在阿玛琮女战士看来，就像希腊女人一样，完全沉浸在“女工”（érga gunaikḗia）当中。

因此，相异性的修辞倾向于一对一，或者，正如人们可以期待的 393
那样，在故事当中，“相异”的确就意味着是相异者（两个人中的相异者）。

1　参见本书前文第 336 页。

第七章

394 # 眼睛和耳朵

因此，游记表现相异者，而相异性的修辞是表现的手段。的确，正是相异性的修辞让读者相信对相异者的表现是忠实的。总的来看，修辞产生一种可信的效果。但是更加准确地说，可信性的效果是如何产生的呢？让人相信。但是文本是如何让人相信的呢？通过让形象活跃起来，通过让程序运动起来，我们已经知道修辞具有这样的运动，而且每次叙述者在故事中插话时，都是对程序运动的操纵。比如，描写的确就是让人看见，让人知道，但是从记录相异性的角度来看，重要的，是有或者没有表述的明显标志。的确，根据描写是不是从最初的“我看见了”而组织起来的，对听众产生的奇异性的效果是不一样的。

从根本上说，这种修辞所属的，并在其中展开的两极，就是眼睛和耳朵：旅行者的眼睛，公众的耳朵（也可以是旅行者的耳朵，公众的眼睛）。但是从眼睛到耳朵，通道不是直线性的，相反，存在着一系列走廊、楼梯、天桥，通道有时候断了，在稍远处又连接起来；有
395 时候又是在另外的层面上连接着。而且这一类建筑的通道代表了表述的手法。[1]

---

1 整个这一章，可以参见海布勒：《希罗多德和真理：真理的本质、希罗多德批判与论证》，图宾根，1963 年（F. Haible, *Herodot und die Wahrheit, Wahrheitsbegriff, Kritik und Argumentation bei Heodot*, Inaugural Dissertation, Tubingen, 1963）。

目睹、耳闻

首先是眼睛，或者更加准确地说，是见证，这里指的是作为表述标志的眼睛，是叙述者在故事中插话，以提供曾“目睹”的证明。因此，我在此只简单地重申希罗多德的见证使用的背景。正如本维尼斯特重申的那样[1]，“Hístōr”一词在非常古老的时候，指的就是见证人，“见证人，因为他知道，但是首先是因为他曾目睹。”在荷马的作品中，当人们发誓时，人们援引神，好让神知道，也就是说，让神目睹，以充当誓言的见证者：“愿宙斯……大地、太阳知道（hístō）……”（《伊利亚特》，XIX，258 及其以后部分）。关于这一点，希腊文和印欧的其他语言一样，而且《百道梵书》（*Satapatha Brâhmana*）中阐述的规则就说明了词根“wid”的意义：“如果现在，两个人发生了争执（有争议），一个人说，‘我曾目睹’，另一个说，‘我曾耳闻’，说‘我曾目睹’的人就是我们应该相信的人。”

第二，见证使我们走向两个方向，在这两个方向的交叉处，便形 396
成了希罗多德的事业：史诗和大约公元前 6 世纪爱奥尼亚的思考。荷马[2]在目睹的见证和其他的见证之间做出区别，特别是耳闻的见证，而且“目睹”，也就是“亲眼看见”，比简单地“看见”更让人信服，尤其是当涉及某种令人惊奇的或者神奇的（thaumásion）现象时。的确，说亲眼看见了某个现象，那就是证明其神奇的特点和真实性；我看见了，那是真的，而且真的很神奇。

对于从爱奥尼亚的哲学家到亚里士多德，也包括其间还有一些医生和历史学家而言，目睹是认识的工具。这样的说明目的不是要把话

1　本维尼斯特：《印欧体制的词汇》，巴黎，1969 年，第二卷第 173 页（É. Benveniste, *Vocabulaire des institutions indo-européennes*, Paris, 1969, t. II. P. 173）。相反，在拉丁语当中，如果在发誓时援引神的名称，人们会要求神“听见”（audi）：“古罗马人非常重视庄严词语的表述，对他们来说，目睹不如耳闻重要。”关于作为“审判者”的“histōr”，参见霍赫迪：《极星》，X，1976 年，第 37—48 页（P. Hohti *Arctos*, X, 1976, pp. 37-48）。

2　南奇：《见证对希腊历史的意义》，载《古典东方学研究》，第 III 卷，第 14—46 页（G. Nenci, “Il motivo dell' autopsia nella storiografia geca”, *Studi classici e orientali*, vol. III, 1953, pp. 14-46）。

语化简为一个公约数，而是要指出，无可争议的“认识的常数”究竟是什么。[1]比如，色诺芬（Xénophane）说，要知道，就必须目睹[2]，而且在《形而上学》（*Métaphysique*）的一开始，亚里士多德便写道：“我们喜欢目睹，胜过喜欢所有其他的东西。原因是，在所有感官当中，眼睛让我们获得的知识最多，而且能让我们发现最多的差别。”[3]赫拉克利特也归结说：“眼睛是比耳朵更为可靠的见证。”[4]

397 况且，琉善将赫拉克利特的这个断言说成出自希罗多德的笔下，这本来就说明了这种“常数”的意义之所在。[5]事实上，《历史》中有一句很类似的话，但这句话不是作者在思考历史学家的工作时说的，而是在一段故事里说的。吕底亚的国王坎道列斯（Candaule）想说服他的心腹巨吉斯（Gygès）相信王后非常漂亮。在坎道列斯结婚后不久，“因为命中注定他会发生不幸的事，于是他对巨吉斯说了以下这些话：巨吉斯，当我给你说我老婆非常漂亮时，我想你一定不相信，因为耳闻不如目睹更容易让人相信（ôta gár eónta apistótera ophtalmôn），所以，你要看看她赤身裸体的时候是什么样子”。[6]除了这个说明“使人相信”和“使人看见”的寓言之外，叙述者还多次用

---

1 利维埃：《色诺芬第34和35残篇的说明》，见于《希腊文学研究》，日内瓦，1975年，第344页（A. Rivier, “Remarques sur les fragments 34 et 35 de Xénophane”, *Études de littérature grecque*, Genève, 1975, p. 344）。

2 同上。注释中有以前的参考书目。

3 亚里士多德：《形而上学》，980 a 25。

4 赫拉克利特，22 B 101 a, D.K.（Héraclite, 22 B 101 a, D.K.）。我们还可以补充据说是出自泰勒斯（Thalès）笔下的一句话（Stobée, *Florilège*, III, 12, 14 Wachsm.）：有人问米利希安人，在真理和谎言之间的距离有多远。米利希安人回答说：“就像眼睛和耳朵之间的距离一样远。”这种说法显而易见是模糊的，因其距离既近又远。南奇（Nenci）在评论这句话时，在这份关于见证的资料中还加入了《农神节》5—18（*Thesmophories*，5-18）开头的部分，说的是色诺芬嘲笑那些关于眼睛和耳朵的争论：“可是，你一会儿会用眼睛看见的东西，你就用不着再听见了。/ 你说什么？你再说一遍。我用不着听见……？ / 不，你将看见的东西。/ 我也用不着看见……？ / 不，你要听见的东西。/ 你给我出的这是什么主意啊！本来你挺会说话的呀。你想说我用不着听见，也用不着看见？ / 的确，这是一些天然就不同的事情……”

5 见于施潘斯：《埃福罗斯与见证的价值》，载《古代历史》，1971年，第166页（G. Schepens, “Éphore sur la valeur de l’autopsie”, *Ancient History*, 1971, p. 166）。这篇文章中有关于见证问题的参考书目，以及南奇对修昔底德以后历史学家漠视见证的观点的讨论。参见施潘斯：《公元前5世纪希腊历史学家方法中的见证》，布鲁塞尔，1980年（G. Schepens, *L’Autopsie dans la méthode des historiens grecs au* V^{e} *siècle avant J.-C.*, Bruxelles, 1980）。

6 希罗多德，I，8。

见证来形容他自己的叙述；“直至象岛（Elephantine）这一城市之前的所有情况，都是我亲眼看到的；再往前，我说的，就都是耳闻的情况了，是我向别人提问题了解过的（historéōn）。”[1] 因此，旅行者的眼睛为空间打下标记，将按照不同的程序了解的区域进行了分割（从我目睹的，到别人目睹的，一直到任何人都没有目睹过的），同样，在故 398
事的空间里，作品叙述者的眼睛，或者必要时，所有代理叙述者的眼睛为读者将空间划分成可信程度不同的区域。

马可·波罗在他的作品的一开始，便肯定说，见证具有杰出的尊严，是他讲述的事物的保证：“我们的书就是这样向你们清清楚楚地按照顺序讲述了（大亚美尼亚伟大的奇迹和多样性……），正如来自威尼斯的智慧而高贵的威尼斯人马可·波罗所描写的那样，因为他亲眼看到了这些事物。”[2] 除了提到见证之外，值得注意的还有，见证的秩序和阐述的秩序之间应当是对应的：书中“清楚地按照顺序讲述……正如”马可·波罗看到的那样；在“看到”和“讲述”之间（甚至连提也不提“写”），没有任何距离，其“顺序”是一样的。

同样，让·德·莱里也明确说，要做好他所要做的工作，“必须身体好，眼睛好”，因为“要看，要去参观”。正如他在前言中说明的那样，他的叙述只是“我在旅行中所观察到的可记录事物之总和”。[3] 这个说明也假设一种对应关系，但说的不是可以看见的东西和可以用语言描述的东西之间的对应，而是可观察到的事物和可以被记录的事物之间的对应关系：的确，我观察了可记录的事物，而且我也记录了可以被观察到的事物。目睹是话语真实性的基础，除此之外，它还反映了作者的写作方式；它的确证实了明显的表述标志反复出现的理由：“如果我下面在谈到野人的做事方式时，常常用到：我看见，我正在， 399
我恰巧在，如此等等（好像我想突出我自己一样），如果有人觉得这种

1　希罗多德，II，29。亦参见 II，99；IV，16。
2　马可·波罗，昂比版本（Marco Polo, Éd. L. Hambis）。
3　让·德·莱里，孔达版本，洛桑（Jean de Léry, Éd. M. Contat, Lausanne）。

方法不好，我会回答他说……我所谈论的事要求我这样做，而且，正像人们所说的那样，谈论科学就必须这样，也就是说，必须是看到的、体验到的。”不要以为这是虚荣的标志，这些标记实际上是科学性的标志，所以我越是这样做，你就越是应该相信我。赖斯卡博（Lescarbot）在 16 世纪末阐述他在意大利旅行的原因时，充分承认了“眼见为实”的价值：“我不是想旅行，而是想亲眼见识世界。”[1]一般来说，这些旅行家的动力，是“好奇心”，而所谓好奇心，就是睁开眼睛“使人具有的力量，是承认世界的多样性”。因此，“我们是在怀着最为平静的心态对事物进行清理时，发现奇异的事物的”；他们对事物“不会感到奇怪，他们只是记录”。[2]是眼睛在写（或者至少，故事想让人们相信是这样）。

眼见和让人相信之间的关系，在印度的文本当中成了司法的原则：人们应当相信亲眼看见了的人；游记使这种关系成了写作的原则，成了说服读者相信的理由：“我看见了”是一个使人相信的符号。在萨拉米斯岛战役之前不久，阿里斯蒂德（Aristide）发现波斯人在夜间包围了希腊人，便来通知地米斯托克利，并要求他向同盟会议发出警报。但是地米斯托克利（虽然明知道是怎么回事，因为正是他建议波斯人这样做的）声称：因为你目睹了米堤亚人的行为，所以最好是你来把消息告诉同盟军的领导，因为他们更容易相信你的话。[3]另
400 外一个例子以令人关注的方式，更加巧妙地将“目睹”和“信服”联系在一起，因为这是一个模拟眼见为实的例子。的确，迦太基人说，在利比亚有一个湖，年轻姑娘用涂了树脂的鸟的羽毛从湖的淤泥当中提取金片。叙述者插话说：“这事是真的吗？我不知道，别人怎么说，我就怎么写了。但是，一切都是可能的。”我本人在扎金索斯

1　见于迪普龙在《空间与人文主义》[《人文主义和文艺复兴丛书读本》，第八卷，巴黎，1946 年，第 95 页（A. Dupront, “Espace et humanisme” , *Bibliothèque d’Humanisme et renaissance*, t. VIII, Paris, 1946, p. 95）] 引述的赖斯卡博的话。

2　前文所引赖斯卡博的作品第 25 页及其以后部分。迪普龙在这段文字当中分析了什么是好奇心。

3　希罗多德，VIII，80。

（Zakynthos）见过一个湖（扎金索斯是希腊的一个地方），人们用树枝从湖中提取树脂。在一种情况之下，树脂是从湖中提取出来的东西；在另一种情况之下，人们用树脂从湖中提取其他的东西。但是，结论却是：这个故事是“符合”（oikóta）真理的。故事“符合”真理，并不是说故事就一定是真的，只是说故事与真理“相符”，说它与基于眼见为实的真理“相似”，在迦太基人的说和叙述者的目睹之间，没有结构上的断裂。[1]

在各种形式的调查（historíē）当中，人们都以眼见为实，这对历史本身产生了影响：如果我们严格地执行这一方法论上的原则，那么的确，只有当代历史才能够成为可能的历史。而这就是修昔底德的立场。修昔底德认为，唯一可以写的历史，那就是现在的历史。他从伯罗奔尼撒战争一开始便着手写这一战争的历史，而且为了写好这部历史，他以“眼见为实”（ópsis）：只有他亲自见证了的事件，才是可靠的事件，当与他同时代的人“提供的报告经不住分析时”，只有“与他同时代的人观察过或者可以观察到的事件”，才被认为是可靠的。“然而，作为历史知识基础的经验（saphôs eidénai）并没有被化简为眼见为实，而是以经验提供的情况为基础组织历史知识”。[2] 对于过去的 401
事实，那就没有办法说出可靠的东西，而且不可能相信诗人歌唱的那些话，也不能相信古代的历史学家讲述的东西。芬利[3] 援引科林伍德（Collingwood）的话，写道：“严肃的希腊历史文本中关于当代历史的内容”，有可能“太简单了……但是并非只是简单地错了”，“希腊的历史学家不可能像吉本一样，先有愿望，要写一本伟大的历史著作，然后再想写什么。是主题选择历史学家，而不是历史学家选择主题。我的意思是说，历史之所以被写了出来，是因为发生了值得纪念的事，

---

1 希罗多德，IV，195。关于“符合”（oikotes）的明确意义，参见前文所引利维埃的作品第 352 页。

2 前文所引利维埃的作品第 345 页。参见雅高比：《阿提丝》（J. Jacoby, *Atthis*, p. 216, et n. 3, p. 389），修昔底德表达其立场的段落见于 I，1；I，21，1，2；I，73，2。

3 芬利：《历史的使用和滥用》，伦敦，1975 年，第 31 页（M.I. Finley, *The Use and Abuse of History*, Londres, 1975, p. 31）。

需要当代人中曾经见证这些事件的人将事件记录下来。有人可能会说，古希腊有艺术家和哲学家，但是没有历史学家，没有人献身于历史的研究，历史学家只能为他那一代人立传，而写传记不是一种职业。”[1]

修昔底德认为，只能写当代的历史，可是奇怪的是，修昔底德却在 19 世纪被那些认为历史只能用过去时撰写的人推向了古代历史学家的最前列：对“实证主义”的历史学家来说，对那些认为历史只能
402 是过去的历史的人来说，用现在时撰写历史的修昔底德变成了一种模式。[2]“对于一个时代来说，只有当时代完全死去之后，历史才能诞生。历史的领域，是过去。”[3]研究历史，那就要去档案馆，完全以过去时的形式，展开长长的事件的链条。

但是今天，事件经过像这样的“驱魔”之后，又以其他的面目“回来”了，成了大众媒体的产品，于是当代历史的问题再一次被提了出来。然而，“事件的回归”难道不也是眼睛的回归吗？诺拉在写下面一段文字的时候，想表达的，不就是这样的意思吗：“当代历史可以从象征的意义随着歌德（Goethe）在瓦尔米（Valmy）说的这句话而开始：‘你可以说：我在现场！’”因此，现代历史开始于见证。与此相对的，是滑铁卢战役之后，法布里斯（Fabrice del Dongo）提出的问题，他最“担心的，是他是否真正地参加了战役”。但是，得以呈现的，恰恰是回归的事件，而且在让人看见的同时，事件构筑了自己的视域：“它永远不会没有作为报道者的观众，也不会没有作为观众的报道者，它是在人们的目光之下完成的，而且这种‘窥视’让时事具有

1　科林伍德：《历史的观念》，牛津，1946 年，第 26 页（R.G. Collingwood, *The Idea of History*, Oxford, 1946, p. 26）。

2　莫米利亚诺：《史学研究》，伦敦，1966 年，第 218 页（A. Momigliano, *Studies in Historiography*, Londres, 1966, p. 218）。

3　诺拉在《事件的回归》[见于《造就历史》，巴黎，1974 年] 第一卷第 211 页（P. Nora, “Le retour de l’événement”, *Faire de l’histoire*, Paris, 1974, t. I, p. 211）中援引的“关于历史研究向部长的报告”（1867）。

了相对于历史的特点，同时也产生了具有历史性质的味道”。[1] 因此，可以说那是“眼见为实”的事件，是另外一种“眼见为实”的事件，是经过构筑的事件。

第一种历史的形式，黑格尔称之为“原始历史”的形式[2]，是围绕 403
着“我看见”组织的，而这个“我看见”，从表述的角度来看，使“我说”变得可信，因为我所说的，就是我所看见的。本来看不见的东西（对于我们来说看不见），通过我的话语，变得可以被看见了。[3] 相反，在第二种类型的历史当中（可以说是实证主义的历史），表述的标志被消除了，被禁止了。于是长长的事件的链条从原因到后果，在档案的寂静中展开。虽然没有标志，但是表述仍然以痕迹的形式存在，比如页底的注释标志着“我读过”，也就是说我也读过了，因此，我们都读过了：我是可信的，而且你们可以把我看成和你们一样的人。[4] 随着事件的回归，形势变了。的确，如果“我目睹”了事件，这就相当于你们也目睹了。这样一来，我说的，就不再是我看见的东西了，那又何必再说呢？我应该思考的是可见的东西，以及可见的条件：什么东西是可以被看见的，问题不是我看见的东西，而是我看见了什么。

博奇（J. L. Borges）说：“一个中国的文学家注意到，由于麒麟不同于一般的动物，所以人们本来应该是注意不到它的。的确，人的眼睛本来只能看见人们已经习惯了看的东西。塔西陀（Tacite）没有注意到耶稣受难，虽然他把这件事记录在他的书中了。”换句话说，可见

1　见于前文所引诺拉的作品第 218 页。对此，我们可以补充博奇在《调查》（J.L. Borges, *Enquêtes*, p. 249）中的一句话：“自从这一天以来（瓦尔米），历史的日子就多了起来，而且政府的任务之一（特别是在意大利、德国和俄国），就是借助大量事先打造好的宣传和持续的广告，制造或者模拟这样的日子。可以看到塞西尔・德・米尔（Cecil B. de Mille）的日子与历史的关系还不如与新闻的关系更多。我怀疑，历史，真正的历史更加腼腆，而且那些基本的日期可以在很长时间里保持在秘密的状态。”

2　黑格尔：《历史中的理性》载《历史哲学讲稿》（“La raison dans l’histoire” , *Leçons sur la philosophie de l’histoire*）。

3　波米安：《在不可见和可见之间》，见于《自由》，第 3 期，1978 年，第 23 页（K. Pomian, “Entre l’invisible et le visible” , *Libre, 3*, 1978, p. 23）。参见波米安：《时间的秩序》，巴黎，1984 年，第 23—26 页（Kr. Pomian, *L’Ordre du temps*, Paris, 1984, pp. 23-26）。

4　塞尔托：《历史的书写》，第 72—73 页（M. de Certeau, *L’Ecriture de l’histoire*, pp. 72-73）。

的东西并不是既定的、一成不变的东西。我们应该可以写一部眼睛的历史和一部可见事物的历史。《临床医学的诞生》（*La Naissance de la*
404 *clinique*）针对 18 世纪后半叶的医学，做到了这一点：正如作品的副标题指出的那样，米歇尔·福柯（Michel Foucault）本来想写一部“从医学角度看考古学”的作品。写一部从历史学家的角度看考古学的作品，这应该是一个很不错的想法，但是对于古希腊来说，这也许是不可能的。

布封（Bouffon）发现，在阿尔德洛万迪（Aldrovandi）这样的博物学家的作品中，除了一些应该有的说明（也就是说，博物学历史应当有的一些说明）之外，还有“一堆乱七八糟的文字”，有援引的语录、寓言、神话……布封感到很奇怪，他说：“所有这些都不是描写，而是说明。”福柯是这样解释这句话的：“阿尔德洛万迪和布封一样，也是个观察家，在这一点上两人不相上下；他不比布封更加轻信，在追求忠实于眼睛所看到的东西和事物的合理性方面，他不比布封差。只不过，他的目光不是通过同一个系统与事物联系在一起的，他也不具有同样的‘认识’（épistḗmē）的倾向性。”[1]

这样，我们就把问题清楚地提了出来。公元前 6 世纪—公元前 5 世纪的希腊情况又怎么样呢？我不知道，而且对可见的事物和不可见的事物，以及它们的划分，我在此只有两点说明。的确，可见的事物和不可见的事物要想形成两个界线分明的领域，“存在和表现之间的对立所产生的最初的后果必须得到阐述，‘不可见的事物’（aphanḗ 或者 ádēla）必须在作为表象被理解的‘实象’或者‘现象’（phanerá 或者 phainómena）范围内有其基础”。[2] 这是公元前 5 世纪埃利亚学派的学者（Eléates）进行的研究所达成的结果。但是在此之前，还没有“现象”（phénomènes）的概念，存在与事物只表现为其本身，而不是别的东西。

1　福柯：《词与物》，巴黎，1966 年，第 55 页（M. Foucault, *Les Mots et les choses*, Paris, 1966, p. 55）。
2　前文所引利维埃的作品第 364 页。

“ópsis”这个词意思是“看见”（主观的和客观的），是“眼前的 405
事物”，但是也有“梦见”的意思。[1]希罗多德使用这后一种词义的表达至少有18次。[2]因此，梦见的事物也属于看见的事物的范畴，而且对于做梦的人，梦中所见也相当于“眼见为实”：它能够让人相信、让人做的事，常常是最不应该相信、最不应该做的事。正当薛西斯几乎就要放弃对希腊的征讨时，却连续几天夜里做同一种梦，让他不要放弃。[3]因此，在《历史》的世界当中，“不可见”的事物似乎深入了“可见”的事物；梦是可见的，或者属于可见的事物一边。但是问题还是变得有些复杂了，因为梦在各个部族之间的影响是不一样的：的确，受其影响的只有蛮族人（首先是波斯的国王）和专制暴君。在爱琴海的两边，可见的事物和不可见的事物，这两种事物的作用是不一样的。[4]在亚洲一边，“不可见”的事物是可以被看见的，在希腊是可以被说出来的；那当然是神谕，也就是说，希腊的神谕和亚洲的梦，（在《历史》的空间里）所起的作用是一样的。

从更加根本的意义上说，当我们探索可见事物的条件时，涉及的是可见的和可以用语言描述的事物：我看见，我说；我说的是我看见的事物；我看见的是我可以说的事物，我说的是我可以看见的事
物。其中的关系从潜在的意义上说，是作为等式一样提出来的：马 406
可·波罗“讲述的事物清楚、有顺序”，就像他看到的东西一样；让·德·莱里则将可以记录的和可观察的事物放在了一起。在看的方

1　正如我们用的词“vision”是“看见”，但是“avoir une vision”是“产生幻觉”的意思，恰恰是没有看见现实的东西。“opsis”也有新入教者在神秘的祭祀仪式（époptie）中产生幻觉的意思。

2　希罗多德，I，34，38（Crésus/克洛伊索斯），107，108（Astyage/阿斯提阿格斯），209（西律斯）；II，139（埃塞俄比亚人），141（Séthos/塞索斯）；III，30，65（Cambyse/冈比西斯），124（Polycrate/波利克拉特斯的女儿），149（Otanès/奥塔尼斯）；IV，172（Nasamons/拿撒蒙斯）；V，56（Hipparque/喜帕恰斯）；VI，107（Hippias/希庇亚），118（Datis/达迪斯），131（Agaristé/阿伽利斯特）；VII，12，15，18，19（薛西斯）；VIII，54（薛西斯）。

3　同上，VII，12，18。

4　在《历史》当中，接受梦幻的唯一的希腊人（VI，131），除了专制暴君之外，就是梅伽克莱斯（Mégaclès）的孙女阿伽利斯特。怀孕之时，阿伽利斯特梦见她生了一只狮子。不久之后，她生下了伯里克利（Périclès）。

式和说的方式之间，没有任何距离。说到底，问题是语言和可见事物的结构问题："对于希罗多德来说，现实的结构是否像对于18世纪的医生一样，也是由语言划定了模式的呢？"[1]

在"ópsis"（看见）之后，是"akoḗ"，这个词不是"我看见"的意思，而是"我听见"；这是叙述者在故事中插话的第二种方式，这是另外一种表述的标志。"我听见"是紧接着"我看见"而来的，当"我看见"是不可能的事，或者不再是可能的事的时候。正如巨吉斯的故事提醒我们注意到的那样，从让人相信的角度来说，耳朵不如眼睛。因此，基于"我听说"的故事，不如与此相近的另外一种故事，一种围绕"我看见"组织起来的故事可信度更高，说服力更强。可以说，基于"我听说"的故事表述的标志不那么明显：叙述者自身参与的程序更低，他与自己讲的故事保持了一段距离，而且听众有更大的余地来决定自己是否相信，人们对听众的控制不那么紧密。

从积极的意义上说，"akoḗ"的意思是：有的人这样说，因为他们看见过，或者听看见过的人说过，或者听据说是看见过的人说过，等等，我向这样的人"打听过了"（punthánomai），"调查过了"（historéō）。[2]"akoḗ"的形式不仅仅是一种，而是包括多种形式，因此也就是包含有多种层次。第一个层次：我没有亲眼看见，但是我（亲自）听说了（autḗkoos）。希罗多德在埃及参观迷宫，将他看见了的东
407 西（上层的厅堂）和人家没有让他看他只是根据听说而讲述的东西（下层的厅堂）分别了开来。[3]同样，对于比象岛的城市更远处的一切事物，他打听了，他问了人们，他听人们说了（akoḗ historéōn）。公元前4世纪的历史学家尼多斯的克特西亚斯（Ctésias de Cnide）采用了同样的办法，但是他用这种办法恰恰是为了批判希罗多德，并让希罗多德相信

1 前文所引福柯的作品第96页。
2 雅各比：《阿提丝》，第216页及以后部分（Jacoby, *Atthis*, pp. 216 *sq*）。
3 希罗多德，II，148。

自己说了谎。尼多斯的克特西亚斯明确说，自己亲自看见了他写的东西，至于他没有见过的事物，他也亲自听人直接说了（autēkoon）。[1]

然后，“akoḗ”不再是直接的，而且中间人的数量可以越来越多。当希罗多德想讲斯基泰王国“以远”的事情时，他明确说，没有任何人准确地知道（oîde atrekeōs）那里的事。“的确，我没能向因为亲眼见过而说自己知道的人打听，而且阿里斯特亚斯［一个诗人］……也不敢说他亲自去过比伊塞冬人居住的地方更远处。再往上去的地方，他说的情况，也是听别人说的（akoḗ）。他说，他说的话，是听伊塞冬人说的。对于我们，我们把听说来的范围尽可能广大的所有准确的情况（atrekéōs）都转述在这里。”[2]同样，没有任何人肯定地知道（saphéōs）作为尼罗河发源地的利比亚的沙漠的情况。然而，我听塞拉那人讲过一些事，而塞拉那人又是听阿莫尼亚人（Ammoniens）的国王说的，阿莫尼亚人的国王是听纳斯蒙人（Nasmons）说的，纳斯蒙人是听冒险到那个方向去过的几个“年轻疯子”说的。[3]从“ópsis”到“akoḗ”之间的距离变化可以很大，一直到这最后一个例子，至少经过四道转述，408
才追溯到最初的“我看见了”，而且这看见了的眼睛还是一些“年轻的疯子”（hubristés）的眼睛。

当所涉及的事，不是发生在遥远的天边的事，而是发生在久远的从前的事时，“akoḗ”也是可以起作用的，但是在这种情况下，这个“我听说”可以指向一个最初的表述者，这个人常常被说成一个“知者”（logíos）。在埃及，对话者是祭司。[4]“到目前为止，我说的事都来自我眼见过的（ópsis）、我思考过的（gnṓme）、我了解过的一些情况（historiē）；从现在开始，我要说的就是埃及人讲述的事了（也就是说，是埃及的祭

1　《古希腊历史学家作品残篇汇编》，克特西亚斯，688 T 8（*F. Gr. Hist.*, Ctésias, 688 T 8, Jacoby）。

2　希罗多德，IV，16；III，115：“我没有听到任何亲眼见过的人说，在欧洲北部有一片海。”

3　同上，II，32。

4　同上，II，3；在祭司当中，赫利奥波利斯的祭司被认为是最有知识（logiṓtatoi）的埃及人。在埃及人当中，居住在“人们播撒种子的地区”的人对从前的事远比别的地方的人知道得多（II，77）。关于希腊人和蛮族人之间的战争的原因，波斯学者（logíoi）说……（I，18）。

司针对埃及的过去说的一些事），正如我听到他们说的那样。”[1]

“听说”的最后一个层次，也是最低的层次，是以无人称被动式的名义收入语法中的表达方式，就是“légetai”（据说，有人讲故事说）。这是一种飘忽不定的故事，没有人知道是什么时候、由什么人、向什么人、在何种情况下说的事。表面看来，这是没有主语、没有对象的表述。其中没有任何表述的标志，但是这并不意味着叙述者从总体上相信或者全盘否定：的确，表述能够以蛛丝马迹的形式表现得更加巧妙[2]，因此，以更加审慎的方式修饰“有人说”。[3] 这些转述的话就
409 像援引的语录一样，但是没有援引者，也没有被援引者，而且其权威性也根据上下文的不同而不同。

“看见”和“听说”之间的区别，马可·波罗的作品引言中也有：“无疑这里讲到的某些事，他并没有看见过，而是他听值得信任和值得援引的人说的。所以我们把眼见的事按照眼见的事来介绍，把听说的事按照听说的事来介绍，以让我们的书真诚、真实，让其中没有任何谎言，而且他的话不至于被人说成是无稽之谈。”[4] 像这样从方法论上表明态度，从让人相信的角度来看，并不是没有影响的。通过由我承担责任的区别，我的确加强了“我看见”的可信度和真实性，但是也加强了“我听见”的可信度及其真实性，当然，我听说的那些事不是绝对的，而是作为故事的忠实报告来看待的：我讲述的这些事也许是令人难以相信的，但是这并非“无稽之谈”，而且我也不是说谎者。

“hístōr”在司法上的意义（我们应当相信的，是看见事实的人，而不是听说了那件事的人），使耳听的价值远比看见要低。修昔底德

---

1 希罗多德，II，99；或者在讲到卡利亚人（Cariens，I，171）时，“据人们所说到的最久远之前的事……”

2 关于表述的痕迹，可参见本书前文第 191—195 页关于萨尔莫克西斯的故事。

3 实际上要对每种情况进行具体的分析，雅各比：《古典古代时期百科全书》（Jacoby, R. E., 399）为此列了一份清单。关于修昔底德对“légetai”用法的分析（有一部分与希罗多德的不一样），参见韦斯特拉克：《谟涅摩叙涅》，4，1977 年，第 345—362 页（H.D. Westlake, *Mnémosyne*, 4, 1977, pp. 345-362）。

4 马可·波罗，第 1 页（Marco Polo, p. 1）。

认为，历史知识首先是以“目睹”为基础的（或者是我自己目睹的，或者是我询问了目睹的人，这两种情况都可以说是“目睹”）；“耳闻”则没有什么大的真理的价值，而且通过耳闻，不能肯定地认识过去。[1] 希罗多德也这么认为吗？巨吉斯的故事似乎表达了这样的意思。然而，除了“我因为看见了，所以知道”这种说法之外，还有一种说法“我 410
听见人们说了，所以知道”：在两种情况之下，都产生了知识（oîda），但是第一种情况是基于“目睹”，而第二种是基于“耳闻”的——“我知道……因为我听德尔斐人（Delphiens）说了……”或者“我知道……因为我在多多纳（Dodone）听人说了”。[2] 目睹和知道之间有交叉，所以对于希罗多德来说，在目睹和耳闻之间，并不是断裂的[3]，虽然“耳闻”有着不同的层次，也就是说，有距离叙述者的耳朵远和近的问题。

在文字和口语之间

眼睛不能去的地方耳朵可以去，根据这个原则，“我听说”可以具有和“我看见”一样的作用，不是说它们的价值绝对一样，而是相对一样，也就是说，相对于我来说，它们是一样的。的确，当我说“我听说了”时，你相信我的程度不一定比我说“我看见过”时差。“我听说”意味着什么呢？意味着我不把我听说的事当作我见过的事讲给听众（参见马可·波罗的话）：因此，我不是个说谎者；我只是忠实地传达我听到的一些话，因此，我不吹牛。至于话语的内容，你不一定要相信，我也不一定非要你相信。这一点我们后面再说。

从产生知识的角度来看，将看见和听说放在一起，使希罗多德可 411
以同样地说“我知道，因为我看见了”以及“我知道，因为我听说了”，其前提是什么呢？该前提就是，在这样的世界里，话语就相当

1　修昔底德，I，20，1；I，73，2。
2　希罗多德，I，20；II，52；在 IV，16 也有“*autopteo eidénai*”的说法。
3　雅各比：《阿提丝》，第 391 页，注 16（Jacoby, Atthis, p. 391, n. 16）

于知识，这是不言而喻的；在这样的世界里，话语就意味着知道。因此，在这样的世界里，口头说的话语并不比文字的话语价值低下。那还是一个口语的世界，或者从很大程度上仍然是口语的世界。

大约公元前 5 世纪时，希腊的情况仍然是这样，那时的世界还不是文字的世界，那时的话语刚刚可以用文字记录下来。当然，人们早就会写字了：叙利亚–腓尼基文字的确出现于大约公元前 8 世纪的上半叶，但是口语的文化影响还很大，或者说还具有主导的地位：口语文化还塑造着人们的精神结构和当时希腊人的共同知识。“希腊没有经历书写的革命，而且不是因为口语的传统突然出现了问题，文字才来替代它的。”[1] 为了衡量书写走过的这一漫长的道路，我们至少可以用类比的方式，参照孚雷（Furet）和奥祖夫（Ozouf）对法国得出的结论：“在 17 世纪和 14 年战争之间，法国人进入了文字的文化。但是，这一漫长的地下历史并不是文字彻底代替口语的一场革命。因为，在整个社会还处在集体的文盲状态的时候，文字就已经存在了。而且到了 20 世纪中期，口语文化仍然存在。要理解我们说的话，最适当的概念应该是英国人类学家杰克·古迪（Jack Goody）定义的‘restricted literacy’
412 （有限文化）。法国路易十四和茹费理（Jules Ferry）之间发生的事，并不是在法国人当中进行的扫盲运动，而是从有限的扫盲向大众扫盲过渡。”[2] 有限文字文化的概念也适用于希腊，希腊也需要在文字和口语之

1 马塞尔·德蒂安：《高等研究实践学院院报》，第五部，第 LXXXV 卷，第 286 页（M. Detienne, *École pratique des hautes études*, V^e section, t. LXXXV, p. 286）。参见哈夫洛克：《柏拉图入门》（E.A. Havelock, *Preface to Plato*, Oxford, 1963）以及兰萨：《雅典的语言和演讲专业》（D. Lanza, *Lingua e discorso nell'Atene delle professioni*, Turin, 1979, pp. 52-87）。

2 孚雷和奥祖夫：《读书和写字》，巴黎，1977 年，第一卷，第 352—353 页（F. Furet et J. Ozouf, *Lire et écrire*, Paris, 1977, t. I, pp. 352-353）。作品的结论非常详细地分析了从口语向文字过渡所必需的条件，以及这一过渡的意义。在第 358—359 页，作者分析了书写和历史之间的关系，因为书写可以建立“the pastness of the past”（过去的过去）。作者又补充说：“虽然这一历史从口语的传统或者神话中保留了很多元素，可是仅仅因为它是文字的历史，它就必须使时间变得合理化。希罗多德为修昔底德的出现做了准备。”这是当然的，但是修昔底德恰恰从希罗多德的经验当中得出一个信念，深信不能打造过去的历史。关于书写，参见杰克·古迪：《图形的理性》法文译本，巴黎，1979 年（J. Goody, *La Raison graphique*, trad. fr., Paris, 1979,）；马塞尔·德蒂安（主编）：《古希腊文字知识》，里尔，1988 年（M. Detienne [sous la direction de], *Les savoirs de l'écriture en Grèce ancienne*, Lille, 1988）。

间实行杂交。

希罗多德和《历史》证明了这种杂交的存在。[1] 历史学家迪伊洛斯（Diyllos）说他接受过雅典人颁发的天才十人奖。优西比乌（Eusèbe）在《编年史》（大约公元前 445—公元前 444 年间）中提到过这个奖，但是他也知道为什么颁发这个奖：希罗多德当众读了他的作品。琉善[2] 在奥林匹亚朗诵过一次，大受欢迎，从那以来，九卷书便用九个缪斯的名字来命名了。还是在奥林匹亚，我们知道有个关于修昔底德的小故事，说他儿时听到希罗多德讲述《历史》，他感到惊奇万分，所以被感动得哭了起来。[3] 传统上希罗多德半是诡辩家，半是吟游诗人，是个在大街上唱歌的人，也是演说家，除此之外，还有个谚语说“在希罗多德的阴影下”。[4] 最后，阿里斯托芬冒昧说了几句影射希罗多德的 413
话，说《历史》，或者至少是其中的某些段落明显地已经是众所周知的事，不管怎么说在雅典是这样。最著名的说法是在阿里斯托芬的《阿卡奈人》（*Acharniens*）当中，狄开俄波利斯（Dicéopolis）简单表述了伯罗奔尼撒战争的原因：“可是，一些年轻人迷上了铜盘游戏，他们到墨伽拉去劫持了名叫西麦达（Simaitha）的交际花。墨伽拉人感觉受到了冒犯，像公鸡一样被激起了性子，便到阿斯帕齐亚（Aspasie）去劫持了两个交际花，战争就这样爆发了，为了三个婊子，让所有的希腊

1　以下的作品中也采用了这种见证：坎弗拉：《历史周期》及《雅典的历史与社会》（L. Canfora, “Il ciclo storico” , *Belgafor*, 26, 1971, pp.658-660, *idem*, “Storici e societa Ateniese” , *Istituto Lombardo*, Rend. Lett., 107, 1973, p. 1158）；莫米利亚诺：《古典世界的历史学家及其听众》，载《比萨高等师范学院年鉴》，1978 年，第 VIII 卷，1，第 59—75 页（A. Momigliano, “The Historians of the Classical World and their Audiences”, *Annali della Scuola normale superior, di Pisa*, 1978, VIII, 1, pp. 59-75）。

2　琉善：《希罗多德或者艾希翁》（Lucien, *Hérodote ou Aëtion*, I），其中希罗多德被说成一个斗士（agonistés），上台去念诵他的《历史》（*agonistȇn Olumpíon páreichen heauton aídōn tàs historías*）。

3　《苏达辞书》的修昔底德词条（*Souda, s.v. Thykudidēs*）。

4　乐驰和施耐德温（Leutsch, Schneidewin, *Corpus Paroemiographorum graecorum*, t. I, p. 400）说，这个谚语的意思是“指有的人说了做某件事，却又不做完。据说历史学家希某人想在奥林匹克运动会期间阐述他的《历史》，却又一天天向后拖延，说是哪天宙斯的神庙中有阴影了，他就去做这事。那个地方的确就在太阳地里。运动会结束了，他也没有注意到他还没有介绍自己的作品”。

人都打了起来！”[1]这明显是在影射《历史》的前言，以及一系列的劫持（伊俄、欧罗巴、美狄亚、海伦），据博学的波斯人的说法，那就是希腊人和蛮族人打仗的原因。

除了这些间接的证明之外，作品本身从某些方面来看，也是属于口语世界的。首先，正如格洛宁根（Van Groningen）在对古代文学进行清点时所说的那样[2]，从《历史》的某些编排方法来看，作品主要针
414 对的是听众，而不是读者：循环的编排技术就是一个最为明显的例子。另外，文本在某些时候似乎反映的是与听众进行的一场对话，或者讨论。波斯人以宪法为题进行的著名的讨论，就是这种情况。在杀死篡位的斯梅尔迪士之后，谋反的人开会，讨论如何建立最好的治理形式（君主制度、贵族政府、平等民权），而且叙述者明确说：“有人发表了讲话，有些希腊人觉得难以令人相信，但真的是有人发表了讲话。”[3]在三卷书之后，在讲到爱奥尼亚的事件时，他又回到这个问题上来：“我来讲一件事，希腊人可能会感到非常奇怪，他们不会相信，在波斯人的七人会议上，奥塔尼斯（Otanès）表达的意见是，波斯人需要的制度，是人民掌权的制度。”[4]

《历史》一开篇就说：“Hérodótou Thouríou historíēs apódexis”，意思是“图里奥姆的希罗多德在此阐述他的研究”，然而，“*apódexis*”一词是属于口语世界的：的确，它将我们指向史诗，而且涉及的“肯

1 《阿卡奈人》，523—529。乔斯：《东方历史的希腊》（R. Drews, *The Greek Accounts of Eastern History*, p. 90）说，阿里斯托芬和希罗多德一起笑，而不是在笑话希罗多德。我们在黎曼的《希罗多德的历史》（K. Riemann, *Dasherodoteische Geschichtswerk*, Diss, Munich, 1967, pp. 9-10）看到阿里斯托芬影射《历史》的一份清单。

2 格洛宁根：《古代文学的编排》，阿姆斯特丹，1958 年（Van Groningen, *La Composition littéraire archaïque*, Amsterdam, 1958）。虽然这部作品有意将《历史》排除在其分析之外，但书中的分析对我们还是有参考的意义。参见伊默瓦尔：《希罗多德作品中的形式与思想》，克利夫兰，1966 年，第 46—79 页（H. Immerwahr, *Form and Thought in Herodotus*, Cleveland, 1966, pp. 46-79）。

3 希罗多德，III，80。

4 同上，VI，43。

定是口语的作品”。[1]这时候的希罗多德是个吟游者，而且《历史》的前言既借用了史诗的传统，又打算挑战这一传统：那不是女神在歌唱，不是女神“让阿特柔斯（Atrée）的儿子与神圣的阿喀琉斯、与诸神发 415
生冲突”，而是图里奥姆的希罗多德在说“希腊人和蛮族人打仗的原因是什么”；不是缪斯在歌唱“拜访了人口众多的城邦，并了解那里的人们的精神的人”，而是希罗多德，“与故事一起，在大大小小的城邦间一路走去”。[2]

然而，这篇前言中有一个已经不再属于口语世界的元素。的确，除了作者的名字之外，前言中也提到了他的城邦：图里奥姆的希罗多德，或者哈利卡纳苏斯的希罗多德。这个内容是史诗中没有的，但是，只有当交流是为了超越城邦的边界，为了超越它形成的面对面的世界时，这样的内容才会有其真正的意义。[3]或者更加准确地说，我们可以认为，作品的写法，提到作者的名字和城邦的发展，这三者之间是有联系的，因为说到底，吟游者是在各个城邦之间游历，他经常参加比赛，而不会把他的歌只唱给作为家乡的城邦的人们听。同样，赫卡塔埃乌斯的《族谱》（*Généalogies*）是这样开始的：“米利都的赫卡塔埃乌斯……”后面他又接着说，“讲述了下面的事；我写的是一些我认为符合真理的事物”（hôde mutheîtai táde gráphō hōs moi dokeî alethea eînai）。令人惊奇的是，当然，口语世界的这个“mutheîtai”（说，讲述）和书写世界的“gráphō”（写）联系在了一起，而且正是通过写，正是通过文字，他才在希腊人的各种故事（lógoi）当中，建立了“类似于真理”（dokeî moi）的东西。最后，修昔底德的作品开篇就是那句著名的“雅典的修昔底德写了……”（sunégrapse）；而且整个作品的

1　哈夫洛克：《柏拉图入门》，第 54 页注 8，意大利文译本第 268 页注 8（E.A. Havelock, *Preface to Plato*, p. 54, n. 8, trad. ital., p. 268, n. 8）。我们在修昔底德的作品中可以看到“apodexis”一词，尤其是在 I，97 当中，指他刚对帝国做过的阐述（kaì tês archês apódeixin échei tês tôn athenaíôn en oíôi trópōi kastésté）。

2　希罗多德，I，1 和 6；《伊利亚特》I，8，以及《奥德赛》，I，3。

3　这是格洛宁根在前文所引作品第 65 页的一个说明。他注意到，这样的开始很像是一封信的开始。

416 题目就是“suggraphḗ”，也就是“共同的文字”（syn-graphie）或者“一起书写”的意思：作者从一开始便在文字的世界里安身立命了。

口语的世界、书写的世界、口语和文字之间的世界，说到底，《历史》的书写究竟是什么，写又意味着什么呢？文字是由与卡德摩斯一起来的腓尼基人（Phéniciens）引入希腊的：“我认为是这样。”腓尼基人教会了希腊人文字，希腊人采用了腓尼基人的文字，并在使用的过程中略微做了一些修改，而且在使用这种文字的同时，他们给予这种文字的名字是……“phonikḗïa”。[1]“Gráphein”的意思是“写”，但也有“画”“表现”“勾勒”“画一张草图”的意思。[2]人们写什么呢？人们用文字记录口语[3]，人们在建筑上刻一些铭文，也有用以纪念某个事件的文字[4]，人们写信，如果是埃及人，还可以记账、列清单、记录档案。但是信函首先是在蛮族世界实行起来的，而不是在希腊的世界。有些个别的例外，比如雅赫摩斯法老和萨摩斯的波利克拉特斯（Polycrate de Samos）相互写信[5]，但是波利克拉特斯是个专制暴君，而专制暴君是希腊和亚洲之间的人。米利都的暴君希斯提亚埃乌斯也是同样，当他想命令阿里斯塔格拉斯，让爱奥尼亚奋起反对波斯人的时候，便送了一封信给他，而信写在一个忠实的奴隶的头顶上。写信的时候，他先把奴隶的头发剃光，在头顶上写了字之后，再等头发长起来。[6]最后，德马拉特为了将薛西斯的打算通知拉栖第梦人，使用了写密信的办法，但是在斯巴达失去了王位的德马拉特躲在了波斯大王的
417 王宫里。[7]因此，信是传达信息或者命令的，是一种秘密的交流方式，而且总起来看，是一种执行权力的模式。迈加比佐斯（Mégabaze）在征讨斯基泰王国之后，留在了欧洲，大流士用写信的方式向他传达命

1 希罗多德，V，58。
2 同上，比如，II，46；IV，36；III，136。
3 同上，I，47；VII，142；VIII，135。
4 同上，I，93；II，106，125；IV，87；VII，30，228。
5 同上，III，40，42。
6 同上，V，35。
7 同上，VII，239。

令。[1]一封信以极其明显的方式表现了国王的愿望，但是，它也可以起到报仇工具的作用，并杀死收信人：奥鲁瓦戴斯（Oroitès）的故事就是这样。奥鲁瓦戴斯是总督，大流士想除掉他。大流士的一个特派员来到萨迪斯，身上带了好几封国王的信。特派员被带到总督面前，将信交给他，让他看。看到卫兵对这些信表现出极大的尊重，他拿出一封信来，上面写着："大流士国王禁止你们充当奥鲁瓦戴斯的卫兵。"于是他们立刻放下矛枪。于是他又拿出第二封信："大流士国王命令你们杀死奥鲁瓦戴斯。"卫兵们立刻抽出长刀，杀死了他。[2]信的内容转弯抹角，带着秘密，与权力的执行密切联系在一起，但它也可以是背叛的工具，是夺权的手段。哈尔帕奇将一只兔子的肚子打开，里面放了一封密封的信，然后又小心地将兔子的肚子缝好，将信送给西律斯，邀请他一起造反，反对阿斯提阿格斯，反对米堤亚人的压迫。为了在这件事情上确保得到波斯人的帮助，西律斯也写了一封信，但这是一封假信，信中说，阿斯提阿格斯指定他西律斯任波斯的总督。从那以来，波斯人便都服从他了。[3]

虽然希腊的世界是个充满狡诈的世界，但是以书信的形式狡猾地 418
使用文字的方法并不是流行的方法。比如，狡猾的大师地米斯托克利暗地里通知米堤亚人，说希腊人打算从萨拉米斯岛逃走（密信的目的恰恰是为了阻止希腊人逃走）。他派了一个信使去完成使命，而没有采用密信的方式。[4]文字与权力联系在一起，是权力的一种形式，但是文字似乎首先是国王的教师的事：写信和读信的都是他。[5]关于在希腊世界如何学习写字，《历史》中只有两处说明：在希俄斯（Chios），

1　希罗多德，V，14。

2　同上，III，128。

3　同上，I，123—125。我们还可以援引狄奥塞斯（Deiokès）的例子（I，100）。他被选中当了米堤亚人的国王，便让人给他建了一座宫殿，他从宫殿行使权力，但是没有人能够看见他：在主持法律时，他让人将宣布官司结果的文字报告送出去。

4　同上，VIII，75。当他想促使爱奥尼亚人背叛时，他没有给爱奥尼亚人送信，也没有送信给波斯人，以告诉波斯人需要提防爱奥尼亚人，而是在饮用水源处放了一些铭文（VIII，22），爱奥尼亚人能够看得见，波斯人也能够看得见。

5　同上，VII，100；VIII，90；III，128。波利克拉特斯也有一个教他写字的教师（III，123）。

一座学校的屋顶塌了，在里面学习写字的孩子们被砖石砸倒；[1] 斯基泰国王斯基莱斯的母亲是伊斯特里亚人（伊斯特里亚是米利都的一个殖民地），她亲自教会了斯基莱斯“希腊的语言和文字”[2]，因此，她也是会读书和写字的，或者至少是认识字的人。

因此，文字在《历史》当中的确是存在的，但是，值得关注的是希罗多德对文字的态度。旅行者看到一处铭文，他读了或者让人替他翻译了铭文之后，会感到更加安心吗？文字表达的东西，能不能提供更多的知识，或者不管怎么说，能不能提供比口语更加可靠的东西呢？回答并不是不言而喻的。希罗多德看到过一些铭文，他也援引过
419 一些：为纪念克洛伊索斯的父亲而修的建筑上的铭文，说明哪些人为建造该建筑而做出了贡献；辛努塞尔特的雕像上的铭文讲述了他的战事；关于胡夫金字塔的铭文，明确说（据翻译说）修建金字塔的工人花了多少钱……[3] 但是，在所有这些情况之下，铭文在文中都处于多余的地位：在描写一处建筑的时候，只是提到铭文而已；铭文并不是因为其本身而存在的。另外，铭文也会说假话：在德尔斐，一只金制的花瓶上的文字说，花瓶是拉栖第梦人的供品；可是，这种说法是假的，因为花瓶是克洛伊索斯供奉的。我甚至知道是谁刻了铭文，但是我就不说了。[4] 文字也是可以说谎的。不管怎么说，希罗多德并不追究铭文的意义，而且他根本不像金石学家那样，在出行时还带着拓印的装备。铭文并不是一种档案资料。

相反在埃及，和他打交道的人都是一些读书识字的人：埃及人有

1　希罗多德，VI，27。参见马鲁：《古代教育史》，第 83 页（H.-I. Marrou, *Histoire de l'éducation dans l'antiquité*, p. 83）。关于阅读和默读，参见诺克斯的《古代的默读》，见于《希腊语、罗曼语和拜占庭语研究》第 9 期，1968 年，第 421—435 页（B. Knox, “Silent reading in antiquity”, *Greek, Roman and Byzantine Studies*, 9, 1968，421-435）。亦参见斯文布洛：《“弗拉齐克利亚”，古希腊阅读人类学》，巴黎，1988 年（J. Svenbro, *Phrasikleia, Anthropologie de la lecture en Grèce ancienne*, Paris, 1988）。

2　同上，IV，78。

3　同上，I，93;II，106，125。我们合计发现有 24 处关于铭文的文字，其中 11 处是“外国语言”的。参见沃尔克曼：《希罗多德“历史”中的铭文》,1954 年，第 41—63 页（H. Volkmann, “Die inschriften im Geschichtswerk des Herodots”, *Convivium Stuttgart*, 1954, pp. 41-63）。

4　同上，I，50。

着非常古老的学识，他们的学识是或者几乎是人类的最为古老的学识，或者也可以说是自从有人以来便存在了的学识。[1]他们用文字记事，比如：他们知道神的年龄，他们知道最年轻的神和雅赫摩斯法老之间过去了多少时间，而且希罗多德参照这种计算方法，以强调希腊人说的关于赫拉克勒斯系谱的话都是胡说八道。“的确，埃及人说，他们对这些数字的知识是可靠的，因为他们有各个时代的年份记录，而且都有文字的记载。”[2]同样，祭司是根据一本书（ek Búblou）向参观者介 420
绍埃及历代国王的[3]：总计有 331 位国王。最后，写字，也是预测：之所以“埃及人发现的预兆比所有其他人发现的都多，那是因为，一个奇迹发生时，他们便守候着即将发生的事，然后用文字记录下来（graphómenoi）；如果以后再发生类似的事，他们便认为该事件的后续事件也会相同”。[4]因此，埃及人是善记忆的人：由于文字，他们清楚地知道他们不是昨天出生的，而且在关于记忆方面的事情上，他们是世界上最有知识的人[5]，相反，在本都–尤辛努斯的百姓当中，一个学者（logíon）都没有，或者就像斯基泰人一样，斯基泰人说自己是所有族群当中最年轻的族群。[6]

因此，在文字和知识之间，存在着一定的联系，然而，会写字的人说的话不一定有道理，比如：在撒乌（Saïs）的雅典娜宝库的录事硬说自己准确地知道（atrekéos）尼罗河发源地的情况，但是在希罗多德看来，这应该是个滑稽鬼（paizei），他像个孩子一样，不知道自己在说什么。值得关注的是，形势在这里颠倒了过来，变成了常规的情况，也就是说，一般情况下，旅行者是重视文字的人，本地人口头向他讲述真实的情况，但是这里的情况恰恰相反，我们所面对的，是一个以

1　希罗多德，II，15。
2　同上，II，145。“atrekéōs phasi epístasthai, aleí te logizómenoi kai aieî apographómenoi tà étea”。埃及是使用莎草纸书写的国家，II，92；与希腊人相反，埃及人是从右向左写字的，II，36。
3　同上，II，100。
4　同上，II，82。
5　同上，II，77。
6　同上，IV，46。

文字为业的人，可是他不知道自己在说什么，而旅行者并不是一个完全重视文字的人，可他能从提供信息的人讲的话中分辨真假[1]：“根据我
421 的理解，他的话”是想说，尼罗河的源头并不是绝对不可探测的，但是，由于有逆流和漩涡，人们没有办法去探测。

但尤其是，只要是祭司“说”的，那就足够了。这意思并不是说，他们说的一切都是对的，也不是说，不管他们说什么我都相信，但是我们不要忘记我可以说“我知道，因为我看见过”，或者，“我知道，因为我听说了”。为了向我讲述他们遥远的过去，他们需要读书，需要记录发生的事件，这不错；他们也不能不这样做，这也可能。但是我要记下我的故事，需要去读那些书，去查阅那些记载吗？用得着吗？责备希罗多德没有这样去做，那就等于不知道他用不着这样做，他不能这样做，因为对于他来说，档案的概念是不存在的。

法伊（J.-P. Faye）写道[2]：“最早的历史学家，或者历史书家的记载企图重建埃及从敏（Min）一直到冈比西斯的整个历史，但是这种努力取得了另外一种奇怪的结果。《历史》的第二卷的确将人类历史中最为古老的名字带给了我们……但是同时，这第一部历史的第二卷书也是第一部民间故事集……费罗斯（Phéros）的故事，拉姆普西尼特（Rhampsinite）宝库大盗的故事，或者尼托克里斯（Nitocris）报仇的故事，都是属于世界民间故事中的一部分，和玛斯普洛（G. Maspero）文
422 集一样，也是同一个层面上的东西。那些想了解第一手资料的‘历史学家 / 调查者’，想到现场去了解情况，想到孟菲斯（Memphis）的卜塔神庙（Ptah）去，想到撒乌、布巴斯提斯、布托（Bouto）去亲眼见

---

1 希罗多德，II，28。

2 法伊：《叙述理论》，巴黎，1972 年，第 111—112 页（J.-P. Faye, *Théorie du récit*, Paris, 1972, pp. 111-112）。莫米利亚诺，在《史学研究》（A. Momigliano, *Studies in Historiography*, p. 135）中讲到档案时说：“个人观察和口头证据一直占据突出地位，直到历史学家决定去档案室开展研究。我们都知道，历史学家利用档案记录进行研究的习惯不超过一个世纪。”参见同一作者《文字传统的史学和口语传统的史学》，出处同上，第 211—220 页（“Historiography on written tradition and historiography on oral tradtion”, ibid., pp. 211-220）。参见波斯纳：《古代世界的档案资料》，剑桥，1972 年（E. Posner, *Archives in the Ancient World*, Cambridge, Mass., 1972）。

证，具有讽刺意味的是，口头叙述用虚构的故事回应了他们。在我们看来，当时，档案和资料已经存在了，而且恰恰就是在埃及的神庙里保存着的，现在可以供历史学家使用了，所以希罗多德《历史》中口头叙述的讽刺意味更进一步得到了加强。最早的历史书家在叙述当中进行探索，并在叙述中遇到了虚构，这并不是偶然的事件。这是我们应当从根本上进行探索的。希罗多德的资料‘来源’是虚构的，虽然他具有历史学家的意愿，想去‘了解’真实的情况，因为虚构属于最初的叙述在形成的过程中进行探索的东西。”[1]

可以说这是讽刺，但是这只对于我们来说是讽刺，因为我们面对的是史学的探索过程。我们知道，档案资料不是为其本身而存在的，它不能独立于历史书家，只有当人们决定把它当作档案资料来看待时，只有当新的档案资料的划分与新的问题的提出并驾齐驱时，它才会真正地存在。开始时，为了让档案资料存在，必须有写字的人，而为了使用档案资料，以档案资料为基础进行研究，必须使文字具有优先的地位，必须认为文字比口语更加真实、更加正式、更加可靠（当然文字也有可能说谎）。希罗多德是介于文字和口语之间的人，他听到有人利用书中的资料对他说过一些事，但是，对于他来说，他头脑中不 423
可能产生到撒乌或者布托的神庙里“去查阅档案资料”的观念，他只是说：“我知道，因为我听说了。”这就足够了。最后，他对埃及历史知识的说明是与爱奥尼亚人的影响联系在一起的，这再一次证明档案资料在当时是“不存在”的，甚至证明口语比文字的地位更高：“正是因为他们在埃及定居之后，由于我们与他们有联系，我们才准确地知道（epistámetha atrekéōs）……从那以后在这个国家所发生的一切，因为，他们是最早在那里定居的会讲外国语的人（allóglōssoi）。”[2]

1　看书，就是读书，因此也就是学习书的语言，可是学习外国的语言有什么用呢，因为“说”（在某些情况下）和“看”具有同样的价值？奇怪的是，这也许是因为希罗多德的世界不是一个文字的世界，所以他才没有感觉到有必要学习外语。

2　希罗多德，II，154。

“我说”，“我写”

如果这就是希罗多德对文字记载的东西的态度，如果当时并没有从本义上说的档案资料，那么希罗多德又是如何说和写的呢？的确，正如我们把“我看见”和“我听见”作为表述的标志，作为叙述节奏变换的符号一样，让我们现在来分析一下“我说”和“我写”起到了什么样的作用。我们也把“我说”和“我写”作为叙述者对故事的干预：从读者的角度来看，从叙述者想通过叙述让人相信的事物的角度来看，其中的一项要比另一项更加强烈吗？“我写”是不是比“我说”具有更大的可信性（预期的可信性）？

首先，我们用否定的形式来看：我不说，或者我不写。在谈到宗教的事实时，希罗多德多次说，有些事他是知道的，他知道如何解释，
424 但是他不愿意说，他不想说，或者他觉得不该说。[1]这种“不说”实际上是从正面对读者说，是一种让人相信的方式：我知道的事情更多，但是我不说。然而，以同样的方式，他还有一种说法：我知道，但是我就不写了。关于灵魂转世的学说，最早是由埃及人提出来的，后来某些希腊人把这种学说说成是他们的。在谈到这种学说时，希罗多德最后说：“我知道他们的名字，我就不写出来了。”[2]同样，关于波利克拉特斯是怎么死的，他明确说“不应该把这事记录下来”（ouk axíōs apégḗsios）。[3]这种表达在文字上是有对应说法的：在猎杀鳄鱼的方式当中，他的确写了“最应该记录下来的方式”（axiōtáte apēgḗsios）。[4]比如，作为表述的否定标志，“我不说”或者“我不写”（当然，在两种情况之下，我都知道）似乎是一样的，都是部分地让读者相信。

现在我们来看肯定的形式：希罗多德认为他“应当说所说的事”

---

1 希罗多德，比如 II，46，47，65。
2 同上，II，123。
3 同上，III，125。
4 同上，II，70。

（opheílō légein tà legómena），他还补充说，这一原则不仅适用于他表达这一意见的时候，而且对于他的整个故事（lógos）来说，都是适用的，因此，也就是适用于他的整部《历史》。同样，对冈比西斯穿过阿拉伯沙漠去攻打埃及的故事，有两种叙述：第一种是最能令人信服的（pithanóteros），是他转述的；第二种不那么令人信服，他也转述了，因为这种叙述必须说出来，因为有人这样说（deî... epeí ge dè légetai, rēthênai）。[1] 叙述者说的是别人说的话，这些故事（*lógoi*）被人 425
们反复述说，有时候我们知道是谁说的，有时候不知道；希罗多德只是这些故事的转述者：他是时代的回声。

但是，他也用他的手、他的笔来记录这些故事："我写下人们说的事（tà dè légetai gráphō）。"[2] 在提到埃及时[3]，他写道："在我的整个故事当中，我对自己说，我要用文字记下人们所说的事，我怎么听到的就怎么写（katà tà legómena hup Heƚƚénon egȍ gráphō）。"[4] 这次，叙述者向公众自我介绍时，只把自己说成一个记录者，他只是用文字记录下身边的芸芸众生所讲述的一些事：他只是记录下来，供以后再重复给别人听。他们说，人们说，据说，我写：说和写之间没有任何距离。不管我是充当传言者还是记录者，我一会儿是传言者，一会儿是记录者，从为了让我的故事的接受者相信的角度来看，似乎传言者和记录者并没有大的区别。"我说"和"我写"，叙述者的嘴和手被认为是表述的积极标志，它们的确是相当的：在两种情况之下，我的故事忠实地表达了最初有人说的事，我的故事确认了人们的述说，人们的述说也确认了我的故事。每一次讲到写时，都是用文字记下有人说的事，从来不是转录文字的资料。

然而有一种情况，在这种情况之下，写似乎比说更加重要（只是

1　希罗多德，III，9。
2　同上，IV，195。
3　同上，II，123。
4　同上，VI，53。

重要一点点），叙述者因此而比简单的说做出的承诺更多（只是多一点点），那就是当文字具有证据的作用时。的确，当需要命名、需要提供名称，或者不提供名称时，有三次，我们看到的是“写”，而不
426 是“说”。我知道自称发明了灵魂转世学说的那些希腊人的名字，但是，我就不把他们的名字写下来了。在爱奥尼亚反叛时，在一场与腓尼基人的海战中，“我不会准确地写下是哪些爱奥尼亚人表现得胆怯或者勇敢”。[1] 或者在提到温泉关叛徒艾非雅尔戴斯（Ephialtès）时：“艾非雅尔戴斯在绕山的小路上充当了带路人，我把他当作罪人记录在案（toûton aítion gráphō）。”[2] 叙述者在故事当中似乎树起了一根耻辱柱，与那些和列奥尼达一起死在山间隘路上的英雄的碑铭遥相呼应。从更加广泛的意义上说，历史学家在故事中的干预是与他的根本目的联系在一起的，这个目的就是“让人们的事迹不会随着时间的流逝而从记忆当中消失”。每当可能的时候，他都想把那些在战斗中受到嘉奖的人记录下来，或者提供证明[3]，就这样，他与希腊人一起建立了一座新的纪念碑。知道如何命名，而且命名需要的更多的是“我写”，而不是“我说”——而且我们很想由此得出结论说，不是简单的“说”，但是，文本中任何地方都没有明确地肯定说，这种写，像在修昔底德的作品中那样，就是“我写”（ktêma es aîeí），是的，但是这种用来被说的证明，并没有被当成既定的事实。

修昔底德似乎是坚定地、充分地站在了文字一边：“雅典的修昔底德用文字记录了战争（sunégrapse）。”当我们比较两个历史学家作品的开头时，我们注意到希罗多德的“述说”（apódexis），在修昔底德的作品中换成了“写”（sugraphie）。而“我写”（ktêma es aieí），
427 只能在书写的背景中，才能充分地被理解。[4] 的确，他想让他的作品服

1　希罗多德，VI，14。
2　同上，VII，214。
3　同上，比如 VII，227；VIII，11；IX，71。
4　参见前文所引哈夫洛克的作品第 54 页注 8（意大利文翻译本 268 页注 8）。

从和口语的编排不一样的规则，无论如何，他不想让自己的作品只为“吸引一时的听众”而作。[1] 话语是会消失的，话语必然是应时的东西，话语不能不顺应听众的耳朵。相反，文字可以避免这些陷阱，文字能够超越这些限制。

但是，在拒绝口语的同时，他又不能完全地脱离口语，因为一部作品正常的用途，就是被人朗读的，因此也就是用来在公众面前“说”的：它是用来“供人听”的东西（es akróasin）。因此，在实行的编排规则和实际的交流方式之间，有可能发生扭曲，因此，公众有可能感到失望：“在对公众朗读的时候，在讲述的故事当中缺乏神奇的事物，大概会让作品显得缺乏魅力。”[2]

“Ktêma”（“固定下来”）和写，想摆脱口语的世界，但是又不可能完全地脱离口语的世界。修昔底德的情况要更加复杂。他认为，“目睹”（ópsis）比“耳闻”（akoḗ）是更好的方式，但是“目睹”并不是拒绝口语的方式，恰恰相反，因为，或者是我亲自看见了，或者是我向看见过的人了解过，而且我对他的见证进行了批判，在两种情况之下，可以使用同一个词“目睹”来说明。因此，“目睹”是沉浸在口语当中的[3]，而且，正是由于需要进行口语的核实，历史才首先是“目睹”（vision），而且打造历史，从严格的意义上说，只能是打造当代史和即时的历史。结果就是，总起来看，修昔底德责备之前的历史学家，尤其是责备希罗多德，说他们过分地使用了口语，滥用了口语：
他们过分地使用了口语，因为他们为了公众的耳朵而说；他们滥用了 428
口语，因为他们以为他们可以没有问题地谈论从前的事件和人；口语可以用得好，也可以用得不好，而他们将口语用得非常不好。因此，修昔底德也是处在文字和口语之间的，也许他的方式和希罗多德不一样。

1　修昔底德，XXII，4。

2　同上，参见 I，97 对“*apodeixis*”的用法。

3　同上，XXII，2。

在《历史》的叙述者讲述的世界和叙述者所处的世界之间，断裂线不是文字：文字并不是一开始就在我们和他们之间产生区别的东西，不是有或者没有文字的民族之间的区别。相反，在莱里的作品当中，文字占有这样的位置，而且文字是以话语的真理的形式出现的，如果话语不知道自己在说什么，那就只能是胡说八道。图皮人的确在歌中唱道："河水溢出来那么多，淹没了整个大地，除了他们的祖辈之外，世界上所有的人都被淹死了。他们的祖辈爬上最高的树，躲过了一难。"叙述者插话说：这是他们最接近圣书的地方，"事实上，很可能他们祖祖辈辈以来，就听到了遍及天下的大洪水的故事……人们的习惯就是这样，习惯腐蚀了真理，让真理变成谎言，再加上……他们没有任何文字，他们很难将事情保持在纯正的状态，他们像诗人一样，在寓言中又补充说，他们的祖辈爬上树躲过了一难"。[1] 也许当埃及人以书为基础，谈到久远以前的事和神的谱系时，希罗多德愿意认为他们说的是对的，而希腊人不如他们有道理：比如在讲到赫拉克勒斯时，希腊人说的故事被形容是"神话"
429 （mûthos）。[2] 但是，当他以自己的名义插话时，当他以心中有数之人的身份讲话时，他从来不是以文字的名义讲话的。比如斯基泰人说，在他们的国家的南部，人们什么也看不见，也不能在那里走路，因为那里的地上和空中到处都是羽毛。当然，他们不知道自己在说什么，他们是在不知不觉当中运用比喻的，因为，他们称之为"羽毛"的东西实际上是雪。[3]

莱里非常清楚地给出了"文字的教训"。所谓文字的教训，"我的意思是说，对于想深入探索这个主题的人来说，这是个非常好的题目，可以歌颂和赞美文字的艺术，也可以表明居住在欧洲、亚洲

1 让·德·莱里：《巴西游记》，第198页。

2 希罗多德，II，45。

3 同上，II，7和31。杜梅齐尔在《斯基泰王国及其周边的传奇故事》（Dumésil, *Romans de Scythie et d'alentour*, pp. 339-351）中主要通过援引阿布哈兹（abkhaz）的传统说，羽毛大概具有"神秘的尊严"，而且斯基泰民族的起源故事当中也有羽毛的形象。

和非洲这三个地方的民族都有值得赞美上帝的地方，都在被称为美洲的这第四个地方的野人之上：因为美洲的野人除了口头语言之外，不能用任何其他的办法交流，而我们则相反。我们有个长处，那就是不用动地方，通过文字、通过互相送给对方的信，我们就可以向喜欢的人说出我们的秘密，哪怕他们远在天边。因此，我们可以从书中学会知识，而野人就没有这种知识，在这一点上所有的野人都差不多；除此之外，他们也根本就不会写字，而文字的发明也是我们这里的人从上帝那里接受的特别的礼物。"[1]话语一经说出便被消除， 430
不能远行，而文字则相反，可以将意义保留下来，而且可以被带到世界的尽头。不管文字是被提高到"特殊礼物"的高度，还是被贬低到"背信弃义"的地步[2]，不管怎么说，对于人种学来说，文字的教训起到了类似于原始场景的作用。希罗多德则可以摆脱这种结构，而且从这一角度来看，他不是人种学的鼻祖。从过程来看，莱里的文字"发明了"野人，而希罗多德的故事"发明了"蛮族人，而野人不是蛮族人，因为蛮族人与野人相反，是会写字的。波斯人会写字，而且使用文字，甚至使对身体的伤残行为，都成了权力的文字；从这种意义上说，波斯人是典型的蛮族人。埃及人会写字，然而，埃及人也是蛮族人。[3]因此，如果野人和文字是互相对立的，蛮族人和文字却是并行不悖的。

最后，对于人种学来说，文字是衡量野人话语真假的尺度，但是同时，这一话语当中总有些东西是人种学无法理解的。塞尔托在讲到图皮人的话语时，明确指出："在故事的首饰匣当中，图皮语就是里面没有了的那件首饰。"[4]然而，这一无法捕捉的话语，正因为它是一件

1　参见前文所引莱里的作品第 188 页。前文所引塞尔托的作品第 222—226 页也对这一文本进行了分析。

2　参见列维-斯特劳斯：《忧郁的热带》，巴黎，1955 年（Lévi-Strauss, *Triste Tropiques*, Paris, 1955, "Leçon d'écriture"）。

3　比如，希罗多德就在 II，50 中说："几乎所有的神圣人物都是从埃及来到希腊的。他们来自蛮族人的国家，这是我的调查让我观察到的：而且我认为主要来自埃及。"

4　前文所引塞尔托的作品第 221 页。

失去的物品，才让人们以它为题，写出了无数的文字，才成了产生人种学文本的源头。可是对于希罗多德来说不是这样，希罗多德不认为，相异者的话语既是话语的对象，又是这同一个话语的深刻使命：希罗多德之所以写作，并不是为了这个使命。

431 文字具有收集、保存话语的作用，而且人种学家是第一个，或者相反，是最后一个见到这样的仪式的人，或者是听到这样的歌的人（在这个领域，第一个不也就是最后一个吗？）。但是，在保存话语之前，文字先开始将话语杀死，正如维克多·谢阁兰（Victor Segalen）详细讲述的那样：文字破坏了塔希提人（Tahitiens）的口语，塔希提人因此而只能变成远古时代的人，而且，如果一个人回忆得起从前的人说的话，那是需要不同寻常的条件的，从今以后，这样的人只能是不信神的人了，也就是说，他只能是一个无知的人：他的确不知道基督教的学说。从这时开始，保存的功能就开始了，或者更加准确地说，从这时开始，用香料处理［尸体］的过程就开始了，因为，正如年轻的奥戴人（Auté）实验的那样，文字所收集的，都是死去的话语。[1]《历史》也不是按照这种方式运行的。

《历史》不包括文字的教训，而且希罗多德是处在口语和文字之间的人。但是，他也想“保存”话语，而且《历史》是用文字写下来的。事情的经过就好像，在前言当中，他“以为”自己要与史诗一争高下，而实际上，他做了其他的事；他不知道该如何表达自己的意思；他想成为吟游诗人，但是他是使用散文的吟游诗人。从根本上说，他打算做的事本来是不一样的，可在写《历史》的过程中，他产生了一种新的记忆的方式[2]，这种方式的记忆与史诗的记忆非常不同。

1　谢阁兰：《远古人》，巴黎，1956 年（V. Segalen, *Les Immémoriaux*，Paris, 1956）。

2　这种新的记忆方式既与史诗相像，又深刻地不同。我们在前文援引的乔斯（Drews）的书中对此有一些论述。

表述的各种手段 432

我们前边逐个分析了表述的四种标志：目睹、耳闻、我说、我写，我们是从它们对接受者的影响的角度来考虑的（这些标志在故事的过程中，在不同的层次上进行干预）；在此之后，我们的另一个问题是，除了主要的叙述者之外的其他叙述者，以及与此相关的，除了最初的接受者之外，必要时会出现的其他接受者的问题。换句话说，是谁、在什么时候、在对谁讲话？这又对故事产生了什么样的结果？

有一个第一位的叙述者，他是无所不在的，而且是唯一的表述主体。他以第一人称单数的形式讲话（我知道，我看见了，我觉得……），但是也用第一人称复数："我们亲自测量了"，"我们亲自见到"，"据我们所知"或者"我们知道"；这后一种表达方式时时出现在句子当中，比如：在诺勒人的地盘上，再向北，"据我们所知"，有一片无人的荒漠；或者，"据我们所知"，波利克拉特斯是第一个想到海洋帝国的希腊人。[1] 甚至有一次，他在作品的前言中，以第三人称，用他自己的名字表述（希罗多德讲述说……），但是一到第五段，"我"便上场，最后结束了前言。

如果除掉直接引语的话语，第二人称（你，您）没有说明，因此文本的接受者仍然不明朗。相反，在《世界的描述》（*La Description du monde*）当中，马可·波罗用第一人称单数和复数（我，我们）指他自己，第三人称单数（马可·波罗，他）也有这样的作用，但在故事当中，接受者是大量包含在第二人称当中的（"你要知道……""我对你说……""我们想告诉你的是……"）。然而，在《历史》的场景当中，并不是没有接受者，只不过接受者是以第三人称复数（希腊人）和第一人称复数（我们）的形式出现的。"我们"，就是指叙述者所在 433

1　"我们"="我"的情况：希罗多德，II，127，131；III，122；IV，16，20，46……有时候对"我们"的准确意义的延伸，我们会感到不大好说：是不是只是与"我"的意思相同，还是超越了"我"，指知道某事的一个群体，"我"也是该群体之一员呢？参见本书后文第 532—537 页。

的世界，与叙述者讲述的世界相对；是“我们”与“他们”相对；比如，“我们说的樟属植物，是从腓尼基人那里学来的一个词；我们用来称呼阿里斯马普人（Arismapes）的名字，是斯基泰语的；我不知道还有个锡岛（Cassitérides），但是我注意到我们的锡和琥珀都是从远到天边的地方来的；只有在世界的尽头，才蕴藏有我们认为非常美丽的东西；在利比亚，奥赛人对我们称之为雅典娜的一个本地神举行由父辈们建立的一种祭祀仪式。”[1] 因此，“我们”的伸缩性很大，可以收缩成“我”，相反也可以伸展开来，包括所有的希腊人。在最大的收缩和最大的外延之间，恰恰是根据听众的情况，可以形成多种群体：的确，“我”总是可以把自己包括在“我们”当中。接受者以第三人称的形式可以通过比较和对照来理解，比如，在提到托里德人（Tauride）时，
434 先是使用让雅典人或者阿布利亚的希腊人理解的说法。[2] 接受者也可能是没有明确说的希腊人。的确，当希罗多德讲述波斯人杀死篡位的斯梅尔迪士之后，讨论建立什么样的体制最好时，他明确说，这些话虽然令人“难以置信”，但的确是说了。[3]

最后，第三人称，指的就是其他的人、所有的讲话者、和我说的人、所有我让其开口讲话的人，以及所有自己讲述的故事（légetai），表面看来不需要叙述者之口，也不需要任何接受者的耳朵。[4] 有很多这样的第二位的叙述者，有的只是被一时征召而来，讲完他们该讲的话之后，就消失了。他们处在语句主语的地位上，但从来不是表述的主体（连间接引语的主体都不是）。比如在讲到斯基泰人的起源时：第一个讲话的叙述者是斯基泰人（斯基泰人说……）；继而是本都的希

---

1 希罗多德，III，111，427；III，115；III，116；IV，179。

2 同上，IV，99。

3 同上，III，80；VI，43。

4 关于罗马人，孔多塞（Condorcet）指出：“他们觉得，有了放在句子开头处的‘据说’，‘有人说’，就可以免受幼稚轻信的嘲笑。对这种无动于衷，人们主要把它归咎于对印刷艺术的无知，在他们那里，这种不幸也拖累了历史的艺术，而且也阻止了他们在对大自然了解上的进步。”《人类精神进步史纲要》，巴黎，1970 年，第 88 页（*Esquisse d'un tableau historique des progrès de l'esprit humain*, Paris, 1970, p. 88）。

腊人，他们也说……然后是“希腊人和蛮族人”，他们说……最后，诗人阿里斯特亚斯说……[1] 因此，由四个叙述者（有集体的，有个人的）产生了四种重叠的叙述。与这些叙述者相对的，是主要的叙述者。在上述四种叙述发出时，主要的叙述占据的是叙述接受者的地位。或者甚至是第二位的叙述接受者的地位，因为，是否应该说，这些版本并不是专门为他而产生的，而是有一个第一位的叙述接受者？比如本都 435
的希腊人，当他们试图理解谁是萨尔莫克西斯时，本都的希腊人先想到毕达哥拉斯，再按照远和近的辩证法来理解。[2] 因此，我们可以认为，这样的模式首先是针对本都的希腊人的。

不管怎么说，重要的是，只有主要的叙述者是可以移动的：他可以占据所有的话语位置。他可以由叙述的发出者变为叙述的接受者，然后在他愿意的时候，再变回叙述的发出者。不同的叙述就好比是一些岩层，每个层面都是由流下来的岩浆形成的（有点儿类似于布罗代尔的长时段结构），而且每个层面（在必要的时候）都由主要的叙述者与其他的层面建立了联系，主要的叙述者通过安排表述标志进行干预。在将各个层面联系在一起的同时，叙述者也就中断了其中的某一些，使其他的得以延长，总而言之，是从让人相信的角度将这些层面进行分类。当然，各个版本的推出顺序并不是无足轻重的，而是已经指出了潜在的表述标志，甚至是一种潜在的模式结构（因为它“先于”文字的表达）。[3]

我们来看斯基泰人是如何讲述他们的起源的。在讲到第一个斯基泰人出生——父亲是宙斯，母亲是波里斯泰内河的女儿——时，主要的叙述者突然插话了，悄悄说，“他们说的这种事，我认为是不可信的”（emoì ou pistà légontes）；然后，故事继续讲下去。后面是本都的 436

1　参见本书前文第 79 页及以后部分。
2　参见本书前文第 164 页及以后部分。
3　我们这里说的模式，是指影响叙述者与其语句之间的关系的东西。这些模式包括确定命题真理或者存在价值的特点（真值模态），或者最后还有，与应该如何做有关的价值（道义模式）。

希腊人的说法，这期间，叙述者没有插话干扰。然后，希腊人和蛮族人的说法也被形容了一番，说这个版本“也是我愿意相信的”。最后是诗人阿里斯特亚斯的版本。因此，从这些插话来看，第三个版本是最可信的，第一个版本直接就被否定了，至于第二个和第四个，它们也被间接地否定了。

作为表述的标志，“我看见了”“我听说了”影响到讲话者及其语句的关系，但是也与接受者的听有关，因此，这些标志已经具有模式的价值，或者是真值模态，或者是认知的模式。“我看见”和“我写”的作用稍微有些不同。的确，我说的事，就是人们说的事；我写的事，也是人们说的事。我说的话（lógos），只不过是复制了最先被人说的事，我的说证实了被人说的事，最先被人说也证实了我说的话。人们说的事，我向你保证是有人说过的，因此你（接受者）可以相信我；另外，我只不过说了别人说的事，因为我并不打算欺骗你们，所以你们可以相信我。这种对最早有人说的事表示的忠实是作为一种责任提出的：我之所以写或者说有人说的事，那是因为“我应该这样做”：“我认为，我应该（ophéilō）说人们说的这件事……我现在说的这话适用于我的整部历史。”[1]

然而，这种义务有一种必然的后果：我说，我写，但是每个人都可以相信，也可以不相信我说的事。首先我可以相信，也可以不相信，或者相信某种说法而不相信另一种，只要“我认为”（dokeî moi）[2]那种
437 说法更加“可信”（pithanôs）就行：“我应当说出人们说的事，但是，我‘不应当’完全相信它……”因此，我既不是轻信的人，也不是说

1 希罗多德，VII，152；亦参见 III，9。

2 当然应当考虑使“我”相对化了的模式（我觉得……我认为……），各种模式在我选择的大的表述标志内部，使得讲话者和话语之间的关系变得更加细致。我可以中止或者假装（？）中止我的信誉。参见本书前文第 197—198 页关于萨尔莫克西斯存在与否的叙述。盖塔人“相信”他是一个神，本都的希腊人“说”他是毕达哥拉斯的奴隶，并讲了关于地下房屋的故事。至于我，我既不相信（apistéō）地下房屋的事，也不太相信整个故事（pisteúō ti líēn），但是，好像（dokéō）萨尔莫克西斯比毕达哥拉斯在世早很多年。至于他是一个普通人还是盖塔人的神，让我们把这事放到一边吧（chairétō）。

谎者，因此，你们是可以相信我的。我有相信或者不相信的自由，但是接受者也有这样的自由："谁觉得这种事是可信的，谁就可以接受埃及人讲的这些故事，至于我，我在讲整个故事的过程中向我自己提出的要求，就是我怎么听到的就怎么写，把人们的种种说法都写下来（akoêi gráphô）。"[1]因此，你可以相信或者不相信，你可以相信我相信的东西，或者相信其他的东西。因为我并不想欺骗你，我也不会强迫你相信，所以总起来说，你就更可以相信我。

这种罗列起来的叙述，这种表述的手法，对于故事让人相信的能力来说，是根本性的。第一位的叙述者无所不在，并因此而表明他知道（有时候他知道的比他说的要多，比如西律斯的死就有很多说法，他都知道，但是他只转述了他认为最可信的说法）；[2]他也表明他是在完成自己的责任（我应当说），同时他既不是[3]轻信者，也不是说谎者， 438
总而言之一句话，他证明自己是可信的。

最后，故事追求的是让人相信，这便提出了公众相信的愿望或者公众的耳朵的问题。对于《历史》来说，我们很难判断公众的耳朵如何，我在此只做个一般性的说明，只提供一个例子。叙述者的"让人相信"的确是与公众"相信的意愿"配合在一起的。也就是说，公众也有可能拒绝相信。在谈到波斯人的争论时，希罗多德两次提到"希腊人当中有些人拒绝相信"波斯有过这样的争论。为什么希罗多德会插话说出这事呢，其意义是什么？首先，当我谈到这个问题时，我知道我在说什么。第二，我明知道希腊人不相信这一点。如果我仍然坚持说，那是因为我有"可靠的理由"，所以你们就更应该相信我。因此，拒绝相信也就得到了补偿，说到底就可以用来加强故事想让人相

1　希罗多德，II，123；V，45［关于锡巴里斯人和克洛托尼亚人（Crotoniates）之间的争议］："以下是各方提供的证据，每个人都可以选择自己觉得有说服力的证据……" III，122（关于波利克拉特斯的死亡）："这就是人们给出的关于波利克拉特斯死亡的两种解释，每个人愿意相信哪种解释就相信哪一种吧"；II，146（关于赫拉克勒斯）："在这两种说法当中（希腊人的说法和埃及人的说法），每个人觉得哪种说法更可信，就采用哪一种吧，至于我……"

2　同上，I，213。

3　同上，I，213。

信的追求了。

忽必烈汗问马可·波罗，回到威尼斯之后，马可·波罗向同胞讲的故事是否与在此地向忽必烈汗讲的故事一样。马可·波罗回答说："我只是讲，但是听我讲话的人，只记住了他期望从我这里听到的话。你怀着善意关注的对世界的描述是一回事，等我回去的那天，在我家门前的人行道上聚集成群的装卸工和贡多拉船夫如何传说，那就是另一回事了，等我到了老年时候，再口述给人们的故事版本又会不一样……对故事起着控制作用的不是声音，而是耳朵。"[1]

439

神话与愉悦，或者"神话癖"

一个故事从来不是完全从某个地方突然出现的，而总是来自另一个故事；旅行者的故事所走过的路，也是别的故事走的路：太平洋的发现者们一路上的经历在变成文字之前，先是将文字与以前的故事进行了拼接。克里斯托弗·哥伦布（Christophe Colomb）是带着马可·波罗的书上船开始远航的。

在叙述者的手中，以前的故事是说服人的机制当中的一个零件。的确，让人相信自己的故事的一种方式，那就是指出，在别人的故事当中，有哪些东西是"不可信的"，是"谎言"或者"神话"。希罗多德没有忘记这一点，我们在他的文本当中经常看到他对某些故事（lógos）表示"反正我是不信的"（emoi ou pistá）。迦勒底人（Chaldéens）说，神会来到神庙，从所有的女人当中选一个中意的，并与她在床上睡，对这种说法，我是不信的。埃及人说，凤凰背上驮着父亲的尸体，对于这种话，我是不信的。腓尼基人说，当他们完成

1 卡尔维诺：《看不见的城市》，图灵，1972 年，第 143 页（I. Calvino, *Le Città invisibili*, Turin, 1972, p. 143）。

在利比亚的游历时，太阳在他们的右边，对这种说法，也是不可相信的……[1] 与此相对的，是可信的一类事物（pithanós），及其不同的可信性程度，有比较级（两个故事当中较为可信的一个）和最高级（最为 440
可信的故事）。[2] 希罗多德用的是“可信的事物”，而修昔底德用的则是“很可能”的类别（eikós）。

当希腊人谈到赫拉克勒斯是如何来到埃及的时候，他们的说法“是轻率的”（anepisképtōs），而且他们那是在讲“神话”。[3] 不，埃及人没有打算把他当牺牲品献祭，他们是只用动物献祭的，而且要遵守非常严格的仪式。希腊人的说法（lógos）和埃及的文化是矛盾的。赫卡塔埃乌斯对欧申纳斯（Océan）的说法以更加明确的方式，被说成是“神话”（mûthos）：“他用神话来囊括所有看不见的事物，所以那是没有证据的（es aphanès ton mûthon aneneíkas ouk échei élegchon）。至于我，我的确不知道欧申纳斯河的存在。我认为是荷马或者以前的某个诗人发明了这个名称，并将它用在了诗歌当中。”[4] “神话” 在可见的事物范围之外，是没有办法证明的，因此援引这样的事物，那是诗人的修辞。另外，每当希罗多德指名道姓地援引赫卡塔埃乌斯的作品时，都明确地把他说成是“logopoiós”（杜撰故事的人）：杜撰故事的赫卡塔埃乌斯，就像专门编纂寓言的伊索（Esope）一样。的确，伊索有一次偶然在文中被提到，是指名道姓地被说成“伊索，杜撰故事的

1　希罗多德，I，182；II，73；IV，42。除此之外，我们还可以参见 II，121；V，86；VII，294，VIII，119。希罗多德使用的另一种说法是 “mâtaios lógos”（这种说法是徒然的）（II，2，118；III，56）。II，118 的例子特别值得关注，因为它是关于特洛伊战争的：“我问祭司，当希腊人谈到特洛伊战争时，他们说不说蠢话（mátaion lógon），下面是他们回答我的话……” 因此，在这具有根本性的一点上，希罗多德认为问一问埃及有学问的祭司还是有必要的，至少他们说的话值得关注。

2　同上，I，214；II，123；III，3，9；IV，95。

3　同上，II，45.

4　同上，II，23。关于欧申纳斯，亦参见 IV，8 和 IV，36。不管怎么说，认为赫卡塔埃乌斯说的话是神话似乎可以是正常的，因为他自己在神谱史的一开始就说，“神话家米利都的赫卡塔埃乌斯讲述说……” 对于他的作品，我们可以认为是把神话、对希腊人各种说法和文字的调查结合在一起，而对于希罗多德的作品来说，“神话”（mûthos）是立刻与看不见的事物（aphanḗs）联系在一起的，是没有证据的。

441 人”。[1]重新回归这种说法对于他来说，并不是无所谓的。在不同的话语当中挑出属于神话的东西，那就相当于把这种东西远远地抛弃在我的故事之外：在别人的故事当中，“神话”被我称之为故事的相异者（es aphanés）。

最后，旅行者写游记是为了揭露其他的旅行者“说谎的”故事。比如莱里之所以决定写《游记》，主要是因为读了特维的《宇宙志》（*Cosmographie*），他说这本书中“到处是谎言”。这个法国方济各会的修士“到月亮王国去干些无聊事”，而且还是个“十足的骗子”：“我尤其感到愤怒的是，我说的这个人不仅拉大旗当虎皮，自称是国王的宇宙志编者，骗财骗色，更可气的是，这种幼稚的骗术只是用了一封简单的书信，用国王的名义担保和保证。”说自己是宇宙志编者，这意思也就是说，事实上，他“向全宇宙撒了谎，也就是向所有的人撒了谎”。“如果听了他的胡言乱语，你便相信他亲自见证了、听说了生活在世界上四分之一地方的各种野人部族的各种习俗和生活方式，而且他还亲自像勘察现场一样游历了东印度所有的地方……”而实际上，他只在那里待了几天时间，而且还是待在维尔加尼翁小岛（Villegagnon）根本没动地方。[2]因此，谎言或者“神话”有双重的作用。它们可以产生故事，并让故事扩散开来：我写故事是为了揭露别人的
442 故事，因此，它们推动着别人写。它们让人们相信，因为说别人的故事是虚构的，对于叙述者来说，同时也就相当于说明自己的故事是严肃的：他想让我们相信他亲眼看见了，但是我知道事实并非如此，因为我才是真正亲眼看见了的，所以你们应该相信的是我。

希罗多德强调说，赫卡塔埃乌斯是“杜撰故事的人”，可是不久之后，他自己也被别人这样对待了：他被人们说成“杜撰者”、“说谎

---

1 希罗多德，II，134，143；

2 莱里援引的这些话都是从作品的前言中引述的。关于特维和《宇宙志》，参见赖斯特林岗：《宇宙志作者的工作间或者文艺复兴时期的世界形象》，巴黎，1991年（Fr. Lestringant, *L'Atelier du cosmographe ou l'image du monde à la Renaissance*, Paris, 1991）。

者”、“编造神话者”或者“神话专家”。事情的经过恰恰是使人相信的机制彻底跨了：他的故事不再使人们相信。第一个造成断裂、标志出这种距离并将他的故事归到“神话”一边的人，恰恰就是继承了他的衣钵的人，就是在“历史”的路上继他而来的修昔底德。我们立刻想到的，是一个现成的杀父者的形象：考古学也是这样，也是个谋杀者！

在公元前 4 世纪初，尼多斯的克特西亚斯重复说要保持距离，但是他的方式不同。克特西亚斯是波斯大王薛西斯的医生，他写了一部《波斯史》(*Persiká*)，其中“差不多在所有的问题上都与希罗多德相悖”，他说希罗多德在很多问题上都说了谎，而且说希罗多德是“杜撰故事的人”。因此，他破坏了希罗多德让人相信的机制，他使希罗多德的机制变成了简单的骗人的把戏，后来又提出了克特西亚斯让人相信的机制：他才是真正目睹了（眼见为实）他写的东西的人(sunggrápsai)，或者，即使没能目睹，他也听人说了。[1] 不用说，继之而来的，就是人们应当称之为的纯粹的谎言。

不过木已成舟，人们在很长时间里认为希罗多德是个说谎者，他的形象无人不知，骗子的名声也变得不可避免了。[2] 弗拉维奥·约瑟夫（Flavius Josèphe）在公元 1 世纪末对形势进行了总结，说希腊史 443
学就是一连串的后者对前者的批评，但是有一点是一致的，那就是

1　《古希腊历史学家作品残篇汇编》，688 T 8（*F. Gr. Hist.*, 688 T 8 ， Jacoby）.

2　关于史学中的希罗多德，除了奥维特在这一专题研究中的第一本书《希波战争的历史学家希罗多德》，巴黎，1894 年（A. Hauvette, *Hérodote historien des guerres médiques*, Paris, 1894），以及施密特的《希腊历史》，1934 年，第 665 页及以后部分（W. Schmid, *Geschichte der Griech, Literature, II*, 1934, pp. 665 *sq*）之外，还可参阅黎曼：《古代历史中的希罗多德》，慕尼黑，1965 年（K.A. Riemann, *Das Herodoteische Geschichtswerk in der Antike, Diss.*, Munich, 1965）；亦可简单参阅伊万：《是历史之父还是谎言之父：希罗多德的名声》，见于《古典季刊》，第 64 期，1968 年，第 11—17 页（J. Evans, “Father of history or father of lies ; the reputation of Herodot”, *Classical Quarterly*, 64, 1968, pp. 11-17）。最后，莫米利亚诺：《希罗多德在史学史中的地位》，见于《史学研究》，伦敦，1966 年以及《希罗多德和现代史：在人文研讨会上提出的一些问题》，见于《永恒》，第 31 期，1957 年，第 74—84 页（A. Momigliano, “The place of herodot us in the history of historiography” , *Studies in Historiography*, Londres, 1966, Idem, “Erodoto e la storiografia moderna : alcuni problemi presentati ad un convegno di umanisti”, *Aevum*, 31, 1957, pp. 74-84）。

所有的人一致攻击希罗多德。[1] 人们写了很多书反对希罗多德：曼涅托（Manethon）写了一本《反对希罗多德》（*Contre Hérodote*），以揭露希罗多德在埃及问题上说的谎言。后来的雄辩家们也开始反对希罗多德，瓦勒利乌斯·波利奥（Valérius Pollio）写了一本《希罗多德的剽窃》（*Sur les Vols d'Hérodote*），阿流斯·哈波克拉西翁（Aelius Harpocration）写了一本《希罗多德的谎言》（*Sur les Mensonges d'Hérodote*），利巴尼奥斯（Libanius）写了《反对希罗多德》（*Contre Hérodote*）。还有最著名的，我们今天唯一能够看到的，就是普鲁塔克（Plutarque）的《论希罗多德的邪恶》（*Sur la Malignité d'Hérodote*）。也就在约瑟夫对希腊史学进行总结时，普鲁塔克写了这部论战性的作品，而且这部作品从形式上看是在捍卫祖先，首先是在捍卫他自己的祖先，被希罗多德说坏话特别多的彼俄提亚人（Béotiens），也包括希罗多德没有说好话的所有城邦的人。他的假设非常简单：希罗多德是个说谎者，这是无可怀疑的，但是除此之外，他还是个怀有恶意的说谎者。的确，除了说人的坏话之外，希罗多德再没有别的什么事能够让自己感到更加快乐，而且他说别人的坏话时还显得若无其事。普鲁
444 塔克说的“邪恶”（kakoḗtheia），指的就是这意思。他挫败说谎者的证明也非常简单，为了反对说谎者，他先提出希波战争的传统当中最具有“爱国”性质的东西，从内心深处的信念来说，“在希腊人反对波斯人的胜利的斗争历史当中，一切都是美好的，而且祖先留下的，都是伟大的楷模（凡是有可能玷污这一光辉时代的光明图景的事物，都是可恨的，并应该被清除）”。

但是，对传统的捍卫必须超越希波战争，因为什么事也逃不过希罗多德的邪恶。比如，从《历史》的前言开始，他便说伊俄（Io）的

1　弗拉维奥·约瑟夫：《反对阿皮翁》，I，3（Contre Apion, I, 3）：关于希腊历史学家的矛盾，“我用不着再对读者说——读者知道得比我更清楚——赫拉尼库斯（Hellanicos）与阿库西拉乌斯（Acousilaos）在谱系的问题上是多么不同，阿库西拉乌斯又修改了赫西俄德的哪些东西，赫拉尼库斯的错误是如何在几乎所有的问题上被埃福罗斯指出，埃福罗斯的错误又被提迈奥斯（Timée）指出，提迈奥斯的错误又被后来的人指出，而希罗多德的错误则被所有的人指出。”

坏话，“所有的希腊人都相信她从蛮族人那里接受了神圣的荣誉”，但是他认为，她的肚子被一个腓尼基的船长搞大了。自然而然地，他让这个骗人的故事从腓尼基人的口中讲出来。特洛伊战争也是这样，那本是“希腊最伟大、最美好的英雄行为”，却成了一件“蠢事”，是“一个一文不值的女人”挑起的事，的确，如果“这些女人没有被劫持，如果她们不愿意这样做的话”，就不会有特洛伊战争了。[1] 普鲁塔克忘记了说明，以劫持事件来解释战争原因的，是波斯的学者，而不是希罗多德，但是，即使说明了这一点，他也会补充说，很可能希罗多德是故意将这种污蔑之言推卸给波斯人的。更加严重的是，埃及法老布西瑞斯（Busiris）用人作为牺牲品向神献祭、杀害外国人的罪责都被免除了，相反，却让在埃及逗留的墨涅拉俄斯（Ménélas）承担罪
责。[2] 最后，关于埃及宗教对希腊宗教的影响，希罗多德所说的一切都 445
令人感到气愤。“他利用吹牛和骗人的故事，推翻希腊宗教中最值得人们尊敬、最为神圣的信仰。”[3] 有些话是德尔斐的祭司不可能接受的，即使是哲学家也不可能接受！更何况这些话根本就不尊重任何人，连皮提亚也不尊重。事实上，希罗多德对待人们就像伊索对待寓言中的动物一样，他让自己杜撰的东西（plásmata）从别人口中说出。普鲁塔克说，的确，有一次，他甚至不再满足于像伊索让乌鸦或者猴子说出他想说的话一样，还借斯基泰人、波斯人或者埃及人之口讲话，甚至让皮提亚也成了他的代言人。[4]

总起来看，需要“写很多书，才能完全列举所有的谎言和杜撰”。[5] 当普鲁塔克把他说成是“蛮族哲学家”（philobárbaros）的时候，意思不是说希罗多德喜欢蛮族人，而是说他是希腊的叛徒，而且，他真的是希腊人吗？的确，“虽然有些人把他看成图里奥姆人，但他自己非

1　普鲁塔克：《论希罗多德的邪恶》，856 E（Plutarque, *Sur la Malignité d'Hérodote*, 856 E）。
2　同上，857 A—B。事实上（II，45）希罗多德并没有谈到布西瑞斯。
3　同上，857 E。
4　同上，871 B。指的是在萨拉米斯岛授予埃伊纳人（Eginètes）或者雅典人英勇奖的问题。
5　同上，854 F。

常依恋哈利卡纳苏斯的人，这些多利安人（Doriens）在攻打希腊的时候，在战场上还带着他们的后宫妻妾。”[1] 普鲁塔克的这篇论文无疑对建立和传播骗子希罗多德的形象起到了重要作用，这种形象跨越中世纪，一直流传到文艺复兴时期和现代。的确，到了文艺复兴时期，当人们开始致力于捍卫希罗多德时，首先需要摧毁的，就是普鲁塔克的指
446 责。从 1450 年到 1700 年间，普鲁塔克的作品是希腊作者当中出版得最多的，这也部分地说明了当时人们的行动：比如，《比较列传》（*Vies parallèles*）出版过 62 次，而《历史》（*Histoires*）则出版了 44 个版本。[2] 然而，维韦斯（J. L. Vivès）认为，在 16 世纪初，希罗多德仍然是无可争议的“谎言的鼻祖”：“在某些语境下，与其说希罗多德是‘历史之父’，还不如说他是‘谎言之父’。”[3]

在批判说谎者的一系列作品当中，以下是博诺（J.-B. Bonnaud）写的最后一部，出版于 1786 年的《不自觉中成了希伯来人民的历史学家的希罗多德》（*Hérodote, historien du peuple hébreu sans le savoir*）；事实上，这部作品形式上是“针对一个年轻哲学家对盖兰·迪·罗谢神父写的《神话时代的真正历史》的批判手稿的回信”[4]，因此，博诺神父是想通过希罗多德，为他的老师盖兰·迪·罗谢的“最幸运的发
447 现”辩护：希罗多德的埃及历史只不过是对希伯来人民历史的“粗

1 普鲁塔克：《论希罗多德的邪恶》，868。

2 《论希罗多德的邪恶》不在《比较列传》当中，但是尽管如此，普鲁塔克还是最知名的作者之一。同一时期，弗拉维奥·约瑟夫的作品也是出版得最多的（《犹太古史》出了 73 版，《犹太战记》出了 68 版）。但是，最著名的拉丁作者撒路斯提乌斯（Salluste）的作品出版了 282 次。参见布克：《历史与理论》，《古代历史学家的声望》（P. Burke, *History and Theory*, “Popularity of ancient historians”, 5, 1966, p. 136）。

3 J. L. Vivès, *De disciplinis libri XII*, Luggduni Batavorum, 1636, p. 155. (de causis corruptarum artium liber II), p. 627 (de tradendis discipliis liber V). 维韦斯后来又对这种联系进行了解释，并在解释的时候，出于风格的考虑，又拾起西塞罗的话，说：“希罗多德之所以被称为‘历史之父’，主要是因为他的叙述主题、典雅之风和他本人补充的精彩演说词引人入胜。他添加了很多虚构的成分，但那是作品主题所允许的。需要被谴责的是缪斯：她明确说作者是可以自由漫谈的。”

4 博诺：《不自觉中成了希伯来人民的历史学家的希罗多德》，海牙，1786 年（Abbé Bonnaud, *Hérodote, historien du peuple hébreu sans le savoir,* La Haye, 1786）；盖兰·迪·罗谢神父：《神话时代的真正历史》，巴黎，1776 年（Guérin du Rocher, *Histoire véritable des temps fabuleux*, Paris, 1776）；这两个人在法国大革命时期天主教反对派当中起过一定的作用，1792 年 9 月死于加尔默罗修道院。

暴篡改”。在《神话时代的真正历史》当中，耶稣会的会士盖兰想与当时人们的轻信做斗争。他反对那些假装将神圣的历史和“神话的古代时期”混淆在一起的人，竭力想让寓言为《圣经》提供有利的证明，同时指出，这些寓言只不过是对《圣经》的“歪曲”。这实际上是一种老套的手法，教会的神父们借此说希腊人“歪曲”“篡改”“抄袭”了神圣的历史，两个急于“揭示”神话时代真理的教士和其他教士们一样，使用的手法也如出一辙。[1] 因为埃及的历史被认为是最为古老的历史（在世俗的历史当中是最为古老的），所以从埃及的历史开始说起，是正常的，希罗多德又是讲述埃及历史的最古老的历史学家，所以不可避免地会首当其冲受到攻击。[2] 歪曲的源头在语言当中，尤其是在从一种语言到另一种语言过渡的困难当中："歪曲”是对专有名词翻译“错误”或者错误地解释的产物，好像语言摆脱了使用者，产生了神话一样。因此，通过对词源进行研究，为学者提供了一种可靠的阐述的方法，这是盖兰神父尤其不能忘记的。比如，埃及城市忒拜（Thèbes）的名字实际上就是挪亚方舟的意思，在希伯来文里，“挪亚方舟”是“Thbe”；埃及的第一个国王美尼斯（Ménès）的名字实际上是“挪亚”的意思，“挪亚”在希伯来文中是“nê”或者“mnêe”，而且从某种意义上说，挪亚是在大洪水之后“统治世界的第 448
一个人”[3]……

关于希罗多德，博诺神父只能归结说：历史之父实际上是谎言的鼻祖，“孟菲斯的祭司向他提供了经过删节的《圣经》”，他是“根据断章取义的《圣经》写作的”，他在不知不觉当中说了谎。世俗历史的“虚枉”就这样被表现了出来，世俗历史不知道自己在说什么，它所表达的东西，实际上与它想表达的东西不一样，因此，如果用《圣

1　玛努埃尔：《十八世纪面对的神》，剑桥，1959 年，第 112—115 页（F. E. Manuel, *The Eighteenth Cetury Confronts the Gods*, Cambridge, Mass. 1959, pp. 112-115）。

2　参见前文所引盖兰的作品第 XXIX 页，91 页：埃及的历史是被篡改的神圣的历史，从挪亚方舟一直到犹太人在巴比伦被囚。

3　盖兰，第 126 页。

经》来衡量，世俗历史中的所谓真理恰恰完全是神话。“因此，以人的见证为基础真正建立起来的，在道德上具有积极意义的历史，对于古老的世俗编年史来说，完全成了圣书真理的影子。比如，人类第一部历史的精神杰作，作为伟大而不朽的作品，却成了人之幻想的见证和虚妄的世俗文学。”这就说明世界的历史从源泉上就干涸了，从今之后也成了神话。在驱散这一幻想之后剩下的，只有《圣经》和神圣的历史才是永远坚不可摧的，才是所有其他话语的真理。[1]

对于博诺神父来说，世俗的历史属于神话，不知不觉地充当了说谎者的希罗多德，不是写历史的人，而是写神话的人，是讲“神话”（说“故事”）的人。不管他是不知不觉地在说谎，还是假装在说谎，在博诺神父护教论的观点出现之前，而且远在这一观点出现之前，人们常常把希罗多德说成是讲神话的人，而“讲神话”也是说谎的一种。

449 亚里士多德是这样说他的：“ho muthológos”（“讲神话故事的人”）；6 个世纪之后，格利乌斯（Aulu-Gelle）又说他是“homo fabulator”（“虚构故事的人”）。[2] 阿布戴罗斯的赫卡塔埃乌斯（Hécatée d’Abdère）对人们的关于埃及的知识进行了总结，他明确说，对于希罗多德和其他几个人打造的埃及历史，他采取的态度就是简单地无视其存在，因为他们“故意选择说些荒唐的事（tò paradoxologeîn），而且专门制造神话（múthous pláttein），而不是讲真话”。而他则相反，只是以“祭司的文字档案”为根据。因此，他责备的是希罗多德故意忽略了这种资料来源，以文字的真理的名义批判“神话”。[3] 斯特拉波也以同样的方式揭露古代作品，尤其是希罗多德的作品中对神话的偏好（philomuthía）[4]，当然，这些神话讲的主要是僻远地方的故事，是古时

1　前文所引博诺神父的作品第 3 页，276 页，列日版，1790 年（éd. Liège, 1790）。

2　亚里士多德：《动物的生殖》，III, 5, 756 b 6（Aristote, *De la génération des animaux*, III, 5, 756 b 6），在谈到鱼表面上看起来不进行交配的时候，他说大家都在重视希罗多德说过的话（ho muthológos）；格利乌斯：《阿提卡之夜》，III, 10（Aulu-Gelle, *Nuits attiques*, III, 10）。

3　狄奥多罗斯，V, 69,7（Diodore, V, 69,7）。

4　斯特拉波（Strabon, XI, 6, 2）。

候的故事。[1]

当赫西俄德讲到大头人（Macrocéphales）或者矮人（Pygmées）的时候，并不是出于“无知”，而是一种选择的结果：他采取了“神话的形式”（múthou schêma）。“但是，在荷马编的故事里也有矮人，阿尔克曼（Alcman）说有人用脚就可以给自己遮挡阴凉，埃斯库罗斯则说有的人长着狗头，或者眼睛长在前胸，或者是独眼，对这些人，我们不能过多地责备他们，因为大多数时候，对于那些用散文写作的作 450
品，那些用历史模式（historías schêma）写的作品，那些忘记了承认他们采用的是传奇方式（muthographía）写作的作品，我们看得并不太仔细。众所周知的是，从一开始，这些作者便故意将一些神话的元素穿插了进来：并不是因为他们不知道什么是现实，而是因为他们想追求神奇，他们要讨人喜欢，所以才系统地编造了一些东西，然而，他们让人觉得他们是出于无知才那样做的，特别是他们在一些说不清楚的、没人知道的领域（pithamôs mutheúousi），言之凿凿地讲了一些神话故事。塞奥彭普斯（Théopompe）由此得出结论，干脆就说希罗多德在自己的《历史》当中也讲故事。与希罗多德、克特西亚斯、赫拉尼库斯（Hellanicos）和所有印度历史学家相比，他的做法更好。”[2] 所以极而言之，相信赫西俄德、荷马或其他悲剧作家，要比相信克特西亚斯、希罗多德、赫拉尼库斯以及其他的一些作家“更加容易”[3]，因为前者有意地选择了“神话的形式”，而后者选择的是“历史的形式”，可是他们却悄悄地滑向了“神话的形式”，同时又假装仍旧在“历史的形式”当中。

为什么会有这种“神话癖”（philomuthía）呢？是为了取悦于人，而且明确指出这一点的，仍然是修昔底德：古希腊的历史学家在谈到

1　斯特拉波，比如 XII, 3, 21：“有些人称波里斯泰内河以远的斯基泰人为阿罗尔综斯人（Alorzons）或者卡里皮德斯人（Callipides），或者还有其他一些名字——都是赫拉尼库斯（Hellanicos）、希罗多德和欧德洛斯（Eudore）给我们讲故事的时候提到的（katephluárēsan ēmôn）。”

2　同上，I，2，35。

3　同上，XI，6，3。

希腊的过去时，追求的是如何把话说得更加动人，而不是如何更好地表达真正的事实，他们放任自己，更多地被人们愿意听的东西所引导。[1] 修昔底德与早期希腊的历史学家说的话保持了距离，认为他们的话是“神话”，批判他们的话是为了取悦听众而说的。“在听人讲述的时候，如果所讲述的事实当中没有感人的成分（muthṓdes），那
451 么无疑就会减少事实的魅力。但是，如果人们想看清过去的事件，并根据人本身的特点，看清未来将发生的事件所具有的相似性、类似性，那么，人们就会认为，这些事件是有用的，而且还不够。这些事件是永远的宝藏，而不是为了取悦一时的听众而编造出来的东西。”[2] 因此，他是将真正的事实，用文字表达的、已经永远成为既得知识的东西，和“神话”（muthos）、耳朵、一时一事对立起来的，他的作品是想见证这一新的变化。后来，这种追求愉悦的原则不断地被人们证实，这些人都称希罗多德是“讲神话的人”或者是“说谎者”：有刚才提到的赫卡塔埃乌斯、斯特拉波，也包括一些现代的人，比如尼布尔（Niebuhr）。

在这样的背景之下[3]，这就是人们称之为神话的东西，神话是相对于另一种类型的话语而言的，而且神话只能根据这一基础性的划分，才能展示出来。这样一来，我就可以把神话看成可笑的东西，并用来提升我自己的话语的价值，或者把我自己的话语当成科学的对象，从我自己的话语开始提出问题。人们之所以把这样的历史称之为“神话”，是因为人们不再相信它们。自从修昔底德以来，人们不再相信希罗多德讲的某些故事，这些故事变成了幼稚的或者骗人的东西：他

1　修昔底德，I，21。
2　同上，I，22，4。
3　关于更加广泛的神话的背景，参见马塞尔·德蒂安的《可耻的神话》，载《跨越》杂志第 12 期，1978 年 9 月，第 3—20 页（M. Detienne, “La Mythologie scandaleuse”, *Traverses*, 12, sept. 1978, pp. 3-20）。从作为史学话语的相异者的“神话”，很容易便过渡到了作为野性话语的神话：这种神话是不知道自己在说什么，同时又使人陶醉的话语；它是推动神话家写作的动力：他之所以不能相信这种神话，难道是为了“忘记”它吗？参见马塞尔·德蒂安：《神话的发明》，巴黎，1981 年，第 87—123 页（M. Detienne, *L'Invention de la mythologie*, Paris, 1981, p. 87-123）。

相信了本不应该相信的东西（他不知不觉当中说了谎），他假装相信他本不应该相信的东西（他是说谎者）。这一神话的话语组织原则是为了追求愉悦：追求听众的愉悦，在迎合听众的愉悦时，叙述者所感 452
到的愉悦。愉悦的话语和话语的愉悦，因此“神话”（mûthos）变成了史学话语的相异者。

希罗多德的信誉之所以受到破坏，是因为他对愉悦的追求，是因为他放任愉悦。在批判这种追求或者放任的同时，人们却在赞美希罗多德的风格。他是爱奥尼亚辩证法的大师。人们承认他的文风让人感到愉悦，也有人说他的文本是危险的，比如普鲁塔克便揭露了这一点。的确，对于普鲁塔克来说，希罗多德的文本非常危险，因为，正如波斯人送给埃塞俄比亚人的礼物一样，希罗多德的文本也具有“欺骗性”：“他的风格简单，没有过多的修饰，从一个主题到另一个主题娓娓道来”，欺骗了不止一个人。[1] 西塞罗在领略了这种风格的愉悦之后，说希罗多德的文笔“像一条懒洋洋流淌的河”（quasi dedatus amnis fluit）。[2] 琉善认为，要想模仿希罗多德风格中的所有品质，那是不可能的，但是只要模仿其中的一个品质，就足够了，不管是“遣词造句的优美”“字词的顺序，还是他对爱奥尼亚语的掌握”。[3] 普鲁塔克（又是这个普鲁塔克！）在一篇论文的结论当中，承认希罗多德“文笔好，他的《历史》让人看了心生喜意，他的故事中充满了源于文字的优美、巧妙和魅力”，接着，他引用《奥德赛》中的话：阿尔喀诺俄斯（Alcinoos）说，龙利西斯“歌唱的技艺和吟游者一样”。普鲁塔 453
克把这话用在希罗多德身上，只不过是为了否定他的“技艺”，只是

1　普鲁塔克：《论希罗多德的邪恶》，863 E（希罗多德，III, 20-22）以及 854 F［Plutarque, *Sur la Malignité*, 863 E（Hérodote, III, 20-22）et 854 F］。我们知道，亚里士多德把这称作是“缝合风格”“串联风格”的模式（léxis eiroménē），先说一件事，然后再说一件，再说一件，如此等等。这种风格被翻译成了“协调风格”（style coordonné）。希罗多德认为，这种在当时已经不大使用了的古老风格，不是一种令人感到愉悦的风格（《修辞学》，9，1409 a 27）。

2　西塞罗在《演说家》，39 和《论演说家》，II，55（Cicéron, *Orateur*, 39; *De l'Orateur*, II, 55）中提到希罗多德的文笔令人感到的愉悦。所有引文见于前文所引黎曼的作品。

3　琉善：《希罗多德或者艾希翁》，1（Lucien, *Hérodote ou Aëtion*, 1）。

承认他的文笔优美、圆润；[1] 他完全像一个行吟诗人，只不过他歌唱的不是真事。

与荷马进行这样的比较当然不是偶然的。从编纂“神话”的人很容易过渡到诗人，不管怎么说，讲神话的人，只不过是一个乔装打扮的诗人而已。在《历史》的前言中，希罗多德自己也想到了史诗的时代，而且打算与之一争高下：他甚至提到《伊利亚特》和《奥德赛》的开始。正如琉善所证实了的那样，《历史》的九卷书是用九个缪斯的名字命名的。[2] 哈利卡纳苏斯的狄奥尼修斯（Denys d’Halicarnasse）认为希罗多德“模仿了荷马”：“希罗多德很会模仿荷马的文笔，在《历史》当中大量使用了荷马的各种风格。我们在读《历史》的时候，文本从头到尾的文字都很优美，看到最后时，还希望它更长些。”[3] 这种想法将继续存在下去，因为到了 18 世纪，吉诺兹神父（abbé Geinoz）又接过这种说法，将《伊利亚特》和《奥德赛》与希罗多德的《历史》进行比较。他认为，“对于所有喜欢美文的人来说，这一理论是很值得关注的，甚至对于开始写历史的人来说，也是这样”。[4] 从更加普遍的意义上说，斯特拉波认为，古希腊最早的历史学家（卡德摩斯、菲利
454 西德、赫卡塔埃乌斯）都曾试图模仿诗歌的形式，他们想突破格律的束缚，但是要保留诗歌的其他特点。[5] 他们是行吟诗人或者吟游者，只不过他们用散文写作。

---

1 普鲁塔克：《论希罗多德的邪恶》874 B：“此人是一位艺术家，他讲的故事十分优美。他的叙述充满了魅力、技巧与高雅的品位。他讲故事宛如歌手演唱——我指的不是他知识丰富，而是他声音嘹亮，婉转动听。”

2 见于前文所引琉善的作品第 1 页。

3 狄奥尼修斯：《写给庞培的信》（Denys, *Lettre à Cn. Pompée*）。

4 见于吉诺兹神父：《为希罗多德辩护，反对普鲁塔克的指责》，参见《碑铭学会会刊》，1753 年第 19 期，第 115—145 页；1754 年第 21 期，第 120—144 页；1756 年第 23 期，第 101—114 页（*Défense d’Hérodote contre les accusations de Plutarque*, par M. l’abbé , Geinoz, *Mem. Acad. Inscript.*, 19, 1753, pp. 115-145 ; 21, 1754, pp. 120-144 ; 23, 1756, pp. 101-114）。

5 斯特拉波，I，2，6。

新的信誉

当15世纪重新发现了希罗多德的时候，人们感到非常高兴。洛伦佐·瓦拉（Lorenzo Valla）的翻译甚至在出版之前（1474年）便已经名声大噪。但是，意大利15世纪的博学家在阅读希罗多德的同时，也读了对希罗多德的批判，而且尤其是普鲁塔克的批判。除了人们已经发现的愉悦之外，不久便出现了一种不信任的气氛。正如我们在蓬达诺（Pontano）为瓦拉翻译的希罗多德的一个版本写的前言中可以看到的那样，其实后来这个版本根本就没有出版。[1] 在我们已经援引过的维韦斯的一句话当中，这种怀疑达到了顶点，甚至破坏了希罗多德的一切信誉：希罗多德不是历史之父，而是谎言的鼻祖。

但是到了16世纪，形势变了，捍卫希罗多德的声音开始时是胆怯的，后来变得更加大胆。当亨利·艾蒂安（Henri Estienne）在1566年发表了那篇非常著名的《为希罗多德辩护》（*Apologia pro Herodoto*）的时候，辩护变成了真正的反击。不，希罗多德不是说谎者。艾蒂安从人人都知道的、像谚语一样的"说谎者"这一说法出发，说道：关于希罗多德进行虚构的所有说法都可以用一句谚语加以驳斥：谁能成为他根本不知道的人或事物？[2] 同样，在用通俗语言发表的另一篇题为《论古今奇观之一致性的前言，或者为希罗多德辩护的准备论》文章当中，他从"希罗多德完全是在说谎"这一尽人皆知的断言出发，进行了论述。为什么他讲述的故事是"可疑的"？对这个问题，人们会回答说，因为他的故事不像是真的。"然而，各位读者，让我们一起来思考一下，虽然他们说得斩钉截铁，可他们什么时候得出结论说，这些故事因为看起来不像是真的，所以根本就不是真的呢？ 455

1　彭塔诺：《歌剧》III，第298页（Pontano, *Opera*, III, p. 298）："缪斯女神拥有更多的自由和话语权。"参见前文所引莫米利亚诺的作品《希罗多德与现代史学》（"Erodoto e la storiografia moderna"）第81页。

2　这篇辩护文章是为他出版瓦拉翻译的希罗多德的作品写的前言，其完整的题目是：H. Stephani Apologia pro Herodoto sive herodoti historia fabulositatis accusata。

“更有甚者，有些事他们认为是事实，已经得到了证明，也就是那些看起来不像是真事的事，可我并不认为他们说得对。就算有些事看起来不像是真事，可他们是根据什么来进行判断的呢？根据两个理由：第一，从希罗多德描述的一些行为可以看出，他怀有巨大无比的恶意；又通过另外一些事可以看出，他说的都是极大的蠢话，这都超出了他们可以相信的程度。第二，他们认为，从书中读到的事与今天人们的习俗和行为方式完全不一样，和本地的情况完全不一样，他们从书中读到的事与他们一般看到和听到的事差距太大，所以他们认为古代的故事和真理距离太远。”艾蒂安利用比较的方法指出，这两个理由都是无效的：关于蠢话和恶意，从前，在希罗多德之后的人们也这么做过，甚至做得有过之而无不及，别的地方是这样，我们这里也是这样，而且今天人们仍然在这样做。至于习俗，艾蒂安“认为奇怪的是，《历史》中叙述的事有什么奇怪之处，以至于他们不能相信这些事呢？因为，如果我们来看我们和我们邻国的民族在习俗上的差别，
456 我们会看到，这些差别一点儿也不小……”他甚至用不着提到那些野蛮的地方。

就这样，《为希罗多德辩护》的结论非常清楚和坚定：“我要说的是，无论我的观点和世人的看法多么不同，希罗多德与其他历史学家确实遵循着同样的写作法则。他们在引用史料和还原真相方面的做法完全相同，如果看一下我们这个时代和其他时代的权威史学家的做法，这一事实也能得到确认。”作者援引当代的见证，为希罗多德讲述的历史的可信性提供保证，使其历史再一次成为可以信赖的历史。[1]

如果我们走得更远一些，我们甚至可以说，当代的“奇闻逸事”（thôma）可以起到可信性标准的作用，以判断古人讲的故事，正如莱里的文章所表述的那样（该文第一个版本出版于 1578 年）：“事实上，

1 《为希罗多德辩护》（*Apologia*）和《论古今奇观之一致性的引言，告读者》（*Epître au lecteur du Traité*）列举了《历史》中一些人们已经不再相信的例子，并致力于证明人们认为这些例子中讲的事似是而非，但其实那些事是完全可信的。

我并不会感到羞耻地在此承认，自从我到了美洲人的地方以来……虽然我不同意在好几个人的书中看到的一些无稽之谈（首先是在他的对头，科德利尔修道院的修士特维的书中看到的那些东西），因为他们是根据人们给他们讲述的或以其他方式提供的事，记载了一些完全虚假的东西，我收回我从前对普林尼和其他几个人的怀疑的观点，因为他们描写过一些奇怪的地方，我之所以收回我的观点，是因为我自己也看见过更加怪诞、更加神奇的东西，而且没有任何人见过，人们在提到时都认为是不可信的。”[1] 由于见证，甚至位置也做了交换：的确， 457
《宇宙志》作者特维坐在了说谎者的位置上，在此之前始终坐在此位置上的普林尼，从今往后成了值得信赖的作者。世界的扩大以及讲述这一世界的文章，使得新的信誉成为可能。

在修昔底德的《考古学》（*Archéologie*）和普鲁塔克的论文之后，从让人们相信希罗多德的文本的角度来看，艾蒂安的两篇文章是最重要的文章。但是，老实说，只有艾蒂安的第一篇文章《为希罗多德辩护》与希罗多德有关。的确，在《论古今奇观之一致性的引言》当中，希罗多德只是一个借口和出发点。[2] 最重要的是向教皇主义者们发动攻击，指出，当代的“神奇之事”能够毫不费力地超越古代的神奇之事：若论恶意、残忍、淫荡……教会的人们不会输给任何人。在日内瓦出版的这本书被当众焚毁，在16世纪期间又多次重印。因此，希罗多德被用来进行一场当代的战斗，说是为他辩护，其实只是为了向教会发起攻击。

如果说，从这时开始，虽然希罗多德不再是错误和谎言的大师，但是他仍然身负重担，至少一直到博诺神父之前是这样，博诺神父将世俗的历史一笔勾销，认为世俗的历史完全是神话。而且“希罗多德

1　见于前文所引莱里的作品第28页。艾蒂安：《论古今奇观之一致性的引言》I，第31页：“今天专门写蛮族国家历史的人为我们讲述的一些神奇的事与希罗多德所讲的事一点儿也不一样：我说的是有关大自然和人的神奇之事，有关他们的习俗和他们的性情的事。”

2　阿特金森：《法国文艺复兴的新前景》，巴黎，1935年，第424—425页（G. Atkinson, *Les Nouveaux Horizons de la Renaissance française*, Paris, 1935, pp. 424-425）。

身负的重担”，指的正是他的老对手克特西亚斯。的确，在16世纪和17世纪，甚至在18世纪，《历史》的一些版本中常常附有克特西亚斯的片段，而且也往往会以《为希罗多德辩护》为结束。这是命运的讽
458 刺，或者出版者的狡黠，因为，为他辩护，说他不是说谎者的作品和封他为说谎者的作品就这样聚在了一起，而希罗多德是“历史之父”，又是“谎言的鼻祖”。在图书馆的寂寞和无聊当中，他们三个人聚在一起能聊什么呢？聊说谎者的历史？

第八章

作为表现的历史 459

在开始写这最后一章的时候，让我们先回到斯基泰王国再看一看。的确，我们是首先一步步从斯基泰的故事当中走过来的，我们进行了探索，探索这些游牧人在《历史》的行程当中所占据的“地点”。那是想象的斯基泰人，那是希罗多德的镜子中的斯基泰人：那是关于相异者的话语。从这一话语开始，我们推而广之，提出了一种相异性的修辞，及其方法和程序。修辞就是说服人的艺术：如何让人相信呢?让人相信的方法恰恰就是叙述者运用这些修辞的方法和程序。但是，让人相信的机制是会遇到限制的，而限制会否认这一机制的作用，产生不再让人相信的作用，就像水果当中的虫子一样，而由此产生的怀疑则可能没有极限地发展下去，至少在水果完全烂掉之前是没有限制的，或者一直到把整个建筑彻底毁掉。叙述者不过是个说谎者，故事也完全是虚构。不管怎么说，如果在《历史》当中控制着通篇文本节奏的表述标志只是虚构的，如果我说的事是“我看见过”“我听别人说过”的，或者之所以“我说”“我写”我说的事，这都不过是叙述的狡猾计策，也就是说，是为了让人相信的技术措施，因此也就是为了欺骗公众而采取的文学手法，如果我们放任这种虚构的螺旋向上升去，那它很快就会吞噬一切，《历史》也会变得像博奇的一个短篇小 460
说一样，神秘而让人无法理解。菲林（D. Fehling）经过分析之后认为，希罗多德的资料来源都是虚构的。菲林的研究所要表达的，不也是这种意思吗？[1]只是为了创造一种严肃的效果，他才在阐述中引用了多个史料来源。因此，作者所用的方法，不是“调查”（historíē），只不过是简单的文学技术，或者他假装是在进行“调查”，而作品只不过是彻头彻尾的虚构（Gesamt-fiktion）。

让人相信的机制什么时候转向了反面，发生了颠倒，成了让人不再相信的机制呢？找到这一时刻，也就相当于在说，游记以及历史话语也是受到相异性影响的：它们是通过与相异者保持距离而实现的，它们把相异者说成“神话”（mûthos），恰恰是为了与其相区别，并因此而让自己变得可信。因此，相异性不仅仅是相异者的问题，史学在发展的过程中，制定了一个话语的相异者：一个剩下的故事，一种错误，一种虚构……

如何让人相信呢？为了彻底地提出问题，让人相信什么，为什么让人相信？这个双重的问题，我们也可以用另外的方式提出：让人相信什么，以及为什么相信，或者《历史》是如何表现的？在这一问题的背景之上，还有另外一个问题在徘徊，一个更加普遍的问题，一个若以抽象的方式提出，则是徒然的问题，那就是历史文本的地位，以及历史学家的作用的问题。

什么？你竟然要思考《历史》的地位，或者如你所说，思考作为表现的《历史》，而你并没有谈到希波战争，只是间接地提到过，而
461 希波战争怎么说也是《历史》的主题啊！如果说希罗多德是历史学家，那么他首先是，他尤其是“希波战争的历史学家”。[2]史学所关注的，的确是这样的希罗多德：他讲述事实，叙述军事和政治事件。人们引述他的话，人们把他的作品当作资料的来源使用，坚定地纠正“他的错误”或者“他夸大了的事实”（尤其是在谈到战役时，关于双方投

1 参见菲林：《关于希罗多德研究的参考书目》，柏林—纽约，1971年（D. Fehling, *Die Quellenangaben bei Herodot*, Studien zur Erzählkunst Herodots, Berlin-New York, 1971）。

2 碑铭和文学科学院于1891年组织了一次会考：“研究希波战争的传统；确定战争形成的因素，分析希罗多德的故事以及其他作家提供的资料”。奥维特的书《希波战争的历史学家希罗多德》（Hauvette, *Hérodote, historien des guerres médiques*）是会考的答卷。

入的兵力），哪怕对他的资料来源进行调查。

的确，我说的，不是这样的希罗多德，我关注的是另一个，是走遍“边塞大地”（oikouménē）的旅行者，是歌唱相异性的吟游者，是研究古希腊的学者常常不知该如何对待的希罗多德，是他们让这样的希罗多德丧失了信誉，或者是他们原谅了的那个希罗多德。因此，是另外一个希罗多德，是具有相异性的希罗多德，是希罗多德的影子。我觉得把两个希罗多德摆在我们的视角之内，我们才能更好地理解为什么两派人之间没完没了地争吵，一派主张说作品是统一的，另一派则反对这种说法。前者的故事（lógoi）是在之前形成的，而且是单独形成的（利比亚的故事、巴比伦的故事、埃及的故事等等），后来，这些故事与作品的其他部分连缀在了一起；相反，希罗多德从一开始便有一个整体的意思。争论也表现为以下的形式：开始时，希罗多德关注的是地理和人种志，后来，他才关注了历史，这是雅各比（F. Jacoby）的立场。这样一来，历史似乎是一只成熟的果实，当然这只果实只能在雅典成熟。因此，历史在希腊的诞生便来自希罗多德一生走过的道路上发生的事，这样一来，人们便可以把他尊为历史之父， 462
同时也把他当成前历史学家，甚至非历史学家（当他“仍然”是人种志学家，或者“只是”地理学家的时候）。[1] 但是，在所有这些文字当中，从根本的意义上说，作者都是在解释或者排斥，或者避免人们想从《历史》当中作为相异者，作为神话和谎言的根源而分割出去的部分。

尽管如此，我很少谈到希波战争，只是在涉及与斯基泰的战争时才提起过，说希波战争的作用，是一种供人理解斯基泰战争的模式[2]，当然，我并不是说希波战争的作用仅仅局限于此：要想分析希波战争，

1　雅各比：《古典古代时期百科全书》，352—360（Jacoby, *R.E.*, 352-360）。参见雷德菲尔德：《游客希罗多德》，见于《古典语文学》，第 80 期，1985 年，第 97—118 页（J. Redfield, “Herodotus the Tourist”, *Classical Philology*, 80, 1985, pp. 97-118）。

2　参见本书前文第 98 页及以后部分。

必须一步步地观察他如何为了讲述这一战争，并在讲述的过程中，建立起一种新的记忆：与史诗建立和传递的记忆不同的另一种记忆。

但是，我怀疑把希波战争的历史学家希罗多德与另一个希罗多德，或者与他的相异者分割开来的做法是不是有切实的根据。我们可以用同样的眼光、用同样的声音来看，来读作品的“人种志”部分和“历史部分”，两个部分都是在同样的距离之外。将两个部分的距离错开，让其中的一个先于另一个，或者将一个掩藏在另一个后面，这样做，说到底是让希罗多德成了修昔底德的受害者，对于修昔底德来说，历史是当代一场伟大战争的历史；写历史，就是讲述一场重要的冲突。另外，我相信（而且从这种意义上说，我当然是作品的统一的拥护者）做法是一样的：的确，当希罗多德调查希波战争时，他为希腊人表现了他们不久之前的过去；当他调查世界的边缘地带和奇怪的部族时，
463 他是在建立对世界的表现。在两种情况之下，话语所产生的效果是相似的。

提出这样的问题——让人相信什么，为什么相信？——也相当于在提出作品的问题，提出作品的接受，公众的接受具有何种地位和作用的问题。莫米利亚诺在思考历史学家及其公众的时候[1]，开始先回顾说，历史在所有文体当中占有特殊的地位，而这一特殊的地位恰恰就是没有它特有的位置：的确，其他的文体“是为特定的境况而写的，而且具有内在的仪式性特点……”相反，历史学家“既不是职业，也没有仪式任务，也没有明确定义的知识类型要发现和传达”。[2] 他提到当时正在进行中的一项调查，以得出“某些明确的结论，知道历史学家在古希腊和古罗马社会的地位”。因此，当代对古代史学了解得最多的学者也承认，问题远没有得到解决。

---

1 莫米利亚诺：《古典世界的历史学家及其公众，几点建议》，见于《比萨高等师范学院年鉴》，第八卷，1978 年 1 月，第 59—75 页（A. Momigliano, “The historians of thd classical world and their audiences: some suggestions” , *Annali della Scuola normale superiore di Pisa*, VIII, 1, 1978, pp. 59-75 ）。

2 同上，第 59—60 页。

当然，也有些人认为问题早已经解决了，也就是说，他们事实上并不了解问题。比如：希罗多德是谁？“好奇的旅行者？大胆的商人？最早的历史学家之一？事实上，他是地理学家，是雅典帝国主义的情报员。”[1] 如果我们忽略这段引文的特殊背景，这一研究的潜在的意义便清楚地显现出来，也就是说，文本是社会以及社会上发生的斗争的反映。无论如何，帝国主义使人们很快“脱离”文本，只关注现实的斗争。这就是文本的作用，其他的只是表面文章。 464

“脱离”文本，莫米利亚诺也是这样建议的，只不过他建议的方式不一样。的确，因为希罗多德、修昔底德等人的作品并不能告诉我们，在作品、作者和公众之间存在何种关系[2]，后来的人们将收集所有围绕历史学家，所有关于历史学家及其作品而写的见证，尤其是文学的见证（但不仅仅是文学的），以间接地知道他们及其作品在社会上的地位。

但是，不管是有意地“脱离”，还是不知不觉中“脱离”，总之在“脱离”之前，我们可以假设在文本“当中”，在如何“利用”文本的问题上，仍然有事可做。涉及古代史时，这种假设可以变成必然性：不仅利用文本有事可做，而且必须用文本来做，因为几乎不可能脱离文本。我们想到荷马的诗：在这种情况之下，我们如何利用背景，如果利用互文性呢？我们只有认真地对待文本，完全依靠文本时，才有可能对“尤利西斯的世界”有所了解。[3] 在此之后，才提出了“如何”的问题：如何认真地对待文本？也就是说，读什么？《伊利亚特》和《奥德赛》所代表的当然是一个极端的例子，但是在研究《历史》时，

1　拉科斯特：《希罗多德》，第一卷，1978 年，第 5 页（Y. Lacoste, *Hérodote*, I, 1978, p. 5）。拉科斯特并不是古代史的专家，而且他的目的是研究地理，而不是希罗多德本人，但是在这里，这些都不重要。另外我们很奇怪地注意到，拉科斯特及其团队选择了希罗多德的名字作为一本以研究地理专业的考古学为主旨的批判性杂志的名字；同时他们已经说明希罗多德（作为拉科斯特的例子）是个彻头彻尾的地理学家，也就是说，是为总参谋部服务的。

2　参见前文所引莫米利亚诺的作品。

3　芬利：《尤利西斯的世界》，新版本，巴黎，1978 年（M.I. Finley, *Le Monde d'Ulysse*, nouv. Ed., Paris, 1978）。

465 如果我们把注意力更多地放在文本上，我不相信我们会失去什么，虽然我们不能完全脱离作品的背景，虽然在文本之间建立联系并不是完全不可能。但是，不“脱离”文本，不急于“脱离”文本，并不意味着要“把自己禁闭”在文本当中，像待在一间舒舒服服的房子里一样，将所有的门窗都关起来。我们也不能发展对文本的“崇拜”，对文本的崇拜只不过是“英雄崇拜的另一种形式，而且几乎算不上是现代的形式”。[1]但是总起来说，我认为，如果说古代史对历史从理论上能够有所贡献，或者对我们所说的文献或者资料来源的思考有所贡献，那就是认真对待文本（历史文本或者其他的文本），并制定认真对待文本所需要的程序。

因此，《历史》的地位和作用的问题，也就是《历史》的意义的问题，从很大程度上仍然没有得到回答。背景，首先是作者生平的背景（希罗多德出生于哈利卡纳苏斯，他被流放过，他旅行过，他到过雅典，后来他去了图里奥姆，他写了《历史》，后来他死了），其次是社会的、政治的和文化的背景，这些东西我们当然不是完全一无所知，但是这些东西仍然十分模糊。虽然我们可以找到一些文本之间的互相联系，但是要想准确地说明其恰当性却并不容易。[2]而从长期来看，《历史》的地位是与说谎者的形象联系在一起的：这是作品引起人们
466 怀疑的标志，但也是它的地位的标志，因为每次都应当标记出，都应当重申其作者的谎言。

只是考虑叙述者承认的打算或者声明的目的，显然是不够的。的确，从《历史》的前言开始，希罗多德便明说要与荷马和史诗一争高下，但是从一开始，实际上他做的事与他说的并不一致，因为诗人只

1　法伊：《叙述理论》，第 130 页（J.-P. Faye, *Théorie du récit*, p. 130）：“除了两个对称的暗礁之外——一个是天真的机械主义的观念（人们错误地认为这种观念产生于马克思的‘经济决定论’），另一个是对‘文本’的崇拜，是古老的‘英雄’崇拜的另一种形式，而且几乎算不上是现代的形式——还有一种方法，这种方法可以让我们在两个方面共同前进，在语言的‘社会学’和‘历史’的语义学这两个方面共同前进，这种方法将可以用来破解意义的物质性，用帕斯特纳克（Pasternak）的话说，就是在整个世纪都被意义充满了的时刻来破解它。”

2　托多洛夫：《符号学和解释》，第 60—61 页（T. Todorov, *Symbolisme et interprétation*, pp. 60-61）。

是缪斯的代言人，当诗人援引缪斯的时候，他却要进行调查（historíē）了。[1]在写完九卷书之后，他用一种新的对城邦的记忆代替了史诗的记忆。也许在第七卷书中，对波斯军队的详细记录有点儿“像”《伊利亚特》第二章对战舰的描写[2]，但是后者是诗神缪斯口授的，而前者则是对某种计算的简单记录。因此，对于作者和公众的问题，我们代之以（至少是临时地代之以）叙述者和接受者的问题，我们用作品的效果来代替作品的作用，并充分地利用文本之间的相互关联。

关于如何严肃地对待文本又不崇拜文本，我们以法伊为例来说明。法伊试图“抓住一点，正是在这一点上，叙述结构——不管叙述是不是虚构的——‘产生’了一个过程，而且通过叙述结构的‘变化’，在‘另外’一个方面产生了效果：这个方面就是行动及其‘现实的利益’。[3]但是，当然，话语的组合变化‘不是’行动。阻止罗伯斯庇尔（Robespierre）的，不是圣茹斯特（Saint-Just）和达利安（Tallien）的叙述组合，也不是一系列先后发表的讲话，而是司法执达员的手……但 467
是，语言的一个领域形成了，有了这个领域，我们才可以研究决策的‘可接受性’。我们应当探索的，正是这些领域的形成过程——并由此对这些领域进行阐释和直接的探索，这就是话语的叙述功能”。[4]

我们以巴纳夫（Barnave）于 1791 年 7 月 15 日发表的讲话为例。他的讲话是替国王辩护，他在逃跑之后，也为君主立宪辩解。他的讲话首先是一篇自从 8 月 4 日夜以来，正在发生中的历史的叙述。讲话明确说：“带动群众参与革命活动的，不是形而上学的观念，而是现实的利益。”因此，这意思也是在说，叙述和意识形态（指观念的表达）的层面不是行动；这意思也是在强调说，他自己的话“只不过是在更

---

1 斯文布洛：《话语与大理石》，隆德，1976 年（J. Svenbro, *La Parole et le marbre*, Lund, 1976）。

2 《伊利亚特》，II，484 及其以后部分；希罗多德，VII，60 及其以后部分。

3 这种说法是从巴纳夫那里借用的（1791 年 7 月 15 日的讲话）：“带动群众参与革命活动的，不是形而上学的观念，而是现实的利益。”但是，恰恰是在讲这种话的同时，他在这方面“产生”了某种效果（他向国民议会揭示了他自己的现实利益）。

4 前文所引法伊的作品第 112 页。

深的层次上，或者在更加‘现实’的层次上发生的事情的表面或者表象。但是同时，它是外壳，它容纳了在更深层次上或者在现实层面上发生的事，因为是它发现并表达了这种事。还不仅仅是如此，在它刚刚揭示的层面上，它‘产生’了某种效果：因为，在向国民议会揭示了大多数人的‘现实利益’的同时，它带动大多数人投票赞成委员会的报告准备的法案。宪法的颁布、立法议会的选举、一年的实际历史以及由此而产生的所有效果，这就是叙述在这里产生的东西”。[1]

虽然对叙述过程的分析很简略（再加上通过我的介绍，就变得更加简略），但是显而易见的是，法伊还是指出了某种十分重要的东西。
468 同样清楚的是，对于提出叙述“效果”（Wirkung）问题的人来说，大革命的话语是一个极好的试验场。但是，难道大革命不是一个过于特殊的场合？在这个场合，当话语的权力变成权力的话语的时候，权力和话语互相联系得太直接了。的确，大革命是一个阶段，在这一阶段，“权力掌握在以人民的名义讲话的人手中。这意思就是说，权力就在话语当中，因为从本质上具有公众性的话语是工具，它揭示了本来想躲在暗中的东西，因此也就是揭示了有害的东西，而且它形成了话语之间的一种始终如一的赌注，话语是单独的、有资质的，所以才能把权力据为己有，但是话语是在征服人民的意愿这个转瞬即逝但又非常重要的场所互相竞争。大革命用‘为争夺合法性的话语竞争’代替了‘为争夺权力的利益斗争’”。[2]然而，如果说巴纳夫用他的叙述确实产生了“一年的实际历史”，他也深入地参与了这种“话语的竞争”：产生和参与是并列的。因此我认为，在分析时把革命者的话语放在首位（而不是首先考虑研究大革命的历史学家的话语，或者不把两者的话语进

1 法伊：《叙述理论》，第 107 页。

2 孚雷：《思考法国大革命》，巴黎，1978 年，第 73 页（F. Furet, *Penser la Révolution française*, Paris, 1978, p. 73）。

行对照），由此得出的分析结果是不能够直接推而广之的。[1]

让我们再回到《历史》上来。《历史》产生了什么样的效果呢？ 469
对谁，针对什么产生了效果呢？《历史》首先影响的是接受者：文本就是要对接受者产生效果的。针对什么产生效果呢？不是针对行动领域产生效果，希罗多德并不直接激励人们行动，他不会带来战争，不会带来和平，也不会带来民主的扩张……我们刚才已经看到，急匆匆地脱离文本，可以是错误地脱离，原因是进入文本的方式就错了，是由于总想着不要离开现实，或者很快又回到了现实，回到了脚踏实地的境地。但是，我认为《历史》是对人们的想象产生了效果，而这里说的想象是指人们对事物的再现能力。[2]产生了什么效果呢？当然，文本是承载着知识的：它明确地提供一些新的信息。但是，如果只关注这种知识的效果，那就会导致不考虑文本是如何组织故事的，就会把它作为故事丢掉，而只保留话语的内容（评论者根据未明言的批判功用而武断地进行分割，比如可以分割成可信的内容、合理的内容、迷信的内容等等）。但是，我所说的效果，是在故事的结构层次上产生的，或者更准确地说，是在组织故事的结构时产生的效果：是叙述者用以建构其故事的东西，也是接受者用以“解读”故事、算计语句的意义的东西，或者还可以说是组织故事的潜在规则。

比如斯基泰王国的故事，决定故事的结构的，以及从某种意义上 470

1　法伊（第111页）的确考虑了历史及其“根本过程”，从初始的叙述一直到“历史化的故事”（也就是说历史学家的故事）：“在作为行为的历史之链条的两端，而且将交叠或者交织在一起的、相关的各种层面包裹在一起：一方面是初始叙述或者直接叙述的网状结构，该结构产生了基本过程，并将基本过程联系在一起；另一方面是历史化的叙述，该叙述将同一事实的各种版本化简为唯一的一种版本”，并“以真实故事的名义消除初始叙述永久性的、产生作用的网状结构”。但是，他更加明确地研究了链条的第一个端部（巴纳夫），而不是第二个；或者更加准确地说，他以希罗多德为例提到了这第一个端部，说希罗多德的故事作为对初始叙述的消除，从很大程度上并不属于“真实”故事的定义范围。我觉得，法伊是正确的，他认为历史的“古典时代”开始于修昔底德。

2　效果：我们也可以想到台球的比喻，对某颗台球施加某种效果，让该球撞击另一颗球，以将另一颗球打向算计好的方向。想象：这是历史学家们开始喜欢用的一个词。人们从心理历史过渡到了想象的历史。这个词的好处是它的意义比“心理”更加模糊（因此从潜在的意义上说，也就更加广泛），可以建构历史的新的客体。至少在过多的不确定事物产生损害之前是这样。

说，产生这一故事的，是游牧生活的问题：对于生活在城邦里的人来说，什么是游牧人呢？或者，再比如，对斯基泰祭司牺牲的解读结构，若从供奉牺牲品来说，似乎只是有名无实的祭祀，但只是从文明的用牛做牺牲品的角度来看是这样，这是作者没有明言的。[1] 当然，“斯基泰”一词不是希罗多德创造的一个新的能指，恰恰相反，它就像是一张渔网一样，其本身拖带着一大堆共同的知识。有的人认为，“斯基泰”指的是北方的一个民族，但是也意味着游牧人，两种意思是共同存在的，我们说不清楚两种意思里哪个在先，哪个在后；对于这些人来说，斯基泰人象征着游牧人。[2] 因此，叙述者一说出这个词，便在故事中引入了游牧生活的问题。但是，他不是仅仅满足于将这个词引入故事，然后就把它放在那里。这个词不是死的，叙述者还会加工它，甚至使词的象征意义成为话语的规则。如果对于公元前 5 世纪人们的共同知识来说，斯基泰人的确代表游牧人，很清楚的一点就是，斯基泰的故事不会表达任何其他的东西，只能是尽力地表达、展示这种象征性的等式：斯基泰人 = 游牧人。我们还记得：第一个阶段是人种志清点的阶段，斯基泰人不仅仅是游牧人；第二个阶段是大流士的战争的阶段，斯基泰人只是游牧人，而且最终，他们只能是游牧人（这是词的象征意义的压力，但也是在解释那个等式：游牧生活，在成为一种生活方式之前，是一种战略）。这就是斯基泰的故事对接受者的想象产生的效果。我们可以称之为象征的效果，以使之区别于简单的知
471 识效果，以说明它不需要明确地表述出来，以强调它是具有结构性作用的：他可以让人明白什么是斯基泰人。

但是，《历史》从整体上来说又是怎么样的呢？能不能标示出一种总体的效果，或者贯穿整个作品的一系列的效果呢？

我们开始先迂回一下，先改变一下语域，或者我们先用水彩画家

---

1 参见本书前文第 280 页及其以后部分。

2 托多洛夫：《符号学和解释》，巴黎，1978 年，第 11 页（T. Todorov, *Symbolisme et interprétation*, Paris, 1978, p. 11）。

来做个比喻。我们假设田野里有个水彩画家正在画画，最前面是他的画板，而且画板上固定着一个呈网状结构的画框，他透过画框来看他正在画的景致。一篇讲透视法的论文是这样描写这一装置的："有些艺术家使用一个画框，画框里有一个用等距离线形成的网格，画家便用该网格给大自然画上方格……这种做法是阿尔布雷特·丢勒（Albert Dürer）创造的。也可以用一块上面画了方格的玻璃代替网格画框。"[1] 在完成了的水彩画上，网格是看不见的，因此，观众看不到网格，然而，画家是通过网格看到景致，而且从潜在的意义上说，也是网格让观众看到画家所看到的景致的；或者网格让观众相信画家看到的东西，因为网格确定了他看到的东西的结构，而且很可能他也是通过这种结构才学会了看事物的，所以他就更不会注意到这些网格。我们有一种检查的办法，那就是让网格出现，或者再现在画面上。

《历史》和任何透视法都无关，但道理难道不一样吗？只不过网格框和画是融合在一起的。但是，正如画家用网格框将画面分成了一个个的方格一样，《历史》也有一个或者多个"网格"。而且这里说的"网格"可以有两种意思；首先是确定被称之为《历史》的故事结构的网格（在这种情况之下，《历史》就是画家的画，那么从画出发，我们就是要试图让网格重新显现出来，网格就是画的规律）。然后， 472
《历史》也可以成为一种网格，也就是说叙述者透过"它"看到并想让接受者看到世界、相异者、希腊的过去等等，但是，我们可以提出的问题是，《历史》是不是起到了网格的作用，我是不是可以说，除了《历史》作品之外，或者我们再用水彩画家的比喻来说，在后来的各个时代，有没有水彩画家把《历史》作为网格框，并透过这个网格框来看他们想用图画表现的东西？

水彩画的比喻当然是有局限性的，因为我们的网格不是用线条或者丝线做成的，而是用语言。而且，不管蒙田（Montaigne）怎么说，

1　迪博夫：《论透视法》，巴黎，第208页（G. Tubeuf, *Traité de perspective*, Paris, p. 208）。

因为没有个人的词典，没有“除了自己之外的一切”，语言是人们的共同知识塑造的。的确，语言操纵并加工人们的共同知识，同时语言也让人们的共同知识成为可能：语言纠正、补充人们的共同知识，甚至在必要时还会有助于改变人们的共同知识。因此，斯基泰的故事通过组织故事的规则，对公元前 5 世纪希腊人的共同知识当中“斯基泰”这个词的象征意义进行了修整和澄清。

这样一来，反作用的问题便被提了出来：不是共同的知识对作品的反作用，而是相反，是作品对共同知识的反作用。的确，从逻辑上说，对希罗多德的斯基泰故事起组织作用的规则反过来也可以丰富人们的共同知识（通过某种战略，斯基泰人＜＝＞游牧人）：这是从作品的形成（象征性形成）向作为制度（象征性的制度）的作品的过渡，也就是向使人看到世界的网格的过渡，而通过网格来看世界是在不知不觉中完成的。这样提出的问题的确是如何“脱离”文本的问题，但是这是通过语言，是在语言当中进行的脱离，而且是在想象的层面上起作用。虽然我们在这里没有从影响的角度来考虑，或者没有从观念的历史的角度来考虑，而且还是“气垫上”的观念的历史[1]，同时认为，
473 世界本来就是这样，我们没有把“想象”“网格”这些词当成奇迹一样的词来使用，认为只要一用了这些词，就能够解决问题，也就是掩盖问题。

我只是尽力想说明，在谈到《历史》时，我们说的“故事的效果”是什么意思，因此，我是有意地停留在文本的层面上。如果有人说，过程实际上要更加复杂，我当然是同意的，我只是再回到关于斯基泰人的问题上来，说明其复杂性。斯基泰的故事“丰富”了“斯基泰”这个词的象征意义，但是我们注意到，为了想象象征的等值性

---

1 “气垫”是从沃维尔（M. Vovelle）那里借用的一种说法：“阿里耶斯的《新历史词典》（Ph. Ariès, *Dictionnaire de la nouvelle histoire*, Paris, 1978, p. 343）让人们对死亡的态度根据某种‘集体无意识’所特有的活力，在气垫上发生了变化，而没有另外定义什么是集体无意识”。关于对“影响”概念的批判，可以参见福柯：《知识考古学》，巴黎，1969 年，第 32 页（M. Foucault, *L'Archéologie du savoir*, Paris, 1969, p. 32）。

（斯基泰人＝游牧人），作者参照了希波战争（斯基泰人捍卫自己，希波战争的作用就相当于对大流士远征斯基泰王国这一事件的一种理解模式），参照了伯里克利的战略（至少从岛屿特点的比喻上来看是这样）。如果说在希罗多德之后，斯基泰人的确仍然是游牧人，但是我们不能肯定的是，一旦远离了这一背景（作为事件的、想象的和象征的背景），希罗多德的“丰富”仍然能在人们的共同知识中起作用。从埃福罗斯作品中的斯基泰人来看，我们甚至倾向于完全否定这种说法。的确，埃福罗斯认为，重要的不是思考游牧生活的问题，而是指出，除了野蛮的、吃人的斯基泰人之外，还有别的野蛮人，但是这些野蛮人是素食主义者，而且是正义的人，他认为这些人和荷马描写的阿比奥伊人（Abioi）类似[1]，因此，他让荷马的标注有了意义，并在正 474
义的阿比奥伊人和正直的斯基泰人之间具有了连续性。

对《历史》中的每个故事，也许都可以进行这样的解读，一个一个地分析，但是这样做所需要的时间会很长，工作很有可能会枯燥无味，而且收益也可能会有限。然而我认为，在斯基泰的故事当中，有一个内容可以适用于整部《历史》。

游牧生活的问题与另外一个问题产生了交集，那就是权力和无法想象游牧人的权力的问题。文本的确一致地说，游牧生活（也就是游牧生活的表现）与权力的结构是互相排斥的，斯基泰的空间是无区别的空间，各个地点都是一样的，而且斯基泰人的国王处在社会和地理空间的中心。对游牧生活和国王权力的表现两者之间似乎是互相排斥的，然而，希罗多德的故事让这两者共同存在着，甚至在两种命题之间建立了一种从空间上有所表达的折中：国王的确“处在中心”，但只是在死后，在被埋葬在斯基泰王国的边塞之地的时候。[2] 为什么故事中不能“省略”国王呢？

1　《古希腊历史学家作品残篇汇编》中埃福罗斯，（*F. Gr. Hist.*, 70 F 42，Jacoby）说，他是第一个撰写通史的历史学家（约公元前 4 世纪）。

2　参见本书前文第 236—239 页。

因为斯基泰人是“为战争而生的”，而且是从根本的意义上这样说，因为他们是蛮族人。这是我提出的假设，的确，蛮族人是有国王的。然而，我觉得，与城邦世界相比，权力，蛮族人的权力，因此也就是国王的权力的问题，贯穿整个《历史》，而且是作品组织结构的一个重要部件，正如水彩画的网格分割和组织画面一样，权力的问题确定了（至少是部分地确定了）《历史》的空间结构：有一种权力的规则。

475 对权力的表现?

提出权力的问题，不是要在关于希罗多德的地位问题上重新引入没完没了的争论。他有幸与雅典相遇，但是，他拥护民主吗？也许拥护，但是他有时也批评这种制度；他赞成寡头政治吗？不赞成；或者，作为中间的办法，他是否赞成温和的民主呢？而且，他是否真的敌视专制暴君：有些人说是，有些人说不是？如此等等。[1]

让·德·莱里在旅行之后，“发明”了不会写字的野蛮人，但是莱里笔下的野蛮人会让发现了他、观察他的外来人替他写字。希罗多德则在“以同样的方式走遍了人间的大小城市之后”，并没有将野人带回来，因为他的作品中没有“写字课”。如果说他也发明了某个人，那就是蛮族人，他的蛮族人在必要的时候会把文字当作权力的形式来使用。但是，“发明”了蛮族人是什么意思呢？“蛮族人”这个词从《历史》的前言一开始就出现了。因为希罗多德不想让“蛮族人和希腊人完成的伟大而神奇的英雄事迹没有人讲述”。如此说来，一边是希腊人，另一边是蛮族人，对此，不需要进行任何解释：这是众所周知的

---

1 作为这种种判断的例子，我们可以举出瓦特在《希罗多德与政治》[见于《希腊与罗马》，1972 年，第 150 页（K.H. Waters, “Herodotus and Politics”, *Greece and Rome*, 1972, p. 150）] 中说的话：希罗多德“没有宪法的等级制度；对传统暴政的仇恨被证明是海市蜃楼，对民主的赞美也被证明是合适的”。亦可参见乌斯特：《希罗多德的政治思想》，慕尼黑，1935 年（K. Wust, *Politisches Denken bei Herodot*, Diss, Munich, 1935）。

事情；这是属于人们的共同知识中的东西，而且正如修昔底德指出的 476
那样，这两个词是成对的：在荷马的作品当中，的确没有提到蛮族人，但是也没有提到希腊人，后来，一些人被肯定为希腊人，是和另一些人被认定为蛮族人的事联系在一起的。没有希腊人就没有蛮族人，而且从这种意义上说，希罗多德并没有发明蛮族人。

我们可以认为，这一对词语是随着希波战争而形成的，并进入了人们的共同知识，而且蛮族人尤其指的就是波斯人。或者也可以说，波斯就是蛮族的象征意义：蛮族人，就是波斯人。这种象征的等值在《历史》当中产生了无可争议的作用，虽然很多蛮族人不是波斯人，但是我认为故事发展了、丰富了这种意义，我们可以把发展和丰富的过程大致这样来表示：波斯人和蛮族人从象征的意义上是相等的，然而，波斯人服从国王，他们是希腊人称之为波斯大王的臣属。因此说，蛮族人是有国王的权力概念的；或者更准确地说，在蛮族和王权之间有一种联系：在蛮族人的国家，权力施行的模式大都是王权的形式。因此，按照相互的方式来说，王权很可能就有蛮族人的某种性质，或者一切蛮族人的国王，也许甚至可以说，一切国王，很有可能都与波斯大王相似，也就是说，与纯粹蛮族人（ho Bárbaros）的或者典型的蛮族人的国王相似。

所有的蛮族人都信奉王权，或者至少他们当中的大部分人是这样，这是在《历史》当中可以核实的。我们已经看到，斯基泰人也摆脱不了王权，虽然我们很难将王权和游牧生活联系在一起。在蛮族人的世界里，的确有一种王权的限制，这种限制从对埃及人的判断中表露了
出来："在赫淮斯托斯祭司统治之后，获得了自由的埃及人——因为 477
没有国王，他们一天也生活不下去——创造了十二个国王……"[1]亚洲的民族也是这样，它们在反对亚述人统治的斗争中，动摇了"奴役制度"（doulōsúnē）并"获得了自由"。在一段时间里，所有的人都成了

1　希罗多德，II，147。

“自主的人”，但是很快，他们便让自己又有了一个新的暴君，那就是狄奥塞斯（Deiokès），而且当暴君是他内心最深处的愿望。[1] 从这一点上说，亚洲人民不是不能提出自由的要求，只是他们无法生活在自由当中。

另外，一切蛮族的权力都没有从性质上、从运作方式上进行说明，只是因为它是权力，便倾向于呈现为王权。比如在北方各部族召集大会时，在大流士入侵斯基泰王国时，我们看到托里德人、阿伽锡索斯人、诺勒人、梅兰奇莱纳人、盖洛诺斯人、布丁人、萨尔马提亚人都有国王，甚至安德洛法奇人也有，可是文中的稍远处还是说，他们不遵守正义，他们也根本就没有法律。[2] 看那情况，似乎在蛮族人的世界里，只要开大会，召集起来的，就一定都是国王。

国王是蛮族人，也就是说，他们都有与波斯大王相仿的地方，这是《历史》中的一个命题。要核实这一命题，首先就必须探索关于其权力性质的问题。但是，为了进行探索，我们就不能不引入另一个人
478 物——暴君。《历史》中有很多暴君的影子，而且我认为国王和暴君是并行不悖的。的确，他们两者互为对方的镜子：暴君是国王的镜子，国王也是暴君的镜子。因此，专制权力的形象是相对于国王的权力而塑造的，国王权力的形象又是相对于专制权力而形成的。在这两种形象的交叉点上，形成了独裁权力的表现。

针对国王和暴君这种互相映照的双重镜面的形象，作者提出了一个反对的声音，突出地表现了波斯的那场著名的争论。[3] 你声称蛮族人是王权派，可是希罗多德却清清楚楚地让一些波斯人为他们的国家考虑一种其他类型的制度？你暗示说，王权和暴政是互相参照的，然而

1　希罗多德，I，96。

2　同上，IV，102，106。向南，利比亚人有国王（IV，159）；向东的印度人表面看起来没有国王，但是他们当中的某些人是波斯大王的臣民；对于向西的凯尔特人，作者什么也没有说。

3　同上，III，80—82。关于这一文本参考书目非常多，我们可以参见拉塞尔最新发表的文章《希罗多德与普罗泰格拉：关于宪法的争论》（F. Lasserre, “Hérodote et Protagoras : le dabat sur les constitutions”, *Museum Helveticum*, 33, 1976, pp. 65-84），文中有参考书目的说明。

大流士主张的君主制度表示了它的不同寻常，强调了它的优秀？

在杀死篡权者之后，谋反者聚集在一起，讨论建立什么样的制度：奥塔尼斯主张平等民权；迈加比佐斯（Mégabyze）希望建立寡头政治；大流士则想恢复君主制度，他也不可能希望别的东西。在这些建议当中，奥塔尼斯的提议（文本中明确说）让很多希腊人难以相信。换句话说，他们无法相信，一个蛮族人怎么会想到建立人民政权。然而，希罗多德强调说，这些话都是真的（这些话是确确实实地说了的），为了证明，他提供了马尔多尼乌斯在爱奥尼亚暴动之后的行为。在波 479
斯人的统治恢复之后，他废黜了专制暴君，要建立民主制度。[1]但是，这能证明什么呢？这证明一个波斯人确确实实能够想象什么是民主，因为他甚至可以充当民主的推广者。但是具体来看，建立这样的制度也是摆脱暴君的一种办法，最近发生的爱奥尼亚暴动说明，暴君并不可靠。虽然民主制度是可以想象的，甚至是可以实行的，但是民主只能为希腊的城邦来设想，只适用于在希腊的城邦实施。所以，希罗多德提出的这一证明，总起来说只能证明奥塔尼斯“讲希腊文”。

的确，他认为，凡是君主政权都是专制暴政：只要是君主制，就必然是暴政，他勾勒的君主不是别的，就是一个暴君。[2]而暴君则被定义为与平等民权制度相反的政治代表：他不向民众报告，他不经审判就处死人，他不遵守祖先的习俗，他强奸妇女，他身边都是最坏的人，他赶走好人，如此等等。这是暴君的第一幅画像，传统把这幅画像接了过来，一直传到亚里士多德。紧接着发言的是迈加比佐斯，他也认为君主制就等于是暴政，而且他用下面的话概述了奥塔尼斯的讲话：“奥塔尼斯建议废除暴政，你们可以认为他说的话，我也说了。”[3]因此， 480

1　希罗多德，VI，43。我们可以注意到希罗多德使用的是动词“dèmokratésthai”，因此，对于他来说，奥塔尼斯的平民政权 = 民主政权。

2　奥塔尼斯开始时使用的词是“moúnarchos”（君主）和“mounarchiē”（君主制），后来又用“turannos”（专制暴君），最后又回到“moúnarchos”（君主）。

3　当奥塔尼斯讲到君主制度的时候，他的意思也是指暴政，但是当奥塔尼斯提到平等民权的时候，他的“意思”是指“群众的权力”（plēthos）。他认为，这是比真正的暴政还要糟糕的暴政，因为我们所面对的将是一群无知的“húbris”（傲慢的人）。关于第二点，大流士的理解也是一样的。

迈加比佐斯从奥塔尼斯的话中理解的是暴政，他也和奥塔尼斯一样，认为暴政的推动力是“húbris”（傲慢）。两个人都会“讲希腊语”，而且完全是城邦“内部”的人：的确，只有相对于城邦的政治模式来说，他们的话才有意义。

然后是大流士发言，而且最后是他说了算数，因为历史就是这样的；因为每个人都知道，最后是他登上了王位。对于他来说，迈加比佐斯关于“群众政权”的话说得好，但是关于寡头政治的话说得不好；至于奥塔尼斯关于君主制就是暴政的话，他根本就没有听见。如果说奥塔尼斯和迈加比佐斯“讲希腊语”，大流士则会讲希腊语，也会讲波斯语。当他解释说，寡头政治和群众权力会在内部导致产生权力斗争（stásis），而这种权力斗争早晚会导致君主制度的出现时，他讲的是希腊语，因此，还不如省掉这个阶段。但是，这种不可避免的堕落，希腊人也可以把它称为暴政的复辟。希腊人可以这样认为，但是大流士不会。对于大流士来说，的确，君主制就意味着一个人的权力，而且这是最好的体制，恰恰是因为这种体制是一个人的权力（我们理解为什么他根本听不进奥塔尼斯的话）；不管是如何建立，是谁建立这样的权力，这都不重要。但是，他“也会讲波斯语”，也以他的方式以过去为鉴、以波斯的过去为鉴、以波斯人的习俗为鉴。而对于奥塔尼斯来说，君主制与祖先的习俗有违；对于大流士来说，君主制则与祖先的习俗相符。可是只要我们承认，他们说的是两个不同的世界，各种论据之间便不矛盾了。总起来看，大流士并没有驳斥奥塔尼斯的
481 论断（君主制等于暴政），他只是说，君主制不同于暴政。他的整个讲话表明，问题根本就不存在：君主制是最好的制度，只是因为它是君主制；仅此而已。[1]

因此，波斯的争论并没有破坏国王和暴君之间像镜子一样双重映

1 奥塔尼斯说，掌握了君主制权力的“最好的人”（aristos）也不可能是别的，只能是个暴君；大流士回答说，或者大流士说的话并没有回答奥塔尼斯的话：“任何事物都不会比一个唯一的政府好，如果它是最好的。”

照的假设。在这样的情况下，有人会反驳说，这等于说了希罗多德的文本没有说的话，而且当时还没有暴政的理论。比如，对于瓦特（K.H. Waters）来说，希罗多德“没有对暴君表示出反感，对体制没有任何意识形态的反感。他也没有利用暴君的兴衰……试图说明任何道德模式或神意对人类事务的控制。这些暴君像其他的人一样，也各有成败，各有其幸与其不幸。事情的发展进程就是如此简单而不可阻挡，正像我们在故事中所看到的那样”。[1] 对于波斯大王来说也是这样。瓦特的立场是基于一种简单的信念：希罗多德是“历史之父”，这就意味着，他首先关注的是事件，除了事实的规律之外，他的故事不承认其他的规律。因此，现实太多样了，不可能被归纳进一种理论当中。至于对权力的表现问题，其实是根本就不存在的。只要认为这样的前提流于简单化，那么其后果就不那么简单了。 482

至于暴政，《历史》提供了明确的说法。在驱逐了雅典的庇西特拉图人（Pisistratides d'Athènes）之后，拉栖第梦人又想把他们重新扶上台。为什么呢？不是因为他们突然又爱上了暴政，而是因为他们明白，如果没有暴君，雅典人有可能变得和他们一样势力强大（isóroppoi），因此，到时候就会威胁到他们在大陆上的优势地位。因此，他们联合起各同盟城邦，向他们提议组织一次远征，旨在让希庇亚（Hippias）重新上台。这时候发言的是科林斯人索克莱斯（Soclès），他是以这个问题的专家的身份发言的：在科林斯，他们知道什么叫暴政——他们有过库普塞鲁斯（Cypsélides）和非常著名的佩里安德。但是，在直截了当地讲库普塞鲁斯的故事之前，他先有一段开场白，解

1　瓦特：《希罗多德的暴君和独裁者：关于客观性的研究》，威斯巴登，1971 年，第 41 页（K.H. Waters, *Herodotos on Tyrants and Despots, a Study in Objectivity*, Wiesbaden, 1971, p. 41），其中有关于这一问题的参考书目。瓦特也提到了那场波斯的争论，以证明在权力词汇的使用中，没有任何稳定性。亦参见费利尔：《希罗多德论暴政》，见于《历史》杂志，第 27 期，1978 年，第 385—399 页（A. Ferrill, “Herodotus on tyranny” , *Historia*, 27, 1978, pp. 385-399）。下面这段话也是瓦特说的：“关于他如何对待暴君，他如何对待波斯大王的详细研究，只证明他的一种完全客观的立场，只证明他关注事实及其理性的因果关系，这说明他变成了一个真正的历史学家。”（第 100 页）

释说所谓暴君就是宇宙中的无秩序，所谓暴政就是混乱，建立暴政直接说……就是让“kósmos”（宇宙空间）乱七八糟：“实际上，天要塌在地上，地会在天上飞，人们会到海上去安家，鱼会到原来人生活的地方去，因为，你破坏了平等的制度（isokratías），你准备在城市里恢复暴政，那是世界上最不正义的、最嗜血的东西。”[1]是啊，人们会说，那是科林斯人索克莱斯说的，而不是希罗多德：也许是吧。但是，索克莱斯只讲库普塞鲁斯的暴政，便说服了同盟城邦，而且他的话语的
483 效果，就是远征最终没有成行。[2]换句话说，在故事的层面上，叙述者承认索克莱斯讲话的力量（他的讲话说服了盟邦），放在故事当中，它也应当能够说服《历史》的接受者。因此，它就相当于叙述者展开的让人相信的战略中的一个理由。

拉栖第梦人认为，暴政的消失和雅典势力的上升是相向而行的。在这一点上，有人也可以反驳说，这是拉栖第梦人的观点，而不是叙述者的。但是如果这样认为，那就错了。叙述者也用规律来解释这一现象：“话语平等（isēgoríē）所表现出来的优越性，并不是个别情况，而是普遍的。如果雅典人被暴君统治，那么他们在战争中不会优于周边的任何一个民族。从暴政的统治中解放出来之后，他们远远地站在了最前列。这就证明，在奴役当中，他们的怯懦行为是故意的，因为他们认为自己是在为主子（despótēs）效力，而一旦获得了自由，他们热情地完成各自的任务，而这样做对自己也是有益的。”[3]因此，暴君就是独裁者，人们不该为他们效力，而且暴君就是宇宙失序的原因。

我现在再回到关于双重镜子的假设上来。在故事的层面上，波斯大王扮演的是暴君的保证者、支持者、捍卫者、庇护者的角色，但是波斯大王也是原来的暴君，不管出于何种原因，他丢掉了王位。当大流士在斯基泰王国的时候，米利都的希斯提亚埃乌斯毫不掩饰地表示

1 希罗多德，V，92。
2 同上，V，93。
3 同上，V，78。

了这种境况。斯基泰人的确雇用了爱奥尼亚人，而这些爱奥尼亚人留了一手，没有破坏伊斯特罗斯河上的桥，但是希斯提亚埃乌斯提醒同事们说，破坏河上的桥，就等于是他们待在一根树枝上，而他们又要 484
锯断这根树枝：如果大流士消失了，那么他们的暴政也会跟着消失。[1] 萨摩斯暴君波利克拉特斯与冈比西斯很合得来：波利克拉特斯建议提供一个舰队，帮助冈比西斯入侵埃及，但是，为了给这些船配备人员，他选择的是那些他想摆脱掉的人，所以波利克拉特斯嘱咐波斯大王，再不要让这些人回来。[2] 当庇西特拉图（Pisistrate）的儿子希庇亚被逐出雅典时，他自然而然地在亚洲找到了庇护之所，并从亚洲用尽一切手段，想让雅典“重新归顺于他，并归顺大流士”。在稍后些时候，正是他给蛮族人带路，到了马拉松。[3] 希罗多德还提到在苏塞宫中生活的庇西特拉图的人怂恿薛西斯入侵希腊，而且他们也跟在军队的辎重队里。[4]

但是，波斯大王不仅接待暴君或者丢失了宝座的暴君，也知道如何接待被赶下台的国王：当斯巴达的国王德马拉特被赶下台之后便逃跑了，一站一站地最终逃到了苏塞。到了大流士的身边，他的逃亡才算结束。大流士“以极大的排场接待他，将一片领土和城市当礼物送给他”。只有到这时候，他才得到了安全，他在希腊丢失了的东西，他的国王的身份，在这里还能得到人们的承认[5]，也就是说，这时的他就像波斯大王的附庸一样。[6]

1　希罗多德，IV，137。
2　同上，III，44。
3　同上，V，96；VI，107。
4　同上，VII，6；VIII，52。
5　同上，IV，70。我们知道，他后来在薛西斯身边扮演了“翻译”的角色：因为薛西斯对希腊人的行为一窍不通，有好几次要求他“翻译”，薛西斯认真地听他说，但是并不相信他说的话（VII，101，209，234）。
6　在关于国王和暴君之间的关系的这份材料当中，我们也可以加入童年的故事：比如，西律斯的童年（I，107 及以后部分）和库普赛鲁斯的童年（V，92）之间的比较；参见德尔古：《俄狄浦斯或者征服者的传说》，巴黎，1944 年（M. Delcourt, *Œdipe ou la légende du conquérant*, Paris, 1944）。

485 ## 独裁权力

正如奥塔尼斯指出的那样，君主制和暴政的推动力是“傲慢”，暴君是一个充满了贪欲的人物，而且他的贪欲越来越大，永远不知满足。另外，独裁是欲望（érōs）的猎物；对女色的欲望，对权力的欲望，也就是不正当的爱和对权力的爱。在整个《历史》当中，“欲望”（érōs）这个词只用于暴君和国王：只有他们才有这种过分的欲求。[1] 正如一个人物说的那样，暴政的确有很多“爱慕者”（erastaí）。[2] 狄奥塞斯，就是那个让米堤亚人重新沦落为奴隶的人，“一心想”变成暴君。[3] 据说，斯巴达的摄政王波萨尼亚想要大流士一个表兄的女儿，因为他“想”变成希腊的暴君。[4] 对于国王来说，所谓“欲望”，只能是对权力的欲望，由于被禁止，所以才成为欲望：冈比西斯“想要”他的姐姐，孟卡拉（Mykérinos）法老好像对他自己的女儿有欲望，薛西斯对儿子的老婆有欲望。[5] 斯巴达的国王阿利斯东（Ariston）对一个女人有欲望，虽然这个女人对他来说并不完全是禁果，但她是他一个最好的朋友的妻子；另外，他已经有两个妻子，那个女人将是第三个，而且为了得到她，他用了一个计谋。[6] 吕底亚的国王坎道列斯想要一个女人，他的追求没有任何不正当地方，但是，文本当中明确说，他的爱
486 太“过分”了，所以注定会发生不幸。[7] 对于一个希腊人来说，主宰夫妻关系的，的确不应该是这种欲望。

独裁权力的推动力是“傲慢”，而且独裁权力还有“欲望”，除

1　贝纳戴特：《希罗多德研究》，海牙，1969 年，第 137 页（S. Benardete, *Herodotean Inquiries*, La Haye, 1969, p. 137）。

2　希罗多德，III，53。

3　同上，I，96。

4　同上，V，32。

5　同上，III，31；II，108；IX，108。

6　同上，VI，62：他让朋友发誓，说他们二人可以在对方的财产当中选一件“物品”，对方选了什么一定要给。在这伙国王和暴君当中，这是又一个斯巴达的国王。

7　同上，I，8。他过分地赞美她，以为她是世界上最美的女人，他想让自己的心腹巨吉斯看见身体赤裸的她。

此之外，我们还可以补充说，违抗天命和重复违抗天命的行为是其规律，权力的执行是秘密的，通过标志、破坏表现出来，而且注定会失败。

从字面的意义上说，违抗天命的人，而且是世世代代重复这种违抗行为的人，首先是波斯大王。违抗天命的意思是，由于“傲慢”而走出自己的空间，进入一个外国的空间，而且走出去的标志就是在河上，甚至在海的岬角上建桥。西律斯是帝国的创立者，是第一个走得太远了的人：他在阿拉斯河上修了一座桥，以进攻北方的马萨格泰人，并死于这场战争。[1] 大流士跨过了博斯普鲁斯海峡和伊斯特罗斯河：他来到欧洲，攻打游牧人；他失败了。[2] 薛西斯也不得不从事这种事，以将赫勒斯滂海峡的两岸联系起来：第一座桥刚建好，就被风暴所毁。[3] 这种对地理空间的违反也是对神的空间的违反，是对神的侵犯。之所以说是侵犯，因为正如地米斯托克利对雅典人说的那样，“神和英雄都嫉妒，不愿意让一个人既在亚洲统治，又在欧洲统治；那是一个不信神的罪恶的人”。[4] 之所以说是侵犯，还因为有时候在神的世界和政治 487
空间之间表现出某种联系：比如，当波斯人在希腊焚烧希腊的神殿时，他们说是因为雅典人烧毁了萨迪斯“当地”（epichṓrios）的库伯勒女神（Kybébé/Cybèle）的神殿。[5] 同样，薛西斯在过桥的时候，要波斯人向那些接受了一份波斯土地的神（Persíla gễn lelógchasi）祈祷[6]：因此，与某一“部分”（moîra）领土相对应的，是神的某个“部分”。

独裁者不由自主地会违反“文化”，违反社会、宗教或者性的规则。比如坎道列斯要巨吉斯偷窥他的赤裸的妻子，就是在要求他做

1　希罗多德，I，205。冈比西斯则声称要跨过沙漠去攻打长命的埃塞俄比亚人，沙漠也是一种海（III，25）。

2　参见本书前文第 119 页及其以后部分。

3　希罗多德，VII，34。在这些“勇敢的修桥者”的队列当中，还有克洛伊索斯，他跨过了哈里斯河（Halys）——这条河是吕底亚与米堤亚之间的边界——从而破坏了一个“伟大的帝国”，也就是他自己的帝国。

4　同上，VIII，109。

5　同上，V，102。

6　同上，VII，53。

一件违反规则（ánomos）的事[1]，因为，在蛮族人中，女人是不能赤身裸体让别人看见的。冈比西斯也许是典型的违反文化者：在埃及征战时，他既不遵守埃及的文化，也不遵守波斯的文化；[2]他违反埃及文化不是为了强制人们接受波斯的习俗，不是，他疯狂地颠覆了所有的文化……这一画廊当中也有从前的一些暴君，比如庇西特拉图，或者佩里安德。庇西特拉图娶了阿尔克马埃翁家族的梅伽克莱斯（Alcméonide Mégaclès）的女儿为妻，但是，他不想要孩子，所以与她的关系（katà nómon）是不"符合标准"的关系，也就是说，不是为了生育合法的后代而结成的婚姻关系。[3]至于佩里安德，他不仅杀死了自己的妻子，还在她死后与之交合。佩里安德之于古老的暴君，正如冈比西斯之于国王：也就是所谓的"过度违反"。

488 最后，独裁者对人的身体行使其权力，他可以随意在人的身体上留下痕迹，首先是用鞭子留下痕迹；的确，波斯大王都喜欢用鞭子抽打人：波斯的军队是在鞭子的抽打下前进的，而且他们认为，除了鞭子，其他的什么都不管用；我们还记得，薛西斯甚至让人用鞭子抽打赫勒斯滂海峡。[4]冈比西斯让人用鞭子抽打阿皮斯（Apis）的祭司。[5]只有一个希腊人用过一次鞭子，而且这个希腊人还是斯巴达的国王克里昂米尼。[6]鞭子就是主子用在奴隶身上的武器，正如斯基泰奴隶的故事十分明确地表明的那样。在没有男人的情况下，斯基泰的妇女与奴隶睡。等斯基泰的男人们回来之后（他们是在28年之后才回来的），发现整整一代年轻男人与他们做对：他们开始与这些奴隶的儿子打斗，后来又决定把他们的武器换成鞭子。年轻人一看到鞭子，立刻停止了

1　希罗多德，I，8。

2　同上，III，16，27，30，37，等等。

3　同上，I，61。

4　同上。在III，130；VII，22，35，54，56，223；VIII，109（赫勒斯滂海峡）中都提到鞭子，西律斯的正式的身份还是牧牛人的儿子的时候，被一起玩的孩子们选中当国王，他立刻用鞭子抽打一个不听他命令的米堤亚贵族的孩子；这个典型的"国王的"举动使他得到了阿斯提阿格斯（Astyage）的承认（I，114—116）。

5　同上，III，16，29。

6　同上，VI，81。

打斗，都逃走了。[1] 作为主子的标志，鞭子迫使他们承认了自己的奴隶身份，从今往后，他们唯一的武器就是逃跑。

其次，国王还可以砍、割臣属的身体，可以在臣属的身体上打印标记。在斯基泰国王举行葬礼的时候，长长的车队中，斯基泰人自残、自辱，在自己的身体上打下归属国王的标记，说明他们是作为属下的斯基泰人。[2] 费雷蒂姆（Phérétimé）是巴图斯的妻子，她的儿子阿基西拉斯（Arkésilas）在克兰尼（Cyrénaïque）被巴卡（Barké）杀害了。为了报仇，费雷蒂姆利用一支波斯的军队占领了那座城市，然后，她将 489
男人们钉死在城墙周围的木桩上，挖掉女人们的乳房，也将她们的死尸装点在城墙的周边。[3] 佩里安德则对未来的公民的身体发难：的确，他从科林斯望族当中召集了 300 名年轻人，将他们送往萨迪斯，使这些人成为太监；通过昭示这种对生殖能力的过分的控制权，他想控制的实际上是国民的身体。[4] 而波斯大王则割人的鼻子、耳朵、脑袋[5]，这是执行权力的一般方式，但是只有君主才有这种权力。波斯人的首长之一佐皮尔（Zopyre）想让被大流士包围的巴比伦人相信他是个叛徒，便自己割掉自己的鼻子、耳朵，剃光头发，鞭打自己。看到他之后，大流士气愤地问道，是谁敢残害地位如此高的人。佐皮尔回答说："除了你之外，没有人有权力使我处在如此境地。"[6] 我们还记得薛西斯是如何对待列奥尼达的尸体的，我们还记得，当埃伊纳（Eginète）向波萨尼亚建议也以相同的方式对待马尔多尼乌斯的尸体时，波萨尼亚回答

1　希罗多德，IV，3。这是斯基泰的故事，不过也是希腊式的斯基泰故事。

2　同上，IV，71—73；参见本书前文第 240 页及以后部分。

3　同上，IV，202。经过如此残忍的报复之后，尤其是作为一个希腊女人，费雷蒂姆的下场很惨：她的全身上下爬满虫子，活生生地被虫子吃了。其他用木桩钉死人的例子：III，132，159（大流士）；IV，43；IX，78（薛西斯）。

4　同上，III，48。施密特-庞戴尔：《暴君的历史，或者城邦是如何建设其边缘的》，见于《历史上的边缘人和被排斥的人》，巴黎，1979 年，第 217—231 页（P. Schmitt-Pantel, "Histoire de tyran ou comment la cité construit ses marges" , *Les Marginaux et les exclus dans l'histoire*, Paris, 1979, pp. 217-231）。关于买卖阉人的商人以及做这种行业所遇到的麻烦，同上，VIII，105—106。

5　同上，III，69，79；VII，35，238；VIII，90（118）；IX，172。

6　同上，III，154—155。亦参见 III，118：一个波斯人擅自动用这种国王才有的权力，并因此付出了代价。

埃伊纳时说：那是蛮族人的行为，希腊人是不这样做的。[1] 最后，国王给臣属打标志，就像主子给奴隶打标记一样，或者就像城邦在公共奴
490 隶的身上印上徽章一样：当底比斯人到波斯去的时候，他们身上都要打上国王的标记。[2] 人们也说，薛西斯不满足于用鞭子抽打赫勒斯滂海峡，还让人给它打上他的标志。

身体上的标记永远是耻辱的标记，是奴役的标记。[3] 总起来说，独裁权力表现为主子对奴隶的权力。

我们是否可以认为，主子和奴隶之间的关系表现的是独裁权力的模式？我们能不能这样想象呢？或者我们是否应该满足于说，这两种表现是互相对应的：奴隶主的权力就是独裁权力的象征，独裁权力也是奴隶主权力的象征？如果只从词汇上来看，在《历史》当中，同一个词（despótēs）用于奴隶主、暴君、国王、神，也有一次用于法律。[4]

的确，对于薛西斯来说，希腊人不是用鞭子驱使的，所以他们根本不可能勇敢，而波斯人则相反，在鞭子的驱使下，波斯人不得
491 不表现得比实际上更加勇敢。不是被鞭子驱使的人所缺乏的，正是一个独裁者。对此，德马拉特回答说：不，他们有一个“独裁者”，不过，这个主人就是他们的“文化”、他们的法律。而且他指的就是战士的“文化”：斯巴达人不应该从战场上逃跑，而是应该待在队列中他应在的位置上（ménein）。[5] 那么，希腊人所遵守的不是国王，而是另一种独裁的权力吗？不是，因为建立“文化”，就意味着驱逐暴君；法律不会伤残人的肢体，法律是对违反行为的否定，

---

1 希罗多德，IX，78—79。

2 同上，VII，233。

3 色雷斯人除外。色雷斯人认为，身上有标记（stízein），说明是贵族（eugenés）；相反，如果没有标记，那说明出身贫贱（同上，V，6）。

4 比如 VI，83（阿尔戈斯的奴隶和他们的主子）；V，78（雅典从暴君的统治下解放）；IV，127（大流士要求斯基泰国王承认他是独裁者，斯基泰国王回答说，他只承认宙斯和赫斯提亚是独裁者）；同样，马萨格泰人承认太阳是独裁者（I，212）；似乎只有蛮族人才与神有这样的关系。这一标志也说明，在这个世界上的任何权力只能通过国王权力的模式才能想象；最后，VII，104（法律的自由对斯巴达人的强制作用，比恐惧对国王的臣民的强制作用更加可靠）。

5 希罗多德，VII，104。

它用节制代替了“傲慢”。[1]

国王与臣民，主子与奴隶，从权力的角度来看，这两对概念是可以互相重叠的：国王就像奴隶的主子一样，奴隶的主子也像国王一样。这是第一种设想独裁的方式，除了这种方式之外，也许还有另外一种？不是有人将这些人物的命运与悲剧英雄的命运进行比较吗？不是有人谈到过《历史》的大故事中包含的这些小悲剧吗？[2]克洛伊索斯、坎道列斯、萨摩斯的波利克拉特斯，以及斯巴达的克里昂米尼和西律斯、冈比西斯、薛西斯等等，他们不都是悲剧英雄吗？

从总体上来看，人们注意到悲剧在历史的诞生中所起的作用。弗鲁尼赫斯（Phrynichos）的《攻陷米利都》（*La Prise de Milet*）和《腓尼基妇女》（*Les Phéniciennes*），公元前 472 年埃斯库罗斯的《波斯人》（*Les Perses*），这些作品都使希波战争成了一个可能的主题。“《波斯人》的剧情可以与《七雄攻忒拜》类似，或者与《阿特柔斯之家》的命运类比。希腊人已经意识到，他们自己的时代的某个事件，只是文学当中遥远的过去发生过的事件。”[3] 悲剧并不是历史的源头，只不过这 492
样的悲剧产生了可接受性的土壤，使一个人可以向同时代人讲述希腊人和蛮族人之间的战争，而且事件的主要行为者因此而可以成为悲剧的英雄。

但是悲剧是城邦为自己发明的一种东西，甚至是一个城邦（雅典）在某个明确的时刻（公元前 6 世纪末和公元前 5 世纪初）发明的东西，然而，在《历史》当中，悲剧是外在于城邦的，而且悲剧的英雄恰恰就是独裁者，而城邦却“像一架反悲剧的机器般运行”。[4] 因此，我们

1　希罗多德，III，80，142；让-皮埃尔·韦尔南：《古希腊人的神话和思想》，巴黎，1965 年，第一卷，第 185—229 页（J.-P. Vernant, *Mythe et pensée chez les Grecs*, Paris, 1965, t. I., pp. 185-229）。

2　参见前文所引瓦特（K.H. Waters）的《希罗多德与悲剧》（*Herodotos and Tragedy*）第 86 页及以后部分。作品中列有参考书目。瓦特当然是反对这样一种看法的：希罗多德写的是历史，而不是文学——“vivant res, pereant tragoediae might have been his motto”（第 100 页）。

3　见于前文所引乔斯的作品第 35 页。

4　皮埃尔·维达尔-纳凯：《索福克勒斯：悲剧》，巴黎，1973 年，前言，第 17 页（P. Vidal-Naquet, *Sophocle, Tragédies,* Paris, 1973, préface, p. 17）。

所面对的是如下的悖论：在悲剧确实存在的世界上，悲剧里的事件是不会发生的，而在悲剧不存在的世界上，里面的事情才会发生。悲剧与城邦有联系，然而在《历史》的空间里，悲剧里的事只能在非城邦的地方才能上演，事件里的英雄又是无视或者拒绝城邦及其价值的一些人。

但是，悖论只是表面上的：的确，悲剧人物被“傲慢”所折磨[1]，因此，悲剧只能在为“傲慢”留有一定位置的世界得以展示，然而，城邦恰恰要求拒绝和否定“傲慢”，鼓励克制，而独裁权力是“傲慢”的温床，正如奥塔尼斯所表明的那样，独裁权力甚至是“傲慢”的推
493 动力。只要独裁权力的代表是被“傲慢”所推动的，那么他们的行为就只能是悲剧性的，而且对于他们和对于《波斯人》中的薛西斯一样，“在成熟的过程中，无节制会产生灾难性的错误之穗，而从中收获的，只有眼泪”。[2] 的确，用希罗多德的话说，这些人的“结果必然是悲惨的”。[3]

米尔蒂亚戴斯就是其中之一：的确，他的下场必然悲惨，然而，他是雅典人，在马拉松战役时，他甚至是战略家，但是，他也是凯尔索纳索斯（Chersonèse）的暴君，打算以他自己的名义，并为自己组织一次攻打派洛斯（Paros）的远征。[4] 于是，他从“反悲剧”的世界，从城邦来到了独裁和“傲慢”的世界。他在两个世界之间来往，最后在犯下重大的违规行为之后，送掉了自己的性命。他撞进了得墨忒耳神庙（Déméter Thesmophore）的领地，那地方本来是禁止凡人进入的。

1　热尔内：《希腊法律和道德思想的发展研究》，巴黎，1917 年（L. Gernet, *Recherches sur le développement de la pensée juridique et morale en Grèce*, Paris, 1917）；阿特金：《古希腊的道德价值和政治行为》，伦敦，1972 年（A. Atkins, *Moral Values and Political Behaviour in Ancient Greece*, Londres, 1972）。

2　埃斯库罗斯：《波斯人》，821—822（Eschyle, *Les Perses*, 821-822）。

3　希罗多德，I，8（坎道列斯）；II，61（阿普里伊）；III，40，43，124，125（波利克拉特斯）；IV，79（斯基莱斯），205（费雷蒂姆，apéthane kakôs）；VI，84（克里昂米尼，apéthane kakôs），135（米尔蒂亚戴斯 Miltiade）；IX，109（玛西斯戴斯，Masistès）；III，65（冈比西斯，凡是应该发生的事，人力是无法阻挡的）。

4　同上，VI，132—136；参见皮埃尔·维达尔-纳凯：《索福克勒斯：悲剧》，第 18 页（P. Vidal-Naquet, *Sophocle*, p. 18）。

在跳过神庙的围墙的时候，他的大腿脱臼了，后来得了坏疽，范围慢慢扩大，让他送了命，这和冈比西斯的死法一模一样。[1]

在《历史》当中，悲剧的结构看来是作为理解独裁权力的模式被使用的。独裁权力就是通过这些结构，被纳入了故事当中的，这些结构说明了独裁权力的运行方式，解释了其失败的原因。它们是叙述者的一个办法，叙述者通过这个方法让接受者相信，他还是能够掌控这个相异的世界的，虽然这个相异的世界从空间和时间上距离他都很远。但是，《历史》既不是悲剧，也不是悲剧的剪辑故事。的确，要想有 494
真正的悲剧，那就必须让英雄的世界和城邦的世界共同存在，而且悲剧的境况正是从这两个世界的碰撞中产生的。[2] 然而，《历史》分开了城邦的世界和英雄的世界，或者更加准确地说，《历史》是代替英雄世界的东西，《历史》是独裁者的世界。这样一来，这些《历史》中的英雄，也可以说是悲剧的英雄，因为他们是被内在于他们的权力的“傲慢”所推动的，他们轮流被叙述者召集而来，登上舞台，我们还不如简单地称他们为希罗多德式的英雄。与其说独裁的世界是悲剧的世界，还不如说这是一个有悲剧的地方。

独裁权力的规律就是违规。但是，有两个人物生活在极端的违规当中，一而再、再而三地走向了极致，也就是走向了疯狂和死亡。这两个疯狂的伙伴就是波斯大王冈比西斯和斯巴达的国王克里昂米尼。他们两个人都疯了，有的人认为，他们从一出生就疯了，也有的人认为他们是后来才疯了的。[3] 两个人都违反了神圣的法律：克里昂米尼引诱了皮提亚，砍了埃莱夫西纳的树，烧了阿尔戈斯英雄的神庙，想亲自向赫拉献祭，虽然他是外国人，他让人鞭打祭司……[4] 冈比西斯也许

1　希罗多德，III，66。

2　让-皮埃尔·韦尔南和皮埃尔·维达尔-纳凯：《古希腊的神话和悲剧》，巴黎，1972 年（J.-P. Vernant et P. Vidal-Naquet, *Mythe et tragédie en Grèce ancienne*, Paris, 1972）。

3　希罗多德，III，33；V，42。可以为这两个违规的伙伴写两本《希腊罗马名人传》。（这里借用的是普鲁塔克的传记体史书《希腊罗马名人传》。——译者注）

4　同上，VI，75。

在违规的路上走得更远，因为他嘲笑（katagelân）埃及的文化，而且他的行为既有违于波斯的习俗，也有违于埃及的习俗：他让人鞭打并焚烧尸体，杀死阿皮斯的公牛，嘲笑庙里的雕像，并让人放火烧毁雕
495 像。[1]在他发疯的时候，他甚至连自己是谁都不知道了：他不是埃及人，也不是波斯人。他们也违反两性的规定：一个被指责与客人的妻子常有来往（phonitân）[2]，另一个，冈比西斯，也犯下种种堕落的行为，似乎是以此作乐一般：他娶了自己的妹妹，等她怀孕了又将她杀死，又娶了另一个更加年轻的妹妹。[3]两个人都死于他们的疯狂行为。冈比西斯在打伤了阿皮斯的同一地方伤了自己的腿，但是，当他知道注定要死的时候，他又恢复了理智。坏疽在他体内扩散，夺走了他的性命。[4]另一个不仅不知道自己是谁（他将权杖向斯巴达人的脸上扔去），而且他把自己当成另外一个人对待：当他被绊住的时候，他用刀狠命地向自己的身体砍去。[5]

因此，独裁权力在思考自我的时候，参照的是主子和奴隶的关系，并使用了悲剧的模式。但是它的英雄，也就是独裁者，是希罗多德式的英雄，正如克劳德·勒弗尔（Claude Lefort）在谈到《君主论》（*Prince*）中的切萨雷·波吉亚（César Borgia）时，说他是“马基雅维利式的英雄”一样。[6]

在这个独裁者的画廊当中，除了波斯大王、蛮族国王和暴君之外，

1　希罗多德，III，16，27 及以后部分，37。

2　同上，V，70。

3　同上，III，31—33。

4　同上，III，64。

5　同上，VI，75。

6　克劳德·勒弗尔：《作品的影响：马基雅维利》，巴黎，1972 年，第 68 页（Cl. Lefort, *Le Travail de l'oeuvre : Machiavel*, Paris, 1972, p. 68）：“《君主论》中的切萨雷·波吉亚是一个马基雅维利式的英雄，他让人想到君主的作用，而且他的特点之所以有意义，只是因为他与马基雅维利的其他人物的特点不一样，比如与吉奥冯帕果罗·巴利奥尼（Giovompagolo Baglioni）或者弗朗切斯科·斯福尔扎（Francesco Sforza）相比。”但之所以说是马基雅维利式的英雄，还有另外一种意思，不是因为同一作品内部的人物之间的不同，而是因为英雄和“历史上的切萨雷·波吉亚”之间的不同：差别与歪曲是“作品象征形成的一个难得的标志”。同样，如果说希罗多德的冈比西斯是个疯子，“历史上的冈比西斯”似乎并不是这样。

还有斯巴达的国王，而且其中的一个，克里昂米尼，甚至占有重要的 496
位置，与冈比西斯齐名。这种影响并不令人感到意外，因为我们已经注意到，在讲到斯巴达国王和蛮族君主的葬礼时，叙述者已经从潜在意义上把他们放在一起了。[1]他们具有蛮族人的特点，这种倾向性同时也标志着叙述者必须向其他希腊人提出的问题，因为，为了说明这种制度，他建议迂回到亚洲的土地上：要研究《历史》中的权力表现和组织规则，这一迂回是必须的。

在前期，这幅独裁者的画像，作为各种邪恶行为的集大成者（潜在地存在于独裁者的身上，或者由独裁者表现成行为），使古代的暴君有了具体的面目。从今而后，我们有了一种典型的形象，使传说中的暴君的故事有了意义。比如，对于希罗多德来说，佩里安德是个违规的人物，有点儿像冈比西斯或者克里昂米尼，根本算不上是七圣人之一。[2]但是似乎也可以认为，这些故事对塑造这一形象做出了贡献。在后期，这一形象将出现在悲剧当中，但也会出现在别的地方，尤其是出现在公元前4世纪时柏拉图和亚里士多德的作品当中。[3]我在此并
不是想写一部暴君的历史，也不是要肯定地说，这方面的思考都是参 497
照了希罗多德的作品，甚至是受到希罗多德作品的影响，而且我们也知道，"影响"是一个方便的词，用来标记一些联系，同时又掩饰了对有关知识的缺乏。我们只是想指出，在这一点上，得到承认的权力是《历史》的象征形成的一个基本元素，围绕着这种权力，我们也许可以从《历史》的网格过渡到作为制度的《历史》（作为网格的《历史》）。的确，从今往后，在人们的共同知识当中，国王就是独裁者，暴君就是独裁者，也就是说，双重的镜子互相映照，产生了这种想象

1　参见本书前文第253—259页。
2　大马士革的尼古拉斯（《古希腊历史学家作品残篇汇编》，F 58/Nicolas de Damas, *F. Gr. Hist.*, F 58, Jacoby）暗示说佩里安德是七圣人之一，但实际他本人是拒绝承认这一点的。
3　主要参见欧里庇得斯：《哀求者》，452及以后部分（Euripide, *Suppliantes*, 452 *sq*）；柏拉图：《理想国》，565 d及以后部分（Platon, *République*, 565 d *sq*）；亚里士多德：《政治学》（Aristote, *Politique*, livre V）。

的形象（国王就等于暴君），在“傲慢”的推动下，他就像是对待奴隶的奴隶主一样。

因此，对于柏拉图来说，定义波斯的制度的，是一种过度的奴役、一种过分的独裁。[1] 亚里士多德认为，某些蛮族的君主制被定义为符合法律的世袭暴政。但是，因为奴隶制的理论取得了进步，所以他又补充说，因为蛮族人“从性格上比希腊人天然地更加倾向于奴隶制，而且亚洲人也比欧洲人在这方面的倾向性更大，所以他们能忍受独裁权力，而不提出任何抱怨”。[2] 或者还有一个根据双重的镜子建立的例子：使暴政得以保持的大部分措施都是佩里安德制定的，但是，“很多类似的办法也可以从波斯的权力当中借鉴”[3]，这就是暴君和国王的关系。

498 吟游者和现场勘察的旅行家希罗多德

> 我想，我要求从此以后，我周围的一切都要经过测量、证明、确认，像数学一样合乎理性。我必须将岛上的土地勘察一遍，画出所有土地的水平投影缩略图，将这些数据记载在土地册上。我要把每张图都编上标签，每只鸟都要戴上腿环，每只哺乳动物都要用烙铁打上标记。这个令人看不透的、令人难以进入的、充满了在暗中发酵的东西和不祥的动荡的岛，只要它还没有变成一个抽象的、透明的、一直到骨子里都可以让人理解的建筑物之前，我决不停歇。
>
> ——图尔尼埃
>
> 《星期五或者太平洋上的无人世界》

如此看来，对于“让人相信什么”的问题，我们可以回答说：《历

1 柏拉图：《法律篇》，694 a 及以后部分（Platon, *Lois*, 694 a *sq*）。

2 亚里士多德：《政治学》，1285 a 20（Aristote, *Politique*, 1285 a 20）。

3 同上，1313 a 4。

史》让人相信，希腊人和蛮族人之间的差别是权力的差别。权力的规则就好比是一个链条，而故事的情节便环环相扣地发展，而且这种独裁者的想象的形象，既是国王又是暴君，这是文本产生的象征性效果之一。

除了这第一种效果之外，还可以有第二种效果，而且这第二种效果也同样具有普遍意义。对于接受者来说，《历史》展示的是一个有人生存的世界。哪怕是今天，现代的读者一旦合上第九卷书，也仍然从阅读中看到了一个世界的图景：不仅仅是一张地图，比如阿那克西曼德（Anaximandre）的，或者赫卡塔埃乌斯的地图，而是一张动态的地图。在这一点上，我们也不能停止于知识的局部效果（某个民族生活在某处，某条河的流向是……），而是应当关注大的组织程序：勘察、分类、登记、排列，而且通过这些操作，来看一看《历史》的结 499
构是如何建立起来的。我们仍然用网格的比喻来看，尽管有其不足，我们仍然可以用文字表达说，勘察、分类、登记、排列的作用形成了《历史》的某种网格，而且必然会对接受者产生某种效果。由此，我们可以再一次提出的问题就是：《历史》是如何作为网格起作用的，以及除了作品本身的影响之外，它还产生了何种效果的问题。

现场勘察者

勘察现场自有其快乐，而希罗多德很会领略这种快乐。的确，他很愿意提供某个建筑、某条路、某条河流、某一片海或者某个国家的尺寸，但是，他感到更加高兴的，是说明这些尺寸是他亲自测量的：尺寸是“我”，是“我们”勘察的，比如胡夫金字塔就是这样，[1] 或者本都–尤辛努斯的全部尺寸：“其长度为 11 100 斯塔得，其宽度在最

1　希罗多德，II，127。关于测量的技术（一个斯塔得的长度是多少，等等）参见奥尔特尔：《希罗多德的埃及故事》，波恩，1970 年（Fr. Oertel, *Herodotos ägyptischer logos*, Mit einem metrologischen Beitrag und Anhang, Bonne, 1970）。

宽的地方是 3 300 斯塔得。”但是，尺寸是结果，而这个结果不是他亲自测量的结果，而是他计算的结果：我是这样测量（moi memetréatai）的：我知道一条船用 X 天跨过一片海，我还知道一条船每天行驶 Y 斯塔得（而且他区别船在白天所行驶的距离和在夜间行驶的距离，夜间行驶的距离略微短一些），由此可以推算出那片海总的长度和宽度。[1]

500 所谓勘察，也是指把本地的测量单位换算成斯塔得，也就是知道一个波斯的“帕拉桑日”[2]等于30个斯塔得，或者一个埃及的“斯科纳”等于 60 个斯塔得。[3] 王家大道，从海边一直到苏塞的距离是 13 500 斯塔得，埃及的海岸线长 3 600 斯塔得。换句话说，这就等于引入斯塔得作为各地路程共同的长度单位，而且从更加深刻的意义上说，因为地球是“统一”的[4]，这就等于说，斯塔得可以说明任何空间，任何空间都可以用斯塔得来测量。

当然，勘察首先是对空间的勘察，对时间也可以进行勘察。在赫卡塔埃乌斯之后参观忒拜神庙的时候，人们把著名祭司的雕像一个个指给希罗多德看，他用年来换算衡量的单位：341 尊雕像 =341 代——可以说，一代人是指从父亲到儿子——而且如果每个世纪算三代人的话，那就是 11 340 年[5]，这其中没有任何神的干预。赫卡塔埃乌斯说在 16 代人之后，才有一个神的祖先，他显得太天真了。这种对纪年的测量提供了一种可以用眼睛来看的特点：旅行者的眼睛从一尊雕像看到另一尊，也就测量了其间流逝的时间。

勘察的乐趣，也是一种权力的标志。要想让别人相信我了解一座建筑或者一个国家，尤其是涉及遥远的建筑或者国家时，还有比提供具体尺寸更好的办法吗？这是一种翻译的办法：一种将相异变成相同

---

1 希罗多德，IV，85。其他测量的例子见于 I，93；II，31，149；V，52。

2 “帕拉桑日”（parasange）是阿拉伯文的音译转写，波斯（伊朗）的距离单位，等于 5.6 千米。——译者注

3 希罗多德，II，6；V，53。

4 同上，IV，45。

5 同上，II，142，143。

的方便办法。在游记当中，测量的作用毫无疑问让人觉得自己是严肃的。有一个小故事，说明测量的技术所附带的权力的性质。克洛伊索斯想测试一下希腊神谕的真实性，便问了皮提亚一些问题。皮提亚开 501
始回答说："我知道有多少粒沙子，我也知道大海的尺寸"……[1] 也就是说，我是神谕，我知道得最多；即使是人们都认为不可计数的东西，我也知道其数量；人们都认为无边无界的东西，我也知道其大小。知道本都-尤辛努斯的全部尺寸，不是通过神启知道，而是通过计算，这就等于是在表明，我拥有不同寻常的几乎是超人的知识。另外，这一知识是带有某种权力的，因为知道了尺寸和距离，就意味着可以控制某个空间：如果我知道从 A 点到 B 点所需要的时间，这种知识本身就意味着对 B 点的某种控制作用。

当这一知识传承时，它就变成了航海的工具和旅行的指南——航海志，这种文体从本质上注重各种测量数据：从 A 点到 B 点有多少斯塔得，或者需要航行多少天、多少夜，但是航海志的最重要的特点，是循环性，也就是重复。所谓的环球航行（Circumnavigation）就是指围绕地中海的周边做环形的航行：从赫拉克勒斯石柱出发，由西向东拐，沿着非洲海岸航行，一直到再回到出发点。其存在的理由就是重复，因为不管是谁，只要他知道了航海志之后，都应当可以重复航行，在相同的地方停靠，安排同样的航程。环形，可以重复，航海就像一个向量一样，是确定了方向安排好了的一段海上旅程。另外，航海是从一个地方到另一个地方：在海上不是一步步前进，而从一个点跳到另一个点，从一个名字跳到另一个名字。航海需要考虑的是确认，是定位：确认某些点（地点、城市或者民族），而且将这些点按照相互 502
关系进行定位，并具体地用航行时间将它们连成一条线，也用语言将话语中所有表示位置的词连接起来（使用介词、前缀、词序等等）。[2]

1　希罗多德，I，47。

2　比如赫卡塔埃乌斯，参见《古希腊历史学家作品残篇汇编》，1 F 49, 113 a, 116, 207, 229（*F. Gr. Hist.* 1 F 49, 113 a, 116, 207, 229）。

因此，《航海志》就是行程的话语（话语是以转录的面目出现的，让人相信它忠实地模仿了行程），也是话语走过的路程（语言“创造”了路程）。

《历史》也将话语和路程连接在一起：“因此，我将按照故事的顺序慢慢述说，按照我走过的有人居住的大城邦和小城邦一一道来；因为，从前很大的一些城邦，大部分都变成小城邦了；现在的一些大城邦，从前也都是小的。”[1] 但是，这个既是空间的也是时间的路程，是按照有人居住的世界的比例完成的。《航海志》则是从一个名称到另一个名称，从一个地名到另一个地名，而不考虑某一个地点之外的东西；希罗多德则相反，他以勘察遥远的地方为乐事，以标记出某个地方的边界为乐事：他测量埃及，测量本都-尤辛努斯，也测量斯基泰王国和利比亚。如果不关心两个地名“之间”有什么，那么这两个地名之间的空间至多也就是一段距离，或者一段旅行时间，否则就是一片空白。希罗多德则展开了位于两点间的距离，这其中常常是有其他的“文化”的——两种话语之间深刻的差别，可以通过它们给予离题话的地位而看得出来。在《航海志》中，离题话是真正地偏离了所要走的路，是走一段弯路，是暂时中断行程：比如说，如果我沿着一段海岸线航行，
503 遇到突出海岸线的岛屿时，我就会离开海岸线，然后我会立刻再回到我的话语的线索上来。在《历史》当中，相反，离题是行程的规则，是话语的规律；当我们读到叙述者如下一段声明时，我们会觉得这种说法其实没有那么夸张：“从我的故事一开始，我便追求说一些离题的话（prostḗkas edízēto）。”[2] 这些离题的话不是我非接受不可的，不是我在路上遇到的，相反，我走的路恰恰就是为找到这些东西。我们在前边已经看到，“thôma”（奇闻逸事）与离题话之间的联系：“thôma”是

1　希罗多德，I，5。

2　同上，IV，30。关于离题话，参见雅各比：《古典古代时期百科全书》，第379—392页（Jacoby, *R.E.* 379-392）；勒格朗：《希罗多德，前言》，第234—235页（Legrand, *Introduction*, pp. 234-235）；格贝：《希罗多德的主题及其一致性的问题》，载《历史》第17期，1971年（J. Cobet, *Herodots Exkurse und die Frage der Einheit seines Werkes*, *Historia*, 17, 1971）。

离题话的线索，而离题话是阐述“thôma”的话语形式。[1]但是，这只不过是离题话的一种模式，还有其他的离题话：比如第四卷书的第 2 章到第 82 章，都只不过是一篇大规模的离题话，穿插在大流士的征讨故事当中，是关于斯基泰王国、关于其居民和文化的离题话，这段话的最后是这样说的：“我要回到我在这段阐述开始时打算讲述的故事当中去（anabḗsomai es tòn...lógon）：让我重新‘登上’我的故事之船。”[2]在这个例子当中，叙述者对自己的故事做了一个批注，“是专为吸引耳朵不灵、无精打采的人的注意力”。[3]在为他的文本的分叉处打下标记的同时，在完成吉奈特（Genette）所称的“管理功能”[4]的同时，叙述者“我”以他加入的离题话的管理者的身份进行干预，在他认为合适的地方中断叙述；在他的作品故意追求的“五色斑斓”的内容当中[5]， 504
故事一个套一个，甚至交织在一起、交叉在一起，是他向接受者指明哪里是主航道，哪里是次要的航道。

吟游诗人

但是勘察者也会成为从词汇的本意上说的“吟游者”：各种空间的确是由他连缀在一起的；他是联系人，他要考虑的就是如何将各种空间联系在一起，使之成为一个连续的空间，一直到有人居住的世界的边界上。由于腓尼基人和卡里安达的斯基拉克斯（Skylax de Caryanda）的旅行，他知道亚洲和利比亚四周都是水：斯基拉克斯上岸的地方，正是腓尼基人登船的地方。[6]他知道，在太阳升起的方向，印

1　离题话的例子，同上，II，35；III，60；IV，30。

2　同上，IV，82。其他的例子：I，40（áneimi es tòn lógon）；VII，137（épáneimi），239（áneimi）。

3　蒙田《随笔集》（Montaigne, *Essais*）恰恰是想避免这样的批注（“内容”本身应该足够）；参见前文所引查理（M. Charles）的作品第 15 页。

4　前文所引吉奈特的作品第 252 页。

5　哈利卡纳苏斯的狄奥尼修斯（Denys d'Halicarnasse, *A Pompée, 3, poikilèn eboúlethe poiêsai tền graphḗn*）。

6　希罗多德，IV，44。

度是最后一片有人居住的大陆，再往远处去，就是一片沙漠了，没有任何人知道那里的事情。[1] 但是，他不知道，任何人都不知道欧洲的南部是不是有一片海；[2] 他不知道，任何人都不知道欧洲日落的方向尽头处真正是何种情景：那里有没有一片海呢？[3]

在这些各自的或者交叉的边界的内部，比如，他知道有一些不同的区域勾画出利比亚的形状，海的北边是游牧人占据的地盘，然后是野兽的世界，然后就是沙漠的边缘，最后是没有任何生命迹象的沙
505 漠。[4] 同样，他知道各不同部族的人们，从海边开始，占据着斯基泰王国的地方：从奥尔比亚开始，比如，我们先是看到卡里皮德斯人（Callipides），再往上是阿拉综人，再往上是种地的斯基泰人，最后是诺勒人，再往远处去，“据我们所知，就是一片没有人烟的沙漠”了。[5] 在这些区域，叙述者还安插了其他的民族，从海边一直到沙漠或者人无法跨越的高山。

因为，重要的是要一一列举、一无遗漏，一直到什么也不知道为止，一直到话语消失在无垠的沙漠里，碰撞在话语之山上。“在秃顶人居住的地方更远处的事，任何人也无法说得清楚了（atrekéōs），因为，人无法到达的一片高山形成了一道屏障”；至于秃顶人说的话，那就是不着边际的话了，当不得真的。[6] 列出完整的清单是叙述者应该做的事，也是他表现自己的知识的一种办法，因此也就是让接受者相信他的一种办法：的确，他知道那里的空间，他知道各个地方的名字：……这就是利比亚人当中我可以说得出名称来的部族[7]，或者，一直到亚特兰蒂斯人（居住在沙漠区域的利比亚人）居住的地方，我可以列出一份各部族人名称的清单（échō tà oumómata...kataléxia），但是，到了那

1　希罗多德，IV，40。
2　同上，IV，45。
3　同上，III，115。
4　同上，IV，181，185。
5　同上，IV，17。
6　同上，IV，25。
7　同上，IV，197。

里，就算结束了。[1] 因此，从这种意义上说，他也是吟游者：像吟唱史诗的歌者一样，他也喜欢列目录。虽然性质不一样，但是凡尔纳的计划也可以是他的："……中部非洲的地图上再没有大片的空白，再没有用淡色和虚线勾出的白块，再没有那些使地图学家感到绝望的模糊的 506
名称。"[2]

他想确定一个国家的边界，将居住在这个国家的部族列出清单，勘察清楚其领土的尺寸：比如他对埃及就是这样做的，通过换算埃及的长度单位，通过经验的计算。埃及海岸线的宽度为 3 600 斯塔得，从海边一直到象岛的长度为 7 920 斯塔得；其组成首先是一片宽广的平原，一直到赫利奥波利斯，其距离相当于从雅典的十二神祭坛到比 507
萨的奥林匹斯宙斯神庙；然后收窄，其长度为四天的航程，在最窄的地方，宽度不足 200 斯塔得：旅行者明确说，"我觉得"，然后又变宽。[3] 再往远处，他的描写就像对斯基泰王国一样。但是如果在两种情况之下，他都是在测量和勘察，但是空间恐怕不一样，因为我们从一个空间突然之间过渡到了另一个空间，我的意思是，从一个具体的空间过渡到了一个抽象的空间，从一个跑马放牧的空间过渡到了另一个知识的空间。

对于斯基泰王国，希罗多德的确是想"说明"，想"让人知道"，想"揭示"（sēmaínein）其尺寸。[4] 叙述者说明斯基泰王国的四周，有两面是海，和阿提卡一样，他确定了托里德的位置——相当于苏尼翁海角与阿提卡的相对位置一样，并说明了居住在上面（也就是北部边界）的部族；在此之后，他又接着说，"假设斯基泰王国是个正方形（hôs eoúses tetragṓnou），其中的两个边靠海，尺寸在各个边长上是一

1　希罗多德，185。

2　儒勒·凡尔纳：《征服者罗布尔》（J. Verne, *Robur le Conquérant*）：这种计划恰恰是地理学家能够做得很好的事，如果他有一艘"信天翁号"飞艇的话。

3　希罗多德，II，6—9。劳埃德在《评论集》第 41—59 页（A. Lloyd, *Commentary*, pp. 41-59）对这些测量的困难之处做了一个小结。

4　同上，IV，99—101。

样的，不管是从海边向内地深入，还是沿着海岸行走”，都是步行20天；换句话说，相当于——因为据我的估计，如果按照每天步行200斯塔得来算——4 000斯塔得。对空间的几何估算是无可争议的，而且他的推理大致为如下：如果斯基泰王国像（hôs）个正方形一样，那么它的四条边应当是等长的，然而，因为向海的一边和内陆的一边长度
508 一样，那它就一定是一个正方形。这样一来，从潜在的意义上，边长相等既用来证明斯基泰王国是个正方形，又用来证明开始的前提所导致的结果：斯基泰王国“像”个正方形一样。叙述者从“像个正方形一样”过渡到了“通过简单的勘察，这就是它的（实际）尺寸”。

计算的“错误”是一种标志，有利于说明测量的这种双重作用：从西向东，斯基泰王国的确有20天的步行路程，从伊斯特罗斯河到波里斯泰内河有10天的路程，从波里斯泰内河到玛约蒂斯湖沼（Palus Maiotis）有10天路程，然而在第18章和第19章，我们知道波里斯泰内河在斯基泰王国的中部，在盖尔罗斯人的地盘上，而盖尔罗斯是在东部边界之内，有17天的路程。因此，在这样的条件之下，总长度的不到一半又与总长度几乎相等了？这不可能吧。我们可以修改一下手稿：我们可以证明说，我们已经证明说，希罗多德利用了两种不同的资料来源，而且到了101章的时候，他“忘记”了在前边援引的资料；如此说来，“错误”，吟游者犯的错误，是他忘记了让自己说的话前后保持一致，他的话中出现了一个漏洞。我们甚至可以明确说，在第101章，他实际上使用的是一张地图[1]：很可能是这样。

但是值得注意的是，故事当中，他在行程的具体空间和几何的抽象空间之间，并没有表现出区别；相反，他让人相信，这是同样的空间。怎么让人相信的呢？恰恰是通过勘察。在游记当中，勘察的作用是让接受者相信其记载的严肃性：我走过的路，是经过勘察的；我讲述的空间，是经过我估量的，因此，你可以相信我。在用勘察的方

1 勒格朗，对第四卷书的说明，第40页。

式表现一个抽象的空间时，我为接受者把这一空间当作具体的空间来处理：我让接受者相信我勘察了斯基泰王国，而实际上，我只是沿着 509
一个几何图形行走。因此，实际上并没有计算的错误，因为那是两种不同的空间，但是通过使用勘察的方法——叙述者将事情神秘化的方法——叙述者将两个空间重叠在了一起，同时又让人相信他并没有这样做。

对利比亚的描述也证明了这种对空间进行几何化处理的方式，这种方法尤其适用于遥远的地方，利比亚的沙漠地带是通过一系列盐碱土丘作为标记的，每个盐碱土丘距下一个都是 10 天的步行路程，从埃及一直到赫拉克勒斯石柱。[1] 然而，在《历史》中提到的所有国家当中，利比亚是人无法进入的典型的国家。[2] 但是从更加广泛的意义上说，这一知识空间的最明显的标志——不是相对于某个地方来说的标志，而是相对于从总体上来看的“oikouménē”（人可以居住的地方）的标志——是一系列对称的原则：相对于在想象中等于是“赤道”的一条线来说，我们还记得，尼罗河和伊斯特罗斯河是对称的，这两条河代表了两条“回归线”，而且通过伊斯特罗斯河的流向，我可以证明尼罗河的流向，证明尼罗河的发源地是哪里。[3] 但是，这一次，叙述者仍然将两个空间重叠在了一起，因为我根据几何空间来推理，让人相信我对具体的空间进行了探索；或者更加准确地说，我让人相信的是，那不是两个空间，而是只有一个，只有一个完全是几何的空间。

当然，这个抽象的、几何的空间在文化上也是具有导向作用的。吟游者排列的这“一队队”部族的确是有意义的：在远离“赤道”的
同时，大致来说，也是从文明的人走向越来越野蛮的人，或者至少是 510
从不那么具有蛮族人特点的人，向最野蛮的人走去，最后达到无垠的荒漠，荒漠里什么也没有，空间慢慢消失，话语也渐渐湮没。

1　希罗多德，IV，181，185。
2　同上，III，25，26；IV，150，179。
3　同上，II，33—34。

话语的秩序

在具有文化指向性的这一空间，也是有一些方向的，方向的主要标志点是由太阳的表面运动和风向提供的[1]：太阳升起和落下的方向指的是东方和西方，“midi”指的是南方。北方则是由北斗星指示的，但更经常的是由北风指示。的确，太阳更多地用于指示东西方向，在指示南北方向时，人们更喜欢使用的是风。但是总起来看，希罗多德提到了六种风：首先是北风（Borée）[2]，然后是与北风相反的南风（Notos）；西风（Zéphyr）出现得不多，“Apēliṓtēs”是指东风，而“Euros”指的主要是东南风；最后，“Líps”是西南风，这个词只出现了一次。[3]除了这些方向之外，还应该补充的是，夏天和冬天太阳升起和落下的特别方向，也就是说，对于我们来说的回归线：希罗多德谈
511 到冬天太阳升起的方向，但是尤其是伊斯特罗斯河和尼罗河分别的流向，这两条突出的河流很可能是想象中的南北回归线的具体表现，伊斯特罗斯河是夏至线，尼罗河是冬至线。[4]

空间就是这样组织起来的，但是，值得关注的是，这个以空间的形式出现的布局，实际上代表的是希腊的知识空间。显而易见的是，这样的结构之所以具有连贯性，是因为假设希腊处在“中央”，而且用希波克拉底的话说，是因为“希腊处在两个太阳升起的地方（冬季和夏季太阳升起的地方）的半道上”[5]，总而言之，就是在赤道上。同样十分清楚的是，以风的名字指具有普遍意义的方向，这就等于是将一

---

1 雷姆：《希腊的风之花》，载巴伐利亚学院的《会议报告》，第3期，1916年，第1—104页（A. Rehm, “Griechische Windrosen”, *Sitzungberichte, der Bayerischen Akademie*, 3, 1916, pp. 1-104）。尼尔森把这个主题接过来也做了一些研究，参见《风在希腊和拉丁语中的名称》，见于《中世纪古典作品》，第七期，1945年，第1—113页（K. Nielsen, “Les noms grecs et latins des vents”, *Classica e Medievalia*, 7, 1945, pp. 1-113）。

2 希罗多德认为，北风（Borée）就是北边来的风，或者北方地带的风，而不是像在希波克拉底的文章中那样（perì hebdomádōn），指东北风；参见II，26——假设我们把*Borée*和*Notos*颠倒过来；III，102；IV，99。

3 希罗多德，II，25。

4 同上，II，26。

5 《论空气、水和土壤》第12页（这里指的是小亚细亚的希腊）。

种相对的标志点（爱琴海）变成了绝对的标志点。说“nótos”就是“南方”，这就等于是在说斯塔得是所有空间的长度单位。另外，这一知识的空间在运行中经常包括了观察者或者使用者在内：对于太阳的运动来说是这样，对于风来说也是这样，比如：当我们看到“在 Borée 一边”（pròs Boréēn）时，我们立刻会把它翻译成“向着北边”，但是这个词组指的是“北风一边”，也就是北风吹过来的那边，也就是说，它假设一个观察者“面对着北边”来判断方向。最后，抽象的空间与经验相反。当腓尼基人完成了利比亚远航，说太阳在他们右边（他们从东向西前进，穿过了南半球）时，他们的话是“令人难以相信的”，[1] 512
他们的断言否定了对空间的表现，对于希罗多德来说，这的确是难以接受的。

勘察者在确定方向时，可以使用这些方向的参照点，叙述者只要提到这些参照点，便可以让接受者确定故事中的方向。但是从根本的意义上说，还有另外一个空间，一种备用的空间，或者也可以说是相对于其他的空间来说的最终的空间——语言的空间。显而易见，当我想说一个空间的时候，我就要使用字词，而且从更加广泛的意义上说，我就要使用语言，语言不可避免地是一种表达这一空间的手段：语言描述这一空间。但是它的作用并不仅仅局限于此：语言是表达的手段，好像同时，语言也是这一空间的模式；好像语言的联系和空间的分割之间，字词的顺序和部族与地方的安排之间存在着某种对应关系；好像在语言让人看到空间的同时，也就让这一空间存在了。

让我们再一次回到希罗多德描写过两次的国家斯基泰：第一次，他是作为人种志学家走过这个国家；第二次，他作为几何学家构筑了这个国家的形状。[2] 但是，在两次当中从很大程度上对描述起到组织作用的，是一些前置词，具体来说，就是一些前缀和副词，是语言中所

1　希罗多德，IV，42。
2　同上，IV，17—25 以及 IV，99—101。

有可以表示毗连、邻近或者远离的词语，以及一切可以表明方向的词语。比如，“在”卡里皮德斯人“上面”（hupér），是阿拉综人，再“往上”，是种地的斯基泰人，再“往上”（katúperthe），是诺勒人，然后，
513 跨过（diabaínein）一条河，叙述者又开始描写，由近及远，渐渐把所有的部族都列数一遍。这仍然是吟游者的工作，而且语言的所有可能性都用来将这些空间的碎片一片片“粘贴”在一块儿，或者更加准确地说，是让人相信这些碎片是可以贴在一块儿的。因为，我们已经看到，从对空间的表达，从语言的运动可以不知不觉地过渡到语言的空间，是作为具体空间表现的语言，也就是说，是作为模仿的语言。从潜在的意义上说，我的话语假设具体空间的基础与语言的分割具有对应关系，于是可以看见的事物和可以表达的事物之间的相似性的问题又一次被提了出来[1]：的确，只要看和说之间已经没有任何距离，极而言之，要让人相信，只要说看见过，就足够了。

但是实际上，对斯基泰王国的描述不仅仅局限于展示语言的空间，并将这一空间加入让人觉得严肃的机制当中（“我们将转述我们通过听说而得来的一切范围尽可能大的准确信息……”），也使用了知识空间。除了前置词和前缀之外，描述中的确还使用了“方位”的确定（在北风一边，在太阳落下去的方向，从晨曦升起的方向，在南边，在东风一边）。然而，值得关注的，是两个系统同时得到了使用：从一个系统过渡到另一个，这个句子里使用的是这种系统，下一个句子使用的就是另一种系统了，甚至在同一个句子里也有系统的变换，或者两种系统是重复的：在王家斯基泰人上面（katúperthe），而且是在北风
514 一边，居住着梅兰奇莱纳人。[2]这些空间在话语中被放在一起，这是叙述者的手段之一，以让人相信只存在一种唯一的空间。话语的连续性

1 比如，在 IV,17—25，希罗多德使用“apṓ”（3 次），“hupér”（3 次），“katúperthe”（8 次），“parà”（1 次），“epí”（7 次），“ana”（1 次），“metà”（2 次），“mechrí”（3 次），“ek”（1 次），“es”（1 次），“émprosthe”（1 次），“pérēn”（1 次），“sunechées”（1 次）。除此之外，还使用了一些复合动词，比如“uperoikeîn”“diexeltheîn”“diabaínein”；总共是 36 种这一类的空间确定方式。

2 希罗多德，IV，20。

掩盖了语言空间和知识空间之间的分离，虽然知识空间离不开语言空间。然而，在打造这一混合空间（但它并不承认自己是个混合的空间）的同时，两个系列起到的作用是不相等的，因为由语言决定的确定性比知识空间提供的确定性要多很多：36∶14，而且在第二种描述当中，斯基泰王国是被想象成一个正方形的，这样差别就更加明显：纯粹语言的确定有 48 次，而只用“方位”进行的确定只有 5 次，也就是说，实际上是 1∶10 的关系，语言的确定占大多数。这样一来，本来是通过勘察和测量来交代空间的吟游发生了变化，发明了语言的空间，而且描述中又多了一种“方位”的确定，产生了一种“真实的效果”。

如果说知识的空间容纳了观察者本人（“北风一边”之类的表达假设一个观察者的存在），语言空间也是这样。首先，描述是以明确的方式假设有一个主语在国土上走过，他的描述是相对于这个人走过的路程展开的。比如，对于渡过某条河的人来说（diabánti）……对于在某个地区走过的人来说（diexelthónti），对于斜插着走过去的人来说（apoklínonti）……那就会……[1] 叙述者描述的空间就是为这个语言上的主语而展开的，就是在他面前展开的，而且同时，他在这个空间当中是个移动的标志点，他一边向前走，一边为空间设下了标志。其 515
次，描述是以另一种方式假设了这个人。如果说一个部族是在另一个部族的“上面”，指的是更向“北”的意思，对此我们并不感到惊奇，但是，用同样的表达方式，指的却是向南行进，这就让人感到奇怪了。比如，在游牧的利比亚人“上面”，而且在向内地深入（es mesógaian）的同时，那就是属于野兽的利比亚了，再“往上”，是沙漠边缘及每隔 10 天路程一个的盐碱沙丘，再“往上”，就是沙漠了。[2] 如果我们知道，这话是一个位于塞拉的人讲的，或者不管怎么样，是面对着国家内地的一个人讲的，那就不奇怪了。这样一来，利比亚的

1　希罗多德，IV，19，21，22，23。
2　同上，IV，181，185。

各个地区的确是在我“上面”，不管我是旅行者、观察者，或者只不过就是个语言的使用者。不管我说的是北边或者南边，不管我是从本都–尤辛努斯的海边出发，还是从地中海的岸边出发，“katúperthe”的意思都是“上边”。但是，这样说只能是在先后的次序上是对的，而不能同时都是对的：的确，使用这个操作符号，我不能同时建构北方和南方的空间表现。我可以先建构一个，再建构另一个，但是我不能同时想象两个，因为同一个词在一种情况下的意思是“北风一边”，而在另一种情况下是“南风一边”。总起来看，对世界的这种表现当中出现的限制，那就是不能没有主语：不管以何种方式，主语都是包含在他建构的图景当中的，如果语言的空间和知识的空间真的能将它包括在内的话。

语言的空间就像放在实际空间上的一个网格一样，对那些令人难
516 以捕捉的分散的东西，网格用拼图的方式，将它们一块块拼接起来。但这还只是在第一个阶段，是在用希腊语表达地点和运动的阶段。然后是用以表述的句子（语言的具体表达），将这些句子收集在一起，最终便形成了希罗多德关于空间的话语，具体的空间、语言的空间和知识的空间便在这样的话语当中交叉，因此，还有一个话语的空间，叙述者—吟游者便在这一空间里。

因此，叙述者是从多种意义上说的一个勘察者和吟游者，但他也是一个行吟诗人[1]，因为列出“oikouménē”（有人居住的地方）的清单，他必然是在发明一个世界：在“话语的秩序”和世界的秩序之间，是有关联的，哪怕这种关联只存在于语言的空间。希罗多德认为，400年之前的赫西俄德和荷马为希腊人制定了神谱，“他们将各种形容词用在各个神的身上，将各种荣誉和能力分配给他们，勾画了他们的形象（eídea sēmaínein）”。[2] 在完成这种清点工作的同时，他们也发明了万神

1 行吟诗人是古希腊的艺术家，大多用乐器给自己伴奏，演唱史诗。和吟游者的区别是，行吟诗人是诗人，他演唱的史诗是他自己写的。荷马就是典型的行吟诗人。——译者注

2 希罗多德，II,。

殿：他们建立了神的世界的秩序。我们难道不可以认为，希罗多德建立了人的世界的秩序吗？故事的空间自称是对世界的表现，而他作为吟游者勾画各种形象（eídea sēmaínei），他让人们看见，他揭示[1]，他知道。

显而易见，所有这些空间在进行分析的时候是分开来的，但是实际上并不独立存在；相反，它们只是相互组合在一起存在和起作用。但是，即使是在话语中，并通过话语进行了这样的安排，可以说，它们也还只是一些空的框架。还要将它们填满，让它们活跃起来，这就是故事所要做的工作了。的确，这些空间当中有代理人、旅行者或者士兵，有一些部族居住在那里，而且这些部族也是可以流动的，在这些空间里可以发生一些行动，可以有人相遇，可以出现战斗。总而言之，除了所有这些空间之外，还应当补充一个故事的空间。因此，由各种空间交叉产生的斯基泰空间，又是某种不同的东西，那是游牧生活的空间，也就是说，是一个让人无法捉摸的空间，但是，斯基泰国家的这种特殊性，是通过故事产生的，通过描述斯基泰国王的葬礼，或者更准确地说，是通过大流士的战争而建立的。[2]因此，故事的空间不仅仅是我们刚刚描写的所有其他空间综合产生的一个空间。 517

以上是对于《历史》本身来说：话语的空间被说成是对具体空间的忠实的描摹（话语模仿世界），而且文本就相当于对世界的表现。但是在《历史》之外又怎么样呢？其他的旅行者和勘察者会不会倾向于戴着希罗多德的眼镜来看待世界呢？《历史》会不会成为使旅行者和勘察者看到世界的一面镜子，同时又相信他们是在自己描述世界呢？

正如对待权力一样，提出的问题是从形成（作品的网格）到建立

1 作为可以指某种特殊知识的“sēmaínein”，尤其参见 II，53；IV，179；V，54；VIII，41。我们也想到赫拉克利特在谈到德尔斐的上帝时说的话，他什么也不说，什么也不隐藏，他只表达意思（sēmaínei），fr. 93；更何况在前文第 501—502 页，在丈量者和皮提亚的知识之间，出现了一种至少是比喻的关系。

2 参见本书前文第 98 页及以后部分。

（作为网格的作品）的过渡的问题，或者是作为让人看见世界的机制的
518 《历史》的问题。因此，我们要评估文本对希腊人的想象所产生的效果。我这里说的效果，指的不是知识的效果，而是在塑造，必要时还是在人们不知不觉当中塑造人在表现世界时所产生的效果。我们在这里要做的，不是提出证明，认为这样做就足以建立某种对世界的表现，让这个世界在气垫上演变，然后仍然让它在气垫上传承或者变化，如此等等。我唯一的目的是试图说明，我们可以在这里圈定有哪些东西可以作为文本的效果，因为如果“效果”只是满足于代替“影响”一词，那我们的收益也太小了。[1]

我说的效果有两种，第一种离希罗多德很近，应该说是一种迹象。修昔底德从内心深处想和自己的前人决裂，在这一点上也没有挑起无端的争论，没有打算建立另外一种对世界的表现。也许他所要做的事并不要求他非如此不可（不管怎么说，希波战争也没有要求这样做），不过，他这样做的意思，难道不是在承认没有必要对这一问题提出疑义，难道不是在说，这个问题已经解决了吗？修昔底德不关心在希腊世界的边界之外发生的事，若为人种志方面的事费心，是会让人走上迷途的，因为他认为，“古代希腊世界的生活方式与今天的蛮族世界是类似的”。[2] 因此，他做了一个旋转：人种志用空间的方式处理的东西，他用时间的方式处理；因为，人种志在空间上展开的东西，被他安插在了时间的某一点上。通过这种在时间上的投影分析，他建立了希腊人对蛮族人的优势（因为今天蛮族人的生活就像从前的希腊人一样），
519 消除了对人种志的任何关注：的确，说到底，何必去分析“文化”空间的多样性呢，反正也无法得知从前的希腊人都知道些什么？而且他也没有想到通过迂回到蛮族人那里，会有助于更好地了解从前的希腊人。显然，本来就没有办法真正地了解过去，更何况过去也没有什么

1　关于在文学历史领域提出问题的一种值得关注的方式，参见姚斯：《接受美学》，法译本，巴黎，1978年（H. R. Jauss, *Pour une esthétique de la réception*, trad. Paris, 1978）。

2　修昔底德，I，6，6。

真正值得关注的东西。

第二个例子稍微遥远一些，说的是亚历山大大帝的海军司令和战友那尔肖斯（Néarque），他写过一本书，我们今天只能通过阿里安和斯特拉波间接地有所了解。这本不知标题的书讲述了他从印度到阿拉伯的航行过程，而且有对印度的描述。[1]然而，那尔肖斯到印度去过，他看见过当地的情形，或者至少通过希罗多德的眼镜让人们看到了当地的情形。他的书很可能是用爱奥尼亚语写的，书中不仅参照了《历史》中直接写印度人的章节，也参照了《历史》的第二卷书（完全是写埃及人的一卷书）：他像希罗多德看到埃及一样看到了印度，大概也想像希罗多德写埃及那样来写印度。因此，培育了他的视角的，正是希罗多德对世界的表现。谈论印度，那就是谈论穿过这个国家的各条河流，尤其是印度河。然而，除了与尼罗河和伊斯特罗斯河进行比较之外，还能怎么谈论印度河呢？我们知道，尼罗河和伊斯特罗斯河在希罗多德的地理当中占有特殊的地位。[2]更加准确地说，那就是采用相似法：的确，印度河之于印度 520
来说，正如尼罗河之于埃及，也就是说，用希罗多德的话说，是“河流的馈赠”。[3]如果说埃及人在解释印度，那么反过来，印度人也在解释埃及，那尔肖斯也想利用这个机会，重新解释一下尼罗河的夏季洪水：在印度，夏天下雨，河流发洪水，所以在埃及也是同样，因为“很可能夏天在埃塞俄比亚的山里下雨，雨水使河水暴涨，尼罗河水溢出河床，流向埃及平原”。[4]印度的事情，在埃及也会有，使希罗多德感到十分困惑

1　《古希腊历史学家作品残篇汇编》，133 F 128（*F. Gr. Hist.*, 133 F 128, Jacoby）；参见皮尔森：《亚历山大大帝丢失了的历史》，伦敦，1960 年，第 112—149 页（L. Pearson, *The Lost Histories of Alexander the Great*, Londres, 1960, pp. 112-149）。更加普遍的论述见于穆雷：《希罗多德与希腊文化》，见于《古典季刊》，第 22 期，1973 年，第 200—213 页（O. Murray, “Hérodotus and hellenistic culture”, *Classical Quarterly*, 22, 1973, pp. 200-213）。

2　希罗多德，II，5；那尔肖斯（Néarque, *F. Gr. Hist.*, 133 F 17）；阿里安：《远征记》，V，6，6—8（Arrien, *Ababase*, V, 6, 6-8）；阿里安：《印度》，II，5—6（Arrien, *L'Inde*, II, 5-6）：“在印度的西部，边界是印度河，一直到海洋，印度河的入海口有两个，这两个入海口之间并不像伊斯特罗斯河的五个入海口那样相距很近，而是像尼罗河那样形成埃及三角洲。”或者 III，9，“印度河比尼罗河和伊斯特罗斯河加起来还要宽。”

3　希罗多德，II，5。

4　阿里安：《印度》，VI，5—8。

的问题，就这样轻而易举地得到了解释：为什么尼罗河的行为与其他的河“相反”（émpalin）呢？[1]

对这种根据希罗多德的描述而写的文字，我们还可以再举两个例子。那尔肖斯讲述说，在航海的过程中，他在北边看到过太阳：“当他们远离了大海向南方走去时，影子似乎也转向了南方……”[2]这种说法是令人难以置信的，因为那尔肖斯事实上仍然在赤道的这边，甚至在北回归线的北边，但是，只要我们把这种说法与希罗多德关于腓尼基人远航的观点放在一起来看，那就至少也是可以理解的了：他不相信腓尼基人在围绕利比亚旅行时，太阳曾经出现在他们的右边（也就是
521 出现在他们的北边）。[3]因此，对那尔肖斯来说，这是他利用希罗多德的文本，验证他自己的故事的一种方式：对希罗多德认为是不可信的事物，我们做了实验，但是希罗多德并没有到实地去，所以我说的是对的；我在证实他拒绝相信的事物的同时，通过我自己的故事，让接受者相信这一事物（而且这也假设他知道希罗多德的作品）。

参照可以起到不同的作用，比如巨蚁的情况就是这样。据希罗多德说，印度的确有一些蚂蚁，个头比狗稍小一些，但是比狐狸要大，在不知不觉当中，巨蚁会找金子。因为它们在挖蚁穴的时候，会把沙子和金子都扔出来。[4]那尔肖斯写了什么呢？“关于蚂蚁，他说他自己没有看见过，但是常看见有人将皮带到马其顿人的营地里来。”[5]因此，他用“皮”这个能指，确认了提供的、可供使用的所指；他看见，或者不管怎么说，他让人看见的这些皮，是作为“蚂蚁”皮出现的。也许凡是那个时候到印度去的旅行者都避免不了蚂蚁的问题：这涉及他的描述是否严肃。

就这样，那尔肖斯援引希罗多德，而且《历史》就是一种模式，

1　希罗多德，II，19—28。
2　阿里安：《印度》，XXV，5。
3　希罗多德，IV，42。
4　同上，III，102。
5　阿里安：《印度》XV，4。

他的文本就是根据这种模式组织起来的。这两个例子，一个是反其道而言之，从时间上离得不远，是修昔底德的例子；另一个稍微远一些，而且是正面的例子；这两个例子足以说明希罗多德对世界的表现是如何建立起来的：修昔底德虽然想与希罗多德决裂，可是在这一点上，他并没有与希罗多德不一样，而那尔肖斯在旅行时，衣袋里携带着希罗多德的作品。眼镜和镜子的确都是有的：从长途旅行回来的人，想“表现/翻译”他对遥远国家，对相异空间的体验，就会戴上这副眼镜， 522
就会观看这面镜子。他不可能不戴这副眼镜，也不可能不看这面镜子，哪怕是为了打碎它。

希罗多德对世界的表现：好吧，但是，这样说，难道没有回顾的幻觉和对语言的滥用吗？由于他是我们能够完整地看到的那个时代唯一的作家，你会不会因此而夸大了他的重要性呢？不管怎么说，你所说的希罗多德对世界的表现，也许就是当时大多数人的观念，至少在知识分子当中是这样，这种表现从很大程度上得益于爱奥尼亚的科学，等等。

但是，如果我们看到的唯一的作家恰恰是他，也许这完全是出于偶然吧？另外，我没有说一定要等到希罗多德的出现，才建立了对世界的表现，我也没有说是他发明了对世界的表现，我只是相信，在《历史》当中，有一种对世界的表现是围绕着空间规则组织起来的（空间规则只不过是故事当中分析的各种不同空间的相互作用）。这一规则不是按照话语的模式提出的，而且从很大程度上是潜在的，它是表现世界的结构或者网格，而且我觉得，文本正是在这一层面上，并通过这一层面而对接受者的想象产生效果，而且其效果超出了作品本身的范围，不管怎么说，希罗多德的眼镜的比喻，所表达的正是这样的意思。

让人相信什么，或者《历史》是一种表现吗？更加准确地说，在整个文本当中，有一种对权力的表现，有一种对世界的表现。也许还有别的，但是这两种表现，以及组织这两种表现的规则（权力规则和 523
空间规则），我认为比其他的规则更能够产生效果。我之所以如此清楚地将这两种规则提取出来，是出于方便，因为显而易见的是，在空间和权力之间是有互相作用的：没有对权力的表现，就不可能有完整的对世界的表现；没有对世界的表现，也不会有对权力的有效的表现。

这些关于表现的文字实际上是水彩画家用工具看和让人看的比喻导致产生的一些思考，是围绕这一比喻而阐述的一些思考：《历史》的“网格”和作为“网格”的《历史》；作为使人目睹之机制的《历史》和使人目睹之大师的希罗多德。我的确意识到，用网格来说话解决不了问题，而且我忘不了这只是一个比喻，但是这个比喻首先有一个好处，那就是让人明白我们想说什么；其次，它还可以让我们提出另一个问题，一个不大容易的问题：关于文本的效果的问题（是文本当中的什么产生效果？一直到何种程度上产生效果？效果是如何产生的？等等），同时避免“影响”这种太容易走的下坡路，以及避免前面提到的过早地从文本中出来。在这里，问题还仅仅是提了出来。

为了什么让人相信：文本的效果？

终于只剩下最后一个问题了，那就是为了什么的问题：如何让人相信，让人相信什么，以及为了什么让人相信？从总体上来说，这实际上是《历史》的地位及其作用的问题，首先是在公元前 5 世纪的希腊的地位及其作用，这也是历史学家的地位的问题。

524 第一种回答是我不大提到的，却是迪伊洛斯、琉善、普鲁塔克、优西比乌以及其他几位历史学家的回答，因此也就是间接的传统，而且从很大程度上是后世给予的回答：希罗多德做过演讲。他在雅典、科林斯、忒拜或者奥林匹亚真的朗诵过或者读过《历史》的片段吗？他为此真的得到过报酬吗？[1] 由于当时还没有历史，历史学家也还不是一种专门的职业，他占据的是一种中间的位置，介于诡辩哲学家、贩

---

1 详见莫米利亚诺：《古典世界的历史学家及其听众》，第 62 页（Momigliano, “The Historians of the Classical World and their Audiences : Some Suggestions”, p. 62）。

卖知识的商人和吟游者，也就是贩卖故事的商人（也可以说是使用散文的吟游者）之间。[1]

第二种回答是否定的回答，通过与我们提到过的其他的人物进行对质，并一个个清除的方法，不管这些人物是不是属于《历史》中的人物。这种办法不是旨在说明为什么让人相信，而是旨在说明为什么不让人相信。

在爱奥尼亚暴动的时候，米利都的暴君阿里斯塔格拉斯来要求斯巴达人给予支持时，他带来了“一块铜板，上面刻着所有的土地、所有的海洋和所有的河流的范围”。[2] 在强调了波斯人的弱点（他们不会打仗）和他们的财富之后，他在地图上“让人看到”，军事行动很容易，因为从爱奥尼亚的城邦一直到国王的首都苏塞，所有的部族都是“毗邻”的。他用地图让与他对话的克里昂米尼相信，具体的空间与语言的空间的确是对应的，也就是说，具体的空间与他先后列数的没 525
有遗漏、相互之间没有间隔的各个部族是对应的：爱奥尼亚人与吕底亚人“毗邻”（échontai），吕底亚人与东弗里吉亚人“毗邻”，东弗里吉亚人与卡帕多西亚人（Cappadociens）毗邻……卡帕多西亚人又与奇里乞亚人（Ciliciens）接壤…… 一直到苏塞。阿里斯塔格拉斯假装相信，这张地图是按照实物大小对空间的表现，好像阿那克西曼德画的这张地图“与帝国的大小一样，而且每一点都与帝国的实际情况一模一样”，正好比博奇提到的那些地图。这种骗术要想起到作用，克里昂米尼应该不“会”看地图，应该相信从图上看到的东西都是真的，也就是相信他听见的话都是真话。的确，提出的见证只是虚幻的东西，因为实际上它只是“听说”（akoé）而已。但是，克里昂米尼最终没有

---

1 我们知道当时的一些诡辩派哲学家。也有人谈到古典时代的吟游者，比如，理查德森：《诡辩派时代荷马式的教授》，1975 年，第 65—81 页（N.J. Richardson, “Homeric Professors in the age of th sophists”, *Proc. Cambr. Philol. Soc.*, 1975, pp. 65-81）；西利：《从费米奥到伊翁》，载《希腊研究杂志》，LXX 期，1957 年，第 312—351 页（R. Sealey, “From Phemios to Ion”, *Revue des études grecques*, LXX, 1957, pp. 312-351）——但是他们并没有考虑到相对于这两个群体的人来说，希罗多德具有何种地位的问题。

2 希罗多德，V，49—50。

落入圈套，他没有问诸如地图比例是多大之类的事，而是突然提出了一个出其不意的问题：步行需要多少天？阿里斯塔格拉斯吃了一惊，回答说三个月。“在此之前始终表现得十分精明（sophós），想骗人的他，走错了一步棋。”于是克里昂米尼将他赶了出去。

因此，对于阿里斯塔格拉斯来说，毫无疑问的是，地理是有用的学问，在“打仗”时有用，或者至少是在“让人打仗”时有用，不是为了向参谋部提供信息，而是相反，让参谋部变得神秘莫测。有的谎言是表述行为的，而他就是这类谎言的坚定信徒和实行者，但总起来说，他的表现很差。如果有人这样使用地图制图术的研究成果，阿那克西曼德会怎么想呢？

希罗多德让人打仗了吗？《历史》中包含的关于蛮族人或者遥远
526 部族的知识，被阿里斯塔格拉斯之类的人物真诚地或者虚伪地用来打仗，或者让人打仗了吗？在大约公元前 6 世纪和公元前 5 世纪初之间，我相信没有。但是相反，在菲利普（Philippe）的远征计划和征服亚历山大（Alexandrie）的准备过程中，希罗多德的文本起到了何种作用，这个问题是可以提出的。[1]

他占据的位置是他的前任米利都的赫卡塔埃乌斯所无法比拟的，米利都的赫卡塔埃乌斯是拥护（stasiōtéōn）阿里斯塔格拉斯的人之一。在一次会议当中，当需要决定是不是暴动时，他利用自己的知识说服人们不要参与暴动：“所有人都表达了相同的观点，都倾向于参加暴动，除了杜撰故事的人（logopoiós）赫卡塔埃乌斯之外。首先，赫卡塔埃乌斯不建议发动一场反对国王的战争，在列数（katalégōn）受大流士或者其势力统治的部族之后，他见未能说服参加会议的人，便退而求其次，劝告参加会议的人确保用船控制海域”；[2] 他也知道很多的名字。同样，当

1　穆雷：《希罗多德与希腊文化》，见于《古典季刊》，第 22 期，1972 年，第 206 页注 1（O. Murray, “Herodotus and Hellenistic Culture”, *Classical Quarterly*, 22, 1972, p. 206, n. 1）。

2　希罗多德，V，36。参见南奇：《希罗多德关于爱奥尼亚暴动起源的观点》（Nenci, “Le fonti di Erodoto sull’ insurrezione ionica”, *Accademia Nazionale dei Lincei*, Rendiconti, 5, 1950, pp. 106-118）。

暴动的形势变得不妙时，他再一次向阿里斯塔格拉斯提出建议，而他的建议再一次没有被接受。[1] 也许赫卡塔埃乌斯是以他的能力的名义讲话的（而且正如希罗多德指出的那样，他的能力未能带来任何成效），但是，如果说他可以讲话，那首先是因为他是米利都的公民，因为他属于一个贵族家庭。而希罗多德是一个流放者：是从哈利卡纳苏斯落难而来的，这样一来，不管在哪里，他都是一个外国人，不管是在萨摩斯岛还 527
是在埃及，不管是在本都还是在雅典。至少在他来到图里奥姆之前[2]，他始终是外国人，最多算是个居住在雅典的外国侨民，他被排斥在政治之外，而且他的知识不可能直接变成权力：他的话语不是直接的政治。

他是旅行者，但他不是像马可·波罗那样的旅行者；马可·波罗在热那亚（Gênes）城堡塔楼里口授自己的回忆录之前，是大汗在帝国遥远省份的眼线，在他执行使命的过程中，他的确看到了大汗想知道的一些东西："他像个仲裁员一样，像个知道主子的所有恶习的人一样，他用尽心思打听、了解所有可能讨大汗欢心的事情。他把该干的事干得很好，感谢上帝，而且他知道如何说一些新奇的、怪诞的事。而大汗觉得马可·波罗是个十分称心如意的人，这给马可·波罗带来了很大的好处……"[3] 而希罗多德没有直接充当任何人的眼线，也没有受命于任何君王，以充当特使或者撰写宇宙志。

他也不是某个君王的历史学家。从更加广泛的意义上说，他没有和任何有权势的人签订合同，以接受人家的授权，或者应人家的需要而撰写历史。[4] 比如，他的地位与布列塔尼人纪尧姆（Guillaume le Breton）没法比，纪尧姆是替腓力·奥古斯都（Philippe Auguste）管理

1　希罗多德，V，124。

2　参见前文所引莫米利亚诺的作品第 61 页。从间接的传统来看，希罗多德是图里奥姆人，而不是哈利卡纳苏斯人：对他的出身缺乏决断的这种情况并不是无所谓的。

3　马可·波罗，第 14 页（Marco, Polo, Éd. I, Hambis, p.14）。

4　参见马林：《故事是陷阱》，巴黎，1978 年和《故事的权力和权力的故事》，见于《社会科学研究丛刊》第 25 期，1979 年 1 月，第 23—43 页（L. Marin, *Le récit est un piège*, Paris, 1978, et "Pouvoir du récit et récit du pouvoir" , *Actes de la recherche en sciences sociales*, 25, janvier 1979, pp. 23-43）。

小教堂的神父，是第一个将布汶战役（Bataille de Bouvines）说成是一个重要事件的人。[1] 与很多人的作品中写的相反，希罗多德不是一个效忠于伯里克利的人，他没有因为城市过去的光荣而捍卫伯里克利的帝
528 国主义政策，或者，如果像雅各比（Jacoby）一样，在两个希罗多德之间进行区别，那在人们为伯罗奔尼撒战争做准备的时候，他也不是雅典的使者。[2] 因此，他不是某个君王或者城邦的宇宙志作者、史学家和顾问。即使我们按照普鲁塔克对《历史》的解读来看，他的“恶意”也没有放过任何人，包括所有的个人和家庭，或者城邦，也包括雅典和阿尔克马埃翁家族（Alcméonides），而且他对蛮族人的关注（philobarbarie）甚至使他成了希腊人的叛徒。[3]

以上都是否定的确定，是他没有占据的地方，因此，以上也是人们不相信他的一些理由。总而言之，问题的困难来自历史之父并不是一个历史学家这一事实。如果说某个地方“会导致”产生某种效果，同时也“禁止产生其他的效果”[4]，但是对于他的情况来说，我们不能将某个文本和某种位置直接联系起来，不是为了让文本来将就位置，而是为了通过将它们放在一起，抽提出他的话语的组织规律。但是，我们不应当从在空间意义上说的表面上的不在现场，过渡到司法意义上的不追究：不能由于缺乏证据，就把案件了结掉。

的确，到目前为止，为了什么的问题（为了什么而让人相信）有两个回答，而且我们对两个回答都感到不满意：一个是因为答案求助于外部的，而且明显是后来才有的传统；另一个是因为答案只满足于
529 圈定了否定的问题（为什么他不让人相信）。但是还有第三条道路，

---

1 迪比：《布汶的星斯天》，巴黎，1973 年，第 14—18 页（G. Duby, *Le Dimanche de Bouvines*, Paris, 1973, pp. 14-18）。

2 斯特拉斯柏格：《希罗多德与伯里克利的雅典》（H. Strasburger, “Herodot unddas perikleiche Athen”, in *Hérodot*, éd. Marg, Wege der Forschung, XXVI, Darmstadt, 1965, pp. 574-608）；福尔那拉：《希罗多德解释》，牛津，1971 年，第 37—98 页（Ch. Fornara, *Herodotus an Interpretative Essay*, Oxford, 1971, pp. 37-98）。

3 参见本书前文第 446 页。

4 德·塞尔托：《历史的书写》，第 15 页（M. De Certeau, *L'Écriture de l'histoire*, p. 15）。

也就是前边一些论述指明的道路，把希望完全放在文本上面。的确，我相信前边一些章节的分析结果为这个为了什么的问题带来了一些回答的元素。我们说的不是希罗多德对自己，对他的作用明确地说了什么，因为，除了前言之外，对他自己和他的作用，他什么也没有说（当然这种态度并不是无所谓的），而是文本对接受者产生的效果，我们可以评估这一效果，尤其是通过叙述者在故事中让自己起到的作用来评估，通过所有的表述标记所起的作用来评估。因此，我们不是要将一个地方和一个文本联系起来，或者让文本去凑地方，而是要勾勒出叙述者在故事内部的地位，这样，在文本范围之外，便可以指出一个位置，并"禁止"其他的位置，或者划定一个地方的范围。

前言是从荷马的作品中照抄来的，十分清楚的是，史诗的模式在希罗多德的企图当中是起了作用的。但是，如果史诗是他要与之竞争的对象，他也要与之划清界限。叙述者也许是一个吟游者，甚至是个行吟诗人，但是，他是一个使用散文的吟游者。两种文本使人相信的机制是不一样的：对于一种情况来说，缪斯是最后的担保者[1]，而对于另一种情况，叙述者是最终的担保者。"我知道，因为我目睹了"，这是见证；"我知道，因为我曾耳闻"，这是调查（historíē）。在史诗当中，缪斯通过诗人之口在说话，而在《历史》当中，是叙述者说"我说，我写"；与史诗不同的是，叙述者是话语的唯一主语，"调查者"（hístōr）看见和听见，说和写，而叙述者只是通过这些不同的表述标记才存在的，而这些表述标记是文本让接受者相信的动力。

他是表述的唯一的主语，他什么都知道。正如荷马和赫西俄德整理了神的世界的秩序，"勾画"了诸神的形象一样，而他则制定了各种不同的部族，为他们分配了角色，确定了国界：他让可见的、可勘察的和可以用语言表达的事物重合在一起；他建构了一个对世界的表现，这 530

1　参见前文所引斯文布洛（J. Svenbro）的作品。亦可参见克洛德·卡拉姆：《古希腊的故事》，巴黎，1986 年，第 70—79 页（Cl. Calame, *Le Récit en Grèce ancienne*, Paris, 1986, pp. 70-79）。

个世界既是知识又是权力（dúnamis）。在叙述者一边，叙述者通过产生对世界的表现，或者是在确认知识与权力，或者是想得到这种知识与权力，但是在一个或者相继而来的多个接受者一边，这样的知识与权力也是有的，那是在他或者他们阅读这一对世界的表现的时候。在叙述者一边，以最好的方式综合了这种知识与权力的文字，就是“sēmaínein”（揭示）。的确，叙述者通过在故事中直接和间接的参与，目的就是要“揭示”，就是为让人看见，让人相信。因为所谓“揭示”，就是让没有看见过某件事的人们看见和知道这件事：正如在某个海角窥伺敌人的舰队，并警告人们舰队动向的人一样；[1] 这就是见证。但是，这也是让不拥有此类知识的人看见和知道：超人的知识，比如来自神示的知识，像特里通（Triton）那样的知识；[2] 不同寻常的知识，好比克洛伊索斯为了向西律斯提供建议所拥有的知识那样；[3] 或者“调查者”的知识，调查过的而且知道前人犯了错误的人；[4] 或者知道在希腊人和蛮族人之间最先采取敌对行动的人的名字；[5] 或者知道斯基泰王国海岸线的长度；或者知道海边
531 一直到苏塞的王家大道准确距离的人。[6] 而且，在勘察的技术和皮提亚的知识之间，有一种比喻的关系，如果真像给克洛伊索斯的信使的答复中说的那样，皮提亚知道有多少粒沙子，知道大海有多大。因此，“揭示”的意思就是说，叙述者既是吟游者，又是勘察者。

叙述者是表述的唯一的主语，是表现差别的人；他是彼处和此处之间的渡越者，或者是叙述者所在的世界和叙述者叙述的世界之间的“通道”（póros）。在叙述者所在的世界里，为了让人相信他叙述的世界，他没有别的办法，只能展示和使用一系列相异性的修辞法，而说到底，这种修辞法的句式和程序是以两个项之间的极化为基础的，这两个项就

1 希罗多德，VII，92，219。
2 同上，IV，179。
3 同上，I，89。
4 同上，II，20。
5 同上，I，5。
6 同上，V，54。

是“他们”和“我们”，是“相异者”（不管他们是如何多种多样）和“希腊人”。比较、相似性就是这样运行的，“thôma”（奇闻逸事）（我就是相异者的实在）、翻译、颠倒也是这样起作用的，颠倒是极限，如果“他们”真的是我们的反面，如果“他们只是”我们的反面的话。

这种极化（他们 / 我们）的倾向是如此之大，甚至超出了这种修辞格的表达，因为这种极化最终证实，对斯基泰王国的解读是根据系统的差别原则进行的。只有假设是希腊“文化”将形式赋予了斯基泰的文化，我们才有可能开始理解什么是斯基泰的“文化”。将这两种文化以及“其中一种文化当中有的东西，而另一种文化当中必然没有的模式”结合在一起，便产生了差距。在解读的第二个阶段，我们再试图明确这种差距的意义，同时分析其组织的规律。对斯基泰国王的葬礼及其丧葬祭祀就是这样，祭祀中的牛“自己煮自己”的奇怪景象， 532
或者围绕阿瑞斯的神像组织的战士祭祀使这种相异性达到了顶峰。

有“他们”，而“他们”恰恰具有多样性：显然，波斯人与埃及人不同，埃及人又与斯基泰人完全不一样，如此等等。即使是在游牧部族内部，生活方式也不同。但是同时，故事在暗地里小心翼翼地排除了第三者。[1] 斯基泰人和阿玛琮女战士的情况就是这样。斯基泰人的相异性是相对于希腊人来理解的，在接受者的共同知识当中，希腊人作为第二个项，从潜在的意义上产生影响，作为参照项起作用。但是，阿玛琮女战士一出场，机制便在不知不觉当中发生了变化，斯基泰人变成了几乎和希腊人一样的人。好像故事无法相对于斯基泰人的相异性，来想象处在第二个层次上的阿玛琮女战士的相异性，斯基泰人的相异性是相对于希腊世界来理解的，那么为了让接受者理解这另外一种相异性，没有别的办法，只能重建一种二元的结构：她们 / 我们，也就是说，她们 / 斯斯泰人，而这时的斯基泰人又几乎与我们一样。

在分析大流士的波斯人在斯基泰王国的行为时，两个项之间的

---

1 参见本书前文第 392—394 页。

这种极化已经在产生作用。在斯基泰王国，波斯人的行为几乎和重装步兵一样，而在希腊，他们的行为则像蛮族人一样，因为他们不会打仗。[1] 这种行为让人感到非常奇怪，因为按照故事的逻辑，斯基泰人简直就是捍卫自由的雅典人。因此，我们看到的，难道是几乎与重装步兵一样的军队和几乎与雅典人一样的人对垒？斯基泰人的战略具有相异性，波斯人打仗的方式也具有相异性，那该如何表现斯基泰人的战略在面对波斯人打仗的方式时的情景呢？因为这两种相异性都是相对于希腊的模式思考的（斯基泰人来无影、去无踪 / 不以排兵布阵的方式对敌）。但是，如何相对于其中的一种来思考另一种呢？如何让“来无影、去无踪”的斯基泰人和“不以排兵布阵的方式对敌”的斯基泰人这两者发生关系呢？如何让人看见和让人相信呢？故事将两个项当中包含的相异性最少的那个项清除掉了：在我们的例子当中就是波斯人，于是波斯人就变得与重装步兵几乎一样了。剩下的还有面对方阵时的“来无影、去无踪”的斯基泰人（从今往后，“来无影、去无踪”被提升到了真正的战略的地位），其相异性由此而得到了更好的突出。

533

最后，谈论相异者，这显然是一种谈论我们自己的一种方式，如果说故事真的无法摆脱“他们”/“我们”的极化，这种极化也建立了故事坚不可摧的结构。因此，文本的一种效果，至少是间接的效果，就是有助于圈定这一“我们”。[2]

的确，谈论相异者，就是一种让人看见对世界的表现的一种方式，确定这个世界的极限，清点居住在这个世界上的民族，但是，这也就意味着假设希腊人占据着中间的位置：我们再次想到的是《历史》中的地理，想到尼罗河和伊斯特罗斯河的流向，想到对称原则的应用；这就意味着根据意识当中的希腊空间来建构对世界的这一表现，而希腊的空间当中总是包含有一个观察者（一个希腊的观察者）。

1 参见本书前文第 112 页及以后部分。

2 在前四卷书中，像这样的情况不少于 160 次。

谈论相异者，也就是让人知道在“他们”和“我们”之间，除了文化的不同之外，最深刻的差别是政治或者权力的差别：与平等民权相对立的，是君主制与暴政；相异者是王权。更加准确地说，那就等于是建立一种表现，而这种表现围绕着一个因素发展，这种因素对 534
于“我们”是一个问题，甚至使“我们”成为问题。比如斯基泰的故事就是这样。斯基泰人的做法，故事中的修辞格和程序表明了这一点，而且总起来看都是围绕着这一根本性的问题展开的：他们怎么能是游牧人呢？对于生活在城邦中的“我们”来说，这些奇怪的人是什么人呢？如果对于《历史》的叙述者来说，游牧人的存在并没有化简为非存在，那是因为，由于岛国的比喻，游牧生活可以翻译成战略的内容，在“我们的”战略中是这样。

因为，虽然说文本发挥的是种族优越的作用，说的是“他们”和“我们”，是“他们”相对于“我们”之类的事，叙述者讲述的世界被翻译成叙述者所在的世界，但是，文本的特殊之处是，文本没有故意地，也没有系统性地以希腊为中心。“我们”并不是“他们”的未来：希罗多德不像修昔底德一样相信，今天的蛮族人生活得像从前的希腊人一样。[1] 相对于他们来说，他也不认为自己可以教他们如何写作：他的文字并不是蛮族人话语的真理，他也没有把蛮族人的话语统统归在神话一类。反过来，对于“我们”，相异者也不是真理；相异者不是我们应当模仿的某种符合天性的生活之模式。希罗多德的阿纳卡西斯既没有向希腊学习，也不是古希腊文化的殉道者，不过，他也不是犬儒主义生活的代表，不是蔑视城邦生活及其萎靡精神的人，他不是希腊人应当仿效的模式。[2] 不，他与同胞斯基莱斯一样，也是一个违规的人，他以为能够跨过边界而不受惩罚，或者他“忘记”了在“他们”和“我们”之间，是有边界的。因此，总起来看，有“他们”和“我 535

1　修昔底德，I，6，6。
2　第欧根尼·拉尔修：《名哲言行录》，I, 101（Diogène Laërce, *Vies des philosophes*, I, 101）。

们”之分，而且希罗多德既不是文化的热衷者，也不是天性的捍卫者。

相异者，“他们”，在故事中是以第三人称的形式出现的，也就是说，是以非人称的方式出现的。[1] 对此，没有任何奇怪之处：相异者是由叙述者作为语句的主语引入故事的，但无论在何种情况之下，他们都不是表述的主语，他们是为了我们（我＋你）而被产生出来的。但是，令人感到奇怪的，是第一人称复数“我们”常常被第三人称代替：不是“我们”，而是“希腊人”，因此，也就成了非人称的形式：相异者和希腊人，希腊人和蛮族人，“他们”和“他们”。[2]

是谁在使用这种称呼呢？是叙述者在讲话，在讲述从前的希腊发生的一些事：希腊人做了这种事或者那种事，认为这种事或者那种事如何如何……“希腊人”的意思也是指居住在某些地区的“某些”希腊人（比如本都的希腊人），或者具有某些希罗多德认为是错误的或者愚蠢的观点的“某些”希腊人。[3] 说希腊人，对于叙述者来说，总而言之是一种把自己从中分离出来的方式。如果的确，“我们”就是“我”＋“你”的话，也就是说，就是“不与其他人区别的一种从总体上的说法”的话[4]，说“希腊人”，就等于是加强叙述者作为唯一的表述主语的作用，作为唯一知道是他在叙述的地位。

536 通过一系列表述标记而运用的相异性修辞的格和程序，他是看见的主人，是知道的主人，是相信的主人，他命名、清点、分类、计数、测量、勘察、整理，他划出界限，他分配赞美和谴责，他并不把知道的事情都说出来，他记得曾经说过的话，总而言之，他知道。他让人看见，他让人知道，他让人相信。

1　本维尼斯特：《普通语言学》，第一卷，第 228 页（É. Benveniste, *Problèmes de linguistique générale*, t. I, p. 228）。

2　根据鲍维尔（Powell）的统计，有不少于 539 处“Héllēn”和“Héllēnes”的情况；虽然不能把所有这些情况都放在同一个层面上，但总数还是很能够说明问题。
［“Héllēn”和“Héllēnes”是单数和复数形式的“希腊人”的意思，而句子中的“他们”和“他们”（*eux* et *ils*）则是“他们”的宾格和主格的两种形式。——译者注］

3　希罗多德，比如 II，2，10，45。

4　前文所引本维尼斯特的作品第 235 页。

结论

分享的历史 537

斯基泰人是相异者；希罗多德是旅行者和讲述旅行故事的人；希罗多德是人种志学家或者是人种学家；希罗多德是相异者的勘察人，是“oikouménē”（有人居住的地方）的吟游者：也许是吧，因为他用他的文字带领着我们到处游历。但是，反过来可以提出的问题就是：这个希罗多德能够想象另一个希罗多德吗？他真正地、深刻地与作为“希波战争的历史学家”的希罗多德不一样吗？或者，如果我们走得更远一些，他真的是另一个希罗多德吗？或者，他是希罗多德的影子吗？

对这些问题，我们不能只是简单地回答是或者否；要想准确地回答这些问题，就需要思考希罗多德的整个史学，或者回顾人们对他的作品先后的解读。然而，如果我们来看说他是骗子的传统，正如我在前边简单勾勒的那样，骗子的形象和人种学家的形象，或者描写相异者的希罗多德的形象，并没有从一开始就是重叠在一起的，而且也不是永远都重叠在一起的。他不是“说谎者”，因为他说的是非希腊人，或者只有当他在谈到非希腊人时，他就不是“骗子”。修昔底德认为，的确，古希腊最早的历史学家（logographe）打造的“muthṓdes”（感动人的成分、故事）这个词，既适用于说蛮族人的话语，也适用于战争故事，即使是比较近的战争的故事，也许尤其适用于后者，因为战争 538
故事几乎完全是“耳闻”（akoḗ）来的。出于显而易见的原因，克特西亚斯首先针对的是谈论波斯人的一些话语。普鲁塔克也同样是出于显而易见的原因，想揭露最“恶毒”和最严重的谎言，所以首先是与希腊人有关的谎言。

艾蒂安在《为希罗多德辩护》当中，并没有直接谈到希波战争，他感兴趣的主要是描写相异者的希罗多德：在为希罗多德辩护时，他使用了一些其他来源的例子，是从很多希腊和拉丁作者的作品中采撷的，而且利用了比较。只要愿意以同样的眼光来看待意大利、日耳曼、佛兰德或者西班牙也存在的某些习俗，希罗多德从前讲述的那些习俗就不那么不可信了；同样，如果与我们知道的土耳其和帖木儿的事放在一起，希罗多德在某些时候讲述的关于波斯人的事也同样并非那么不可信。[1]最后，如果博诺神父认为希罗多德是个骗子，那是由于一种他特别无法忍受的原则问题，哪怕希罗多德是第一个历史学家：的确，世俗的历史只能是骗人的历史，或者是神话的历史。

如果现在我们来看希波战争的历史学家，或者更准确地说，现代人是如何建立了这一历史学家的形象的，我们可以认为，一直到 18 世
539 纪末，没有人认真地反对他写的作战故事。[2] 19 世纪人们开始研究资料的源头，情况就变了，人们的怀疑占了上风。由于各种资料都标注了来源，而且是各种各样的资料来源，学者们最终完全抹去了《历史》的文本，因此，此前希罗多德有过被借用、被抄袭的经历。奥维特是这样总结 1894 年的形势的：“我们到目前为止列举的所有学者，尼布尔、尼奇（Nitzch）、维克兰（Wecklein）、德尔布吕克（Delbrück）都认为希罗多德关于希波战争的历史，是从口语传统中汲取资料的，或者他的资料几乎完全来自口语传统……但是，他们都不同意说，希罗多德在自己的书中讲述的是别人已经写好的历史……克洛伊策

1　或者还有一个比较的例子：“波斯大王让人跟在自己身后，一路洒下从霍阿斯佩阿斯河（Choaspès）里汲来的专门保留着的水，或者一个红衣主教从法国到罗马去的时候，随行让人带着几千瓶葡萄酒，哪一个更令人难以相信呢？”

2　参见前文所引奥维特（Hauvette）的作品第 114—115 页。博物学家们主要关心的是其他的东西，他们要让与东方帝国有关的希腊的文本与《圣经》当中的编年史资料一致。比如斯卡利吉（Scaliger）、佩托（Petau）、布耶（Bouhier）都是这样。

（Creuzer）在世纪初已经指出了一种完全相反的理论，后来一些学者也捍卫这种理论，今天这种理论占据了主导的地位，尤其是近十年以来……这种理论以不同的谨慎程度支持说，历史学家编纂了很多前人的研究成果，但是并没有说明成果的来源，所以等于是真正地抄袭了前人的成果。这种理论首先以普遍的方式应用于希罗多德的整个作品，只是最近才应用于论述希波战争的部分。”[1] 推行这一理论的最有洞察力的学者是萨伊斯（Sayce）、迪尔斯（Diels）、帕诺夫斯基（Panofsky）和特洛特温（Trautwein）。[2] 如此说来，希罗多德发明了从未存在过的口语传统，或者隐瞒了文字的资料来源，而文字的来源是的确存在的。因此，“对来源的研究”（Quellen-forschung）导致出现了骗子的一个新的化身。

不久之后，到了 1909 年和 1913 年，[3] 雅各比（F. Jacoby）从深刻的意义上重新提出了问题。的确，他认为，首要的问题是历史的起源：希腊人是什么时候、以何种方式成为历史学家的？因此，在这一演变当中，希罗多德占有何种地位？因此，他关注的不是说谎者，而是历史之父，他的问题涉及的不是谎言，而是历史之父的地位。我们还记得他的结论：希罗多德先是人种学家和地理学家，只在雅典短期逗留过之后，才变成了历史学家的，因此，作品本身就带有“认识论上的断裂”的痕迹：在这一断裂之前，他还不是历史学家，在这之后，他才真正地成了历史学家。描写相异者的希罗多德，前面几卷书的希罗多德，就是属于断裂之前的世界：这是一种保护他的方式，同时也与 540

1　参见前文所引奥维特的作品第 158—159 页。

2　萨伊斯：《东方的古老帝国，希罗多德，I—III》，伦敦，1883 年（A.H. Sayce, *The Ancient Empires of the East, Herodotos, I-III*, Londres, 1883）；迪尔斯：《希罗多德与古希腊》，载《赫耳墨斯》杂志，第 22 期，1887 年，第 411 页及以后部分（Diels, “Herodot und Hekataios” , *Hermès*, 22, 1887, pp. 411 *sq*）；并参见帕诺夫斯基（H. Panofsky, *Quaestionum de historiae herodotae fontibus pars prima*, Diss., Berlin, 1885）和特洛特温（P. Trautwein, “Die Memoiren des Dikaios, eine Quelle des herodoteischen Geschits-werkes” , *Hermès*, 25, 1890, pp. 527-566）的作品或者文章。

3　雅各比：《希腊史学的发展以及编辑一本新的希腊历史残篇的计划》，见于《克里奥》，第 9 期，1909 年，第 80—123 页（F. Jacoby, “Uber die Entwicklung der griechischen Historiographie und den Plan einer neuen Sammlung der griechischen Historikerfragmente” , *Klio*, 9, 1909, pp. 80-123）；尤其是第 352—360 页：“他不是为伯里克利写作，而是为他的新祖国，为雅典写作。”

他保持了距离。

一旦确立了这个框架，以后的评论者和历史学家将表明他们的立场，有的将接受这一框架，修改这一框架，有的则对此提出异议。[1] 比如弗里茨（K. von Fritz）便接受了这种演变论的观点，进行了更细的研究，在希罗多德的一次埃及旅行中发现了第一个“断裂”（认识论上的断裂），他甚至精确地指出希罗多德参观大迷宫的日期：“转折点很可能是在他参观法尤姆（Fayoum）的时候，所谓的莫伊里斯湖（lake of Moiris）和迷宫对他的思想造成了极大冲击。从那以后，他似乎对埃
541 及的风俗习惯和宗教信仰产生了浓厚的兴趣。”[2] 然而，兴趣的扩大还不是真正的历史，因为“即使在他的旅行结束时，他也并没有注意到年代顺序的必要性。他还没有发现这是真正的史学不可或缺的基础”。[3] 在旅行者的面目之下，历史学家的身份已经崭露头角，相异性的边界也在向后退让。但是，总起来看，“演变的理论”（Entwicklungstheorie）还是可以分成两部分的。

有些作者没有提出希腊史学的问题，也没有考虑历史之父究竟是谁，没有考虑希罗多德的作品是不是谎言，只是对《历史》进行分析，得出的结论却相反，认为作品是统一的[4]，而且在他们看来，作品讲述的是“一个故事”。[5] 这样一来，作品便不再具有两重性，人种志的故事也不再被当作前历史的离题话来对待。

简单说，这就是关于说谎者和描写相异者的希罗多德，关于历史学家和人种志学家的问题是如何提出来的，但是，考虑到我们在前边

1 参见前文所引乔斯的作品第 36—39 页。

2 弗里茨：《希罗多德与希腊史学》，见于《美国文献学协会会刊》，第 LXVII 期，1936 年，第 337 页（K. von Fritz, “Herodotus and Greek Historiography”, *Transactions of the American Philological Association*, LXVII, 1936, p. 337）。如果哲学家应当“感到惊奇”，历史学家也应该有这样的品质。

3 同上，第 338 页。文章的开头是这样的：“希罗多德被称为历史之父。然而，修昔底德所做的工作与我们的史学观念相符，希罗多德所做的工作就不是这样。”

4 尤其是波朗茨（M. Pohlenz）、迈尔斯（J.L. Myres）、伊默瓦尔（H. Immerwahr）。

5 伊默瓦尔：《希罗多德作品中的形式和思想》，第 79 页（H. Immerwahr, *Form and Thougt in Herodotus*, p. 79）。

的分析，这个问题对我们是如何提出来的呢？或者，对于我们来说，真正的问题是按照什么样的线索提出来的呢？

首先，在考虑叙述的限制时，我们通过一个确切的例子注意到，将作品分成两个部分是不合适的。大流士在斯基泰王国的战争对应的是薛西斯对希腊的讨伐，要理解大流士对斯基泰王国的战争，我们离 542
不开薛西斯对希腊的战争，而且大流士对斯基泰王国的战争是对薛西斯的战争的全面重复。[1]

另外，整个《历史》中讲的都是“他们”（相异者）和“我们”（希腊人），虽然每一卷书的表现不一样；虽然在相异者的故事当中，“我们”只是以未明言的方式存在的，是不知不觉中进入故事的无所不在的魂魄。而且这些“故事”也是确定“我们”的一种方式。希波战争的故事以非常明确的方式表现了与“他们”进行斗争的“我们”，同时为“我们”建立了一种对最近的过去的表现，围绕着“to Hellēnikón”（神殿）建立了一种新的记忆。[2]“我们”至少在一种情况之下是潜在的，在另一种情况之下是明确的，所以“我们”在故事中永远是存在的。

在相异者的故事和希波战争的故事之间有变化的，是接受者的地位：接受者对希波战争比对相异者所拥有的知识无疑更多。这一次，叙述者讲述的世界是在叙述者所在的世界当中的。但是，我们看到，在文本让人相信的方式当中，要考虑的，不是新信息的数量，而是叙述者对新信息的处理（既要说人们说的事，也要以某种方式来说，而且要说“值得注意”的事）。

从今往后，反过来的问题可以这样提出了：如果让人相信的机制 543

1　参见本书前文第 98 页及以后部分。以及博尼茨：《希罗多德研究》，柏林，1968 年，第 111—136 页（H.F. Bornitz, *Herodot-Studien*, Berlin, 1968, pp. 111-136）。

2　希罗多德，I, 4, 58, 60; VII, 139, 145; VIII, 12, 114。按照希罗多德借雅典人之口下的著名定义：“同样的血（hōmaimon）、同样的语言（homóglōsson）、共同的神殿和祭祀（theȏn idrúmata te koinà kaì thúslai）、相似的风俗习惯（ētheá te nomótropa）。”南奇：《波斯战争的政治伦理和社会经济意义》，见于《伯里克利时代的希腊》，米兰，1979 年，第 12—16 页（G. Nenci, “Significato etico-politico ed economico-sociale delle guerre persiane”, in *La Grecia nell'eta di Pericle*, Milan, 1979, pp. 12-16）。

是通过叙述者在故事中的干预运行的，那么，希罗多德是如何在希波战争的阐述中干预的呢？是干预得更多，还是较少？他的干预和在相异者的故事当中的干预方式有所不同吗？对这个问题，我们可以从三个方向上进行探索，以代表对问题的回答。

第一个是关于“thôma”（奇闻逸事）和“érga thōmastá”（人的事迹）。如果说“奇闻逸事”是游记当中的一个栏目，而且要求旅行者的眼睛进行判断何为“奇闻逸事”，如果说《历史》的宗旨是让人们不要忘记人的杰出而伟大的事迹，那么，对战争的故事又当如何呢？在这一点上，“杰出的”事或者“令人赞佩的”事不再是一条河、一个地方或者一个建筑，而首先是事迹。但是，一旦表示出了这种区别，我们十分奇怪地注意到，“人的事迹”是按照与相异者的故事中同样的方法领会、建立和最终表达的。两个斯巴达人斯贝尔提亚斯（Sperthias）和布利斯（Boulis）的行为“令人敬佩”（áxiē thṓmatos），正如巴比伦的一座大坝高度和厚度“令人敬佩”一样。[1] 我们还记得埃及的迷宫让人觉得是“thôma”（奇闻），“无以言表”（lógou mezō），同样，艾吉西斯特拉托斯（Hégésistratos）为了脱身，毫不犹豫地砍掉锁链中的脚，这种超凡的行为也让人觉得是“奇闻”，“无以言表”。[2] 或者，叙述者在描写香料的采摘时，按照潜在的“奇闻逸事”的规模进行了分类，从“奇特”的程度最小，到“奇特”的程度最高，然而，在战争的故事当中，也有一种对“事迹”的分级，主要也是用形容词
544 的最高级来标记的。最后，正如旅行者的眼睛是“奇闻逸事”的保证一样，在很多情况之下，叙述者就是“奇闻逸事”的参照（我认为这是“奇闻”，对于我来说，这就是“奇闻”[3]），虽然在一种情况之下，眼睛捕捉到这件事，仔细观察它、判断它、衡量它，而在另一种情况之下相反，“我”的干预强调的是被讲述的现象令人感到奇怪或者不

1　希罗多德，I，185；VII，135。
2　同上，II，148；IX，37。
3　同上，VI，117，121；VII，99，153；VIII，135；IX，65。

解，因为它让人无法捉摸；不管怎么说，事情都是由“我”来判断的。[1]

第二种探索：值得注意的事物，或者，用希罗多德的原话说，“值得讲述的事物”（áxios apēgḗsios）使用这同一个工具，作者在所有可以用言语述说的或者可以写下来的事物当中剪裁，不管这些事物是相异者的还是“我们”的：在所有猎杀鳄鱼的方式当中，他“写了”他认为“最值得讲述”的方式（axiotátē apēgḗsios）；正如自从暴政结束之后，一直到爱奥尼亚暴动之前，在雅典发生的所有事件当中，他将“述说那些最值得讲述”的事（axióchrea apēgḗsios）一样。[2] 同一种表达反复使用，这似乎表明，叙述者的方法变化不大，只要是遥远的习惯和事件，他都愿意用同样的方式来对待。

第三，在故事从头到尾的表现过程中，他都是目睹和让人目睹的人（sēmainei）。我知道是谁最先对希腊人采取不公正的行为的，我会让人们知道（sēmainein）。在此之后，“我再接着将我的故事讲下去”，也就是说，我要让我的话语将该走的路程走完，而且同时，我也是这一路程的向导。 545

如此看来，在相异者的吟游者和战争的历史学家之间，叙述者在故事中的位置似乎并没有表现出不同；他似乎从相异者过渡到了相同者，同时他还是他，因此，很可能描写相异者的希罗多德并不是另一个希罗多德，或者另一个希罗多德的确是存在的，只不过他产生于人们对希罗多德的解释：他属于希罗多德的史学，也是由希罗多德的史学所传承的。

但是，这样写，并不意味着我主张会在这种历时性的前景之外找

1　伊默瓦尔：《奇闻逸事：希罗多德和修昔底德作品中作为纪念碑的故事》，见于《美国语文学报》第 81 期（H. Immerwahr, “Ergon ; History as a monument in Herodotus and Thucydides” , *American Journal of Philology*, 81, 1960, p. 266, note:）当中第 266 页的一个注说：“……从潜在的意义上说，纪念碑和事迹从观念上来说是完全一样的……”第 268 页：“érgont 和 mnemosynon 让人产生的联想说明，希罗多德是把人的事迹看成一座纪念碑的。”

2　希罗多德，II，70；V，65；在 III，125 中也有这种表达，是在讲到波利克拉特斯的死亡方式时，说他的死“不值得讲述”。参见德莱克斯勒：《希罗多德研究》，希尔德斯海姆-纽约，1972 年（H. Drexler, *Herodot-Studien*, Hildesheim-New York, 1972），作者通过对这些表达的研究，还是得出结论说，希罗多德不是一个历史学家（第 185 页）。

到文本，也就是找到真正的希罗多德，这种主张既愚蠢又错误。[1] 只不过，能使得这种方法或者这种向希罗多德的回归成为可能的，是历史领域的位移，其标志大致来说是，事件和政治的历史（或者某种政治的历史）向后退了，历史人类学或者人类学历史（希罗多德甚至可以成为人类学历史的鼻祖）产生了飞跃，人们最近对社会想象进行了探索。从古代史来看，我们就不必一定要通过修昔底德的《伯罗奔尼撒战争史》来看待希罗多德的《历史》，或者，我们当然可以把希罗多德看成第一个历史学家，但是也可以把他看成修昔底德的先驱，这样一来，我们也可以把斯基泰的故事当成一种想象的斯基泰王国的话语。

546 还有就是人们对他的评判，包括我们提到的那些，也包括其他的一些评判，都说明他使人感到担忧：也许由于他占据的位置本来就是使人感到担忧的。他是谁？他在哪里？他是吟游者？是诡辩派哲学家？是历史学家？不过，这并不是一种职业。于是，我们尽可能化解这种担忧，我们致力于驱除这种担忧。也许他声称是在讲故事，但是事实上，他讲的“故事”也许是一些“神话”，于是我们看到的是天真人的形象；也许他把历史当作“故事”讲给我们听，但实际上他的历史只是一些神话，也就是说，是谎言（pseudéa），那我们所面对的，就是说谎者的形象。不管怎么说，如果他是个说谎者，倒可以让人放心了：至少我们知道，我们与之打交道的是个什么样的人；作为表演者，他表明他是个很有洞察力的人。或者他是个调查者，但同时他也是个编写神话的人；或者他是一个擅长讲故事的人，同时也是个历史学家。

---

1 参见姚斯：《接受美学》（H. R. Jauss, *Pour une esthétique de la réception*, trad. Paris, 1978, pp. 58-63）对这种“程度不同地停留在柏拉图意识当中的文献学”的批判。

“这事发生过”的声誉产生了历史话语的最为可靠的真实效果，[1]但是，涉及《历史》时，真实的效果因为人们的怀疑而被破坏了。这样一来，不是“这事发生过”支持话语，而是“这事没有发生过”或者“这事不是这样发生的”导致产生的担忧破坏了话语。斯基泰战争真的发生过吗？战争的过程是那样吗？如果我们再走得远一些，那就会提出真实性的问题。在历史学家的实践当中，真实性的地位是双重的：“作为经历的真实（历史学家研究、理解或者重现一个过去的社会的事）以及作为科学活动所意味着的真实（历史学家在研究问题的时候所参照的现在的社会，其程序，其理解模式以及其意义的实践）。一方面，真实是分析的结果；另一方面，真实是分析的假设前提。”[2]但 547
是，在希罗多德的情况中，真实性在开始的时候无法确定，在结束的时候也确定不了，真实性既不是假设的前提（它所占据的位置具有不确定性），也不是结果（人们对“故事”或者“神话”感到担忧）。

从更加广泛的意义上说，把希罗多德说成历史之父，就是驱除这一担忧的一种方式。的确，这种方式给了他一种地位，但这种方式也把他放在了一旁。另外，把他安置在历史的门槛上，使他成了一尊古老的、黑黢黢的塑像，人们按照礼仪向他致敬，援引他说过的话具有驱邪的作用，能让接受者相信：我的文本可不是谎言。

最后，他的地位可以总结为以下的悖论：他是历史之父，可他并不是一个真正的历史学家，好像这个历史之父的身份当中必然包含有未完成的部分。对于我们来说，西塞罗是第一个承认他是历史之父的人，西塞罗在文章一开始先重申了历史和诗歌的区别：历史所瞄准的是真理，而诗歌针对的是愉悦（delectatio）。但是，西塞罗也不得不立

1　罗兰·巴特：《历史的话语》，载《社会科学信息》杂志，第VI期，1967年，第71页（R. Barthes, “Le discours de l’histoire”, *Social Science Information*, VI, 4, 1967, p. 71）。该文后来收入《语言秘语》，巴黎，1984年，第153—166页（*Le Bruissement de la Langue*, Paris, 1984, pp. 153-166）。其中关于塞尔托（M. de Certeau）的一些批判说明，参见前文所引《历史的书写》（*L'Ecriture de l'histoire*）第53—57页。

2　塞尔托：《历史的书写》，第46—47页（M. de Certeau, *L'Ecriture de l'histoire*, pp. 46-47）。

刻将希罗多德放在一旁，认为希罗多德是在这一分类之前的人物，因为他所针对的，既是真理，也是愉悦。也许历史和诗歌之间的区别的确就是我刚说过的那样："即使说希罗多德是历史之父……也还有着数不清的故事。"[1] 他将范畴打乱了，他超越了文体的规律，他违背了行业的规则。

维韦斯说，称希罗多德为"谎言之父"更恰当一些，而不是历史
548 之父。维韦斯那是在说俏皮话。但是史学将这两种形象摆放在一起，也许并不是偶然的：为什么这两种形象，一种或者另一种，一种和另一种，一再出现呢？一方面把他看成历史之父，可是不幸的是另一方面，也把他看成说谎者，这在他身后是一种双重的耻辱。实际上这样看待他也太简单化了。不，他既是历史之父，也是说谎者，因为，正是由于他占据着这种不一般的历史之父的位置，而且也部分地摆脱了文体的规律，在这方面，人们承认他是有史以来第一人，正因为如此，他才成了说谎者。历史之父不一定就是说谎者，而是因为，他是历史之父，所以他有可能看起来也是个说谎者。以这样的方式来看，希罗多德及其一系列的解释便形成了一面放大的镜子，通过这面镜子，提出了一个和希罗多德一样古老的问题，今天，这个问题又重新向我们提了出来，也关系到我们，那就是历史和虚构的问题。

更何况像旋转门一样转进转出的虚构不会就此停下来：如果希罗多德自己在文本当中把那些他要与之保持距离的事物作为"神话"来描写，如果他被后来的人说成了善于编写神话的人，那么似乎反过来，在希腊化时代，他也可以被一些小说家利用，好让他们的小说产生真实性的效果。以弗所的色诺芬写的《以弗所的故事》（*Ephesiaca*）就是这样。

有人说，作者了解以弗所这座城市（故事的发生地），并不是通

1　西塞罗：《论法律》，I, 1, 5（Céron, *Lois*, I, 1, 5）。（此句原文是拉丁文：*quamquam et apud Herodotum, patrem historiae...sunt innumerabiles fabulae*。——译者注）

过一手材料，而是从希罗多德的作品中借用了一些地形地貌的细节和人名。[1] 这岂不是说谎者来为虚构帮忙，以便让虚构的东西变得可信！

希罗多德是历史之父，也是说谎者，他的作品是历史也是虚构， 549
而且，更加具体地说，用据说是菲斯泰尔·德·库朗热（Fustel de Coulanges）的话来说，如果历史真的“是用文本形成的”，那么像《历史》这样的文本，对历史的形成意味着什么呢？[2] 问题可以这样提出：如何阅读历史？本书试图对这一问题提出一种回答。

但是，从更加普遍的意义上说，这样的阅读迫使我们去探索文献[3]：2 500 年来的目录学始终提到文献，2 500 年来的史学不断地打造和研究文献，可什么是“文献”呢？是什么使它成了所谓的文献的呢？我们凭借什么来识别它呢？它又承载着何种效果（何种特殊的效果）呢？

1　拉瓦尼尼：《希腊传奇故事研究》，佛罗伦萨，1950 年，第 145—156 页（B. Lavagnini, *Studi sul romanzo greco*, Florence, 1950, pp. 145-156）；从更加普遍的意义上，参见佩里的《古代传奇故事》，《文学起源的历史叙述》，伯克利，洛杉矶，第 167—170 页（B.E. Perry, *The Ancient Romances*. “A literary-historical account of their origins” , Berkeley, Los Angeles, 1967, pp. 167-170）。作者在文中说，在《苏达辞书》（*Souda*）中，小说的作者被说成是“historikoi”，而且像“Ephesiaca”（以弗所故事）、“Babylonica”（巴比伦故事）等名称并不说明书的内容：“……我们看到，在希腊传统的传奇故事的标题当中，常常使用民族的名称，作者声称自己写的是历史（是历史的一种），古代学者也把这些人归为历史学家，他们对传奇故事的文学形式没有准确的说法。”

2　菲斯泰尔的说法是马鲁在《论历史知识》（H.-I. Marrou, *De la connaissance historique*, Paris, 1954, p. 77）中引述的，而马鲁又是从费弗尔（Febvre）的作品中援引的这句话，费弗尔指出了这句话所具有的限制。马鲁认为：“如果说历史不是仅仅由文本形成的，那么历史主要是由文本形成的，文本的准确是什么也代替不了的。”

3　勒高夫和图贝：《能写出一部完整的中世纪历史吗？》，载《学术学会第 100 届全国代表会议论文丛刊》，巴黎，1977 年，第 38—40 页（J. Le Goff et P. Toubert, “Une histoire totale du Moyen-Age est-elle possible?” *Actes du 100ᵉ Congrès national des sociétés savantes*, Paris, 1977, pp. 38-40）；在勒高夫的《新历史词典》（*Dictionnaire de la nouvelle histoire*, Paris, 1978, p. 238）当中，作者认为，制定一种关于文献的新的观念，还是一项尚待完成的任务。

见识丛书

科学 历史 思想

01《时间地图：大历史，130亿年前至今》 ［美］大卫·克里斯蒂安

02《太阳底下的新鲜事：20世纪人与环境的全球互动》

［美］约翰·R. 麦克尼尔

03《革命的年代：1789—1848》 ［英］艾瑞克·霍布斯鲍姆

04《资本的年代：1848—1875》 ［英］艾瑞克·霍布斯鲍姆

05《帝国的年代：1875—1914》 ［英］艾瑞克·霍布斯鲍姆

06《极端的年代：1914—1991》 ［英］艾瑞克·霍布斯鲍姆

07《守夜人的钟声：我们时代的危机和出路》 ［美］丽贝卡·D. 科斯塔

08《1913，一战前的世界》 ［英］查尔斯·埃默森

09《文明史：人类五千年文明的传承与交流》 ［法］费尔南·布罗代尔

10《基因传：众生之源》（平装+精装） ［美］悉达多·穆克吉

11《一万年的爆发：文明如何加速人类进化》

［美］格雷戈里·柯克伦 ［美］亨利·哈本丁

12《审问欧洲：二战时期的合作、抵抗与报复》 ［美］伊斯特万·迪克

13《哥伦布大交换：1492年以后的生物影响和文化冲击》

［美］艾尔弗雷德·W. 克罗斯比

14《从黎明到衰落：西方文化生活五百年，1500年至今》（平装+精装）

［美］雅克·巴尔赞

15《瘟疫与人》 ［美］威廉·麦克尼尔

16《西方的兴起：人类共同体史》 ［美］威廉·麦克尼尔

17《奥斯曼帝国的终结：战争、革命以及现代中东的诞生，1908—1923》

［美］西恩·麦克米金

18《科学的诞生：科学革命新史》（平装） ［美］戴维·伍顿

19《内战：观念中的历史》 ［美］大卫·阿米蒂奇

20《第五次开始》 ［美］罗伯特·L. 凯利

21《人类简史：从动物到上帝》（平装+精装） ［以色列］尤瓦尔·赫拉利
22《黑暗大陆：20 世纪的欧洲》 ［英］马克·马佐尔
23《现实主义者的乌托邦：如何建构一个理想世界》
［荷］鲁特格尔·布雷格曼
24《民粹主义大爆炸：经济大衰退如何改变美国和欧洲政治》
［美］约翰·朱迪斯
25《自私的基因（40 周年增订版）》（平装 + 精装） ［英］理查德·道金斯
26《权力与文化：日美战争 1941—1945》 ［美］入江昭
27《犹太文明：比较视野下的犹太历史》 ［以］S. N. 艾森斯塔特
28《技术垄断：文化向技术投降》 ［美］尼尔·波斯曼
29《从丹药到枪炮：世界史上的中国军事格局》 ［美］欧阳泰
30《起源：万物大历史》 ［美］大卫·克里斯蒂安
31《为什么不平等至关重要》 ［美］托马斯·斯坎伦
32《认知工具：文化进化心理学》 ［美］塞西莉亚·海斯
33《简明大历史》 ［美］大卫·克里斯蒂安 ［美］威廉·麦克尼尔 主编
34《专家之死：反智主义的盛行及其影响》 ［美］托马斯·M. 尼科尔斯
35《大历史与人类的未来（修订版）》 ［荷］弗雷德·斯皮尔
36《人性中的善良天使》 ［美］斯蒂芬·平克
37《历史性的体制——当下主义与时间经验》 ［法］弗朗索瓦·阿赫托戈
38《希罗多德的镜子》 ［法］弗朗索瓦·阿赫托戈
39《出发去希腊》 ［法］弗朗索瓦·阿赫托戈
40《灯塔工的值班室》 ［法］弗朗索瓦·阿赫托戈
41《从航海图到世界史：海上道路改变历史》 ［日］宫崎正胜
42《人类的旅程：基因的奥德赛之旅》 ［美］斯宾塞·韦尔斯
43《西方的困局：欧洲与美国的当下危机》
［德］海因里希·奥古斯特·温克勒
44《没有思想的世界：科技巨头对独立思考的威胁》
［美］富兰克林·福尔
45《锥形帐篷的起源：思想如何进化》 ［英］乔尼·休斯

见识城邦 出品